Maja Riepl-Schmidt

Wider das verkochte und verbügelte Leben

Diese »Stuttgardia« von Heinz Fritz (1873–1972) befand sich früher am Turm des 1944 zerstörten Rathauses. Heute ist sie an der Hirschstraße in luftiger Höhe zu sehen.

Maja Riepl-Schmidt

Wider das verkochte und verbügelte Leben

Frauenemanzipation in Stuttgart seit 1800

Silberburg-Verlag

Gedruckt mit Unterstützung des Kulturamts der Landeshauptstadt Stuttgart sowie der Stiftung der Württembergischen Hypothekenbank für Kunst und Wissenschaft.

Bildnachweis

S. 2: Stadtplanungsamt Stuttgart. – S. 14: Eduard Fuchs: Das erotische Element in der Karikatur. Ein Beitrag zur Geschichte der öffentlichen Sittlichkeit. Hofmann und Comp., Berlin 1904 (S. 216). – S. 21, 22, 23, 28, 29, 70, 81, 90, 93, 95, 96, 97, 109 (beide), 200, 201, 207, 240, 245, 248, 254, 282, 304, 305 (beide), 308 (beide), 309: Kulturamt der Landeshauptstadt Stuttgart, Stadtarchiv.– S. 24, 25, 26, 38, 58, 76, 77, 78, 79, 99, 100, 101 (beide), 105, 108 (beide), 155, 208 (beide), 209: Württembergische Landesbibliothek, Stuttgart. – S. 51, 52 (beide), 62, 65, 126, 129, 133, 137 oben: Deutsches Literaturarchiv/Schiller-Nationalmuseum, Marbach a. N. – S. 71: Lisa Früh, Stuttgart. – S. 92: Bosch-Archiv (Nr. 2601) – S.102, 103: Archiv des Schwäbischen Frauenvereins, Stuttgart. – S. 110 (beide), 146, 147, 152: Nachlaß Gertrud Pfeilsticker-Stockmayer (1880–1963), Stadtarchiv Stuttgart. – S. 109: Schwäbische Frauenzeitung, 1914. – S. 114: Archiv des Bundes Bildender Künstlerinnen e. V., Stuttgart. – S. 121, 122: Württembergischer Malerinnenverein, Stuttgart. – S.137 unten, 140, 143: Nachlaß Alexandrine Rossi, im Besitz von Frau Dr. I. Bandelow, Hamburg. – S. 151: Stadtarchiv Ludwigsburg. – S. 154: Nachlaß Planck, cod. hist. 2°, Anhang 1016, I-XIV, Württembergische Landesbibliothek, Stuttgart. – S. 165: Institut für Marxismus-Leninismus, Berlin. – S. 166, 168: Ullstein Bilderdienst, Berlin. – S. 175: Archiv der sozialen Demokratie, Friedrich-Ebert-Stiftung, Bonn. – S.178, 182: Staatsarchiv Ludwigsburg, F 215/Bü 161. – S. 186: Jahrbuch der Frauenbewegung 1914. Hrsg. von Elisabeth Altmann-Gottheimer für den Bund Deutscher Frauenvereine. B. G. Teubner Verlag, Berlin/Leipzig 1914. – S. 187: Nachlaß Vera Vollmer, Hauptstaatsarchiv Stuttgart, Q 2/13, Bü 5. – S. 190: Lebensbilder aus Schwaben und Franken, Band 14. Kohlhammer Verlag, Stuttgart 1980. – S. 193 oben: Jahrbuch der Frauenbewegung 1913. Hrsg. von Elisabeth Altmann-Gottheimer für den Bund Deutscher Frauenvereine. B. G. Teubner Verlag, Berlin/Leipzig 1913. – S. 194: Aus dem Archiv der 1987 aufgelösten Lehrerinnenvereinigung Baden-Württembergs. – S. 211: Württemberger Zeitung Nr. 249 vom 24. Oktober 1922. – S. 215, 221: Universitätsarchiv Hohenheim. – S.223, 226, 227: Nachlaß Käthe Loewenthal, im Besitz von Frau Dr. Leuchs, München. – S.231: Galerie der Stadt Stuttgart. – S. 232: Ausstellungskatalog 1969 des Württembergischen Kunstvereins. Foto Gebrüder Paysan. – S. 237 oben: Jahrbuch des Bundes Deutscher Frauenvereine, 1921–1927. Hrsg. von Else Ulich-Beil. Verlag J. Bensheimer, Mannheim/Berlin/Leipzig 1927. – S. 237 unten: Jahrbuch des Bundes Deutscher Frauenvereine, 1928–1931. Hrsg. von Emmy Wolff. Verlag J. Bensheimer, Mannheim/Berlin/Leipzig 1932. – S. 239: Stuttgarter Neues Tagblatt, Abendausgabe, 5. Dezember 1931. – S. 241, 242, 243, 244: Frauen am Werk. Ein Buch der Kameradschaft. Erzählungen deutscher Dichterinnen, mit 32 Lichtbildern. Hrsg. von Georg von Holtzbrinck. Bibliothek der Unterhaltung und des Wissens, Deutsche Verlags-Expedition, Stuttgart 1940. – S.257: Hans Diebow: Der ewige Jude. 265 Bilddokumente. Franz Eher Verlag, Berlin/München o. J. – S. 258: NS-Kurier, 12. Januar 1933. – S. 263: Im Besitz von Ministerialdirigent Dr. Otto Kienle, Stuttgart. – S. 267, 268, 269, 273, 274, 276: Nachlaß Hilde Reichert-Sperling, im Besitz von Dr. Hellmut Reichert, Stuttgart. – S. 270: Im Besitz von Dr. Hellmut Reichert, Stuttgart. – S. 279: Landeshauptstadt Stuttgart, Rathaus-Registratur. – S. 281: Jahrbuch des Bundes deutscher Frauenvereine, 1918. Verlag B. Teubner, Leipzig/Berlin 1918. – S. 287, 293: Maja Riepl-Schmidt. – S. 289: Aus dem Privatbesitz von Helene Schoettle. – S. 292: Stuttgarter Nachrichten. – S. 298, 299, 300, 301 (beide): Aus dem Privatbesitz von Grete Breitkreuz.

1. Auflage Juni 1990.

Lektorat: Ingeborg Höch.
Reproduktionen: Offsetreproduktionen Gerold Schmid, Stuttgart.
Satz: Buchherstellung Horst Schöck, Stuttgart.
Druck und Verarbeitung: Clausen & Bosse, Leck.
Printed in Germany.

ISBN 3-925344-64-0

25. Juli 1990

Für Claudia und Nele

Inhalt

Zu diesem Buch
10

Erste Geschichtsphase: 1800 bis 1848
Aufbruch in das neue Jahrhundert
20

Ludovike Simanowiz, geborene Reichenbach
Die Erfindung der »Freyheit«
50

Therese Huber, geborene Heyne, verwitwete Forster
Erziehung durch Schicksal
61

Emilie Zumsteeg
Die »männliche« Musikerin
70

Christiane (Nannette) Ruthard, geborene Maier
Eine »Schlange in Menschengestalt«?
80

Zweite Geschichtsphase: 1865 bis 1919
Auf dem Weg zu politischer Legitimation, Gleichberechtigung und Wahlrecht
89

Anna Peters
Ein »Malweib« der ersten Stunde
113

Isolde Kurz
Deutsche Frau der Feder
124

Alexandrine Rossi
»Königliche Frau« und Hofschauspielerin
136

Mathilde Planck
Gegen jede Falschheit
150

Clara Zetkin
Die »rote Emanze«
157

Anna Blos
Pionierin der Frauengeschichte
173

Vera Vollmer, Sofie Reis, Helene Reis
Frauenbildung und Frauenstudium
183

Henriette Arendt
Die erste Polizeiassistentin Stuttgarts
198

Margarete (Daisy) von Wrangell, Fürstin Adronikow
Die blaublütige Professorin
213

Käthe Loewenthal
Jüdische Malerinnen in Stuttgart
222

Ida Kerkovius
»Sie ist ganz Kunst«
229

Dritte Geschichtsphase: 1919 bis 1933
Die neuen Rechte und ihr schnelles Ende
236

Anna Haag, geborene Schaich
Die Friedensfrau
247

Else Kienle
Für eine neue Sexualethik
255

Hilde Reichert-Sperling
Die frauenbewegte »Stadtmutter«
267

Charlotte Armbruster
»Die personifizierte Fürsorgerin des Gemeinderats«
278

Helene Schoettle, geborene Osswald
Hilfe und Sorge für andere
285

Gertrud Müller, geborene Wieland
Ein Leben im Widerstand
291

Grete Breitkreuz
Eine neue Tanzkultur
296

Die Entwicklung der Frauenpolitik nach 1945: Ein neuer Anfang?
303

Schlußbetrachtung
308

Anmerkungen
310

Quellenverzeichnis
314

Register
317

Zu diesem Buch

Es ist auf Erden nichts Ernstes, was nicht zugleich eine Lächerlichkeit zur Seite hätte, und oft wird ein Gegenstand darum bei dieser lächerlichen Seite gefaßt, damit er die Aufmerksamkeit erregt, was ihm von Anbetracht der ernsten Seite keineswegs gelingen würde.
Anonymes »republikanisches Weib« um 1848

Das Wort »Emanzipation« (lateinisch: Freilassung) ist – vor allem in der zusammengesetzten Form »Frauenemanzipation« – noch heute für viele Männer und auch für manche Frauen aus unterschiedlichsten Gründen ein rotes Tuch der Provokation, ein Grund zum Weghören, zur Ereiferung oder auch zur Resignation.

Dies ist ein Indiz dafür, daß die »Freilassung« noch keineswegs errungen ist.

»Emanzipation« war bereits während der Französischen Revolution ein politisches Schlagwort. Von Frauenemanzipation wird seit 1839 gesprochen, als der Schriftsteller Karl Ferdinand Gutzkow (1811–1878) – ein Vertreter der Schriftstellergruppe »Junges Deutschland« – diesen Begriff als Postulat für Frauen prägte. Das Thema steht also seit mehr als 150 Jahren auf der Tagesordnung und steckt doch immer noch voller Brisanz.

Noch immer werden mit diesem Wort Frauenemanzipation viele Schwierigkeiten – besonders bewußter Frauen – assoziiert, werden Verlustängste vieler Männer angesprochen, werden Aufforderungen an sie formuliert, die gängige männlich bestimmte gesellschaftliche Praxis und damit auch das eigene Verhalten zu verändern. Die Ausgrabungsarbeiten, die historische Zusammenhänge ans Licht bringen, verfolgen daher vor allem das Ziel, das Verständnis für die Notwendigkeit solcher gesellschaftlichen Veränderungen zu erweitern.

In diesem Sinne ist Klärung und Erklärung durch Geschichte das Anliegen dieses Buches. Und dies soll, soweit es noch möglich ist, durch bildhaftes Beschreiben von weiblichen Geschichtszusammenhängen erreicht werden, die allzu lange von der Dokumentation der »herr«schenden Geschichtsschreibung vernachlässigt oder vergessen wurden.

Geschichtsschreibung kann immer nur eine Annäherung an eine vergangene Wirklichkeit sein. Im Falle der Frauengeschichte entdeckt sie eine andere Wahrheit hinter der bislang überlieferten; andere Daten, Personen, Wirklichkeiten werden wichtig.

Gerade weil es »nur« Frauenzusammenhänge sind, denen hier im gesellschaftlichen Ganzen Priorität eingeräumt wird, waren Sachlichkeit und Genauigkeit oberstes Gebot bei der Darstellung der Frauenemanzipation seit 1800 in Stuttgart. Es wird gleichzeitig die Geschichte einzelner, individueller Frauen sichtbar und die der gesamten Frauenbewegung, soweit sie noch zu rekonstruieren ist.

Nur die präzise empirische Behandlung der Inhalte, der Forschungsergebnisse, der Quellen kann dieses wichtige Thema aus dem emotional vergifteten Bereich des traditionellen Geschlechtermachtkampfes befreien. Nur eine solch unspektakuläre Behandlung kann alle Vorwürfe derer im Keim ersticken, die meinen, hier könnte ein Traktat überspitzter feministischer Theorien erstellt worden sein, weil der Nachholbedarf in Frauengeschichte so groß und beschämend ist.

Ein Katalog zur musealen Einsortierung und Klassifizierung war jedoch genausowenig geplant, weil zu viele Widersprüche eine Systematisierung verhindern. Die Besonderheit der Geschichte der Frauenemanzipation liegt in ihrem Zielcharakter: Die kleinen Schritte der staatlich-sozialen und politischen Verbesserungen für Frauen sollten ja zur *Gleichberechtigung* führen. Nominell ist dieses Ziel erreicht; die gesellschaftliche Wirklichkeit jedoch hinkt de facto und atmosphärisch hinterher. Und vor diesem zwiespältigen Hintergrund der Emanzipation wird erkennbar: In Einzelfällen war vieles möglich an Einflußnahme von Frauen, insgesamt aber hatten Frauen Mühe, ihre erkämpften Rechte auch leben zu können. Denn: »De-jure«-Entscheidungen brauchen meist lange, um sich im menschlichen Zusammenleben durchzusetzen, vor allem, wenn damit althergebrachte Rechte verändert werden.

Viele der menschlichen Beziehungsmuster, die es schon um 1800 gab, sind also immer noch lebendig. Noch immer ist die »Freilassung« aus nachteiligen gesellschaftlichen Bedingungen und Zwängen für Frauen viel schwerer möglich als für Männer. Die Unterschiede sind weniger krass, sie sind subtiler geworden. Das macht die Situation von Frauen jedoch nicht weniger schwierig. Auch deshalb liegt in der Erforschung der Frauengeschichte soviel Zündstoff: Sie dokumentiert Unterdrückung, die nicht überwunden ist. Dieser Zusammenhang bringt, wenn er zudem noch offen und ohne Rücksichtnahme aufgedeckt wird, der wissenschaftlichen Frauenforschung immer wieder den Vorwurf ein, ideologisch und polemisch zu argumentieren.

»Wider das verkochte und verbügelte Leben«[1] – schon dieser Satz der Louise Dittmar kann als harmlose verbale Polemik verstanden werden und ist doch keine. Die Kritik geht tiefer. Treffsicher und kurz beschreibt er die Existenz der meisten Frauen (die der Herrscherhäuser und des Großbürgertums ausgenommen). Gleichzeitig aber illustriert er die ambivalenten Lebensbedingungen der Frauen, die nur in einem häuslich bestimmten, eingeschränkten Tätigkeitsbereich zugelassen sind – gleichgültig, ob es ihren Fähigkeiten entspricht oder nicht.

Durch die Aufforderung, sich gegen diese weibliche Beschränkung aufzulehnen, sich nicht mehr ohnmächtig mit den Verhältnissen zu arrangieren, rührt

Louise Dittmar rebellisch an die Grundfesten der Gesellschaft. Sie fordert auf zum Widerstand gegen traditionelle Rollenzuweisungen und moralische Vorstellungen einer männlichen Welt. Die gesellschaftliche Ächtung ist damit vorprogrammiert.

Ein ernstes Anliegen wurde also, oberflächlich betrachtet, »lächerlich« formuliert, um durch Lächerlichkeit den banalen Ernst des Sachverhaltes aufzudecken. Die Brisanz dieses Satzes vom verkochten und verbügelten Leben ist zwar heute nicht mehr ganz so gewaltig wie damals; viele Männer reagieren trotzdem immer noch sehr pikiert auf ihn.

Vor dem Hintergrund der aller Frauengeschichte immanenten Doppelbödigkeit ist es mir wichtig, darauf hinzuweisen, daß die vorliegende Dokumentation ohne das Projekt »Frauengeschichte: Frauen machen Geschichte(n)« im Stuttgarter Rathaus nicht möglich gewesen wäre. Als Arbeitsbeschaffungsmaßnahme wurde es zwei Jahre lang vom Arbeitsamt und von der Stadt Stuttgart, anschließend ein halbes Jahr lang durch einen Werkvertrag von der Stadt Stuttgart allein finanziert. Es standen also öffentliche Gelder zur Verfügung, um ein Kapitel Stadtgeschichte in Angriff zu nehmen, das so lange nicht wahrgenommen worden war. Initiiert wurde das Forschungsprojekt von der damaligen Frauenbeauftragten der Landeshauptstadt. Sie hat aber im weiteren Verlauf die Konzeption dieser Arbeit nicht mehr mitgetragen.

Viel zeitraubende Kleinarbeit verlangte eine solche Basisarbeit, immer wieder auch weitverzweigte Quellensuche, da die Datenüberlieferung oftmals falsch oder nicht ganz korrekt war. Die Finanzierung des deshalb erforderlichen anschließenden Werkvertrages haben dankenswerterweise der Bürgermeister des Referates Allgemeine Verwaltung und Sport, Herr Dr. Gerhard Lang, und sein Referent, Herr Dieter Gronbach, befürwortet.

Das in vielfacher Hinsicht nicht einfache Unternehmen einer – wenn auch lokal eingegrenzten – Forschung zur Frauengeschichte stieß auf mancherlei Hindernisse. Sie ergaben sich nicht nur aus dem schillernden Thema, sondern auch daraus, daß Archive und Bibliotheken »natürlich« andere Prioritäten haben und hatten als die Sicherung von Dokumenten, die Frauen betreffen. Und immer wieder wurden Wissensdrang und Schürf-Elan von der Nachricht fast zunichte gemacht, daß Archive und Gerichtsakten verbrannt, Nachlässe, Chroniken und Aufzeichnungen nicht mehr vorhanden waren. Dennoch schien es mir sinnvoll, dieses »Puzzle« wichtiger Frauengeschichtsdaten und Frauenpersönlichkeiten so zusammenzufügen, daß trotz unvermeidbarer Lücken ein gesellschaftspolitisch-sozial-kulturelles Bild in all seiner Vielfalt und seinen Vernetzungen sichtbar wird.

Die drei Geschichtsphasen der deutschen Frauenbewegung sollen die Struktur dieses Bildes zusätzlich verdeutlichen, denn losgelöst war Stuttgart natürlich – abgesehen von ein paar lokalen Besonderheiten und Varianten – vom Geschehen im übrigen Deutschland nicht.

In diesem Emanzipationsbild der Stuttgarterinnen werden die einzelnen Frauenbiographien als individuelle Schicksale interpretiert. Die Auswahlkriterien waren dem Grundsatz verpflichtet, daß »Emanzipation« eine große Bandbreite von Inhalten haben müsse und ihre Bedeutung in jedem Einzelfall wieder neu und individuell zu bestimmen sei. In den vielen Emanzipationsbestrebungen wird, so verstanden, ein großer Phantasiereichtum sichtbar.

Ging es um die Auswahl von Frauen, die zur gleichen Zeit und in ähnlichen Bereichen tätig waren und sich in ihrer Wichtigkeit entsprechen, erhielt diejenige den Vorzug, der in den letzten Jahren weniger Aufmerksamkeit und Publikationen zuteil geworden sind. Deswegen tritt in dieser Sammlung die Malerin Ludovike Simanowiz (1759–1827) auf und nicht die Scherenschnittkünstlerin Luise Duttenhofer (1776–1829), die aber mit einem Konterfei Therese Hubers (1764–1829) vertreten ist. Die Biographien – seien sie nun aus Nachlässen, Sekundärliteratur oder Originalschriften der Porträtierten erarbeitet oder als Interview (und so als Beispiel mündlich überlieferter Geschichte) konzipiert – beschränken sich nicht auf lebenswichtige Daten. Sie versuchen – im besten Falle im »O-Ton« und unter Zuhilfenahme von zeitgenössischen schriftlichen Reaktionen –, die Entwicklungsgeschichte der einzelnen Frau nachzuzeichnen und die Faktoren einzukreisen, die bei ihr den Ausbruch aus der Frauenrolle veranlaßten, das »vernünftige« Verbleiben nahelegten oder nur noch das Resignieren übrigließen.

Es wird deutlich, wie entscheidend in den meisten Fällen schon das Elternhaus war. Viele Frauenrechtlerinnen und Künstlerinnen hatten für ihre Zeit fortschrittliche Väter, erhielten eine ausgezeichnete Bildung und wurden schon als Kinder in ihren Begabungen gefördert. Die Mütter werden mit wenigen Ausnahmen, selbst wenn sie bekannte Frauen waren, nicht erwähnt. Ihre Charakterisierung ist deshalb oft nicht möglich. Sogar wenn sie, wie die Mutter von Clara Zetkin, frauenbewegt waren, können sie der mangelnden Daten wegen nur mühsam ins Erziehungsbild einbezogen werden. Es sei denn, die Tochter setzte der Mutter selbst ein schriftliches Denkmal – so wie Isolde Kurz dies für ihre Mutter Marie von Brunow tat. Mütter kommen eben in der offiziellen Geschichtsschreibung bestenfalls als Ehefrauen oder als Töchter ihrer Väter vor.

Der ursprüngliche Anspruch der Autorin, nur sogenannte »Normalfrauen« zu beschreiben, konnte in dieser Ausschließlichkeit nicht erfüllt werden. Es fehlte an schriftlichen Zeugnissen. Auch sollte der Begriff »Normalität« nicht darauf begründet werden, daß die Mehrzahl der Frauen einer gewissen Norm entspricht. Die bekannten und vergessenen Frauen, die hier zu Wort kommen, werden jedoch *auch* in ihrer »Normalität« dargestellt, das heißt, es wurde immer versucht, nicht nur ihren Charakter zu interpretieren, sondern auch die materiellen Existenzbedingungen der Frauen zu durchleuchten – sofern die Daten aufzufinden waren, die notwendig sind, um eine Relation zum zeitgemäßen Existenzminimum und zum gesellschaftli-

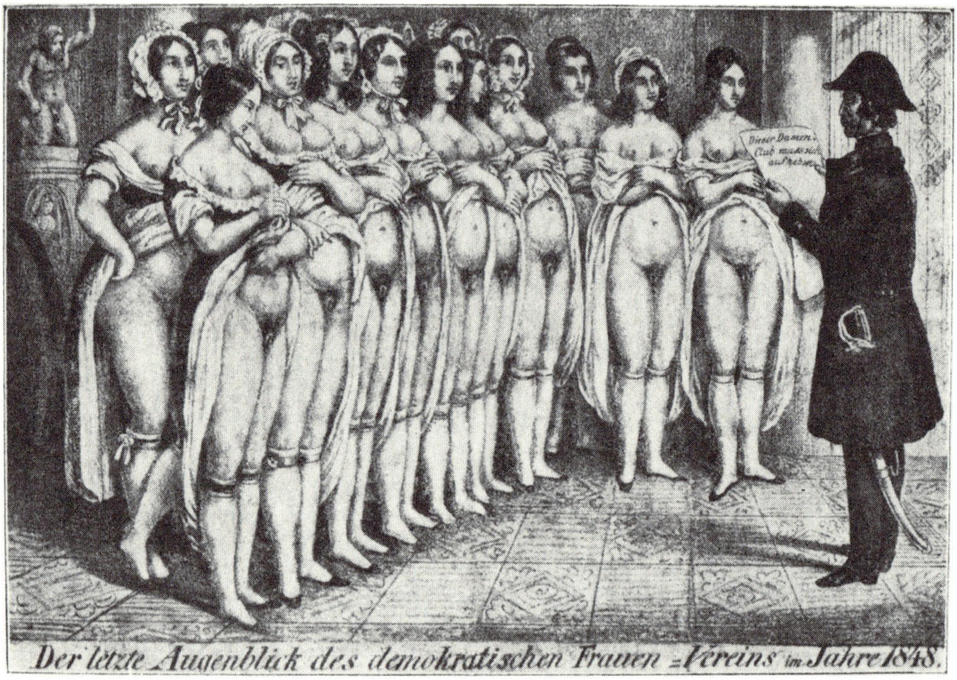

Der letzte Augenblick des demokratischen Frauen-Vereins im Jahre 1848.

Verachtung und Häme schlugen sich in vielen Karikaturen nieder, die sich mit Emanzipationsbestrebungen von Frauen befaßten. Das »Niveau« der Karikaturisten spricht für sich. Um 1848.

chen Ganzen herzustellen. Die Ergebnisse, die so zustande kamen, sind trotz ihrer Vielfalt in gewissem Sinne fast einheitlich. Die hier beschriebenen »emanzipierten« Frauen, die sich bewußt, aber in unterschiedlicher Weise dem vorgeschriebenen Frauenverhalten entzogen haben oder die Norm modifizieren konnten, formulierten ihre Anliegen fast ohne Ausnahme ernsthaft, würdevoll, selbstbewußt und maßvoll-ironisch – wenn möglich wissenschaftlich untermauert. Diese Pionierinnen der Frauenbewegungsgeschichte waren sich trotz aller Angriffe, die ihr »anstößiges« Verhalten kritisierten, ihres Wertes bewußt – auch dann, wenn sie sich aus taktischen Gründen anonym äußerten. Sie gaben trotz aller Hindernisse ihre würdige Haltung und ihre Hoffnung auf eine Verbesserung ihrer Lage nicht auf.

Frauenforschung kann heute nicht mehr als nostalgisches Auffüllen einer Lücke durch Frauengeschichte verstanden werden. Es gilt, die wenigen historischen Quellen heranzuziehen, die Frauen und ihr Mitwirken in Aufbruchzeiten, in Zeiten bürgerlicher Revolutionen und Revolten nicht übersehen und verschweigen.

Die Konstanten dieser Frauengeschichte sind immer wieder das Scheitern der frauenpolitischen Ansätze, die Unmöglichkeit, Fraueninteressen zu verwirklichen, die immer aktuelle, ungelöste »Frauenfrage«. Hier können Zusammenhänge, Querverbindungen und Hintergründe aufgezeigt werden.

Es ist sinnvoll, dieses Geschichtsbild im nachrevolutionären Stuttgart um 1800 beginnen zu lassen, weil es damals die ersten weiblichen Aussagen zu diesem Thema gab. Weibliche Einzelstimmen finden sich bis 1848 dann schon als Gruppenmeinung zusammen (erste Phase). Eine Art »außerparlamentarischer Opposition« wird nach einer Welle der staatlich verordneten Restauration ab 1865 mit einer neuen Aktivierung von Frauen und mit Vereinsgründungen bis 1919 führen (zweite Phase). Das langerkämpfte Frauenwahlrecht, das bürgerliche und proletarische Frauen in einer gemeinsamen Massenbewegung realisierten, hatte endlich zur Legalisierung der politischen Frauenmandate geführt.

Die Weimarer Zeit und das Dritte Reich (dritte Phase) sind ein Anfang und ein Ende zugleich. War ab 1919 bis in die späten zwanziger Jahre die Hoch-Zeit eines gewaltigen politischen Einsatzes der Frauen, so wurden im Gegensatz dazu im Nationalsozialismus fast alle Frauenrechte außer Kraft gesetzt – eines ausgenommen: das »Recht« auf Mutterschaft und Fortpflanzung.

Zum Abschluß wird das Wiederanknüpfen des Frauenengagements an die Zeiten vor dem »Tausendjährigen« Reich nach 1945 durchleuchtet. Die Schwierigkeiten dieses Neubeginns, die Diskrepanzen unter den Frauen, die generelle Erfolglosigkeit, die fast ein Einschlafen der frauenpolitischen Aktivitäten bewirkte, hat ganz sicher die Vehemenz der neuen Frauenbewegung der sechziger Jahre bewirkt.

Bei all diesen Betrachtungen darf nicht vergessen werden, daß nur *die* Frauen sich schriftlich oder kreativ äußern konnte, die dies gelernt hatten. Die außerdem Mut genug hatten, sich anonym oder sogar unter ihrem Namen ins Tagesgeschehen zu mischen. Die hier befolgten Auswahlkriterien sind also *auch* durch Mangel bestimmt: Die sozial schwachen Frauen tauchen »nur« im Zusammenhang mit Brotkrawallen und Milchboykotts und, daran gekoppelt, in Prozeßakten auf. Sie sind biographisch nicht zu fassen. Eine Ausnahme ist dabei die Hausmagd Nanette Ruthardt, die durch ein Verbrechen und die Berichterstattung darüber einen späten »Nachruhm« erwarb und in ihrem Status beschrieben werden kann.

Die ersten frühfeministischen Schriften (besonders in Frankreich, das allerdings erst 1944 das Frauenwahlrecht einführte) erschienen um 1800. Im 19. Jahrhundert wurden in der Nachfolge dieser ersten Äußerungen viele Bücher zur Frauenfrage und zu Frauenthemen publiziert. Aufrufe, Zeitungsartikel, eigene Frauenzeitungen wurden als Wagnis veröffentlicht, fielen der Zensur anheim, wurden behindert und vergessen, in Karikaturen lächerlich gemacht.

Das Übergehen der Frauenbewegungsgeschichte in den einschlägigen Geschichtswerken und in Schulbüchern hatte System. Die historische Frauenbewegung war keine Randerscheinung, sondern neben der Arbeiterbewegung die größte Bewegung des 19. Jahrhunderts, die zu grundlegenden Strukturveränderungen unserer Gesellschaft beitrug.

Die in der vorliegenden Dokumentation für die erste Phase des Geschichtsbildes beschriebenen Porträts sind emanzipatorisch vor allem auch deshalb interessant, weil die Malerin Ludovike Simanowiz und die erste deutsche Redakteurin, Therese Huber, sich mit dem Gedankengut der Französischen Revolution auseinandersetzten und durchaus Konsequenzen daraus zogen. Feministische Frühschriften gibt es im Stuttgarter Raum nicht. Es gab aber ein sehr bodenständiges weibliches Bewußtsein dessen, daß Frauen nicht nur im Haushalt wichtig sind, sondern auch im Reich der Kunst. Fast nur über Künstlerinnen sind daher aus dieser Epoche noch Daten greifbar. Deshalb soll auch die Musikerin Emilie Zumsteeg aus dem Dunkel der Musikgeschichte mit einer Neubewertung herausgeholt werden. Die schon erwähnte »Rebellin«, die Hausmagd Nannette Ruthardt, gehört zwar nicht in den Bereich der Kunst, aber sie war immerhin so skandalös interessant, daß die damaligen Medien sich ihrer annahmen.

Um den wichtigsten Kunstgenres Gerechtigkeit widerfahren zu lassen – hier gab es auch die meisten weiblichen Laien und Dilettantinnen – sind die Bereiche Literatur, Malerei, Schauspiel, Tanz und Musik jeweils mit einem Abriß der Stuttgarter Tradition vom 19. bis in die Anfänge des 20. Jahrhunderts hinein versehen. Dies ist insofern wichtig, weil die Kunstdomäne am ehesten Ausnahmefrauen und geniale Meisterinnen zuließ.

Im Bereich der Literatur findet sich dieser Überblick ansatzweise bei Isolde Kurz. Die Existenz des Stuttgarter Literatursalons wird im Porträt Therese Hubers (siehe Seite 61) angesprochen. Emilie Reinbeck-Hartmann (1794–1846), die als Malerin dilettierte und als Gastgeberin in den schwäbischen Dichterkreis um diesen »Salon« gehörte, wird nicht gesondert in einem Porträt gewürdigt, weil es über diese Zusammenhänge und über sie selbst neue Publikationen gibt. Besonders um den Dichter Nikolaus Lenau (1802–1850) hat sie sich bemüht, der 1844 in einem Anfall von Wahnsinn aus dem Fenster ihres Hauses in der Friedrichstraße 14 sprang. Ihr Porträt von ihm ist verschollen.

Im Bereich der Malerei ist eine Übersicht bei Anna Peters (siehe Seite 113) zu finden, für die Schauspielkunst bei Alexandrine Rossi (siehe Seite 136). Über weibliche Musikbegeisterung und zeitgenössische Besonderheiten kann bei Emilie Zumsteeg (siehe Seite 70) und über Stuttgarts weibliche Tanztradition bei Grete Breitkreuz (siehe Seite 296) nachgelesen werden. Das große Thema Bildung – erst Bildung ermöglicht ja die Emanzipation der Frauen – wird innerhalb der zweiten Geschichtsphase in einer Doppelbiographie Vera Vollmers und der Schwestern Reis behandelt. Die Lebensdaten der beiden zuletzt Genannten, die bislang noch nie veröffentlicht wurden, konnten nur mit Hilfe der Datei des Pragfriedhofs vervollständigt werden; sie war auch in anderen Fällen die einzige Stelle, wo Daten ermittelt werden konnten, die es sonst nirgends mehr gab. In dieser zweiten Phase wird neben den Künstlerinnen eine immer größer werdende Anzahl von Politikerinnen wichtig, von Frauen also, die sich eindrücklich zum gesellschaftspolitischen

Leben äußerten: Clara Zetkin, Anna Blos[2], Henriette Arendt. Die Berufsmöglichkeiten für Frauen wurden vielfältiger, Künstlerinnen wurden vorurteilsfreier betrachtet. Lehrerinnen waren immer noch in der Überzahl – sie repräsentieren hier ihre statistische Häufigkeit und die Priorität der Bildungsarbeit in der bürgerlichen und der proletarischen Frauenbewegung: Vera Vollmer, Sofie Reis, Mathilde Planck, Hilde Reichert-Sperling, Clara Zetkin und Anna Blos.

Unter den Künstlerinnen jener Zeit bezeichnete sich fast keine als emanzipiert im frauenbewegten Sinne; sie waren es aber in der Entschiedenheit, mit der sie ihren Beruf ergriffen und gelebt haben: Isolde Kurz, die Dichterin; Alexandrine Rossi, die Schauspielerin; Ida Kerkovius und Käthe Loewenthal, die Malerinnen. Im Porträt der im Dritten Reich umgebrachten jüdischen Malerin Käthe Loewenthal ist gleichzeitig aller anderen jüdischen Malerinnen gedacht, die das gleiche Schicksal erleiden mußten und von denen wir noch etwas wissen.

In diesem Zeitabschnitt sind auch die Debütantinnen derjenigen Berufe oder Mandate zu finden, die bis dahin den Männern vorbehalten waren: die erste Polizeiassistentin, Henriette Arendt; die erste Ortsschulrätin, Anna Blos; die erste Schulrätin im Kultusministerium, Vera Vollmer; die erste Professorin Deutschlands, Margarete von Wrangell; eine der fünf ersten Landtagsabgeordneten 1919, Mathilde Planck. Eine der ersten vier Stadträtinnen 1919, die Fürsorgerin Charlotte Armbruster, kommt in der dritten Geschichtsphase zu Wort. Viele der genannten Lehrerinnen wurden Schriftstellerinnen und Redakteurinnen, um mehr Frauen mit ihren Informationen zu erreichen: Mathilde Planck, Clara Zetkin, Anna Blos, Henriette Arendt, Sofie Reis und Hilde Reichert-Sperling. Wenn möglich, wird auch immer dem »O-Ton« dieser Autorinnen der Vorzug gegeben. Gab es Äußerungen von Zeitgenossen, so werden sie zitiert, um das Urteil der Zeit zu dokumentieren. Ihr Wirkungsgrad wird von heute aus analysiert.

In der dritten Phase dieser Dokumentation kommen vor allem die Stadträtinnen verschiedener Couleurs zu Wort: Charlotte Armbruster und Helene Schoettle, die Arbeiterin Gertrud Müller und die Landtagsabgeordnete Anna Haag. Ihnen allen ist gemeinsam, daß sie während des Dritten Reiches Widerstand leisteten und schwere Schicksale zu ertragen hatten. Die Kontinuität ihres politischen Handelns nach dem Krieg zeigt, daß trotzdem ihr Mut und ihre Hoffnungen nicht gebrochen wurden.

Eine Tänzerin und eine Ärztin beschließen die Reihe all dieser außergewöhnlicher Frauen; die beiden letzten sind Beispiele moderner Frauen, die in den zwanziger Jahren ihr Selbstbewußtsein fanden: Grete Breitkreuz und Else Kienle.

Zeitliche Überschneidungen und die in ein oder zwei Fällen willkürlich erscheinende Zuordnung der Biographien in die Geschichtsphasen zeigen, wie wenig zeitabhängig oder epochenkonform die persönliche Entwicklung der Frauen verlaufen ist. Auch waren frauenpolitische Inhalte, die am Ende des letzten Jahrhunderts progressiv und innovativ waren, 50 Jahre später, wenn sie unverändert blieben, schon wieder konservativ und hatten sich zum Teil selbst überholt.

Die »Dauerbrenner« der Frauenpolitik aber beschäftigen uns heute wie eh und je: Gleichberechtigung, Frauenrenten, Frauenlöhne und der § 218 – werden diese Probleme je eine für alle erträgliche Lösung finden?

Zum Abschluß soll noch das folgende präzisiert sein: Viel Altes in neuem Gewand und viel Neues wurde hier zusammengetragen. Es wurden Daten geklärt und Linien verfolgt, deren Spur sich meistens nur aus Fußnoten, aus winzigklein Geschriebenem, aus fast unleserlichen Handschriften erschloß. Was sich in vergilbten Mappen – weitverstreut und ohne roten Faden gesammelt – fand, wurde mühsam analysiert und miteinander verbunden.

So entstand ein Flickenteppich der verschiedenen sozialen und kulturellen Zusammenhänge. Abenteuerliche und gut-bürgerliche Frauen, Rebellinnen und Künstlerinnen, auch ein paar liebenswert Verrückte tummeln sich da. Und je intensiver ich mich mit ihnen beschäftigte, um so toleranter wurde ich gegenüber ihren Fehlern, Unbesonnenheiten und Dummheiten, die sie selbst im Verstricktsein mit ihrer Zeit nicht leicht erkennen konnten. Aber es stieg auch meine Hochachtung vor jenen, die weit über ihre Epoche hinwegschauend das Gute und Menschliche forderten und es selbst trotz aller Schwierigkeiten und Leiden gelebt haben.

Daß Frauengeschichte in den sich wandelnden Dimensionen gesellschaftlicher, kultureller, sozialer und kommunikativer Zusammenhänge als gleichwertige Geschlechtergeschichte von Frauen und Männern beschrieben werden muß – die Verwirklichung dieses Anspruchs wird hier mit Bedacht zu Gunsten der Frauen unternommen. *Zuerst* müssen die Grundlagen der Frauenvergangenheit sichtbar gemacht werden, muß die Gleichwertigkeit dokumentiert werden.

Frauengeschichte will die Originalität der Frauentraditionen, der Frauenpersönlichkeiten veranschaulichen. Sie tut dies mit Fragestellungen, die bislang in der Geschichtsschreibung wenig üblich waren, die aber unter anderem den veränderten Perspektiven spezifisch weiblicher Erfahrung und den anderen Lebensbereichen von Frauen entsprechen. Ihre Haltung in Krieg und Frieden, ihr Verhalten gegenüber Krankheit und Gesundheit, in der Partnerschaft, in der Sexualität – so schwierig das auch zu beschreiben ist –, ihre veränderten Lebensbedingungen in der Ehe, mit Kindern, in der Erziehung, in der Familie, ihr Umgang mit Haushaltsführung, Freizeit und Geselligkeit, aber auch ihre Arbeits- und Lohnverhältnisse, ihre Versuche, sich kreativ zu entfalten – dies alles soll in dieser Geschichtsschreibung eingeschlossen und nicht ausgegrenzt sein.

Der so vollzogene Perspektivenwechsel soll aber auch die Bruchstellen und Unstimmigkeiten der aus männlicher Sicht überlieferten Geschichte aufzeigen. Die »Freilassung«, in der Frauen ihre Identität finden können – gleichgültig, ob sie sich in Opposition oder konform zu dem sie umgebenden gesellschaftlichen Rahmen verhalten –, muß noch lange geprobt werden.

All denen, die mich in meiner »Geschichtseinsiedelei« unterstützt haben, möchte ich sehr herzlich danken. Sei es im Institut für Marxismus-Leninismus Berlin-Ost, im Marbacher Literaturarchiv, im Staatsarchiv Ludwigsburg, im Hauptstaatsarchiv Stuttgart, im Stadtarchiv Stuttgart, in der Friedhofsverwaltung des Pragfriedhofs, in der Württembergischen Landesbibliothek, in der Rathausbibliothek, im Standesamt, im Stadtarchiv Karlsruhe, im Rathaus Heidenheim, im Archiv des Landtags in Stuttgart, im Archiv der Universität Hohenheim, im Archiv der Württembergischen Staatstheater, in den Registraturen des Oberschulamtes und des Kultusministeriums, im Stadtplanungsamt, im Frauenbüro, im Kunstverein, im Rathaus, im Theaterhaus ... Ganz besonders danke ich dem Kulturamt der Landeshauptstadt Stuttgart, der Gesellschaft für politische Ökologie Baden-Württemberg e. V. und der Stiftung der Württembergischen Hypothekenbank für Kunst und Wissenschaft, ohne deren Unterstützung die Arbeit nicht hätte erscheinen können.

Den Freunden und Freundinnen, die meinen »Frauenhorizont« ausgehalten und mich unterstützt haben, bin ich ebenfalls verpflichtet. Es ist eine Ironie der Geschichte, daß in diesem Falle ein Frauenforschungsprojekt von der Frauenbeauftragten initiiert wurde, aber nur wegen der Standhaftigkeit des zuständigen Bürgermeisters abgeschlossen werden konnte.

Der widersprüchliche Charakter des »Freilassens« und die Anstrengung zur Emanzipation sind also auch in diesem Projekt enthalten.

Stuttgart, im April 1990
Maja Riepl-Schmidt

Erste Geschichtsphase: 1800 bis 1848

Aufbruch in das neue Jahrhundert

Um die Wende vom 18. ins 19. Jahrhundert war Stuttgart für heutige Begriffe ein kleiner Weiler. 1789 lebten hier 17 225 Menschen, 1802 waren es 21 545. Der Reisende, der sich Stuttgart von Ludwigsburg her näherte, nahm von der Postkutsche aus folgende Impressionen mit: »Nach Zuffenhausen hinfahrend, sahen wir Feuerbach rechts in einem schönen Wiesengrunde. Ein Bauer, der eine Querpfeife auf dem Jahrmarkt gekauft hatte, spielte darauf im nach Hause Gehen; fast das einzige Zeichen von Fröhlichkeit, das uns auf dem Wege begegnet war. Nach Sonnenuntergang sah man Stuttgart. Seine Lage, in einem Kreise von sanften Gebirgen, machte in dieser Tageszeit einen ernsten Eindruck.«[1]

Die Stadt ist noch überschaubar und beschaulich; von den »Weinbergshöhen« aus erkennt der Reisende – es ist Goethe –, daß Stuttgart eigentlich »drey Regionen und Charaktere« hat: »unten sieht es einer Landstadt, in der Mitte einer Handelsstadt, und oben einer Hof- und wohlhabenden Particulierstadt ähnlich.«[2]

Goethe hält sich bei den Bürgern der von ihm so benannten Particulierstadt auf. Er besucht den »Handelsmann Rapp« und bringt dort seine Dichtung »Hermann und Dorothea« zu Gehör, beehrt den Bildhauer Johann Heinrich Dannecker und den Maler Philipp Friedrich Hetsch – beide sind Stuttgarter Berühmtheiten –, hört Musik bei »Herrn Capellmeister Zumsteeg«[3], geht ins Theater, bemerkt, daß »man vom Kriege her viel gelitten« hat »und immerfort« leidet. »Wenn die Franzosen dem Lande 5 Millionen abnahmen, so sollen die Kaiserlichen nun schon an die 10 Millionen verzehrt haben. Dagegen erstaunt man als Fremder über die ungeheure Fruchtbarkeit dieses Landes und begreift die Möglichkeit solche Lasten zu tragen.«[4]

Über die nicht bürgerliche, nicht »particuläre« Bevölkerung läßt der Herr Geheimrat nichts vernehmen – schon gar nicht über Frauen dieses Standes. Waren sie vom Dichter noch zu wenig ergründet, um in ihrer idyllischen, idealisierten Beschaulichkeit (siehe G. Lewis: Mägde am Leonhardtsbrunnen, Seite 22) beschrieben werden zu können? Oder kannte er die Klischees zur Genüge, die gerade über die »Stuttgarter Schönen« schon verbrochen worden waren? »Ungekünstelte Fröhlichkeit erhöht ihnen den Werth jeder Wohltat ihrer schönen

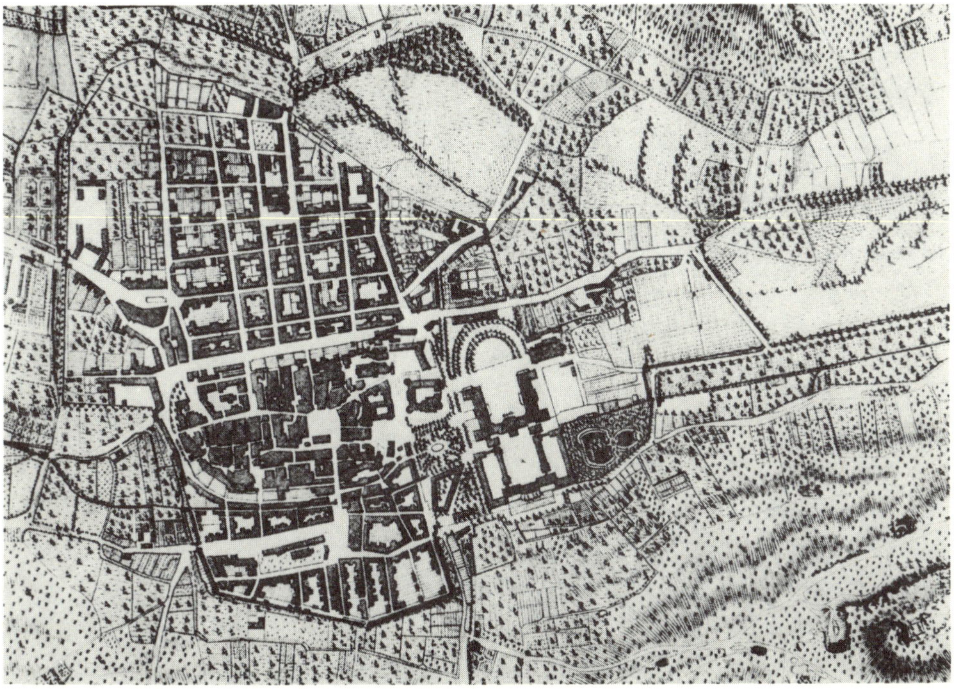

»Alt-Stuttgart«. Plan der Stadt im Jahre 1788 von Karl Duttenhofer.

Gegend und milden Luft. Ihre Empfindung ist immer Spiegel der Natur; sie nimmt jeden Vorfall auf, wie er sich darbeut, ohne Durst nach Emphase in den Begebenheiten, Worten und Gefühlen ...«[5]. Oder: »Eine Schüchternheit, eine ängstliche Besorgnis, gegen etwas anzustoßen, auch allenfalls Geheimnisse des Herzens zu verraten, findet sich häufig bei den besten unserer Mädchen ...«[6] All dies gipfelt in der Beschwörung: »Schwäbisches Mädchen! Du sollst nicht deine vaterländische Sprache ganz ablegen, und französische und sächsische Ziereireien einmischen, und den Charakter deines Tons darüber verderben! ...« weil »oft eine Beugung der Vokale die Redlichkeit, die Treuherzigkeit und Weichheit ausdrückt, wie kein teutscher Dialekt sie auszudrücken vermag.«[7]

Neben der überhöhten und poetischen Darstellung gibt es dann noch die augenzwinkernd betrachtete Magd, die durch ihre Unachtsamkeit bei den Herren derb-erotische Gelüste weckt (siehe Lithographie Seite 23) und als Karikatur auf ihre eindeutig weiblichen Reize eingeschränkt wird.

Wie Frauen nun wirklich gelebt haben, ohne lediglich dekorativer Blickfang für männliche Betrachtung zu sein, das kann nur aus wenigen schriftlichen Zeugnissen von in Stuttgart lebenden Frauen erahnt werden. Therese Huber (siehe Seite 61) ist eine dieser Frauen, die zum Beispiel auch die »Stuttgarter Unbil-

»Mägde am Leonhardsbrunnen«. Lithographie von G. Lewis. 1822.

len« beschrieb, sich über die Schwierigkeiten alleinstehender Frauen äußerte, die – wie sie selbst – als Witwen einem Broterwerb nachgehen mußten, über die Probleme, wenn Kinder zu versorgen waren, das Geld für eine Magd für grobe Arbeiten fehlte, wenn Wohnungen teuer, die Nahrungsmittel knapp und überteuert waren.

Natürlich gab es die Stuttgarterin; doch in den Stuttgarter Chroniken, der offiziellen Geschichtsschreibung der Stadt, kommt sie nur wenig vor, und aus den Dokumenten der Überlieferung ist sie oft nur mit Mühe zu dechiffrieren. In Adressbüchern werden Frauen nur als Alleinwohnende aufgeführt; der genaue Frauenanteil Stuttgarts ist nicht festzustellen. Doch sie waren da, in den verschiedensten Eigenarten und sozialen Stellungen. Es gab sie auch als politisch bewußte Frauen, nicht nur als Modepuppen oder als Staffage der Männerwelt (siehe Illustrationen Seite 24 und Seite 25, auf denen auch die Frauen in bürgerlicher und bäuerlicher Tracht dargestellt werden).

Die Frauen der niederen Stände äußerten sich nicht schriftlich – sie rebellierten.

Von Hungersnöten (zum Beispiel 1816) hatten sie genug: Sie machten *Charivaris* (Katzenmusiken) gegen Preisaufschläge, veranstalteten Milchboykotts und Brotkrawalle in der unteren Stadt. Dort wohnten Handwerker, Taglöhner, Taglöhnerinnen – die Dienenden beiderlei Geschlechts.

gezeichnet von Carl Häberlin.
Esslingen. Verlag von Ferdinand Schreiber
Jubiläum König Wilhelm I. im Jahre 1841.
König Wilhelm I. hatte im Jahr 1841 fünf und zwanzig Jahre seiner Regierung zurückgelegt. Seiner schaffenden, ordnenden und schützenden Hand, seinem reinen und starken Willen war es in dieser Zeit gelungen, in allen Regierungsrichtungen die vielseitigste und segensreichste Thätigkeit zu entwickeln und den hieraus für Württemberg entspringenden Gewinn in der That zu einem außerordentlichen zu machen. Die Anerkennung seiner segensreichen Leistungen, der Dank und die Liebe seines Volkes für dieselben, fanden deßhalb in der denkwürdigen Feier des 25jährigen Jubiläums den gebührenden schuldigen Ausdruck in einer Feier, bei welcher sich ganz Württemberg betheiligte und welche noch heute in dem Herzen jedes Einzelnen ihren wohlbegründeten Nachhall findet. In Stuttgart waren alle Gaue des Landes in festlicher Vertretung vereinigt und wo immer der König erschien, wurde ihm von Tausenden entgegen gejubelt, wurde er als Vater des Vaterlandes, als Wilhelm der Gerechte begrüßt. Die von dem Lande errichtete Jubiläumssäule auf dem Schloßplatze in Stuttgart bewahrt das Gedächtniß dieser in ihrer Art einzig dastehenden Feierlichkeit

»Jubiläum König Wilhelms I. im Jahre 1841«. Lithographie von Carl Häberlin.

in der 1849 verabschiedeten Gemeindeordnung gestattete man den Frauen, an den bisher nichtöffentlichen Gemeinde»räthe«sitzungen teilzunehmen (ab 1818 gab es ein von Bürgern direkt gewähltes Gemeinderatsgremium von 20 bis 24 Räten in Stuttgart) und somit wenigstens bei kommunalpolitischen Entscheidungsprozessen dabeizusein, wenn sie schon kein aktives oder passives Wahlrecht besaßen. Das Rathaus hatte das historische Novum der Frankfurter Nationalversammlung übernommen, bei der die Frauen und Familien der Abgeordneten auf der Galerie saßen und damit ihren Willen zum demokratischen Mitbestimmungsrecht unter Beweis stellten. Einmütig gebilligt waren die Frauen auf den Rängen allerdings nicht: Diese »Parlamentsfliegen« wurden natürlich verdächtigt, während ihrer politischen Meinungsdemonstration Haus und Kinder zu vernachlässigen.

Gegen das Verbot für Frauen, die Abgeordnetenkammer im württembergischen Landtag zu besuchen, half jedoch

Das Ständehaus (Landschaftshaus), rechts daneben die »Einnehmerei« – wie das Finanzamt damals hieß – in der Kronprinzstraße/Ecke Kienestraße. Eröffnung der Ständeversammlung (des Landtags) durch König Karl nach seiner Thronübernahme 1864.

kein Protest. Erst als das Frankfurter Rumpfparlament nach Stuttgart geflohen war und im Ständehaus (siehe Bild Seite 26), Ecke Kronprinzstraße und heutige Kienestraße, im Halbmondsaal des Abgeordnetenhauses (1944 im Krieg zerstört) tagte, konnten »die Frauen und die Jungfrauen Stuttgarts« ihre »Galerierechte« wahrnehmen. Als die Abgeordneten von der württembergischen Regierung aus dem Ständehaus in den Kolbschen Saal und später ins Fritzsche Reithaus (Kasernenstraße, heute Leuschnerstraße) verwiesen wurden, schmückten Stuttgarterinnen den Raum mit Blumen und schwarz-rot-goldenen Fahnen. Doch diese weibliche Geste wurde bald überflüssig: Am 18. Juni 1849 löste die Regierung die letzte Gruppe der Nationalversammlung mit Waffengewalt auf, indem sie den Einzug der Abgeordneten, an deren Spitze kein geringerer als Ludwig Uhland marschierte, verhinderte. Damit war dieses revolutionäre Relikt beseitigt; Notverordnungen wurden erlassen, um alle Reformen wieder rückgängig zu machen. Die Niederlage der »Volksfreiheit« und der weiblichen Emanzipationsversuche bedeuteten für viele Emigration, bedeutete Gefängnisstrafen in Stuttgarts nahem Festungsberg Hohenasperg, dem »Thränenberg«, bedeutete Resignation als Folge der staatlichen Reaktion.

Autoritäre Eingriffe des Staates und damit verbundene Repressionen, besonders auch für Frauen im privaten Bereich, nahmen wieder zu. Erneut wurden Todesstrafe und körperliche Züchtigung, wurden nichtöffentliche und nichtmündliche Prozeßverfahren eingeführt. Und sogar das Heiraten wurde wieder genehmigungspflichtig. Die Heiratserlaubnis konnte wegen »mangelhaften Leumunds« oder »mangelhaften Nahrungsstandes« – sprich Armut – verweigert werden.[9] Als Folge ging die Zahl der Eheschließungen in Württemberg um mehrere Tausend im Jahr zurück, und die Zahl der unehelichen Geburten stieg von zwölf auf 20 Prozent. Die »Spießbürger, die wegen der Wohlfahrtsausgaben der Gemeinden für die armen Familien die Einschränkung der Heiratserlaubnis gefordert hatten, mußten sich wieder verstärkt mit dem Problem der unehelichen Kinder beschäftigen. Sittlichkeit und Religion wurden dafür durch die Wiederabschaffung der Zivilehe gerettet.«[10]

Die Frauen der gehobenen Stände kannten jedoch ihren »Marktwert«: Sie setzten das Heiratsthema als politische Waffe ein und ließen sich nicht einschüchtern. Um einen deutschen Bruderkrieg zu verhindern, verfaßten anonym bleibende Württembergerinnen in der vermutlich ersten weiblichen Pressekampagne eine Resolution, die dann in verschiedenen demokratischen Zeitungen veröffentlicht wurde. In Stuttgart fehlt der Erstaufruf im »Beobachter« und im »Neuen Tagblatt«. Die Frauen verkündeten in Wandanschlägen rund um die Frankfurter Paulskirche einen »Zuruf an die deutschen Krieger« eine »Liebes- und Heiratsverweigerung«, die mit Emphase vorgetragen wurde: »Nie werden wir dem unsere Hand am Altare reichen, dessen Hand von dem Blute seiner deutschen Mitbürger befleckt wurde! Nie werden wir mit dem unseren häuslichen Herd teilen, der mit Feuer und Schwert, dieses, unser Heiligtum, zerstöret hat! Nie werden wir dem einst in treuer Liebe nah'n, dessen feindliche Waffe Unglück und Verderben über die deutschen Gauen gebracht hat! Höret, deutsche Jünglinge, unsern Schwur und des Himmels Vergeltung treffe uns, wenn wir dieses Gelübde nicht halten! ...«[11]

Ob die Frauen mit diesem Aufruf vom 7. Mai 1849 viel bewirkten – außer einer Stärkung der weiblichen Solidarität und Schmähreden aus dem Lager der konservativen Frauen und Männer –, wissen wir nicht.

»Sämtlichen Frauen und Jungfrauen des Königreichs Württemberg« schien es klar zu sein – vielleicht aus der doppelt unterdrückten Realität eines kleindeutschen Obrigkeitsstaates heraus –, daß Greueltaten auf dem Weg in die nationale Einheit und Freiheit nicht wieder wegzuwischen wären und eine Kriegsmentalität bestärkten, die sich dann auch nach außen richten sollte.

Die »Revolution« von oben konnte schließlich dennoch die demokratischen Gegengewichte nicht mehr ausmerzen. Bis zur Durchführung des preußischen Vereinsgesetzes 1851/52 auch in Württemberg (»Vereine, welche bezwecken, politische Gegenstände in Versammlun-

Turnerinnen des Turnerbundes Stuttgart bei einem Ausflug auf die Schwäbische Alb, 1900.

gen zu erörtern, dürfen keine Frauenspersonen, Schüler oder Lehrlinge als Mitglieder aufnehmen«), das einem Verbot für Frauen gleichkam, politisch mitzuarbeiten, hatte das Vereinswesen in allen Bereichen Hochkonjunktur. Immer mehr Frauen wurden integriert. Diese Möglichkeit der Mitgliedschaft auch in nicht politisch orientierten Vereinen war durchaus als Politikum zu bewerten, konnten doch Frauen so auch öffentlich tätig werden. In Stuttgart wurde auf diese Weise ein großes Potential an demokratischer Vernetzung geschaffen. Ab 1830 gab es politische Vereine liberaler Prägung, vaterländische Vereinigungen konservativer Richtung, kulturell orientierte Vereine wie die Gesangvereine (Liederkranz, Oratorienvereine), literarische Clubs (zum Beispiel Schillerverein), die Museumsgesellschaft, den Württembergischen Kunstverein und viele andere. Als durchaus politisch sind auch viele Turnerschaften einzustufen; sie hatten 1848 der Rumpfnationalversammlung in Stuttgart ihren Schutz angeboten. Frauen wurden in Turnvereinen jedoch erst gegen Ende des 19. Jahrhunderts zugelassen.

Um die in vielen verschiedenen Annalen und Chroniken versteckten Lebenszusammenhänge von Frauen zu verdeutlichen, soll hier versucht werden, in einer Art Umkehrung der »normalen« Geschichtsdarstellung Frauendaten synoptisch zu gliedern – für Stuttgart. Um

Frauenriege auf dem Seilerwasen in Cannstatt. Der »Turnverein Cannstatt 1846 e. V.« führte als einer der ersten Stuttgarter Vereine das Frauenturnen ein.

Vergleichsmöglichkeiten zu geben, wurden die Daten der internationalen und deutschen emanzipatorischen Frauenaktivitäten, politisch wichtige Daten Deutschlands und gegebenenfalls des beeinflussenden Auslands vermerkt. Die wichtigen Stufen des Fortschritts im Bildungserwerb von Frauen (siehe Frauenbildung und Frauenstudium, Seite 183), ihr Zugriff auf Berufstätigkeit, ihre politischen, sozialen und kulturellen Fortschrittsdaten werden hier in bisher auf diese Weise noch nie dokumentierten Zusammenhängen dargestellt.

Daten zur Frauenemanzipation in Deutschland und im Ausland

1789

In Frankreich wirken auch Frauen am Revolutionsgeschehen mit. Théroigne de Méricourt (1762–1817) ruft die Pariser Frauen an die Waffen.

Olympe de Gouges (1748–1793) veröffentlicht die »Erklärung der Rechte der Frau und Bürgerin«.

In England verfaßt Mary Wollstonecraft (1759–1797) die »Verteidigung der Rechte der Frauen«.

1794

In Preußen tritt das »Allgemeine Landrecht« in Kraft, das die Ehescheidung ermöglicht.

Frauen in Stuttgart, ihre Bildungs- und Berufsmöglichkeiten

1789

17 225 Einwohner.

Professor Rudolf Kausler errichtet ein »Lehrinstitut für junge Frauenzimmer«, in dem unter anderem täglich Erdbeschreibung, Naturlehre und Haushaltung gelehrt wird (Dreijahreskurs).

Dieses Lehrinstitut ersetzt die »Ecole des Desmoiselles« (1772–1787), das Pendant zu Herzog Carl Eugens Hoher Karlsschule (1770–1794, Diplomanerkennung seit 1781). Das aufgelöste Institut für Kavaliers- und Offizierstöchter, das zuerst Ballett- und Schauspielschule gewesen war, hatte Tanzen, Klavierspiel und »gewöhnliche weibliche Geschäfte« im Bildungsangebot. (Die Schillersche Bezeichnung der Hohen Karlsschule als »Sklavenplantage« könnte ähnlich kritisch für die weibliche Variante der Schule in »Haremsgarten des Herzogs« umgewandelt werden.)

Stuttgart ist laut Hektor von Günderode (dem Vater der »unglücklichen« Dichterin) ein Ort für Frauen: »Echte Weibermänner führen ihre Weiber nach Stuägert.« (1781)

Ansonsten gilt noch immer das fromm-moralische Frauenbild aus dem Traktat »Die Schönen aus Stuttgart« (anonym, 1782).

Der Reisende Christoph Meiners urteilt um dieselbe Zeit: »Stuttgart enthält manche schöne Mädchen, die sich auch mit Geschmack kleiden. Äußerst auffallend ist die Seltenheit der Ehen und die Mädchenüberzahl.«

Politische, soziale, kulturelle Ereignisse in Württemberg	Politische, soziale, kulturelle Ereignisse in Deutschland und dem Ausland
1789 Regierungszeit Herzog Carl Eugens (von 1728 bis 1793). Der Herzog, verheiratet mit Elisabeth von Brandenburg-Bayreuth (1737–1780), läßt sich scheiden und geht eine zweite Ehe mit Franziska von Leutrum (1748–1811) ein. Die Ideen der Französischen Revolution finden auch in Württemberg Widerhall: Wandanschläge drohen mit Aufruhr; in Maskenveranstaltungen stellen Akademisten die Abschaffung des Adels dar; die Schneidergesellen streiken, unter den Schlossern herrscht Unruhe. Schiller schreibt die »Ästhetische Erziehung des Menschen«. Die Aufbruchstimmung bleibt aber größtenteils theoretisch und philosophisch. Auch der revolutionsbegeisterte Tanz der Studenten Hegel, Schelling, Hölderlin um den Tübinger Maibaum bleibt Jugendeuphorie. Die französische Mode hat auf Dauer größeren Einfluß. G. Kerner und E. W. Wächter »emigrieren« nach Paris. Die Malerin Ludovike Simanowiz (1761–1827) bekommt dort ein herzogliches Stipendium. Herzog Carl Eugen verhält sich diplomatisch gegenüber dem in Stuttgart schutzsuchenden französischen Adel und beschwichtigt das unruhige schwäbische Volk.	**1789** Französische Revolution.
1793 Tod des Herzogs Carl Eugen. Herzog Ludwig Eugen (1731–1795) tritt die Regierung an. Er ist verheiratet mit Sofie Albertine von Beichlingen (1728–1807) und hat drei Töchter.	
	1794 Abschaffung der Monarchie in Frankreich.

Daten zur Frauenemanzipation in Deutschland und im Ausland	Frauen in Stuttgart, ihre Bildungs- und Berufsmöglichkeiten
	1795 19 510 Einwohner.
	1796 Die Musikerin Emilie Zumsteeg (1796–1857) wird geboren.
	1798 Im Bereich der Hauptschulen wird das Schulwesen neu organisiert. Vier Klassen für Mädchen, die von »Knaben abgesondert« sind, werden eingeführt. Schulgeldpflicht.

Politische, soziale, kulturelle Ereignisse in Württemberg	**Politische, soziale, kulturelle Ereignisse in Deutschland und dem Ausland**
1795 Tod des Herzogs Ludwig Eugen. Auf ihn folgt Herzog Friedrich Eugen (1732–1797), verheiratet mit Friederike von Brandenburg-Schwedt (1736–1798), zwölf Kinder.	**1795** Neue französische Verfassung.
1796 Französische Truppen unter General Moreau rücken in Stuttgart und Württemberg ein. In Stuttgart erscheint eine anonyme Schrift: »Trostgründe für den ängstlichen Württemberger bei der Annäherung der französischen Armee« mit der Aufforderung, die Frauen zu verstecken.	
1797 Tod des Herzogs Friedrich Eugen. Es beginnt die Regierungszeit Herzog Friedrichs (1754–1816), zunächst verheiratet mit Auguste von Braunschweig (1764–1788), nach deren Tod mit Charlotte von Großbritannien (1766–1828). Aus erster Ehe hat der Herzog drei Kinder. Goethe liest im Rappschen Haus: »Hermann und Dorothea«.	
1799 Württemberg zieht gegen Frankreich in den Krieg.	**1799** Staatsstreich Napoleons. Zweiter Koalitionskrieg bis 1802.
1800 In Stuttgart erscheint eine »verschwörerische« Flugschrift mit dem Titel: »Was gewonnen wird, wenn Schwaben eine Republik wird.«	**1800** Napoleon wird Konsul auf Lebenszeit.

Daten zur Frauenemanzipation in Deutschland und im Ausland	Frauen in Stuttgart, ihre Bildungs- und Berufsmöglichkeiten
	1801 Für Arbeiter beiderlei Geschlechts, die »Almosenempfänger« sind, wird ein Zwangs-Arbeitsinstitut eingerichtet. Für arme Kinder, vor allem Mädchen, entstehen Industrie-, Spinn-, Näh- und Strickschulen.
	1802 21 545 Einwohner. Zur besseren Beleuchtung der Stadt (und zum Schutz ihrer Bewohnerinnen und Bewohner?) werden Hängelampen installiert. M. Wilhelm Christoph Tafinger errichtet eine Höhere Mädchenschule (Am besetzten Weg 411).
	1804 Luise Stockmayer, geborene Frommann (1769–1846), Tochter des Hofgerichtsadvokaten Frommann, verheiratet mit dem Sekretär der landschaftlichen Kasse Friedrich Stockmayer, wird verhaftet. Um den Kurfürsten am Zugriff zu hindern, hatte sie die Landschaftsdeputatsakten im Landschaftsgebäude versteckt und selbst bei der Inhaftierung nicht verraten. Im Gefängnis bleibt sie weiterhin standhaft. Ihr Mann gibt endlich dann das Versteck preis. Die Anteilnahme der Bevölkerung ist eindeutig.
	1805 Eine Privatgesellschaft »freiwilliger Armenfreunde« erwirbt ein Haus in der Brunnenstraße und richtet eine Spinn- und Nähstube für Mädchen ein.

Politische, soziale, kulturelle Ereignisse in Württemberg	Politische, soziale, kulturelle Ereignisse in Deutschland und dem Ausland
1801 Friedensfest in Stuttgart anläßlich des Abzugs der Franzosen.	**1801** Frieden von Lunéville.
1802 Karoline (Chaile) Kaulla (1739–1809), Hofaktorin und kaiserliche Rätin, gründet erneut eine Hofbank.	
1803 Herzog Friedrich wird Kurfürst. Die linksrheinischen Besitzungen gehen an Frankreich.	
1805 Napoleon ist im Oktober in Stuttgart. Allianzvertrag mit dem Kurfürsten.	**1805** Napoleon zwingt den Kurfürsten Friedrich zu einem Allianzvertrag.

Daten zur Frauenemanzipation in Deutschland und im Ausland	Frauen in Stuttgart, ihre Bildungs- und Berufsmöglichkeiten
	1806 Im November wird zu Ehren der durchreisenden französischen Kaiserin Joséphine das Schloß illuminiert.
	1807 Der Verleger Cotta begründet das »Morgenblatt für gebildete Stände«, dessen erste Redakteurin von 1816 bis 1826 Therese Huber (1764–1829) sein wird.
1810 In Deutschland wird das Edikt für Gewerbefreiheit für Frauen erlassen.	**1810** 21 405 Einwohner. Die Einwohnerzahl ist leicht zurückgegangen. Stuttgart wird eine sogenannte »gute Stadt« und kann deshalb ab 1819 einen besonderen Abgeordneten zur zweiten Kammer wählen.

Politische, soziale, kulturelle Ereignisse in Württemberg	Politische, soziale, kulturelle Ereignisse in Deutschland und dem Ausland
1806 Am 1. Januar erhält Friedrich von Napoleon die Königswürde. Württemberg verzeichnet durch seinen Pakt mit Frankreich Landgewinn.	
1807 In Stuttgart leben 76 Juden. Einige Angehörige des Bank- und Handelshauses Kaulla erhalten die Untertanenrechte.	**1807** Prinzessin Katharina von Württemberg wird (im Zuge der Heiratspolitik Napoleons) in der Akademiekirche mit Prinz Jérome Bonaparte, dem Bruder Bonapartes, König von Westphalen, getraut.
1809 Kaiser Napoleon ist erneut in Stuttgart.	**1809** Marie Luise von Österreich, zweite Gemahlin Napoleons, kommt auf ihrer Brautreise auch durch Stuttgart.
1812 Sieges- und Dankesfest zum Einzug der württembergisch-französischen Armee in Moskau.	**1812** Rußlandfeldzug Napoleons unter Beteiligung württembergischer Regimenter.
	1813 Eintritt Württembergs in die Allianz gegen Napoleon.
	1814 Einnahme von Paris durch die verbündeten Regierungen.
1815 Die Stände treten zusammen, um politisch Einfluß zu nehmen. Württemberg tritt dem Deutschen Bund bei.	**1815** Wiener Kongreß.

Ein »gesellschaftliches« Ereignis von höchstem Interesse: Am 25. Juli 1817 traf auf dem Alten Schloßplatz (heute Schillerplatz) nach der großen Hungersnot des Vorjahres endlich der erste Fruchtwagen ein.

1817

Die »Marienpflege« für arme und verwahrloste Kinder wird gegründet. Bis zu 600 Mädchen können hier alle im Haushalt vorkommenden Tätigkeiten erlernen.

Noch im gleichen Jahr wird die »Katharinenschule« eingerichtet, eine Spinnanstalt für »erwachsene Weibspersonen«.

Eine »Suppenanstalt« für die Armen gibt täglich 4555 Portionen Suppe aus.

1818

Königin Katharina gründet eine Sparkasse in Stuttgart.

Sie stiftet am 17. August die »Lehr- und Erziehungsanstalt für Töchter gebildeter Stände« (Königstraße 51), das heutige Königin-Katharina-Stift.

Politische, soziale, kulturelle Ereignisse in Württemberg	**Politische, soziale, kulturelle Ereignisse in Deutschland und dem Ausland**
1816 Tod König Friedrichs. Ihm folgt König Wilhelm I. (1781–1864). Er ist von Charlotte von Bayern (1792–1873) geschieden und heiratet nach seinem Regierungsantritt Katharina Paulowna von Rußland (1788–1819), mit der er zwei Kinder hat. Nach ihrem Tod geht er eine dritte Ehe mit Pauline von Württemberg (1800–1873) ein, mit der er weitere drei Kinder hat. Nach dem Ende der schweren Hungersnot nimmt Württemberg wirtschaftlichen Aufschwung.	**1816** Napoleons Niederlage bei Waterloo.
1817 Königin Katharina von Württemberg gründet eine »Nationale Industrieanstalt für verschämte Arbeiterinnen« in Stuttgart. Im Königreich Württemberg wird der »Allgemeine Wohltätigkeitsverein« ins Leben gerufen.	

Daten zur Frauenemanzipation in Deutschland und im Ausland	Frauen in Stuttgart, ihre Bildungs- und Berufsmöglichkeiten
1819 Louise Otto-Peters (1819–1895) wird geboren.	**1819** Tod der jungen Königin Katharina. Erlaß einer Gesindeordnung mit einem Minimalrechtekatalog der Arbeitnehmerinnen und Arbeitnehmer. Jean Paul weilt in Stuttgart und schließt Freundschaft mit Therese Huber; er urteilt mäßig angetan über Stuttgarts Frauen.
	1820 König Wilhelm I. ernennt Dr. jur. A. W. Feuerlein zum Oberbürgermeister Stuttgarts. (Feuerlein ist der erste Träger dieses Titels.)
	1823 Gründung des Oratorienvereins. Frauen dürfen mitsingen.
	1824 Gründung des ersten württembergischen Liederkranzes. Frauen können manchmal partizipieren.
	1825 Die erste Mittelschule für Mädchen kostet jährlich 10 Gulden, 48 Kreuzer Schulgeld.
	1826 Das Waisenhaus und das Zuchtarbeitshaus werden neu organisiert. (Arbeitsbeiträge der »Insassen« werden genau geregelt.)
	1828 Das Katharinenhospital und eine Hebammenunterrichtsanstalt werden eröffnet. (1831 gibt es zwölf Stadthebammen.)

Politische, soziale, kulturelle Ereignisse in Württemberg	**Politische, soziale, kulturelle Ereignisse in Deutschland und dem Ausland**
1819 Württemberg wird konstitutionelle Monarchie mit zwei Kammern. Die Einberufung des Landtages erfolgt spärlich, zum Beispiel 1821, 1823, 1826.	**1819** Karlsbader Beschlüsse. Zensurbestimmungen für Tageszeitungen.
1820 Als »erstes Rettungshaus für verwilderte Kinder« wird in Württemberg die Stuttgarter »Paulinenhilfe« gegründet.	
1825 Gründung des Schillervereins.	
1827 Gründung des Stuttgarter Kunstvereins.	

Daten zur Frauenemanzipation in Deutschland und im Ausland

1829
Zum Zeichen ihrer revolutionären Gesinnung schmücken sich Frauen in Braunschweig, Göttingen und Kurhessen mit blau-weiß-roten Schleifen und Tüchern.

1831
Aufhebung der Geschlechtsvormundschaft in Sachsen. Frauen hatten bis dahin keine Möglichkeit, selbständig Rechtsgeschäfte abzuwickeln.
In Berlin versammelt Rachel Varnhagen (1771–1833) in ihrem berühmten »Salon« bedeutende Dichter um sich.
In Frankreich geben die Saint-Simonisten (die sogenannten Frühsozialisten) die erste feministische Zeitung heraus: »La femme nouvelle«.

1833
Ein neues Bürgerrecht führt zu Heiratsbeschränkungen (siehe S. 27).

Frauen in Stuttgart, ihre Bildungs- und Berufsmöglichkeiten

1829
Die Kleinkinderpflegeheime »Katharinenpflege« und »Marienpflege« werden gegründet.
Eine Damenzeitung wird publiziert: »Morgenblatt für das schöne Geschlecht« (konservativ).

1831
Karl Ferdinand Gutzkow, der »Erfinder« des Begriffs Frauenemanzipation, äußert sich über Stuttgart und die Familien des gebildeten Standes.

1832
35 021 Einwohner.
Die Stadt wird neu aufgeteilt. Drei Bezirke werden gebildet, die Häuser werden neu numeriert, die Straßen erhalten Namensschilder.

1833
Die private Bauerheim'sche Töchterschule (später: Jauß'sche) wird eröffnet.

1834
Ein Frauenverein zur Versorgung und Erziehung verwahrloster Kinder konstituiert sich.
G. Gutbrod wird Oberbürgermeister.

Politische, soziale, kulturelle Ereignisse in Württemberg	**Politische, soziale, kulturelle Ereignisse in Deutschland und dem Ausland**
	1830 Juli-Revolution in Frankreich. Ein »Luftzug« davon ist auch in Stuttgart und Württemberg zu spüren.
1831 Eine Krankenversicherungsanstalt für Dienstboten und Handwerksgesellen entsteht. Es bilden sich liberale Wahlvereine. Zur Unterstützung polnischer Flüchtlinge werden Polenvereine gegründet.	
	1832 Hambacher Fest
1833 Die »Koseriz-Verschwörung«, die Württembergs Revolutionierung im Sinn hatte, wird aufgedeckt.	**1833** Beitritt Württembergs zum Deutschen Zollverein.

Daten zur Frauenemanzipation in Deutschland und im Ausland	Frauen in Stuttgart, ihre Bildungs- und Berufsmöglichkeiten
	1836 Das erste Volksschulgesetz tritt in Kraft. Die privaten Töchterschulen kommen unter die gleiche Dienstaufsicht wie die öffentlichen Volksschulen. In der Stadt arbeiten 23 Stadthebammen, fünf Wäscherinnen, elf Putzmacherinnen, zwölf Gehülfinnen, fünf Schneiderinnen.
	1840 Eröffnung eines »Vereins zur Unterstützung älterer unversorgter und unbemittelter Honoratiorentöchter«.
	1841 Die »Weidle'sche Töchterschule« (später: Mörikegymnasium) wird eröffnet. In der Heusteigstraße wird ein Verein zur Errichtung eines Witwenhauses gegründet.
	1842 Die Ärzte Dr. Georg Cleß und Dr. Otto Elben gründen das spätere Olgakrankenhaus für Kinder (»Olgäle«).
1843 Bettina von Arnims (1785–1859) »Armenbuch« erscheint mit der provokanten Widmung: »Dieses Buch gehört dem König«.	**1843** Die »Härtter'sche Mädchenprivatschule« mit Pensionat wird eröffnet. Als dritte Kinderpflege in Stuttgart eröffnet die »Augustenpflege«.

Politische, soziale, kulturelle Ereignisse in Württemberg	**Politische, soziale, kulturelle Ereignisse in Deutschland und dem Ausland**
1836 In Ludwigsburg gibt es die erste städtische Töchterschule Württembergs.	
	1837 Protest und Amtsenthebung der »Göttinger Sieben« (liberale Professoren um die »Gebrüder« Grimm).
	1840 Erste Arbeiterbildungsvereine in Deutschland.

Daten zur Frauenemanzipation in Deutschland und im Ausland | **Frauen in Stuttgart, ihre Bildungs- und Berufsmöglichkeiten**

1844

Louise Otto-Peters veröffentlicht den Artikel »Die Teilnahme der Frauen an den Interessen des Staates ist Pflicht«.
Flora Tristan (1803–1844) gründet in Frankreich die erste sozialistische Vereinigung für Arbeiter und Arbeiterinnen: »Union ouvrière«.
Mathilde Franziska Anneke (1817–1884) veröffentlicht die Schrift: »Das Weib im Conflikt mit den socialen Verhältnissen«.

1845

Die vierzigjährige Christiane Ruthardt, die ihren Mann vergiftet hat, wird in der letzten Todesurteilvollstreckung Stuttgarts auf der Feuerbacher Heide enthauptet.

1847

Unter dem Protektorat der Kronprinzessin Katharina von Württemberg (1821–1898) wird eine Armenlotterie veranstaltet.
3. Mai: Die Lebensmittelteuerung führt zu Brotkrawallen, an denen hauptsächlich Frauen beteiligt sind.

1848

Die französische Frauenzeitung »Voix« wird nach viermonatigem Erscheinen wegen revolutionärer Inhalte verboten.
In Ulm wird am 18. März ein Frauenverein zur »Hebung der Gewerbe« gegründet.
Die Märzrevolution begünstigt die Entstehung zahlreicher demokratischer Frauenvereine, die revolutionäre Ziele unterstützen.
Eine Demonstration der Wiener Arbeiter und Arbeiterinnen aus wirtschaftlicher Not wird zur »Praterschlacht«. Fünf Tage später gründet Karoline von Perin (1808–1888) den »Wiener Frauenverein«.
In Seneca Falls im Staate New York tritt eine

Politische, soziale, kulturelle Ereignisse in Württemberg	**Politische, soziale, kulturelle Ereignisse in Deutschland und dem Ausland**
1847 In einer Eingabe fordern die städtischen Kollegien »Preßfreiheit«. Die bürgerlichen Kollegien beschließen, alle wichtigen Verhandlungen über allgemeine Verwaltungsangelegenheiten von Amts wegen durch die Presse der Öffentlichkeit bekanntzumachen. Im Dezember finden Wahlen zum außerordentlichen Landtag statt.	
1848 Am 22. Januar wird der Landtag eröffnet. Am 29. Februar richtet der Ständische Ausschuß eine Adresse um Anhörung an König Wilhelm I. Am 1. März wird die Zensur aufgehoben. Volks- und Bürgerversammlungen finden in den württembergischen Oberamtsstädten statt. 9. März: Im Zuge der deutschen Märzrevolution wird in Württemberg das liberale Märzministerium unter Friedrich Römer eingesetzt. 18. März: Das württembergische Militär wird auf die Verfassung vereidigt, nicht mehr auf den König. 20. bis 23. März: »Katzenmusiken« in Esslingen	**1848** Abdankung von König Louis-Philippe in Frankreich. 22. Februar: Ausbruch der bürgerlich-demokratischen Revolution in Frankreich. Märzrevolution in Deutschland. Aufruf zum Kauf deutscher Waren. 31. März–3. April: Vorparlament in Frankfurt. Auseinandersetzungen mit Dänemark um Schleswig-Holstein. 5. April: Einrücken preußischer Truppen in Schleswig-Holstein. 9. April: Krieg gegen Dänemark. 28. Dezember: Verkündung der Grundrechte durch die Nationalversammlung.

Daten zur Frauenemanzipation in Deutschland und im Ausland

Frauenrechtskommission zusammen und veröffentlicht die »Declaration of sentiments« der amerikanischen Frauenbewegung.
Louise Otto-Peters beginnt mit der Herausgabe der »Frauen-Zeitung«.
Louise Dittmar veröffentlicht: »Das Wesen der Ehe«. Durch zunftähnliche Bestimmungen wird die Gewerbefreiheit für Frauen eingeschränkt und behindert.

1852
Die »Frauen-Zeitung« wird verboten.

Frauen in Stuttgart, ihre Bildungs- und Berufsmöglichkeiten

1849
Der Aufruf der »Frauen und Jungfrauen des Königreichs Württemberg«, der im Falle eines deutschen Bruderkriegs eine »Liebes- und Heiratsverweigerung« ankündigt, erscheint auch in der Stuttgarter Presse.

Politische, soziale, kulturelle Ereignisse in Württemberg

gegen den Stadtschultheißen und die »lebenslangen« Stadträte führen zu deren Rücktritt.
März/April: In Hohenlohe und im Schwarzwald brechen Bauernunruhen aus.
Am 1. April tritt das Bürgerwehrgesetz in Kraft.
Im Laufe des April werden in den württembergischen Oberamtsstädten Versammlungen zur Wahl der Nationalversammlung einberufen.
Am 3. April wird das Volksversammlungsgesetz verkündet.
Am 4. April entsteht in Stuttgart und anderen Oberamtsstädten Württembergs der »Vaterländische Hauptverein«.
Als Stuttgarter Abgeordnete werden P. Pfizer und Fr. Federer in die Nationalversammlung nach Frankfurt entsandt. Am Vorabend der Eröffnung des Frankfurter Parlaments am 17. Mai brennen Freudenfeuer auf den Höhen Stuttgarts.
28. Juni: Für die Verhandlungen des Stadt- und Stiftungsrates wird Öffentlichkeit auch für Frauen eingeführt.
3. Oktober: Der Antrag der Frauen, auch bei Kammerverhandlungen des württembergischen Landtags das Recht der Anwesenheit zu erhalten, wird abgelehnt.

1849
Das aus Frankfurt nach Stuttgart geflüchtete Rumpfparlament wird hier gewaltsam aufgelöst.

Politische, soziale, kulturelle Ereignisse in Deutschland und dem Ausland

1849
18. Juni: Ende der Nationalversammlung

Ludovike Simanowiz, geborene Reichenbach

Die Erfindung der »Freyheit«

Im »Lexikon der Frau«[1], erschienen 1972, finden wir unter »Simanowitz, Ludovika« folgende biographische Notiz: »dtsch. Porträtmalerin, *Schorndorf 21.2.1759, † Ludwigsburg 2.9.1827. Stud. mit Unterstützung des Herzogs Carl-Eugen in Paris, wo sie mit Minister Necker, Frau von Stael und Bonaparte in Berührung kam. 1793 kehrte sie nach Deutschland zurück, wo sie freundschaftliche Beziehungen mit dem Dichter Chr. D. Schubart, der ihr einige Gedichte widmete, und dem ihr schon seit der frühen Jugend bekannten Fr. Schiller pflegte, dessen Bildnis sowie das seiner Geschwister und Eltern sie malte. Arbeiten von ihr im Schillermuseum Marbach, in der Staatsgalerie Stuttgart u. im Historischen Museum d. Stadt Wien.«

Es folgen acht biographische Quellenangaben.

Ludovikes künstlerische Bedeutung wird hier mit berühmten Namen untermauert: Weil sie die Familie Schiller und andere Berühmtheiten der Zeit porträtierte, wurde sie nicht ganz vergessen. Nicht *ganz*. Viele der Halbwahrheiten, die uns über das Leben und die menschlichen Regungen der Malerin bekannt sind, verdanken wird der Pfarrerswitwe Friederike Klaiber, in deren Haus die Künstlerin oft zu Gast war. Deren Vorstellungen wiederum waren stark dem gewohnten Rollenkodex und dem Ideal der »tugendhaften« Ehefrau und Mutter als dem höchsten erstrebenswerten weiblichen Ziel verpflichtet.

Neben diesem subjektiv gefärbten Bericht stehen uns die äußeren Lebensdaten zur Verfügung. Sie sind nachprüfbar, doch tauchen immer wieder unterschiedliche Schreibweisen ihres Namens auf, auch in offiziellen zeitgenössischen Quellen.

Ab 1766 lebten die Familien des Regimentfeldschers (Militärarztes) Jeremias Friedrich Reichenbach und des Hauptmanns Johann Kaspar Schiller zwei Jahre lang zusammen in Ludwigsburg in der Mömpelgardstraße 16. Die Kinder – vor allem Ludovike und Christophine Schiller (1757–1847), die Schwester Friedrichs – schlossen Freundschaft fürs Leben. »Fritz« Schiller, gleich alt wie Ludovike, der spätere Rebell und Klassiker, erfuhr wie selbstverständlich die Dokumentation seines Werkes, seiner Person. Anders seine Porträtistin, die ihn 1793 malte, als der Hofrat Schiller aus Jena mit Wissen des (nicht-wissen-wollenden)

Herzogs Carl Eugen zum ersten Mal wieder in seiner Heimat sein konnte. Was die frömmelnd-puritanische Friederike Klaiber von ihr in ihrem Buch »Ludovike, ein Lebensbild für christliche Mütter und Töchter«, dazu noch anonym »von der Herausgeberin des Christbaums« (Stuttgart 1850), überliefert, ist vom Gutdünken der Autorin bestimmt, verzerrt und glorifiziert zugleich. Die Briefe Ludovikes werden zensiert weitergegeben; nur wenige können wir heute mit Originalen im Marbacher Literaturarchiv vergleichen.

Und wenn selbst das oben zitierte »Lexikon der Frau«, das ja ein Werk der Wiedergutmachung für verhinderte Frauendokumentation und unterdrückte Frauenzeugnisse sein will, Zeitzusammenhänge falsch angibt (Schubart war 1793 schon zwei Jahre tot; Ludovike Reichenbach hatte ihn schon vor ihren Pariser Lehrjahren gekannt und zum Abschied besucht, was den auf dem Hohenasperg ohne Urteil eingekerkerten Dichter zu einem schwärmerischen Gedicht über sie anregte), dann ist das ein nicht ungewöhnlicher Beweis für die mangelnde Sorgsamkeit und Genauigkeit bei der Überlieferung von Frauengeschichte(n). Durch solche Vernachlässigung und ungenügende Dokumentation von Daten wird das Falsche potenziert, wird das Unwahre nicht abgebaut, sondern verewigt.

Über die Möglichkeiten, als Künstlerin zu leben, über die Schwierigkeiten, dies in jener Zeit zu tun, wird selbst in diesem Lexikon nichts gesagt. Und das, obwohl im gerade angebrochenen Zeitalter der Aufklärung und im Zuge der

Ludovike Simanowiz, Selbstbildnis, vermutlich um 1787 vor der ersten Pariser Reise, Öl auf Leinwand.

Französischen Revolution auch die Bürgerin endlich als Mensch mit ebenbürtigen Rechten im Gespräch war. Olympe de Gouges und andere revolutionäre Frauen lebten unter großer Gefährdung nach den neuen Grundsätzen. Doch in Ludovikes lexikalischer Würdigung erfährt man nichts von diesen Umwälzungen, obwohl sie von ihnen geprägt wurde.

Sie studierte und arbeitete von 1787 bis 1790 mit einem herzoglichen Stipendium und dann nochmals, schon verheiratet, von 1791 bis 1793 – in der turbulentesten Zeit also – in Paris. Aus ihren Briefen wissen wir, daß ihr die Entscheidung, nach Hause, zum Ehemann zurückzukehren, trotz der chaotischen Zustände in der Revolutionsmetropole schwergefallen ist. Sie hat sehr deutlich gesehen, daß ihre Rückkehr der künstlerischen Weiterentwicklung ein Ende setzen könnte.

Charlotte Schiller, geborene Lengefeld, porträtiert von Ludovike Simanowiz 1794. Öl auf Leinwand.

Der Dichter Friedrich Schiller, porträtiert von Ludovike Simanowiz im Jahr 1793. Öl auf Leinwand.

Durch eine Erkrankung ihres Mannes ist ihr Leben dann ab 1799 tatsächlich zu einem Musterbeispiel der Gattinnenliebe und Aufopferung geworden. Die Kunst aber blieb der Nährboden ihrer seelischen Stärke und auch ein Mittel, das Leben finanziell zu bewältigen. Die Pension des Hauptmanns Franz Johann Simanowiz (29. November 1753–14. Juni 1827) reichte nicht aus, Arztkosten und Kurrechnungen waren nur über Auftragsarbeiten der Malerin zu finanzieren. Ludovike Simanowiz konnte und wollte sich wohl, nach der einmal gefällten Entscheidung für das Dienen, den weiblichen Rollenerwartungen der damaligen Zeit nicht entziehen; das schwäbisch-umsorgende Hausfrauliche war sicher auch sehr durch ihre Erziehung vorgeprägt und dominant.

So schreibt Hermann Werner 1947 in seinem Buch »Schwäbinnen in der Geschichte«[2]: »Da die Künstlerin persönlich durchaus natürlich blieb und keinerlei exzentrische Neigungen zeigte, da sie keine besondere Künstlerethik beanspruchte noch ihre Ehe leicht nahm, da sie sich in der Gesellschaft und auch in der kirchlichen Gemeinde einfach einreihte und auch ihr Haushalt keinerlei Spur von Bohème verriet, war sie in Stuttgart und in Ludwigsburg, wo sich ihr Leben nun abspielte, überall gern gesehen und hatte auch als Frau den besten Ruf. Als Porträtistin war sie gesucht wie als Lehrerin.« Und Werner Fleischhauer stellt 1939 in »Das Bildnis in Württemberg, 1760–1860«[3] fest: »Das Ansehen der Künstlerin war im Lande außerordentlich, es entspricht nicht dem künstlerischen Vermögen der Malerin, das doch beschränkt war. Diese verdankte den Ruhm den Schillerbildnissen, die so volkstümlich geworden sind und auch ihrer edlen Weiblichkeit, die ihr die Freundschaft der vorzüglichsten Männer, so Schillers und Schubarts und die allgemeine Verehrung gewann.«

Diese beiden Zitate sind eindeutige Beweise dafür, daß Frauen eben doch nicht originär kreativ sein »durften«, sondern eher durch berühmte Bildinhalte ins Gespräch kamen. Da nützte es auch nichts, daß Schiller selbst seinem Simanowiz-Porträt vor allen anderen den Vorzug gab und Ludovike bat, seine Frau Charlotte Lengefeld (1794), ebenfalls zu malen. Er bedauerte nur, ihr außer einem Entgelt für die Malutensilien nichts weiter bezahlen zu können, da er dies von seinem Hofratsbudget nicht leisten könne.

Das entsprach wohl der Wahrheit: Schiller bekam ein Jahresgehalt von 200 Talern, weitere 150 Taler erhielt Charlotte von ihrer Mutter. Das Existenzminimum lag bei 70 Talern jährlich. Es gab nur wenige Spitzengehälter; in Weimar zum Beispiel verdienten nur zwei Prozent der Männer über 1000 Taler, (darunter Goethe, der 3100 Taler jährliche Einkünfte hatte). Pfarrer und Gymnasiallehrer, das waren sieben Prozent der Bevölkerung, verdienten 400 bis 1000 Taler. Unter 100 Taler bekamen 58 Prozent der Arbeitenden, das waren Boten, Gendarmen, Kutscher, Knechte, Mägde, Privatlehrer und Handwerker.[4]

Simanowiz erhielt zum Beispiel als Aufsichtsoffizier an der Hohen Karlsschule 156 Gulden (= Taler) als Besoldung. Daß Ludovike Simanowiz eine Ausbildung als Malerin absolvierte, noch dazu von höchster Instanz finanziert, daß sie als Bürgersfrau den Haushalt mittrug, ist für ihre Epoche schon erstaunlich genug. Deshalb soll hier versucht werden, die zeitgenössische Rezeption ihres Werkes und ihre sehr unvollständig dokumentierten Lebensumstände mit einem neuen Blick zu betrachten. Unter dem Zement einer männlich geprägten Betrachtungsweise und Bewertungsskala ihres Lebens sollen Eigenschaften und Qualitäten, die Ludovike Simanowiz als Frau, als Demokratin und Künstlerin im eigentlichen Sinne charakterisieren, herausgearbeitet werden.

Kunigunde Sophia Ludovika Reichenbach kam am 21. Februar 1759 als älteste Tochter (der Bruder Karl Ludwig war 1757 in Stuttgart geboren worden) von Susanna Sophia, geborene Schwegler, und Jeremias Friedrich Reichenbach in Schorndorf zur Welt, wo ihre Eltern als angesehene Leute lebten.

Der Vater war, wie schon erwähnt, Regimentsfeldscher beim General Roedenschen Infanterie-Regiment, das in Schorndorf in Garnison lag. Ludovikes Paten gehörten zur militärischen Führungsschicht, zur kommunalpolitisch wichtigen und geistig hochstehenden Bürgerschaft.

1762 ziehen die Reichenbachs nach Ludwigsburg; ab 1766 wohnt dann die Familie Schiller mit im Haus. Friedrich Schiller besucht später mit Karl Reichenbach, dem Freund aus Kindertagen, die Hohe Karlsschule.

Reichenbach wird Hofbibliothekar. Im »Königreich Württemberg Hof- und Staatshandbuch« von 1809–10 ist er als Archivar und Bibliothekar der königlichen öffentlichen Bibliothek in Stuttgart verzeichnet, als »Bruder der Malerin Ludovike Simanowitz« (wiederum falsche Schreibweise). Erstaunlich allerdings:

Die Malerin wird als öffentlich bekannte Person an erste Stelle gesetzt! Der 1780 in Stuttgart geborene Sohn Reichenbachs, Carl Ludwig, der spätere Freiherr von Reichenbach, gründete 1807 den Geheimbund der Otaheitergesellschaft. Nach einer Denunziation – die Gründungsurkunde des Bundes hatte revolutionär-utopische Inhalte – wurde er verurteilt und mußte seine Strafe auf dem Hohenasperg absitzen. Auch hier, wie so oft, die Verknüpfung von guter Ausbildung und Aufmüpfigkeit! Ludovikes Neffe wurde später aber trotzdem ein »ordentliches« Mitglied der Gesellschaft. Seine wissenschaftlichen Forschungen zur Naturkraft des »Od« aber, die von der Fachwelt nicht anerkannt wurden, sind ein Indiz für revolutionäre Energien, die nur noch als Spintisiererei zur Entfaltung kamen.

Soviel zum familiären Rahmen der Simanowiz, die als politisch erfahrene Frau auch ihre eigene Meinung hatte und sie in Briefen äußerte, deren Inhalt nicht unbedingt zu einer herzoglichen, später königlichen, Hauptmannsgattin paßte.

Mit knapp sechs Jahren geht Ludovike zur Schule – für Mädchen ist das nicht selbstverständlich –, und dort werden ihr Zeichentalent und ihre Begabung zur Karikatur entdeckt. Wir wissen nicht, ob sich die Eltern mit dem Entschluß schwertaten, ihre Tochter Malerin werden zu lassen. Es heißt, daß besonders ihr Onkel, der Professor und Leibmedikus Dr. Johann Friedrich Reichenbach (1726–1790), sich für diese Ausbildung einsetzte. Er hatte in Paris und Straßburg studiert; seine Frau, die Physikustochter Kunigunde, geborene Jenisch aus Cannstatt, war eine der Taufpatinnen Ludovikes. Das Porträt des Onkels, das Ludovike gemalt hat, hängt im Kernerhaus in Weinsberg.

Die etwa zwanzigjährige Ludovike zieht in das Haus ihres Onkels in die Reiche Vorstadt Stuttgarts. In diesem Stadtviertel wohnte die Oberschicht Stuttgarts. Laut Adreßbuch von 1794 befand sich das Haus 391 in der Büchsenstraße/Ecke Calwer Straße nach dem Tod des Onkels im Besitz der »Leibmedicus Wittib Reichenbach«.

Ihre Ausbildung zur Malerin bekam die »Jungfer Reichenbach« bei Nicolas Guibal (1725–1784), dem berühmtesten Kunstprofessor der Hohen Karlsschule. Hetsch und Dannecker sind die bedeutendsten Vertreter der Künstlergeneration seiner Ära.

Ludovikes erste Biographin betonte aber, daß die Künstlerin im Haus des Onkels auch alle hausfraulichen Pflichten geschickt und ohne Mühen erlernt habe. Das Bügeleisen, das damals noch ein mit Kohle gefülltes, schwer zu bedienendes Gerät war, führte sie gleichermaßen kunstvoll wie den Pinsel – solche Rechtfertigungen für Ludovikes Anspruch, eine ehrbare Künstlerin zu sein, werden wir immer wieder finden. Ihre medizinischen Interessen, ihre literarische Begeisterung kamen im Hause des Onkels auch nicht zu kurz. Mit ihren Freundinnen Therese Huber, Christophine Schiller und Regine Voßler korrespondierte sie immer wieder über Bücher, die sie später auch gemeinsam mit ihrem Mann las. Von Richardson (Autor des Briefromans »Clarissa Harlowe«) über Jean Paul und Goethe bis zum Philosophen Bonnet hat sie die wichtigsten Werke der zeitgenössischen Literatur gekannt.

Die in den Selbstporträts etwas verträumt-fragend blickende Ludovike muß ein temperamentvolles, wißbegieriges junges Mädchen gewesen sein. Es fallen die leicht ironisch hochgezogenen Mundwinkel auf. Die auf allen Selbstporträts leicht schräge Kopfhaltung vermittelt einen schwebenden Eindruck; die fließenden Wellen der braunen Haarfülle mit kleinen Ausreißerlöckchen scheinen ebenso geschmeidig wie ihre natürlich wirkende Kleidung, die französische Einflüsse verrät. Foureaukleider mit Ausschnitt und Schals, Musselinkleider in weiß mit Rüschen und Volants, Schutenhütchen mit Seidenbändern – so wird im »Journal des Luxus und der Moden« die »wandelnde Göttin im Reich der Mode« beschrieben.[5]

Spätestens 1784, als Guibal stirbt, findet ihr Unterricht ein Ende. 1786 verlobt sie sich mit Franz Johann Simanowiz, der an der Militärakademie zum wissenschaftlich geschulten Offizier ausgebildet worden war. Ob sie ihn als Aufsichtsoffizier in der Hohen Karlsschule (diese Stelle hatte er von 1783 bis 1793 inne) während der Ausbildung ihres Bruders oder schon früher in Ludwigsburg kennengelernt hat, wissen wir nicht. Simanowiz war in Ludwigsburg im Artillerieregiment, in dem die fähigsten Leute des württembergischen Heeres dienten, stationiert gewesen. Mit dem von 1777 bis 1787 auf dem Hohenasperg eingekerkerten Dichter und Musiker Christian Friedrich Daniel Schubart (1739–1791), der es in seiner Zeitung »Deutsche Chronik« gewagt hatte, den Herzog zu kritisieren, war Simanowiz befreundet. Schubart wiederum erteilte, nach einer Lockerung seiner Haftbedingungen, der Hauptmannstochter und engen Freundin Ludovikes, Regine Voßler, Klavierunterricht. Auch hier wäre also ein Anknüpfungspunkt gewesen.

Einer künstlerischen Weiterbildung seiner Verlobten wollte der als kunstbeflissen beschriebene Simanowiz nicht im Wege stehen, und so trat die Malerin die noch von Guibal vorbereitete Studienreise nach Paris an. Versehen mit einem Stipendium des Herzogs begann sie 1787 ihre Ausbildung bei dem Porträtisten und Miniaturmaler am französischen Hofe Antoine Vestier (1740–1810). Sie wohnte bei Hélène Baletti, ihrer Freundin aus Stuttgarter Zeiten, die an der Ecole des Demoiselles, dem Pendant zur Hohen Karlsschule, als Sängerin ausgebildet worden war. Ihr Vater war dort Balettmeister gewesen, aber schon 1775 gestorben. Es heißt,daß die junge Sängerin mit ihrer Mutter nach Paris geflüchtet war, um den Nachstellungen des lüsternen Herzogs zu entkommen. In der französischen Metropole wurde sie bald zur gefeierten Konzert- und Opernsängerin. In ihrem Hause lernte Ludovike unter anderem auch den jungen Historienmaler Eberhard Wächter (1762–1852) kennen, der die Hohe Karlsschule frühzeitig hatte verlassen müssen. Ludovike hat ihn mit einem Tricoloreband, das er quer über die Brust trägt, porträtiert. Dieses Bild ist ebenso wie Wächters in römischer Manier nackt und edel stilisiert dargestellte Gestalten in der Stuttgarter Staatsgalerie zu sehen (Bacchus und Amor, Hiob und seine Freunde).

Auch mit Georg Kerner (1770–1812), der 1791 die Hohe Karlsschule als promovierter Arzt verlassen hatte, befreundet sie sich während ihres zweiten Pariser Aufenthaltes.

Im außerhalb von Paris gelegenen Landhaus der inzwischen verheirateten Hélène Gräfin Lacoste sucht der Revolutionär aus Ludwigsburg Erholung. 25 Jahre später berichtet Ludovike dem 16 Jahre älteren Bruder Georgs, dem Dichter und Arzt Justinus Kerner, in einem Brief von ihren Erlebnissen mit ihrem damaligen Pariser Gefährten. Mit ihm und dessen Freund Rheinwald ging sie auf dem Montmartre spazieren – aber auch um die ganze Stadt, um die »schönen Barrièren« der Revolutionäre zu besichtigen.[6]

Es ist bezeichnend, daß die schwäbische Enklave in Paris so eng mit der Hohen Karlsschule verknüpft war. Diese autoritär geführte, wissenschaftlich aber höchst fortschrittliche Bildungsanstalt hat viele freiheitsdurstige, revolutionär gesinnte Männer – und in deren Dunstkreis auch Frauen – ausgebildet und beeinflußt. Bei G. Kerner, dem späteren Armenarzt in Hamburg (ab 1801), war die Idee der sozialen »fraternité« für die fast mittellosen Bevölkerungsschichten am ausgeprägtesten.

Ludovike studiert, genießt die Anerkennung ihres Lehrers Vestier, dessen Familienmitglieder sie porträtiert. In der Grundtendenz sind ihre Pariser Bilder dem Porträtstil der Zeit nachempfunden. Die Dargestellten erscheinen, eingerahmt vom barocküblichen Oval, als Halb- oder Dreiviertelfiguren; sie wirken nicht höfisch-repräsentativ, sondern treten aus dem Halbdunkel des Hintergrunds etwas poetisch entrückt in bewegtes helleres Licht, sind individuell als Personen faßbar. Wie es zeittypisch war, malte sie die in ihren Porträts abgebildeten Menschen in »schöner« Pose; zugleich aber hielt sie charakteristische Züge fest, die oft nur in kleinen, sensibel erfaßten Details angedeutet sind. Verglichen mit den monumentalen Werken des Revolutionsmalers Jacques David scheinen Ludovikes Bilder ins gleiche Licht einer neuen Bewegung getaucht. Sie hat sich aber wohl bewußt um die kleinere Form des Einzelporträts bemüht. Ob sie damit ihre Begabung domestiziert hat oder darin die ihr gemäße künstlerische Form fand, das können wir heute nicht mehr entscheiden.

Gesellschaftlich und kulturell führt sie ein beschwingtes Leben. Der Geistliche Charles-Christian Gambs (oft auch Chambs geschreiben, 1759–1822), der aus Straßburg stammende lutherische Prediger an der schwedischen Gesandtschaft, dem ihr ganzes Seelenvertrauen gehört, soll sie bei Minister Necker und dessen Tochter, Madame de Stael, eingeführt haben. Über die Lacostes lernt sie später auch Napoleon und Josephine kennen.

1790 wird sie nach Mömpelgard berufen, um dort im württembergisch beherrschten Landesteil den Bruder Carl Eugens, Friedrich Eugen (nach Carl Eugens Tod von 1795–97 regierender Herzog von Württemberg) zu malen. Sie verläßt also das brodelnde Paris.

Trotz alledem scheint die Reiselust in jener bewegten Zeit ungebrochen gewesen zu sein. Selbst der amtierende Herzog wagt sich in den revolutionären Strudel und ist über die kleinen Unannehmlichkeiten allenfalls pikiert. Die große gesellschaftliche Umwälzung, als deren Signal wir den Sturm auf die Bastille am 14. Juli 1789 heute verstehen, war für die Zeitgenossen in ihren Ausmaßen nicht nachvollziehbar. Der revolutionäre Terror, der die Freiheitsideen begleitete, ließ für die Betroffenen wohl auch kaum wesentliche Unterschiede zum gewöhnlichen Kriegsunwesen erkennen, und an den Gedanken, getötet zu werden, hatten die Menschen dieser Zeit ohnehin gewöhnt zu sein.

Ludovike Simanowiz war vom Gedankengut der aufscheinenden Freiheit berührt; später allerdings hat sie die Revolutionszeit angesichts der »Schreckensherrschaft« Robespierres und der folgenden Kriege sehr kritisch gesehen. Das Ideal der freien Bürgerinnen und Bürger war pragmatischeren Lebens- und anderen Herrschaftsformen gewichen. Als Resümee mag der undatierte Brief gelten, den sie laut Friederike Klaiber an Christophine Reinwald, geborene Schiller, geschrieben hat: »Erst dort (in Paris) lernte ich diese Nation besser kennen und traf beinahe die nämliche Herzlichkeit wie bei uns an, nur mit mehr Reinheit der Manieren verbunden; ich liebte die Franzosen aus voller Seele. O, wie mißbilligte man allgemein die unerhörten Grausamkeiten, die damals vorgingen. Allein man durfte nichts dagegen sagen, so mächtig war der Geist der Volksdespotie. Wie schön und groß kam mir die Revolution anfangs vor, und wie oft entlockte mir die Bewunderung derselben Tränen. Ich war eine warme Demokration aus voller Seele, allein ich bin es nicht mehr. Seit diese große, mächtige Nation, die so viel gute Köpfe in sich faßt, eine Handvoll rasender Menschen Meister werden läßt, hat sie die Achtung aller ihrer Nachbarn verloren.«[7]

Viele Jahre später schrieb sie ihrem Neffen Georg Reichenbach, der mit seiner Familien in St. Quentin wohnte und darüber klagte, im Ausland leben zu müssen: »Was sind die Güter dieser Erden, wenn wir nicht das Glück genießen, die, die wir lieben, ungetrübt zu besitzen«, und sie fügt tröstend, eigene Erfahrungen mitteilend, hinzu: »Die Französinnen haben mir immer gefallen, ihre Artigkeit und Feinheit, welche ihnen die sorgsame Erziehung gibt, bei der Lebhaftigkeit ihres Wesens, macht sie den deutschen Frauen interessant, die anscheinend kälter und ernster sind.«[8]

Es bleibt Ludovikes weiterer Lebensweg nachzuzeichnen: Aus Mömpelgard ist sie wahrscheinlich Ende 1790 nach Ludwigsburg zurückgekehrt; die Mutter und der Onkel waren inzwischen gestorben. Am 31. Mai 1791 wurde sie mit Franz Johann Simanowiz in Ludwigsburg getraut. Ein spätes Glück: Ludovike war immerhin schon 32, Franz 37 Jahre alt. Die Ehe blieb kinderlos.

Da im Haushalt der Simanoviz keine großbürgerlichen Vermögensverhältnisse herrschten, war Ludovikes Malerei nicht nur ein künstlerisches Unterfangen, sondern immer auch ein Mittel zum Broterwerb, mit vielen Auftragsarbeiten und aufwendiger Unterrichtstätigkeit. Sie hat später sogar Schülerinnen gegen Entgelt in ihr Haus aufgenommen. Manchmal hatte sie nicht einmal eine Magd für die groben Arbeiten.

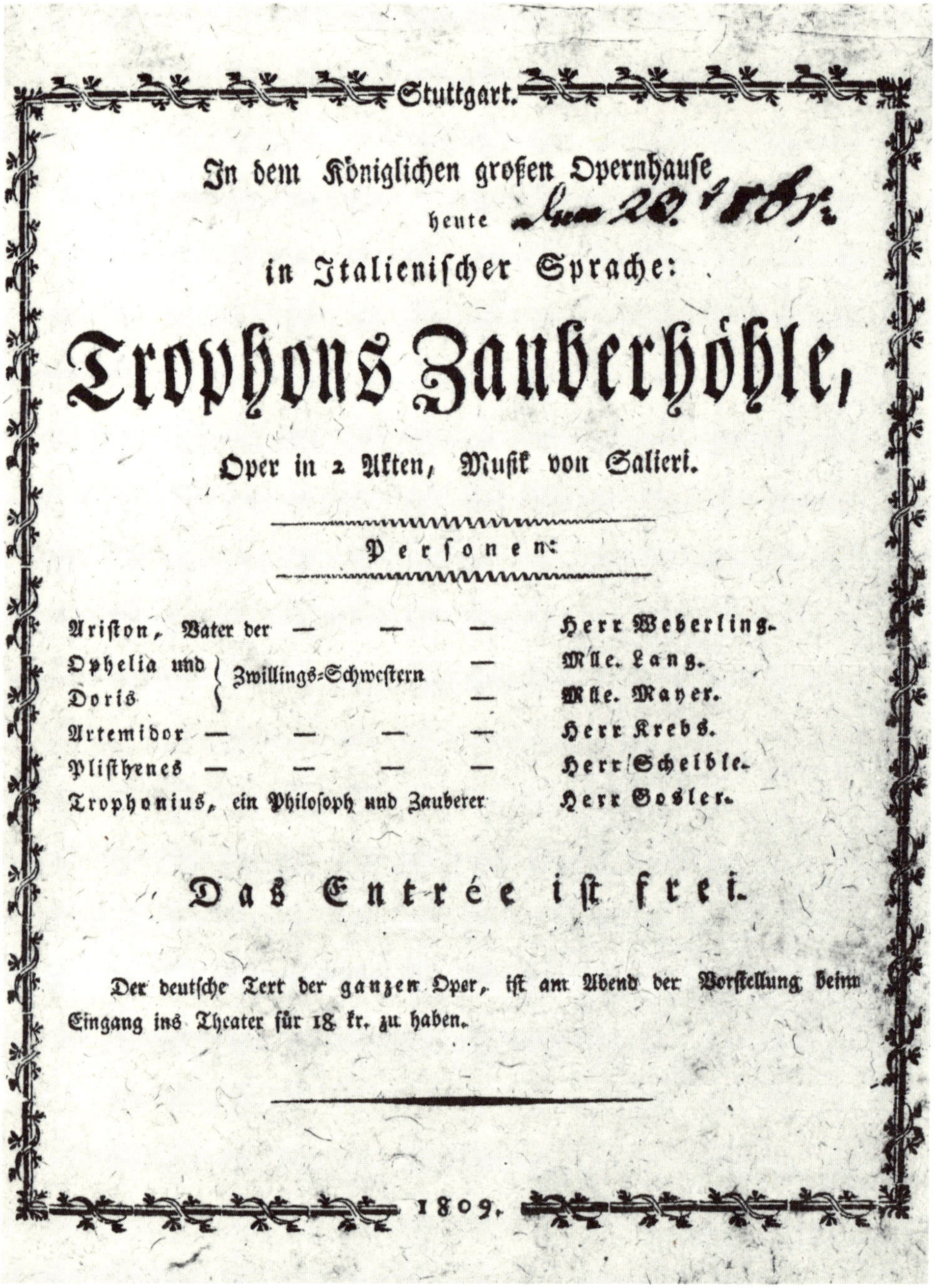

Stuttgart.

In dem Königlichen großen Opernhause
heute
in Italienischer Sprache:

Trophons Zauberhöhle,

Oper in 2 Akten, Musik von Salieri.

Personen:

Ariston, Vater der	—	Herr Weberling.
Ophelia und } Zwillings-Schwestern	—	Mlle. Lang.
Doris	—	Mlle. Mayer.
Artemidor	—	Herr Krebs.
Plisthenes	—	Herr Scheible.
Trophonius, ein Philosoph und Zauberer		Herr Gosler.

Das Entrée ist frei.

Der deutsche Text der ganzen Oper, ist am Abend der Vorstellung beim Eingang ins Theater für 18 kr. zu haben.

1809.

Opernzettel zur Sondervorstellung von »Trophons Zauberhöhle« anläßlich des Napoleonbesuchs in Stuttgart am 23. Oktober 1809.

Franz Simanowiz machte nur langsam Karriere. Erst 1794 bekam er das Hauptmannspatent, 1797 wurde der Sechsundvierzigjährige zum Stabshauptmann, ab 1798 hatte er eine Kompanie in Stuttgart. Aber dann, 1799, erleidet er im Dienst einen Schlaganfall, bleibt an beiden Beinen gelähmt und wird mit einer kleinen Pension verabschiedet. Ludovike pflegt ihn 28 Jahre lang, bis er am 14. Juni 1827 in Ludwigsburg stirbt. Sie folgt ihm nur wenig später, am 2. September 1827. Der Entwurf ihres Pensionsgesuchs, in dem die nun 68jährige um finanzielle Unterstützung bittet, ist noch erhalten.

Doch damals, 1791, nach der Heirat, reist die jung Vermählte noch einmal nach Paris. Die Freunde hatten sie bedrängt, zurückzukommen, ihre künstlerische Laufbahn nicht abzubrechen. Der Entschluß wird dadurch erleichtert, daß Simanowiz an die württembergisch-französische Grenze einberufen wird – eine halbherzige Sicherheitsmaßnahme für die Landesgrenzen, die Carl Eugen angesichts der französischen Revolution traf.

Die Verhältnisse spitzten sich jedoch so zu – Sturm auf die Tuilerien im August 1792, Sturz des Königtums –, so daß die Lacostes auf ihre spanischen Güter flohen und Ludovike mit einer Köchin und dem Portier im leeren Palais zurückblieb. Sie wagte sich sogar in den Jakobinerclub: »Ich war Zeuge ihrer Tollheit, ich glaubte unter Wüthenden zu sein.«[9] Sie lief öfters Gefahr, als Gegnerin der Revolution verhaftet zu werden; die Guillotine »permanente« arbeitete in jenen Tagen sehr rasch.

Da ab 1793 durch ein Dekret der Nationalversammlung alle Ausländer als verdächtig galten, bekam sie keinen Paß zur Ausreise. Erst am 6. Januar 1793, vierzehn Tage nach der Enthauptung Ludwigs XVI. und Marie Antoinettes, gelang es ihr, mit Hilfe des Predigers Gambs Paris in Richtung Normandie zu verlassen. Nach langem Warten erhielt sie dann einen Paß und konnte über Straßburg nach Ludwigsburg reisen – wobei allerdings ein langer Aufenthalt in Straßburg notwendig wurde: Sie war an einem Nervenfieber erkrankt. Im Hause des Buchhändlers Teuttel, einem Freund auch Therese Forster-Hubers (siehe Porträt Seite 61), pflegte man sie. Für Therese malte sie 1805 in Stuttgart aus dem Gedächtnis das Porträt ihres verstorbenen Mannes; Huber war Redakteur beim »Morgenblatt für gebildete Stände« (Cotta) gewesen.

Wie das Ehepaar Simanowiz mit den Trennungen umgegangen ist, entzieht sich unserer Kenntnis. Sollte es einen Briefwechsel gegeben haben, so existiert er nicht mehr.

Ab 1793 lebten sie wieder in Ludwigsburg; Ludovike hat diese Stadt Stuttgart immer vorgezogen. 1798 wurde Simanowiz jedoch nach Stuttgart versetzt. Zuerst wohnten sie in der Alten Münzgasse, Haus 845 (das aus heutiger Sicht gegenüber dem Eingang zum Rathauskeller lag), ab 1804 in der Seegasse, Haus 469 (heute Kleiner Schloßplatz auf der Seite der Willi-Bleicher-Straße), und dann bis 1812 in der Friedrichstraße 499 (heute etwa Ecke Friedrich- und Bolzstraße), damals noch beschaulich-ruhige Gegenden Stuttgarts (20 000 Einwohner).

Trotz ihrer beschwerlichen Lebensumstände hat Ludovike sich ihr ganzes weiteres Leben lang für Politik interessiert. Im Bereich der Innenpolitik übte sie Kritik an den Karlsbader Beschlüssen (1820), aber natürlich waren es besonders die politischen Entwicklungen in Frankreich, Napoleons Rheinbund- und Heiratspolitik, an denen sie Anteil nahm. Napoleon war für sie nicht nur ein Held, sondern ein Mensch, dessen Eigenschaften sie ergründen wollte. In einem Brief an Friederike Steck in Waiblingen schreibt sie am 30. Oktober 1809, sieben Tage nach einem Opernbesuch (das »Entrée ist frei« gewesen laut Opernzettel): »Sagen Sie mir doch, liebste Freundin, war der liebe Papa nicht in der Opera als Nap. hier war? So ungern ich bei jeder anderen Gelegenheit in eine freie Opera gegangen sein würde, so sehr wurde ich gereizt und gelockt, diesen Helden zu sehen und ich ging wirklich hinein und hatte das Vergnügen, diesen merkwürdigen Mann zu sehen über den die Nachwelt erstaunen wird und muß. Auch nur für ihn hatte ich ein Aug, jede Bewegung war mir wichtig, ich sah das lebhafte Wesen, das voll Geist und Lust ist und in seiner Physiognomie es auch ausdrückt.«[10]

Napoleon hatte auf seiner Durchreise durch das 1806 zum Königreich avancierte Württemberg in Stuttgart Station gemacht. Er kam von Österreich (Wiener Friede am 14. Oktober 1809), um mit dem von ihm ernannten König Friedrich zusammenzutreffen. Weil man wußte, daß Napoleon kein Opernhocker war, hatte man die Salieri-Oper: »Trophons Zauberhöhle« auf zwei Akte gekürzt, was aber nicht verhinderte, daß er frühzeitig die Oper verließ. Und auch Ludovike verliert kein Wort über das Werk, das ja wohl auch nicht gerade ein Welterfolg geworden ist und eigentlich nur den zweitrangigen Ruf des damaligen Großen Opernhauses der Stadt bestätigte.

Ludovike Simanowiz blieb eine kritische Frau und Demokratin, die eindeutig antiaristokratisch eingestellt war. An den Freiheitskämpfen in Südamerika, Griechenland und Spanien verfolgte sie, oft auch anhand der Landkarten, die Etappen des Widerstands gegen unterdrükkerische Herrschaftsformen. Solches Engagement war für Frauen in jener Zeit sicher nicht die Regel. Sie aber hatte ihren Erfahrungshorizont ausweiten können, sah selbst in der Wissenserweiterung eine Möglichkeit, gerechter und menschlicher zu leben. So setzte sie als Frau und Bürgerin Schillers Ideale der Menschenwürde und des sittlichen Menschen in die Tat um. Am 27. März 1821 schrieb sie an ihre Schwester Johanne: »... die Geschichte ist voll Greueln, und so wird es fortgesetzt, wenn man die Geistesbildung der Völker zu unterdrücken sucht.«[11]

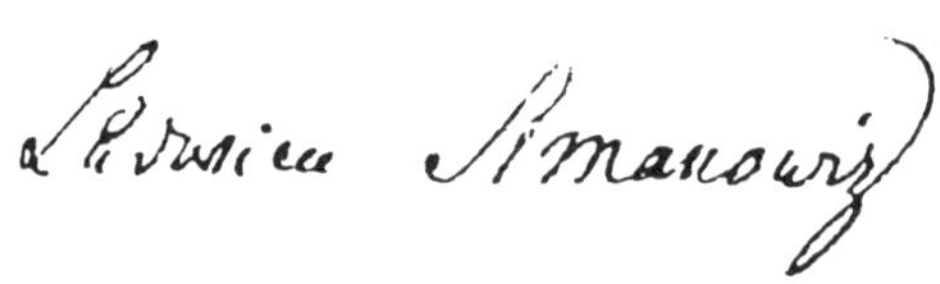

Therese Huber, geborene Heyne, verwitwete Forster

Erziehung durch Schicksal

So lautet der Untertitel eines der Erziehungsromane[1] Therese Hubers, die in aufklärerischer Absicht Probleme des gesellschaftlichen Zusammenlebens zum Thema hatten. Vor allem aber formulierten sie in romantisch verbrämter Form aus rational analysierendem Blickwinkel Möglichkeiten unkonventioneller Lebensformen für Mädchen und Frauen. Sie selbst und ihr eigenes Leben ist dabei unter all ihren Werken das spannendste, weil das Leben – um diesen Gemeinplatz einmal berechtigt anzuwenden – noch immer die spannendsten Romane schreibt. Therese Hubers Werke zeugen von einer sehr eigensinnigen Autorinnenschaft und einer demütig duldenden, strengen Arbeitsauffassung. Romantische Verklärung und harter Wirklichkeitssinn – sie kannte diese beiden widersprüchlichen Pole sehr genau. Freiheitliches Streben und fatalistisch-ironisches Ertragen fast bis zur Selbstaufgabe waren Qualitäten dieser Frau, die durch ihre Intelligenz und schnelle Auffassungsgabe bestach, sich aber auch durch ihre Schärfe und Hartnäckigkeit Feinde machte. Ihre Biographie ist für jene Zeit außergewöhnlich frauenuntypisch. Sie wußte das sehr genau, versuchte aber meistens, ihre Sonderstellung zu verbergen.

Geboren wurde sie als Therese Heyne am 7. Mai 1764 in Göttingen. Sie war die Tochter des berühmten Altertumsforschers Christian Gottlob Heyne und seiner ersten Frau Theresia, geborene Weiß, die lange Jahre Unterhofmeisterin der sächsischen Prinzen gewesen war. Das häusliche Leben dieses Wissenschaftlers entsprach aber ganz und gar nicht seiner geisteswissenschaftlichen und menschlichen Bedeutung. Thereses Mutter war angeblich launisch, unzufrieden, untreu und kränklich. Der einzige Wunsch der Tochter war es, so bald wie möglich aus diesem armseligen Haushalt fortzukommen. Die Mutter starb jedoch früh; die Stiefmutter, Georgine Brandes, war eine verständnisvolle Frau, die ihre Stiefkinder wie ihre zahlreichen eigenen Kinder gleichmäßig gütig behandelte. Das Einkommen des Vaters, des Universitätsprofessors, genügte aber nicht für die kinderreiche Familie, und so lernte Therese von klein auf die Not des Lebens kennen.

Wie ihre Freundin Caroline Michaelis, die immer wieder ihren Lebensweg kreuzte und in zweiter Ehe mit dem Phi-

Scherenschnitt von Luise Duttenhofer (1776–1829).

losophen Schelling verheiratet war, verdankte Therese ihre Bildung zum größten Teil der etwas wahllosen Lektüre gelehrter und weniger seriöser Literatur und der Zusammenarbeit mit ihrem Vater: Er übergab die Aufsätze seiner Privatschüler zuerst seiner Tochter zur Korrektur.

Das war die Schulung, die sie später (1816–1824) befähigte, beim Cotta'schen »Morgenblatt für die gebildeten Stände« die erste Redakteurin in Stuttgart zu werden. Einem Widerspruch, der sich durch ihr ganzes Leben zog, war sie allerdings auch hier treu: Sie blieb als Autorin, Übersetzerin und Literaturkritikerin anonym. Bis zum Tode ihres zweiten Mannes erschienen ihre Romane unter dessen Namen. Sie wußte, daß sie als Frau, als Erwerbsromanschreiberin und außerhalb einer Versorgungsehe stehend (sie war damals schon zweifache

Witwe) der gesellschaftlichen Norm nicht entsprach. So kokettierte sie damit, daß sie sich in ihrem Haushalt und den damit verbundenen »typisch« weiblichen Tätigkeiten für fähiger hielt, als in den Aufgaben des Berufs, dem sie ihren Verdienst verdankte.

Mit 21 Jahren hatte sie – die auf Studentenbällen umschwärmte Tänzerin, die aber keine ernsthafte Verbindung eingegangen war – einem Mann das Jawort gegeben, der ihrem Vater sehr gefiel und dessen Verstand und Güte sie rühmte. Sie war ihm eher freundschaftlich-zuverlässig verbunden, als in großer, schwärmerischer Liebe. Es war Georg Forster (1754–1794), der als jugendlicher Forscher Ruhm erworben hatte. Als Begleiter seines Vaters, des naturforschenden Pfarrers Reinhold Forster, hatte er Forschungsreisen durch Rußland und England und 1772 bis 1775 die Cooksche Weltreise beschrieben, dokumentiert (er illustrierte seine »exotische« Ausbeute aus der Welt der Fauna und Flora selbst) und veröffentlicht. Mit Goethe, den Gebrüdern Humboldt, Herder und vielen Geistesgrößen seiner Zeit war er befreundet und gilt heute als der Begründer der philosophisch orientierten wissenschaftlich-künstlerischen Reisebeschreibung. Durch sein politisches Engagement geriet der Rosenkreuzler und Freimaurer bei den Nationalisten in Mißkredit, wurde vergessen und eigentlich erst heute wiederentdeckt. 1793 war er als Mainzer Deputierter jakobinischer Couleur Mitglied des Rheinisch-deutschen Nationalkonvents in Paris und beantragte dort die Einverleibung des linken Rheinufers in die französische Republik. Aus diesem Grunde mit Reichsacht belegt, konnte er nicht mehr nach Mainz zurückkehren und starb in großer Einsamkeit zwei Jahre später in Paris.

Therese war Forster nach der Heirat nach Wilna gefolgt (Universitätsstadt seit 1579, damals in Polen gelegen, heute Vilnius, litauische Stadt der UdSSR mit einer der wichtigsten Universitäten des Landes – auf den berühmten Forster ist man heute noch stolz). Die Arbeitsbedingungen dort waren jedoch für den jungen Gelehrten wenig zufriedenstellend. So zog die Familie mit dem in Wilna geborenen Töchterchen wieder nach Göttingen und 1788 nach Mainz, wo Forster die Stelle eines Bibliothekars beim Kurfürsten erhielt. Therese stand zusammen mit ihrem Mann bald im gesellschaftlichen Mittelpunkt. Die Ehe war aber nicht glücklich; Therese hatte sich schon als Braut in einen anderen verliebt, in einen wenig beständigen Frauenhelden. Forster hatte ihr aber diese Regungen nicht übelgenommen; es scheint auch, daß er selbst seiner Frau in Polen nicht treu gewesen ist. In Mainz ging die Ehe vollends in die Brüche. Ein Gast des Hauses, der seit 1790 bei den Forsters wohnte, wurde Thereses Lebensgefährte. Es war dies der sächsische Legationsrat Ludwig Ferdinand Huber (1764–1804). Forster willigte in den Verzicht auf seine Frau ein. Dazu Therese in der Biographie, in der sie Forster später gewürdigt hat – sie erkannte seine Bedeutung sehr wohl an: »Wie die Revolution für uns Exaltierte die bürgerlichen Rücksichten aufhob, befolgte ich die große Moral auf Kosten der kleinen und trennte ein unwürdiges Verhältnis.«[2]

Die Lebensumstände in Mainz wurden nach der französischen Besetzung zusehends unsicherer; Forster übergab Huber die Sorge für Therese und die beiden Kinder. Sie flüchteten zusammen nach Straßburg. Vor seinem Tode hatte Forster sogar noch geplant, mit Therese und Huber zusammenzuziehen; er neidete ihnen ihr Glück nicht.

Huber, dessen Herzensstärke Therese pries, wurde noch 1804 ihr Mann. Es war eine überaus glückliche Verbindung – beide achteten wohl darauf, die persönliche Freiheit und die Individualität des anderen nicht einzuschränken.

Therese Hubers politischer Standpunkt war profranzösisch. In der Familie – sie hatte nach Straßburg in der Französischen Schweiz gelebt – wurde noch in der Stuttgarter Zeit französisch gesprochen, und Briefe an die älteste Tochter waren französisch geschrieben. Thereses Sympathie gehörte den Revolutionären. Sie war Süddeutsche aus Neigung, antipreußisch eingestellt und stand den napoleonischen Kriegen und den französischen Koalitionsverträgen mit den süddeutschen Staaten positiv gegenüber. Zwar hielt sie die neuerworbene Königswürde des Württembergischen Regenten als erklärte Republikanerin für unwichtig. Ihr Urteil über König Wilhelm I. jedoch, dem sie in ihrer zweiten Stuttgarter Zeit auf Hofgesellschaften begegnete, fiel eher gnädig aus, verglichen mit dem spitzen Zungenschlag ihrer Kritiken, die ihr nicht genehme Dichter und Denker trafen.

Zusammen mit Huber, der von Cotta zum Redakteur der Zeitung »Neueste Weltkunde« nach Tübingen berufen worden war, lebte sie nach dem Verbot dieser prorevolutionären Zeitschrift seit 1798 in Stuttgart. Hier hatte Cotta von Herzog Friedrich II. die Genehmigung erhalten, die »Allgemeine Zeitung« unter württembergischer Zensur herauszugeben. Huber wurde Redakteur bei Cotta, und auch Therese arbeitete für den Verlag. 1797 war von ihr ein Beitrag im »Taschenbuch für Damen« erschienen: »Fragmente von Briefen einer Mutter an ihre verheiratete Tochter«. Damit half sie die knappe Haushaltskasse aufzubessern.

Die Hubers wohnten in der Langen Straße (heute: Ecke Firnhaberstraße). Ihr Haus wurde bald eines der Zentren der kulturell tonangebenden gebildeten Stuttgarter. Therese war eng befreundet mit der Malerin Ludovike Simanowiz und den Frauen des Stuttgarter Literatursalons Marietta Hartmann und deren Tochter Emilie Reinbeck. Im Ifflandschen »Kränzle«, dem literarisch-intellektuellen Herrensalon Stuttgarts, dem unter anderem auch Nikolaus Lenau und Justinus Kerner angehörten, wurde ihr als erster Frau die Teilnahme erlaubt und sogar das Präsidium angeboten. 1803 jedoch verbot Herzog Friedrich die »Allgemeine Zeitung« in Württemberg, weil ein Artikel seine Ordenssucht verspottet hatte. Cotta entschloß sich, die Redaktion ins damals bayrische Ulm zu verlegen. Ab März 1804 zog die ganze Familie nach Ulm, wo Huber die Zeitung als Landesdirektionsrat leitete, und zwar mit 1000 Gulden jährlichem Verdienst und pensionsberechtigt. Ein Spitzeneinkommen!

Thereses Tochter Claire Forster verlobte sich in diesem Frühjahr, so blieben

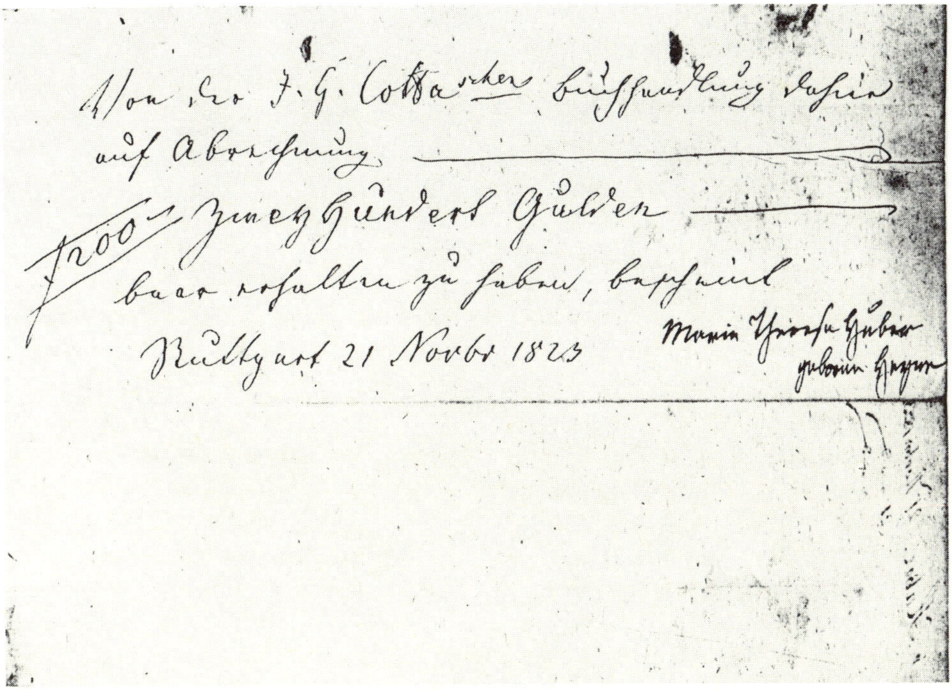
Von der J. G. Cottaschen Buchhandlung dahier
auf Abrechnung
f 200 – Zweyhundert Gulden
baar erhalten zu haben, bescheint
Stuttgart 21 Novbr 1823
Marie Therese Huber
geborne Heyne

»200 Gulden bar erhalten zu haben« bescheinigt Therese Huber hier ihrem Verleger J. G. Cotta.

nur noch die beiden Kinder Luise und Aimé aus der Ehe mit Huber, für die zu sorgen war. Die älteste Tochter hatte eine Stellung als Erzieherin gefunden. Die Zukunft sah rosig aus – doch am Heiligen Abend desselben Jahres starb Huber an einer Lungenentzündung. Auch ihn hat Therese Huber in einer späteren Biographie gewürdigt.

Sie mußte Ulm verlassen, wohnte zunächst bei ihrer nun verheirateten Tochter in Günzburg. Das Kleinstadtleben behagte ihr aber nicht, und so zog sie zweiundfünfzigjährig 1816 wieder nach Stuttgart und arbeitete als erste deutsche Redakteurin am Morgenblatt. Bis 1824 erlebte sie hier ihre beruflich erfolgreichste Zeit. Sie wohnte zuletzt mit ihrer Tochter Luise in der Poststraße, dann nach zwei Jahren in einer helleren Wohnung in der Hirschgasse.

Über ihre Lebensbedingungen wissen wir aus Briefen sehr gut Bescheid. Praktisch-realistisch, wie sie eben auch veranlagt war, beschrieb sie ihr Alltagsleben mit allen angenehmen und schwierigen Details genau. Sie versorgte trotz ihrer Arbeitslast ihren Haushalt meist ohne Mägde. Zehn Schwangerschaften hat sie in ihrem Leben ausgetragen, nur vier Kinder überlebten. Sie war der Not gehorchend emanzipiert, tapfer trug sie die »Stuttgarter Unbillen«. Frauen aus den höheren, den bürgerlichen Ständen waren zu jener Zeit weder von der Kleidung noch vom Schuhwerk her für das tätige Leben ausgerüstet. Aus einer Zusammenstellung, die sie im Jahre 1820 machte, ergibt sich folgendes: »Sie bezog ein Redaktionsgehalt von 700 Gulden [jährlich], die aber immer für Aimé gebraucht wurden [der Sohn besuchte ein Internat], 300 Gulden Pension, 500 Gulden Rente ihres Vermögens. Außerdem verdiente sie durch schriftstellerische Arbeiten 400-500 Gulden. Diese 1300 Gulden brauchte sie für ihren Haushalt, Kleidung und Verkehr; Holz und Wohnung allein berechnete sie mit 350 Gulden. Über ihren Verbrauch in Stuttgart, über Preise der Wohnung und Lebensmittel gab sie am 9. November 1821 der bekannten Schriftstellerin Frau Helmine von Chézy, mit der sie literarische Beziehungen unterhielt und von deren Absicht, nach Stuttgart überzusiedeln, sie wohl gehört hatte, folgendes Bild:

›Nur wegen dem häuslichen Wesen hier, da Sie so wundersam hausmütterlich darüber schreiben – kommen Sie, wir wollen 'mal Hausmutterles spielen – wenn's Frau von Spitznas, Frau Gönnichts und Madame Naseweis hört, würden sie garnicht glauben, daß wir ein paar der berühmtesten Schriftstellerinnen Deutschlands sind. Ein Logis von quasi drei heizbaren Zimmern und ein paar ungeheizten nebst Küche und Zubehör kosten 300 bis 350 Gulden *aufs mindeste*, und da ist's lokal sehr schwer, nur Sonne, geschweige denn Aussicht zu finden. Sie wohnen denn außer dem Thor, welches beim Unpflaster, schlechtem Pflaster und Teure der Fiacres sehr schwer ist. Chaises à porteur hat man nicht, ein Wagen kostet einen preußischen Thaler zu einem Besuch, und die Stuttgarter City patscht im Kote ohne allen Spott. Holz kostet 20–22 Gulden das Maß, vulgo [ebenso, im allgemeinen] Klafter, hat auch 26 und 32 gekostet und möchten zu zwei Zimmer heizen und Küche des Jahres sechs bis acht Maß bedürfen. Eine Hausmagd kostet 30–33 Gulden Lohn, 11–16 bestimmte Geschenke; wer aber keine Gäste logiert, regaliert [empfängt], wo also das Lohn nicht durch stete Trinkgelder verdoppelt wird, oder ansehnlich vermehrt, der bekommt nur eine saloppe oder muß Lohn auflegen. Eine Köchin kostet mehr. Lebensmittel sind sehr wohlfeil. Das Gymnasium hat sehr würdige Lehrer als Gelehrte und Menschen, allein wunderbar – ihr Einfluß auf die Jugend ist Null. Es ist kein Verkehr zwischen Lehrern und Zöglingen und die die Notwendigkeit, Zucht zu halten, einsehen, getrauen sich nicht, einen quidam [solchen] zu züchtigen, weil er ein Vetter ist oder einen Vetter hat. Die Seele von Württembergs Leben jeder Art ist Nepotismus. Ohne Vettern haben Sie keine Geltung, und wenn Sie mit einer goldenen Krone kämen. Die Klassen sollen zahlreich sein, die Schulgebäude sind schlecht. Die Jugend ist zügellos – Burschen von 14–16 Jahren taumelnd aus Bierhäusern kommen zu sehen, ist sehr häufig. Das Familienleben ist hier unfein, beschränkt, unschön, deshalb die Jünglinge rauh, gemein. Die Vornehmen nehmen einen vernis [falschen Lack] lernen aber noch weniger wie die roture [Bürgerpack]. Ob Fremde mehr persönliche Teilnahme bei den Lehrern finden würden, weiß ich nicht, glaube es nicht – denn auch die besten Lehrer gehören ihren Vettern und weil sie diese nicht züchtigen dürfen, niemand als Weib, Tabakpfeife, Neckarwein. Dieser Geist der Absonderung beschränkt auch die besten, denn individuell sind vortreffliche Männer darunter.«‹[3]

Der Ton ist kritisch, aber diese Art der Reflexion muß auch ein Teil ihrer Ausstrahlung gewesen sein. Georgine Heyne, ihre Stiefmutter, schreibt nach einem Besuch in Stuttgart an einen gemeinsamen Göttinger Freund: »Diese Frau ist und bleibt ein Wunder. Sie ist jetzt 55 Jahre alt und sieht aus, als ob sie 35 zählte. Haltung, Gang, Lebhaftigkeit, alles ist jugendlich an ihr und ihr Geist – was soll ich sagen? Es ist ihres Vaters Geist. Sie wird allgemein geachtet und geliebt und sieht die beste Gesellschaft.«[4]

Wenige Jahre später war Therese Huber mit ihrer Gesundheit nicht mehr recht zufrieden. In einem Brief an den Kunsthistoriker Böttiger schreibt sie am 3. März 1823: »Ich muß freilich mich selbst für ein Wunder der Widerstandskraft ansehen, ich bin nun im sechzigsten – und muß selbst lachen und mit Dankestränen in den Augen, wenn ich bei meinen blinden Augen klettere, vogelleicht gehe und unermüdet arbeite. Ich rechne es freilich meinen sehr glücklichen Gewohnheiten zu, so wenig und so kindisch mich genährt zu haben, lebenslang. So wenig Fleisch, daß noch jetzt viele Tage in der Woche hingehen, wo ich keines esse, nur Suppe, ohne starken Geschmack, Obst, Milch und leichte Mehlspeise, viel Zucker und Gezuckertes, erst seit meinem vierzigsten Lebensjahr ein halbes Spitzglas Wein – aber dabei bin ich ohne alle eigensinnige Diät, esse alles, bei großen Tafeln auch das Gewürzteste, aber immer so wenig, daß andere mich für krank halten, indem ich für meine Gesundheit bürge. So nehmen alle meine schlechten Dispositionen nicht überhand, fliegende Gicht, die quälenden Hämorrhoidalübel, schwache Lunge, – ich leide viel –, d. h. immer an einem, aber nie zum Kranksein. Zu meinem Kindskopfregime gehört aber täglich Thee, frische Butter und im Sommer fetter Rahm, wo viel ich haben kann, dazu; aber immer als hungerstillend, nie außer der Mahlzeitstunde oder der Zeit, wo ich hungrig bin ... Sehen Sie doch diese alberne Beschäftigung mit mir selbst nicht als eine Bavardage [Geschwätzigkeit] an – ich dachte an Ihre Frau, an manche Zeitgenossin, der Sie etwa einmal Rat geben können – ich glaube, daß wir unglaublich gewönnen, erzögen wir uns so einfach. Ich hatte zehn Kinder, hatte so viele Aufforderungen, meine Kräfte zu spannen, zu überspannen, Leidenschaft, Kummer, Mangel ... und Arbeit! Kopfarbeit, zu der ich gar nicht gemacht bin – und ich erhielt diese unerschöpfliche Leichtigkeit.«[5]

Die Arbeit beim Morgenblatt, diese »Kopfarbeit«, zu der sie nicht gemacht zu sein vorgab, befriedigte Therese Huber jedoch sehr. Das Blatt war vom Inhalt her eine Art alle Geistessparten umfassendes Feuilleton. Allerdings gab es zwischen Cotta und ihr keinen Arbeitsvertrag. Einer der Gründe könnte sein, daß ihre Mitarbeit einen genau abgesteckten Rahmen überschritt. Ab 1823 jedoch kam es zu Unstimmigkeiten: Der neu bestellte Leiter der Literaturseite, der sich später als durchaus unqualifiziert herausstellte, bekam als Honorar die dreifache Summe dessen, was Frau Huber erhielt. Nach mehreren Mißverständnissen legte sie ihre Redaktionstätigkeit nieder und lebte als freie Schriftstellerin im Bayrischen in der Nähe ihrer Töchter. Bis 1827 ziehen sich die Streitigkeiten mit Cotta hin, erst dann wird sie wieder versöhnlich und dankt dem Verleger für die ihr gewährten Arbeits- und Bildungsmöglichkeiten.

Auch hier der alte Widerspruch: Erfolgreiche und gute Arbeit einer Frau ist anscheinend keine Qualität an sich, sondern bedarf noch des Dankes für die Gewährung dieser Arbeitschance.

In jenen Jahren schreibt sie ihren letzten Roman »Die Ehelosen«[6], in dem sie für eine geistige Mutterschaft der Frauen plädiert. Sie argumentiert gegen das Verheiratetsein als einzige weibliche Lebensbestimmung, attackiert das traditionell überlieferte Ehe-Ideal. Ihr Gegenbild ist das der unverheirateten Frau, die mit befriedigenden Tätigkeiten ihr Leben ausfüllt und gestaltet. Diese Frauen sind keine Blaustrümpfe oder humorlose Jungfern, sondern blühende Jungfrauen oder ansehnliche Matronen ohne irgend eine negative Wertung. Sie sind von Jünglingen umschwärmt und von reiferen, gebildeten Männern geschätzt. Sie haben nur die Ehe als Falle erkannt und diesen schicksalhaften Fehler vermieden. Therese Huber vertritt hier eine zukunftsweisende, fast utopische Haltung, die für jene Zeit noch lange nicht erfüllbar war. Denken wir an heute, so stecken in diesen Beschreibungen noch immer viele nicht realisierbare Elemente, die auch in unserem gesellschaftlichen Rahmen nach wie vor zu Kontroversen führen.

Im hohen Alter ist Therese Huber nicht frei von Beschwerden: Sie erblindet. Doch ihre älteste Tochter kümmert sich liebevoll um sie. Therese Huber überblickt ihr Leben, ist sich ihrer selbst sicher und ihrer eigenen Menschlichkeit bewußt; ihre politische Haltung ist unverändert sozial. 1827 schreibt sie einer Freundin: »Ich hatte das Vergnügen, Wilhelm Humboldt nach 37 Jahren wiederzusehen. Ich glaube, die Zeit ist an meinem Gemüt ohnmächtiger wie an dem seinen vorübergegangen, soviel weiter seine Kenntnisse und Wahrnehmungen in dem Zweig der menschlichen Gesellschaft, den wir Staatsleben nennen und der alles Wissen umfaßt, über meine Begriffe selbst erhaben sein müssen. Aber Mensch neben Mensch bin ich der reichere geworden. Man könnte sagen, daß er der bescheidenere sei, da er von Menschenwerk, Menschenwürde und Menschenrecht gar kleine Begriffe hat und wenig Ansprüche macht. Er reduziert die Entwicklung, welche wir für den Menschen zu wünschen haben, auf eine gute Stallfütterung mit abgeteilten Raufen, wo der Adel billig wo obenan steht und es auch Mittel gibt, daß der bessere Stier an eine bessere Raufe gelange; doch zum Stall dürfen nur einzelne vorzügliche – kurz, es ist der Begriff einer geistigen Aristokratie neben der der Kasten. Das Volk bleibt im Stall ohne Rechte und Denkmittel, die Geistesbildung bleibt eine Art Orden und die Pflicht der Regierung bleibt es, für gute Futterkräuter zu sorgen.«[7]

Aber trotz allen Selbstbewußtseins sieht sie sich selbst in einem Brief an Humboldt als ungelehrtes Weib dem gebildeten Mann gegenüber – eine ironisch-höfliche Reverenz vielleicht. Allerdings sieht sie das eine ganz klar: Sie hat sich gegen alle Konventionen selbst geschaffen. Das macht auch ihre Stärke aus. Da sie sich nicht auf vorherbestimmten und geebneten Bahnen bewegen konnte, ist sie beweglich und offen geblieben. Dies ihrer Meinung nach auch deshalb, weil Frauen in ihrer Liebe für andere lebendig bleiben, ihre Begeisterungsfähigkeit bewahren. In einem Brief an Wilhelm von Humboldt (1767–1835) schreibt sie am 25. September 1827 aus Augsburg: »Es ist ja wohl nicht zu wundern, wenn ein ganz ungelehrtes Weib im Greisinnenalter sich die Wahrheiten über des Menschen Werth und Bestimmung entdeckt, abstrahirt hat, die der gelehrt gebildete Mann vor den dreysigen zu seiner Lebensweisheit erkohr – aber so ist einmal das Verhältniß meines ... *Häppchens* Weisheit gegen Ihren Magistergrad in ihr. Und ich bin dabei recht heiter und muthig. Ich sehe auf die lange Reihe meiner Jahre, auf die Zahl meiner Irrtümer, auf die niedergetretenen Dornen des rauhen von mir durchschrittnen Pfades so freudig zurück, denn mein Leben lößte seine Aufgabe: ich erbaute, ich schuf mein geistiges Selbst, und was nun noch kommen mag, so hoffe ich meine Schritte sollen nicht rückwärts gehen und meine Vergangenheit mir heilig und werth bleiben.«[8]

Therese Huber ist am 15. Juli 1829 in Augsburg gestorben.

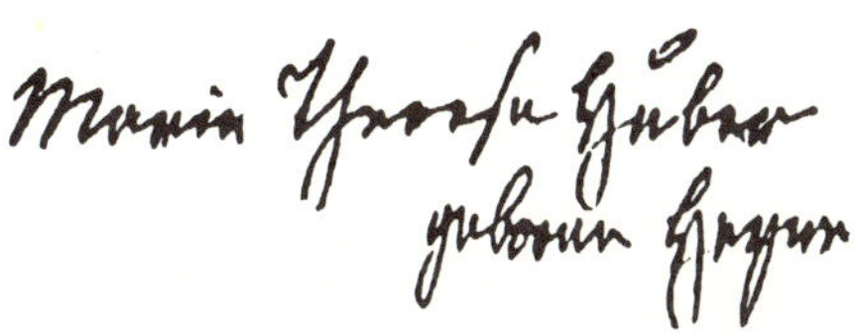

Emilie Zumsteeg

Die »männliche« Musikerin

ZUM HEIMATHLAND, WO DU IN TOENEN
IM GEISTE LEBEND SCHON GEWEILT,
ZUM HEIMATHLAND DES EWIGSCHÖNEN
BIST DU IM TOD UNS VORGEEILT.
UND DOCH BIST DU BEI UNS GEBLIEBEN.
DENN DEINE KRAFT LEBT WIRKEND FORT.
WIE UNSER DANK UND UNSER LIEBEN
LEBENDIG BLEIBT IN THAT UND WORT.
Inschrift auf Emilie Zumsteegs Grabstein auf dem Hoppenlaufriedhof.[1]

Emilie Zumsteeg, zeitgenössischer Scherenschnitt.

Als der Komponistin, Sängerin, Pianistin und Musikpädagogin Emilie Zumsteeg zum 45. Geburtstag am 2. Dezember 1841 vom Stuttgarter »Stadtrath« eine kostbare Brosche mit einer Ehrenurkunde überreicht wurde, war dies die zweite öffentliche Ehrung, die ihr zuteil wurde. 1841 hatte König Wilhelm I. ihr anläßlich seines Regierungsjubiläums als Anerkennung für ihre Verdienste um das Stuttgarter Musikleben ein Jahresgehalt samt Urkunde zuerkannt.

Wie ist es möglich, daß eine Musikerin, die im Musikleben Stuttgarts so aktiv und so bekannt war, derart in Vergessenheit geraten konnte? Eine Musikerin, die auch die als männlich geltende Begabung des Komponierens und nicht nur das eher als weiblich eingestufte Talent der Musikausübung im höchsten Maße ausgebildet hatte? Oder war gerade dies die Ursache des Vergessenwerdens?

Der Stadtrat bescheinigte ihr damals folgendes:

»Verehrtes Fräulein! Es ist dem Stadtrathe nicht entgangen, wie Sie, seit einer langen Reihe von Jahren, sich um die Verbreitung eines veredelten Gesanges bei einem ansehnlichen Teile der hiesigen Einwohnerschaft verdient gemacht

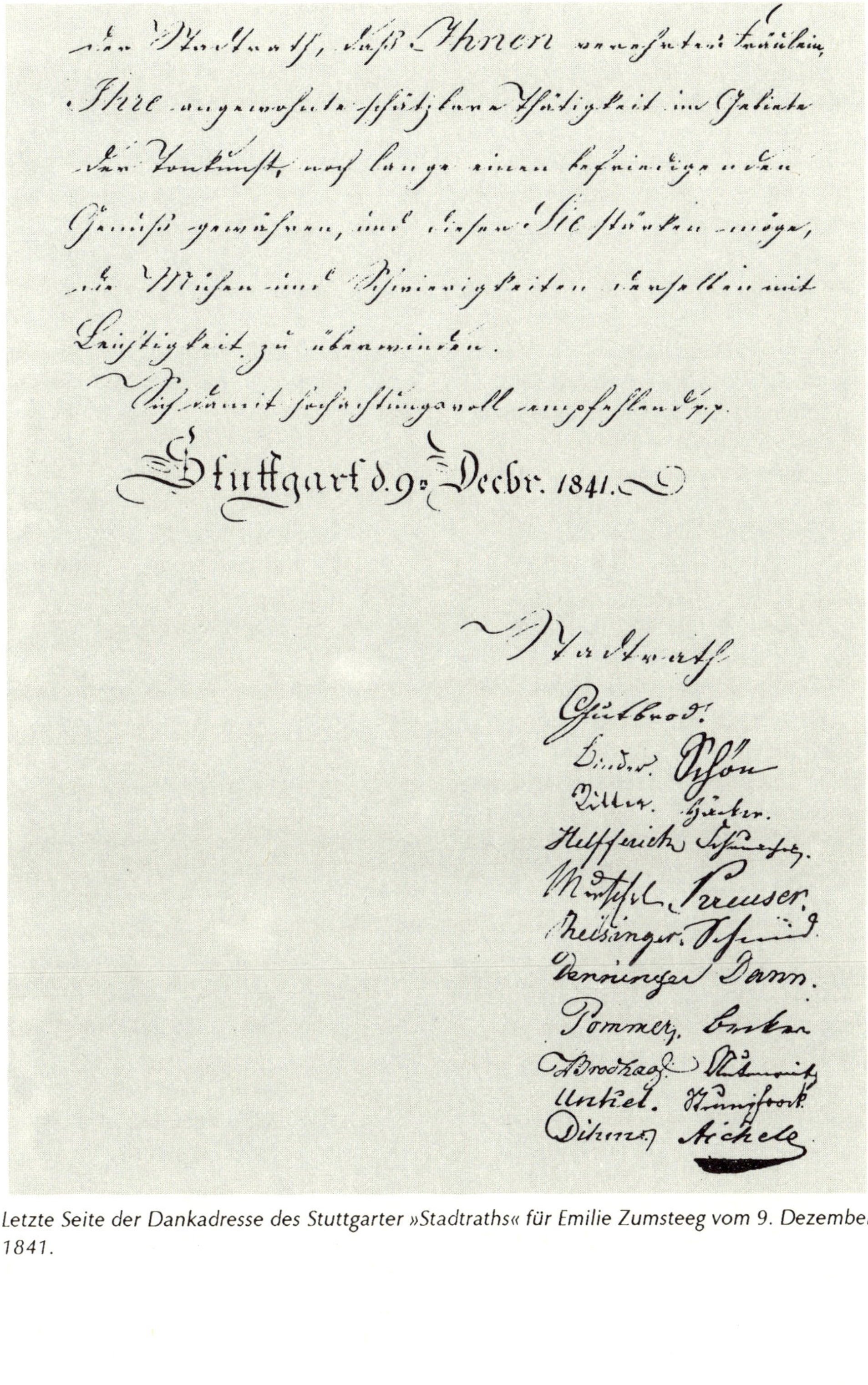

der Stadtrath, daß Ihnen verehrtes Fräulein, Ihre angewohnte schätzbare Thätigkeit im Gebiete der Tonkunst noch lange einen befriedigenden Genuß gewähren, und daß Sie stärken möge, die Mühen und Schwierigkeiten derselben mit Leichtigkeit zu überwinden.

Sich damit hochachtungsvoll empfehlend pp.

Stuttgart d. 9. Decbr. 1841.

Stadtrath

Gutbrod.

Schön

Helfferich

Preuser.

Pommer.

Brodhag.

Unkel.

Aichele

Letzte Seite der Dankadresse des Stuttgarter »Stadtraths« für Emilie Zumsteeg vom 9. Dezember 1841.

haben, und mit dem von Ihrem, den Freunden der Tonkunst unvergeßlichen Herrn Vater auf Sie übergegangenen musikalischen Geiste, manches für jene schöne Kunst empfängliche Talent belebten und bildeten. Besonders war Ihre uneigennützige Tätigkeit bei der von Zeit zu Zeit wiederholten Ausführung großer Musikstücke durch die hiesigen Gesangvereine bemerkbar; und erst neulich hatte der Stadtrath Ihren Kunsteifer wahrzunehmen, als die besagten Vereine, für die Ausführung des Oratoriums »Die Schöpfung« zur Feier des Regierungs-Jubiläums, sich verbanden.

Für diese ausgezeichneten Leistungen sieht der Stadtrath sich verpflichtet, Ihnen verehrtes Fräulein, seine aufrichtige Dankbarkeit mit der Bitte zu bezeigen, als ein bleibendes Zeichen dieses Dankes das beifolgende Andenken, die Brosche, mit dem befriedigenden Gefühle anzunehmen, daß der Stadtrath, wenn er, wie er hofft, mit solchem Sie erfreut, Ihnen doch nur eine wohlverdiente Anerkennung zu Theil werden lasse, welche vielleicht durch die Übereinstimmung, mit der solche in den städtischen Collegien notirt wurde, eine erhöhte Bedeutung erhalten könnte.

Bei dieser angenehmen Veranlassung wünscht Ihnen der Stadtrath, daß Ihnen verehrtes Fräulein, Ihre angewohnte schätzbare Thätigkeit im Gebiete der Tonkunst, noch lange einen befriedigenden Genuß gewähren und dieser Sie stärken möge, die Mühen und Schwierigkeiten derselben mit Leichtigkeit zu überwinden.

Sich damit hochachtungsvoll empfehlend – Stadtrath.«[2]

Es folgen die Unterschriften von 21 Stadträten.

Ihre Tätigkeit wird als uneigennützig beschrieben. Das kann sehr viele Bedeutungen haben; hier scheint das Adjektiv die Qualität der absoluten Selbstlosigkeit zu bezeichnen. 1947 wurden in einer Publikation Emilie Zumsteegs diesbezüglichen Eigenschaften noch ohne den leisesten Zweifel folgendermaßen bewertet: »Schließlich gab sie einen ausgezeichneten und fördernden musikalischen Unterricht, bei dem ihre pädagogischen Gaben sich besonders entfalteten, sie führte dabei besonders zu einem geläuterten Verständnis für das Schönste dieser Kunst. Und sie wollte mit all dem keinen Ruhm, sondern diente nur der Sache und stand gern zurück, wenn eine von ihr eingeübte Aufführung schließlich der Hofkapellmeister Lindpaintner dirigierte ...«[3]

Wer kann schon wissen, was in dieser Frau vorging, die sich so selbstverständlich – der »Sache« dienend – in der Öffentlichkeit an den Platz begab, der ihr »gebührte«? Als Frau war sie nicht nur in der gesellschaftlichen Hierarchie an untergeordneter Stelle; es wurde bei Frauen zugleiche eine Wertung im künstlerischen Bereich hinzuaddiert, eine arglose Erhabenheit der Kunstschaffenden über Rangstreitigkeiten vorausgesetzt.

In der stadträtlichen Gruß- und Dankadresse scheint es so, als wäre es nichts Außergewöhnliches, daß eine Frau dieses »schätzbare Thätigkeit« ausübt. Allerdings wird zugestanden, daß es »Mühen und Schwierigkeiten« gibt, sie möge diese mit Leichtigkeit überwinden! Welcher Art waren wohl diese Schwierigkeiten?

Dazu wiederum H. Th. Werner: »Das Musikleben der Hauptstadt war damals sehr im Niedergang. Die Oper war vernachlässigt, Konzerte fanden kaum statt, auswärtige Künstler mieden Stuttgart, es gab weder eine öffentliche Musikschule noch musikalische Vereine; erst 1824 trat der Liederkranz ins Leben. In dieser Lage begann Emilie Zumsteeg mit männlicher Tatkraft und echt schwäbischer Zähigkeit und Gediegenheit – man konnte von ihr von einer Zigeunerin wirklich nicht sprechen[4] – aufzubauen. Sie suchte sich aus allen Schichten Sänger und Sängerinnen zusammen, wußte sie zu begeistern und führte mit ihnen große Werke wie Haydns Schöpfung und Händels Messias auf. Aus solchen Anlässen bildete sich allgemein der Verein für klassische Kirchenmusik ...«[5] Werner meint hier den Oratorienverein, der 1823 von Emilie Zumsteeg mitbegründet wurde.

Ja, diese Musikerin hat in unruhigen politischen Zeiten[6], in denen das Leben schwierig und mühsam war, den Mut gehabt, auch Frauen für die Musik zu begeistern und ihnen hier ein Forum zu schaffen. Gepaart mit dem immer wieder betonten »männlichen« Organisationstalent war dieser Mut nicht nur Hartnäkkigkeit, sondern ein Politikum. Darum mußte der Chronist immer wieder hervorheben: Sie »hat Sinn genug bewahrt für das Gesunde und Wahre«, diese »seltene Naturbegabung war befähigt – durch männlich entschlossenes Studium, Kraft und Beharrlichkeit des Charakters«[7] – für den von ihr erwählten Beruf. Kurz, der »gute Ton« blieb immer gewahrt!

Die Rechtfertigungsfloskeln nehmen kein Ende. Diese Frau stand ihren Mann, und nur deshalb durfte sie auf ihr erfolgreiches Schaffen stolz sein.

Mit keinem Wort wird darauf eingegangen, daß die Liederkränze bis dahin rein männliche Organisationen gewesen waren. In Stuttgart war einer der Mitbegründer des Liederkranzes Emilies Bruder, und vielleicht konnte sie, von der Familientradition gestützt, nur über diese Beziehung überhaupt erst tätig werden. Dazu kommt, daß die zum größten Teil liberal geprägten Liederkränze – und der Stuttgarter Verein machte da keine Ausnahme – von Anfang an dazu tendierten, Frauen aufzunehmen. Carola Lipp beschreibt die damalige Situation nicht nur anhand der Fakten, sondern versucht, das einzigartig Neue herauszuarbeiten, das diese Liederkränze für Frauen, besonders für bürgerliche Frauen, bedeuteten. Das galt vor allem in einer Stadt wie Stuttgart, die trotz der rund 40 000 Einwohner Kleinstadtcharakter auszeichnete:

»Da sich die Liederkränze zum Zweck gesetzt hatten, den schlichten einstimmigen Volksgesang zu veredeln und den mehrstimmigen Gesang zu üben, lag es nahe, Frauenstimmen miteinzubeziehen, denn ohne sie fiel es schwer, mehrstimmige Chorwerke aufzuführen. [...] Ein Hindernis für den Eintritt der Frauen in weltliche Gesangvereine war die Sittlichkeit, bzw. der Widerspruch zwischen den von Frauen verlangten Verhaltensweisen und den von den Gesangvereinen gepflegten Geselligkeitsformen. Die Proben der Gesangvereine fanden in Gastwirtschaften statt und endeten meist mit weinseligen Trinkrunden. Frauen jedoch konnten abends nicht allein oder in Begleitung fremder Männer in ein Wirtshaus gehen, dies umso weniger, als viele Sängerinnen noch ledig waren und von daher besonders auf ihren Ruf bedacht sein mußten.«[8]

Der von Emilie Zumsteeg um 1830 gegründete Frauenliederkranz hatte ähnliche Probleme mit den Probenräumen. »Der Stuttgarter Frauenliederkranz traf sich deshalb zu den Proben abends im Rathaus oder sang im Saal des Bürgermuseums[9] ... Dadurch, daß Frauen in den Liederkränzen allein und im Unterschied zu den Bürgergesellschaften ohne männliche Begleitung oder familiären Zusammenhang auftraten und zudem noch mit fremden Männern zusammentrafen, mußten sie zwangsläufig in Konflikt geraten mit den weiblichen Verhaltensnormen der damaligen Zeit. Die Mitarbeit von Frauen in den Liederkränzen, selbst wenn sie sich nur auf gelegentliche gemeinsame Auftritte und Aufführungen beschränkte, war so im Hinblick auf die bestehenden Umgangsformen zwischen den Geschlechtern geradezu revolutionär. Frauen taten dasselbe wie Männer und dies öffentlich und in geselligem Rahmen ...«[10] Der Stuttgarter Frauenliederkranz, den Frau Zumsteeg dirigierte, umfaßte 1836 dreißig ständige Mitglieder, deren Zahl sich bei Aufführungen verdoppeln konnte. »Darunter befanden sich hochangesehene Bürgersfrauen der im Kulturleben wichtigen Familien Stuttgarts, die die demokratisch liberale Meinungsbildung auf diese Art und Weise förderten. In ihrer typischen Verbindung von bürgerlicher Geselligkeit und politischer Kultur prägten die Liederkränze den Feststil der Vormärzzeit und späteren Revolutionsjahre«,[11] schreibt Carola Lipp. Allein die Schillerfeiern, die seit 1825 jährlich veranstaltet wurden und gesellschaftliche Höhepunkte der Stadt waren, versinnbildlichen neue Bürgerideen. »Paradeähnliche Aufmärsche und die seit 1836 allgemein verbreiteten Sängerfahnen – meist ein Geschenk der Frauen – sollten zusammen mit Musik und Reden den Veranstaltungen eine festliche Würde verleihen.«[12] Stadtmusik als Gegenpol zur Hofmusik war das große Anliegen dieser neuen Bürgeraktivitäten.

Das liberale Element, das sich hier immer mehr durchsetzte, war auch in dem »Stadtrathe« vertreten, der Emilie Zumsteeg die kostbare, mit Diamanten besetzte ovale Emaillebrosche zugeeignet hatte. Zumindest einer, der Stadtrat Ritter (Vorstand im Liederkranz, Mitglied im Schillerverein und im Stuttgarter Polenverein), hat nur allzugerne Frau Zumsteeg als selbstverständlich agierende Musikerin damit geschmückt. War doch auch seine Schwiegertochter, Emilie Ritter, geborene Walter (1819–1900), eine jener Frauen, welche die Gruppe der politisch bewegten Frauen in Stuttgart repräsentierten. Und ihr Vater, der Konditor und Handelsmann August Walter, organisierte als Vorstandsmitglied des 1832 gegründeten liberalen Bürgermuseums die dortigen Konzerte, an denen auch Emilie Zumsteeg mitwirkte.

Inwieweit nun Emilie Zumsteeg einem frauenbewegten politischen Liberalismus zuzurechnen ist, kann hier nicht geklärt werden. Sie war durch ihre *Vir-*

tuosität (auch in diesem Wort steckt Männlichkeit) eine gediegene Anwältin des bürgerlichen Musiklebens. Dabei war ihr wohl das Wichtigste, ihre Musik ausüben zu können, und sie hat dies innerhalb der ihr als Frau zugestandenen Rollennorm getan – so selbstverständlich dienend, daß sie in der Folge schnell wieder vergessen werden konnte. Im Zuge der Restauration wurde an solch exotisch-weiblichen Protagonisten, deren Kompositionen nur in wenigen Ausnahmefällen gedruckt wurden, besser nicht mehr erinnert, mochte sie auch den Liederkomponisten Friedrich Silcher (1789–1860) musikalisch überragt haben. Eine Qualitätswertskala ist jedoch im ästhetischen Bereich sowieso schwierig herzustellen. Heute werden ihre Chorwerke, ihre Kantaten, ihre »Polonoisen« (Originalschreibung) erst langsam wieder entdeckt. Ein weiblicher Komponist macht sich doch hübsch im Stuttgarter Lokalkolorit, auch wenn er schon der Geschichte angehört ...

Die Frauen, die an Sängerfesten teilnahmen, trugen zumeist weiße Kleider – weiß, die Farbe der Reinheit und der Vernunft, die Farbe mit klassischer und revolutionärer Symbolkraft zugleich.

Als bei der Einweihung des Schillerdenkmals 1839 aus ganz Württemberg die Sängerinnen und Sänger anreisten, war nicht nur eine Einheit aller Klassen und Stände zusammengekommen, waren nicht nur dörfliche und städtische Sangeslust gemeinsam vertreten: Das gemeinsame Auftreten von Männern und Frauen war auch Ausdruck einer vollzogenen Wandlung hin zum freien Volksgebaren.

Und nicht zuletzt war es hier Emilie Zumsteeg, die musikalische Maßstäbe setzte: »Auch die Schillerfeste, diese erhebende alljährlich wiederkehrende Feier des Stuttgarter Liederkranzes zu Ehren des großen Dichtergenius, verdankten ihren Bemühungen einen großen Teil ihres Reizes.«[13] Und dieser Reiz bestand eben nicht nur im Gesang der Frauen und Jungfrauen, den Emilie Zumsteeg einstudiert hatte, sondern auch im schönen Anblick: Der innere Festplatz um das Schillerdenkmal war durch einen Kranz weißgekleideter Frauen geschmückt, die an diesem 8. Mai 1839 dem Fest die seelenvolle Weihe weiblicher Empfindsamkeit gaben.

Wenn wir die Lithographie aus dem Jahre 1857, ihrem Todesjahr, betrachten – das einzige Bildnis Emilie Zumsteegs, das zu existieren scheint (vom Vater existieren immerhin zwei) – so will uns die »Erscheinung ihres männlich ausgelegten Wesens«[14] nicht unbedingt als solche einleuchten: Im streng-schwarzen, in Prinzeßform taillierten Kleid, das ihre Magister-Kantorinnenwürde noch unterstreicht, wirkt sie eher pastoral als männlich, steckt fast in einer Uniform geistlicher Musikinterpreten. Ihr Gesicht, von einer strengen Mittelscheitelfrisur umrahmt, wirkt gütig und bestimmt. Ihr Selbstbewußtsein scheint nicht aufgesetzt; ihre ruhige Ausstrahlung scheint von ganz innen zu kommen. Das Tüchlein am weißen Kragen gleicht einem leicht bewegten Schmetterlingsflügel.

Emilie Zumsteeg war die Tochter des Komponisten Johann Rudolf Zumsteeg (1760–1802), herzoglicher Konzertmeister in Stuttgart, und seiner Ehefrau

Heideloff.
Zumsteeg.
Faisst.
Lotter.
Metzler
Elben.
Schubler.
Grammont.
v. Wangenheim
R. Vollmar.
Rotebühlst. 59.

Louise, geborene Andreä, Tochter des Stuttgarter Arztes Dr. Andreä.

Die in Stuttgart sehr angesehene Familie Andreä hatte zuerst nichts von der Verbindung ihrer Tochter mit einem Hoflakaien wissen wollen. Da der junge Zumsteeg aber die Gunst des Herzogs genoß – als Sohn eines Soldaten und Hoflakai Herzog Carl Eugens war auch er in der Hohen Karlsschule ausgebildet worden und hatte nicht nur aus der Freundschaft mit Friedrich Schiller sein Leben lang einen hohen Bildungsanspruch gewonnen –, verdoppelte der sein Gehalt als Hofcellist auf 400 Gulden. Die Heirat konnte 1783 stattfinden. Sorgen und Not waren trotz des guten Einvernehmens der Eheleute die Begleiter dieser Familie, die viele Kinder zu versorgen hatte.

Johann Rudolf Zumsteeg (1760–1802).

Die zuletzt Geborene war Emilie; am 9. Dezember 1796 kam sie in Stuttgart zur Welt. Es heißt, daß schon der Säugling durch Musik zu beruhigen war – ein Akkord auf dem Klavier genügte, um sie zu besänftigen. Sie liebte es auch, wenn der Vater musizierte, hörte ihm gebannt zu, wenn er Klavier oder Cello spielte. Doch der Vater starb, als Emilie sechs Jahre alt war. Die Mutter, die einen Musikalienhandel[15] eröffnete, um ihre Familie versorgen zu können, fand in der Tochter bald eine große Stütze. Doch sie gab ihr auch die Möglichkeit, ihre außergewöhnliche musikalische Begabung zu entfalten. Mit großem Fleiß ging Emilie dem Unterricht im Klavier- und Partiturenspiel nach. Ihr Lehrer war der Bruder des Malers Gottlieb Schick, damals einer der bekanntesten Pianisten Stuttgarts. Vom Hofmusikdirektor Sutor bekam sie Unterricht in Kompositionslehre und Gesang. In Museumskonzerten trat sie schon als junges Mädchen als Pianistin und Sängerin auf und konnte besonders durch ihre wohlklingende Altstimme bezaubern. In sehr jungen Jahren fing sie auch damit an, Lieder zu komponieren. Erst viel später wurden zwei Walzer nach Themen von Rossini (»Othello« und »La gazza ladra«), »Polonoisen« (so die Originaltitel) für Klavier und einige Lieder gedruckt. Der größte Teil ihres Werkes fand keine gedruckte Verbreitung, die edierten Musikstücke sind auch nie wieder nachgedruckt worden. In ihren Liedern vertonte sie Lenau, Kerner, Körner,

Links: 1836 war Emilie Zumsteeg (oben Mitte) Ehrengast der Museumsgesellschaft.

Schwab, Rückert, Hauff, Matthison und die damals berühmt-berüchtigte Außenseiterin der Dicht- und Librettokunst Helmina von Chézy (1783–1856). Liebessehnsucht, unerfüllte Liebe, Abschied, Trennung und ein seelentiefes romantisches Naturbewußtsein sprechen aus ihnen. In einem Gedicht für eine Singstimme von Caroline Binder, Pianofortebegleitung von E. Zumsteeg, heißt es in der letzten Strophe: »Denn der Liebe sinnig Leben kennt nicht Raum noch Zeit, himmlisch will sie höher streben bis zur Ewigkeit.«[16] Ein Hinweis auf die Komponistin?

Die zeitgenössische Rezeption war ihr gewogen. Ihre Polonaisen werden 1821 von der »Allgemeinen musikalischen Zeitung« so honoriert: »Es scheint wirklich einiges von dem Geiste des Vaters auf die Tochter übergegangen zu sein.«[17]

Ihre Kantate anläßlich der Schillerfeier 1829 untermauert ihren Ruf als gefeierte und beliebte Künstlerin. Ihre Stammbücher, die lange im Besitz der Stuttgarter Familie Früh waren (Nachfahren des Bruders, des Kapellmeisters Zumsteeg), zeugen von ihrem Bekanntheitsgrad und ihrer Beliebtheit. Herzliche Worte sind darin formuliert von Karl Maria von Weber, Conradin Kreutzer, Johann Nepomuk Hummel, Peter J. Lindpaintner, Eduard Mörike, Justinus Kerner, Gustab Schwab, Nikolaus Lenau, Johann Georg Fischer (der auch an ihrem Grabe sprach), Karl Friedrich Zöllner und vielen anderen. In ihrem Gästebuch finden sich Eintragungen von Anton Rubinstein, Franz Liszt, Ludwig Richter, Graf Alexander von Württemberg – kurz: Die

Emilie Zumsteeg, 1857.

gesamte schwäbische Künstlerschar samt Anhängerschaft war ihr verbunden.

»Es war ihr nicht vergönnt«, scheibt Kurt Haering, »einen Genossen fürs Leben zu finden, der sie glücklich ergänzte und zu dem sei eine Neigung hatte. Keine ihrer Aufzeichnungen enthält eine Andeutung darüber, daß die Liebe irgendeine Rolle in ihrem Leben gespielt habe.«[18] Es wäre hinzuzufügen: Es sei denn in kompensierter Form: in ihrer Musik.

Ihre Welt *war* die Musik: Händels Messias führte sie auf, Haydns Schöpfung, Bach. Auf der Höhe des Ruhms entschloß sie sich, nicht mehr als Sängerin aufzutreten, und wurde Musiklehrerin am Katharinenstift. Außerhalb der Schule gab sie noch Klavier- und Ge-

Diakonus Hofacker, der hier das Amt des Seelsorgers verrichtete, zu.

Zahlloses Volk folgte dem Zug. Niemand verhöhnte die Unglückliche. Das Volk war viel zu edel. Im langsamen Zug fuhr sie stets ruhig und oft freundlich lächend fort.

Schon um drei Uhr waren die Straßen Stuttgarts lebendig geworden. Lachende Massen, als gings zu einer Komedie, zu einem Vogelschießen, zogen nach dem Hochgericht. Dort sammelten sie sich und lagerten in unübersehbaren Haufen an den Bergen hinauf. Der Ort konnte in der That für die Zuschauer nicht günstiger gewählt sein. Man rechnete auf Theilnahme. ›Zur Ehre des Alters muß ich sagen‹, erzählt ein Augenzeuge, ›ich sah eine einzelne alte Frau; sonst Alles Jugend, Knaben von 8 Jahren an, zarte, hübsche Mädchen durchgängig von der niedern Classe: Außer mir, den hier eine traurige Pflicht bannte, waren wenige Gebildete zugegen. Die Vorarbeiten auf dem Richtplatz hatten etwas Schauerliches, aber sie störten keineswegs die muthwillige Laune der Menge. Eine ernste Rührung, oder tiefere Wirkung konnte ich im Publikum nicht entdecken. Vor und nach dem Tode blieb Gelächter und lustiges Gemurmel. Es wurden sogar auf dem Hochgericht Possen mit dem vorzunehmenden Akt getrieben und sehr lebhaft aufgenommen!‹

In ihrer Bewegung war noch immer Kraft, wenn auch eben gebrochene. Die Todesschauer rieselten ja bereits durch ihre Glieder. Sie behielt den Körper in ihrer Gewalt. Als sie vor dem Schemel stand, faltete sie die Hände und that einen langen und den letzten Blick gen Himmel. Dann setzte sie sich nieder, rückte fest hinein in den Schemel und während sie mit klarer Stimme das Nöthige anordnete, steckte sie die Hände, wie es schien, mit einigem Unwillen, in die Bande. Eine Ledermaske wurde ihr um das Gesicht gebunden, sie selbst an den Stuhl durch einen Riemen befestigt, von dem Scharfrichter ihre Oberkleider abgezogen, der Vollstrecker der blutigen Strafe rüstete sein Schwert, und war – nachdem der Gehilfe den Kopf gefaßt hatte – bereit, den verhängnisvollen Streich zu führen; – doch in diesem furchtbaren Augenblick rief eine laute Stimme aus der Menge ›Halt!‹ – ›Halt!‹ wiederholte es. Es war der Ruf eines mitleidigen Menschen, der Angstschrei des Volkes. – Schon war der Streich geschehen. Das blanke Schwert hatte den Kopf vom Rumpfe getrennt; es war gut gerichtet.

Noch blieb der Leib sitzen, neigte sich aber nun und zwei hellrothe Blutsquellen sprudelten in die Luft hinauf.

Der Ulmer Scharfrichter zeigte den blutigen Kopf der Menge, der sofort sammt dem Leichname in den Kasten gelegt wurde, und nun bestieg Diakonus Mehl das Schaffot und hielt eine Rede, in welcher die Textesworte zu Grunde legte: ›Wer steht, sehe zu daß er nicht falle!‹

Das Verbrechen hat die Sünderin weit von uns gerissen; das Unglück bringt sie uns wieder nahe, darum wollen wir auch für sie um Gnade bei Dem flehen, bei dem allein Gnade zu finden ist!

Die Leiche wurde unter theilweiser Bedeckung, nach Tübingen in die Anatomie geführt, wo sichs bei dem Sektionsbefund ergeben hat, daß die Enthauptete kaum mehr 8 Tage zu leben gehabt hätte, ja, daß ihr Tod auf natürlichem Wege schon innerhalb 2–3 Tagen hätte erfolgen können. Der Herzbeutel war nämlich fast ganz mit Wasser angefüllt und die Füße hatten bereits angefangen aufzuschwellen. Der Körper war also schon im letzten Stadium der Schwäche und ward nur vom starken Geiste noch aufrecht erhalten und zu der bewiesenen Standhaftigkeit gestählt.«[1]

Soweit ein zeitgenössischer Bericht über die letzte öffentliche Hinrichtung in Stuttgart.

Einer der beiden letzten Wünsche der Christiane Ruthardt war aber nicht erfüllt worden. Zu groß war wohl das »wissenschaftliche« Interesse, wie eine solche Frau innerlich beschaffen sei: Anomalien, die Böses erzeugen, hätten gefunden werden können ...

Der andere war offiziell wohl erfüllt, trotz des anderen Tenors des Augenzeugenberichts. In der Hartmannschen Chronik ist vermerkt: »... die Hinrichtung geschah schnell und ohne Fehl, um 6 Uhr lag das Haupt bereits ... Die Zahl der Anwesenden war groß, doch die Haltung ruhig und ernst.«[2]

Die Feuerbacher Heide hatte im übrigen einschlägige Tradition. In der Pfaffschen Geschichte der Stadt Stuttgart wird für das Jahre 1562 vermeldet: »Der warme Frühling gab die besten Hoffnungen und auch der Sommer ließ sich gut an, aber am 3. August um 11 Uhr Vormittag trat plötzlich dichte Finsterniß ein und zwei Stunden lang entlud sich nun ein furchtbares Gewitter mit schrecklichem Hagel über Stuttgart und seiner Umgegend, welches auf den Seewiesen eine Kuh und zwei Pferde erschlug, in der Stadt für mehr als 2000 fl [Gulden] Fensterscheiben zertrümmerte und Alles gänzlich verheerte ... Man schrieb dies Ungewitter einer Hexenversammlung auf der Feuerbacher Heide zu und verbrannte deswegen in Stuttgart mehrere alte Weiber.«[3] Und dies zu Regierungszeiten Herzog Christophs! Der Marktwert des Viehs war da noch eindeutig höher als derjenige von Frauen!

Kehren wir wieder zurück ins Jahr 1844. Mittelalterliche Zustände, die den Status der Frau nur über ihren Besitzwert, sprich ihren Arbeitswert für den Mann, definierten (siehe Schwabenspiegel, Land- und Lehensrecht ab 1400) waren auch in Württemberg »passé«. Immerhin hatte die Französische Revolution auch im Bereich der Jurisprudenz in den deutschen Staaten Veränderungen zugunsten der Rechtsstellung der Frau bewirkt. Die Ehescheidung wurde aber nicht wesentlich erleichtert. Auch in Frankreich war dieses Recht 1816 wieder annulliert worden; erst 1884 trat es erneut in Kraft. Dagegen war im Allgemeinen Landrecht, das im deutschen Raum als Maßstab galt, seit 1794 die Ehescheidung zumindest in Preußen möglich. Aber es mußten triftige Gründe vorliegen – Christiane Ruthardt hat deswegen diese Möglichkeit für sich ausgeschlossen.

Doch gleichgültig, welchem Stand die Frauen angehörten: Um das Thema Ehe kam keine herum. Auch für selbständige Frauen (seit 1810 galt das Edikt der Gewerbefreiheit auch für Frauen) war es noch immer reputierlicher, verheiratet zu sein, auch wenn dieses Verheiratetsein noch bis in die dreißiger Jahre des

19. Jahrhunderts bedeutete, daß Frauen unter der »Geschlechtsvormundschaft« des Ehemanns standen. Dies galt noch in gemilderter Form bis zum neuen Ehescheidungsgesetz 1977. Damals brauchten Frauen vor Gericht und bei jeder Art von Geschäftsabschluß den Beistand des Gatten oder eines ernannten »Kriegsvogtes«, der ihre Sache vor Gericht vertrat. Erst im Zuge der Märzrevolution wurde in Gerichtssälen, in kommunalpolitischen Gremien und im Frankfurter Parlament für die kurze Zeit seiner Existenz auch eine Öffentlichkeit für Frauen hergestellt.

In dieser Epoche – der Lebenszeit der Christiane Ruthardt – findet auch ein Umbruch der öffentlichen Meinung über die Rolle der Frau statt. Auf der einen Seite wächst das Bewußtsein, daß auch Frauen ihren gleichberechtigten Anteil im Staatswesen bekommen sollen (1844 veröffentlichte Louise Otto-Peters ihren Aufruf: »Die Teilnahme der Frauen an den Interessen des Staates ist Pflicht«), auf der anderen Seite können Frauen nur über die Ehe eine angesehene Stellung in der Gesellschaft erreichen. Haben Frauen aus der Unterschicht nicht genügend Geld (»mangelhafter Nahrungsstand«) können sie nicht heiraten; die Kinder werden unehelich geboren, kommen im besten Fall in die Obhut des Waisenhauses, werden nicht selten ausgesetzt.

Die Tochter aus bürgerlichem Hause brauchte einen sozial gleichwertigen Ehemann, um sich damit eine entsprechende wirtschaftliche Versorgung zu verschaffen. Berufsausbildungen gab es nicht. Einen Mann zu bekommen, war also nicht leicht und hing von der Mitgift und dem Wohlstand der Familie ab. Der in dieser Zeit bestehende Frauenüberschuß sowie die wirtschaftliche Notlage des Mittelstandes in den Jahren des Vormärz und März verschlechterten zudem die Heiratschancen der Mädchen. Schlechte Karten also sowohl für den Vater von mehreren Töchtern und für junge Männer, die erst einmal über ein entsprechendes Einkommen verfügen mußten, um eine Familie versorgen zu können.

Im Falle Christiane Ruthardts können wir fast von einer tragischen Verknüpfung all dieser Schwierigkeiten sprechen. Aus Presseberichten, in denen der konservative »Schwäbische Merkur« mit der Berichterstattung des liberalen »Beobachters« (er sympathisiert mit der Angeklagten) hart moralisierend ins Gericht geht, können wir das Pro und Kontra der Meinungsbildung herauslesen, wie sie auch heute oft noch in der Auseinandersetzung über Frauen in all ihrer Banalität gängig sind. Auf eine Kurzformel gebracht, heißen sie hier: War die Mörderin einfach »böse«, ausufernd-sinnlich veranlagt und berechnend, oder war ihre Straftat, die nicht entschuldigt werden soll, durch die vorhandenen Machtverhältnisse bedingt?

In einem Bericht, der 50 Jahre nach dem Mord geschrieben wurde, wird noch ein anderer Vorwurf, diesmal an die Adresse des Gerichts, deutlich. Da die Angeklagte einer angesehenen Familie entstammte – ihre Tante hatte sich 1830 in das Stuttgarter Bürgerrecht eingekauft –, wurde diese Familie zu ihrem Schutz nicht einmal namentlich erwähnt. Das Gericht begnügte sich beim Urteil »mit den Schulden- und Nahrungssorgen als den einzigen Beweggründen« und suchte nicht »der allgemeinen Volksstimme Rechnung tragend, nach anderen sogar sehr naheliegenden Motiven. [...] Sicher wäre das Wesen der Verbrecherin und der Umfang ihrer Unthaten in einem noch ganz anderen Licht erschienen, hätte man der Volkssage, welche in derartigen Untersuchungen doch nicht ignoriert werden darf, einige Beachtung geschenkt. Aber man scheint eben den gesellschaftlich hochstehenden Angehörigen der Gattenmörderin bis zu einem gewissen Grad Rechnung getragen zu haben und hat sich deshalb ohne tiefer zu greifen, mit dem Notwendigsten begnügt. Gleichwohl lieferte diese Verhandlung einen eclatanten Beweis dafür, daß in der Gesellschaft vor fünzig Jahren ebensovieles faul gewesen, wie zu einer anderen Zeit.«[4]

Das Leben der Christiane Ruthardt ist schnell erzählt, weil es über sie im Gegensatz zur »Normalfrau« des unteren Mittelstandes auf Grund ihrer »Unthat« Dokumente gibt, die zwar oft subjektiv-gehässig sind, aber immerhin.

Ein Berichterstatter hebt so an: »Stuttgart, das gegenwärtig so rasch voraneilt und bald in Nichts mehr den großen Städten Deutschlands nachsteht, hat leider nun auch eine Giftmischerin, raffinierter als die von Bremen [die Gesche], heroischer und kaltblütiger als die weltberühmte Laffarge. – Wer diese Schlange in Menschengestalt sieht, hält es für unmöglich, daß so viel Schlauheit in ihrem Schädel wuchert, so viel Bosheit in ihrem Herzen und ein solcher Grad von Verworfenheit in ihrem ganzen Wesen. Ihr Auge ist klar, ihr Blick sanft, ihre Miene ernst, ihr Gesicht hübsch, ihre Stimme mild, ihr Kopfputz sorgfältig, ihr Anzug reinlich, ihre Haltung gerade, ihr Gang stolz und abgemessen. Im Umgang war sie zuvorkommend, gesprächig, heiter und voll guter Einfälle; doch fühlte man sich nie heimisch in ihrer Nähe. Alles war nur äußerer Anstrich; aber die Liebe, die die Herzen verbindet, fehlte ...«[5]

Es gibt für sie kein Entrinnen. Wäre sie schlampig, unordentlich, verwahrlost aufgetreten, hätte das Urteil nicht vernichtender sein können. Die Berichte, die fast ausschließlich anonym erschienen, ziehen nie den Ausnahmezustand der Lage der Angeklagten in Betracht – seit wann wird von einem Prozeßbeobachter verlangt, daß er sich in der Nähe eines Angeklagten oder einer Angeklagten »heimisch« zu fühlen hätte? Aber das ist es ja gerade: Christiane Ruthardt hat durch ihre Tat so stark dem Bild der sorgenden, hegenden, schwachen Frau widersprochen, daß es für sie keine Entschuldigung geben kann. Immerhin hat der zuletzt zitierte Schreiber ihre tief aufgebogene Sattelnase nicht bemerkt, die andere als ein Zeichen ihrer ungebremsten Sinnenlust gedeutet hatten.

Geboren wurde Christiane – ihren Nachnamen Maier erhält sie erst im späteren Kindesalter – am 11. August 1804 in Stuttgart. Um ihre Geburt ranken sich allerlei seltsame Geschichten. Ihre Mutter soll eine junge Witwe gewesen sein, die ihre Tochter aber ihr ganzes Leben lang verleugnet hat. Erst in der Haft wollte sie die Angeklagte besuchen, die den Besuch aber nicht angenommen hat: »Da sie im Leben nie eine Mutter gehabt, könne sie sich an der Schwelle des Todes nicht erst an sie gewöhnen.«[6]

Der Vater, der sowohl als Seiltänzer wie auch als Leibmedikus des Königs bezeichnet wird (sei es Friedrich oder Wilhelm I.), hat das Kind bei Regine Bruschin in Metzingen für 100 Gulden in Pflege gegeben. Dort blieb es bis zum 18. Juni 1805 und wurde dann in der Familie eines Landgeistlichen untergebracht, diesmal für 132 Gulden. Die Korrespondenz zwischen Pfarrer und Vater anläßlich der Einschulung des Kindes ist nicht vorhanden, deshalb ist auch unklar, unter welchem Namen sie um 1810 ins Schulregister eingetragen wurde.

Warum eine Ehe zwischen Christianes Eltern nicht zustande kam, ist nicht bekannt; es scheint aber so, daß die Familie des Vaters die Verbindung als Verirrung einstufte.

Bis 1812 zahlt Christianes Vater für seine Tochter. Da er aber 1805 geheiratet hatte und aus dieser Ehe Kinder zu versorgen waren, entschloß sich seine Schwester, Christiane zu sich nach Stuttgart zu holen, wo sie mit ihrem Mann gut angesehen und in angenehmen Verhältnissen wohnte.

Christiane, die ihre Tante Mutter nannte, wurde in die damals als »beste gerühmte«[7] Töchterschule des Professors Tafinger geschickt. Sie verursachte aber ihren Eltern viel Gram, weil sie wegen ihrer Naschsucht kleine Entwendungen und Diebstähle beging. Aus Angst vor Strafe lief sie öfter weg. Ob sie nun, wie sie als Angeklagte später aussagte, »auf barbarische Weise«[8] gezüchtigt wurde, kann auch durch die Aussage der Tante beim Prozeß nicht geklärt werden. Sie gab zu Protokoll, daß sie Christiane in fünf Jahren nur dreimal gezüchtigt habe. Aus der Überzeugung heraus, daß sie dem Mädchen mit dessen »tief eingewurzelten Untugenden«[9] nicht entschieden genug begegnen könne, gab sie es in ein Erziehungsinstitut nach Königsfeld ins Badische, das für religiöse und moralische Ausbildung bekannt war. Das war im März 1817; schon ein Jahr später schrieb der Vorsteher an den Gatten der Tante, daß Christiane nach anfänglichem Wohlverhalten nun mehr Geld ausgebe, als sie haben könne. Es stellte sich heraus, daß sie anderen Schülerinnen Geld entwendet hatte sowie Äpfel und Papier aus dem »Vorrath der Anstalt.«[10]

Nach einem flehenden Brief Christianes mit der Bitte, ihr zu vergeben, konnte sie bis nach der Konfirmation 1819 an der Schule bleiben, obwohl sich »ihr schlimmer Charakter« immer wieder bemerkbar machte und sie auch nicht davor zurückschreckte, unschuldige Dritte zu beschuldigen.

Drei Jahre lebte sie dann wieder im Haushalt der Tante. Von ihr zum Mithelfen angehalten, war sie geschickt und anstellig. Allerdings begann sie jetzt nach Männern zu schauen. Manch »Liebeshandel« und etliche skandalöse Ballbesuche veranlaßten die Tante, nach einer Stelle als Kammermädchen zu suchen, die ihre Nichte dann auch in Brandenburg antrat. Dort verschwand sie eigenmächtig, geriet in Ulm in schlechte Gesellschaft, von der wir nichts Näheres wissen, und wurde von der Tante nach München vermittelt.

Christiane schreibt ihrer »Mutter« von dem Plan, in Weilheim ein Institut als

Kleidermacherin zu eröffnen, obwohl sie »mehr Freude daran habe, eine Haushaltung zu führen.«[11]

Aus diesem Plan wurde nichts. Eine Heirat ließ ebenfalls auf sich warten. Ob die Tante sich störend eingemischt hat, wie Christiane aussagte, ist von heute aus natürlich nicht zu beurteilen. Die erstrebte Heirat war für dieses Mädchen ohne Namen nicht realisierbar, gerade auch wegen der guten Ausbildung, die sie bekommen hatte. Die Diskrepanz zwischen der erwünschten standesgemäßen Umgebung, für die sie eigentlich erzogen war, und der für sie möglichen Zukunft muß bei ihr das Gefühl des »Nicht-dazu-Gehörens« so verstärkt haben, daß ihr Verhalten einer immer gefährlicheren Gratwanderung ähnelte. Die verzweifelt gesuchte Liebesbestätigung konnte sie in der Normalität und Abhängigkeit eines Kammermädchens, das fast Tag und Nacht der Herrschaft zur Verfügung zu stehen hatte, nicht bekommen. Geregelte Arbeitszeiten gab es damals so gut wie gar nicht. Wäre sie die leibliche Tochter gewesen, hätte ihre »Mutter« sie wohl auch kaum verdingt.

Christianes Weg führt weiter über Altenstaig nach Reutlingen. Dort soll sie mit einem verheirateten Lord, der sich scheiden lassen wollte und ihr die Ehe versprach, ein enges Liebesverhältnis eingegangen sein. Der Lord verschwand – Christiane hatte das Nachsehen. Es gereichte ihr natürlich nicht zur Ehre, einen verheirateten Mann »in einem unerlaubten«[12] Verhältnis eingesponnen zu haben.

Nach einem kurzen Dienstverhältnis in Freudenstadt, das sie angeblich wieder durch eigene Schuld verliert, kommt sie zurück nach Stuttgart und arbeitet dort mehrere Jahre, bis sie 1839 den Goldarbeiter Eduard Ruthardt (1810–1844) »ehelichte, lediglich auf die Veranstaltung einer näheren Bekannten«[13] hin. Er stammte aus Ludwigsburg und arbeitete in einer Stuttgarter Fabrik. Die Familie wohnte in der sogenannten Leonhardvorstadt, in der Thorstraße 3.[14]

Die Ehe soll anfänglich nicht unglücklich gewesen sein, trotz des Altersunterschieds: Christiane war wohl nicht anzusehen, daß sie sechs Jahre älter als ihr Mann war. 1841 schenkte sie einem Knaben das Leben, den sie rührend und sorgsam betreute. Ruthardt, der im Gegensatz zu seiner Frau still und verschlossen veranlagt war, bekam im Laufe der vier Jahre der Ehe immer mehr die Eigenschaften eines Sonderlings. Er kaufte teure Bücher und wollte Erfindungen machen – ein Versuch vielleicht, in den Augen seiner Frau besser dazustehen, die anscheinend Dritten gegenüber wenig liebevoll über ihn sprach.

Ruthardt war »ursprünglich ein hübscher und kräftiger Mann gewesen, der sich in der Welt umgesehen hatte ... Er hatte in Holland unter den Kürassieren gedient und war bis in die Türkei hinuntergerathen, wo ihn jedoch das gelbe Fieber aufs Krankenlager warf.«[15] Er blieb kränklich; die Einnahmen der Familie wurden dadurch auch geringer. Schulden bedrückten sie. Christiane entschloß sich, ihren Mann umzubringen – eine Trennung hatte sie wegen der Versorgung des Kindes verworfen, eine Scheidung scheute sie, weil es an »genügenden«[16] Gründen für eine gerichtliche

Auflösung der Ehe fehlte und sie Angst vor einem öffentlichen Ehegerichtsprozeß hatte. Sich selbst umzubringen, hatte sie zuerst geplant. »Bei näherer Überlegung habe sie jedoch, insbesondere mit Rücksicht auf die Sorge für das Kind, gedacht, es seye besser, wenn ihr Mann das Opfer werde, da seine Gesundheit sich immer mehr verschlimmere, das Einkommen abnehme und sie nach seinem Tode durch den Verkauf ihrer Effekten, durch Zuschüsse aus Leichenkassen, bei welchen sie betheiligt gewesen, und durch ihre Geschicklichkeit in weiblichen Arbeiten in den Stand werden gesetzt werden, die Schulden zu bezahlen und sich und ihr Kind zu ernähren.«[17] Das klingt sehr funktional überlegt und scheint von keinerlei ethisch-menschlichen Gedanken und Gefühlen getrübt.

Sie besorgte sich in der Apotheke Arsenik – angeblich, um Ratten zu vergiften. Ihr erster Versuch Ende April 1844 mißlang, verursachte nur Erbrechen. Der Gesundheitszustand ihres Mannes besserte sich wieder, und so gab sie ihm ein weiteres Mal eine Messerspitze Arsenik mit einem Löffel Arznei. Drei Tage hatte er zu leiden, bis er am 11. Mai 1844 starb. Begraben wurde er am 13. Mai auf dem Neuen Friedhof. Heute steht hier die Leonhardskirche.

Es war ein heißer Tag, der Friedhof war überfüllt, obwohl zur selben Stunde das militärische Leichenbegräbnis des Obersten Baron von Hügel auf dem Hoppenlaufriedhof stattfand.

Das Verbrechen war noch am Todestag aufgedeckt worden. Auf dem »Criminal-Amt« Stuttgart gestand die Gattenmörderin die Tat nach kurzem Leugnen. Die pathologische Untersuchung der Leiche beseitigte dann die allerletzten Zweifel.

Christiane Ruthardt war voll zurechnungsfähig. Sie wurde nach einem öffentlichen Schlußverfahren vom Königlichen Gerichtshof in Eßlingen am 23. Dezember 1844 und in letzter Instanz des Criminal-Senats des Königlichen Obertribunals am 7. Januar 1845 wegen Mordes in »Gemäßheit des Art. 237 des Strafgesetzbuches zur Strafe des Todes durch Enthauptung verurteilt«.[18] Wilhelm I. begnadigte sie nicht.

Wäre Christiane Ruthardt die Heldin eines englischen Sittenromans gewesen, wäre sicher vor ihrer unseligen Tat die zur Einsicht gekommene reuige Mutter erschienen, um ihrer Tochter endlich ein Leben zu ermöglichen, das ihrem Bewußtsein gemäß war. So aber hat die Gesellschaft mit ihren eigenen Gesetzen blutig auf die Tat reagiert.

Christiane war streng, prinzipientreu und im christlichen Glauben erzogen, wurde aber trotz manch reuigem Seelenerguß mit der Realität der Verfügbarkeit unter familiären Machtbedingungen, in den verschiedenen Schulen, in ihren Dienststellen nicht fertig. Sie hat die gesellschaftlichen Tabus, denen eine ehrbare Frau sich unterzuordnen hatte, verletzt und ihre Strafe dafür bekommen: Es war ihr nicht zu helfen.

Zweite Geschichtsphase: 1865 bis 1919

Auf dem Weg zu politischer Legimitation, Gleichberechtigung und Wahlrecht

1865 lag Stuttgart in seinem Talkessel immer noch in aller Beschaulichkeit da, umrahmt von den noch unbebauten grünen Wein- und Waldhängen. Erst gegen Ende des 19. Jahrhunderts wurden die Hügel zu Baugrund, und allmählich veränderte sich das Gesicht und der Wohncharakter der Stadt hin zu dem Gesamtbild, das wir heute kennen.

Stuttgart war eine aufwärtsstrebende Stadt, nicht nur in seiner Geographie. Seit 1846 an das Eisenbahnnetz angeschlossen, wurde es bald immer mehr mit der Welt vernetzt. Post- und Telegraphenämter kamen hinzu; die seit 1848 existierende Zentralstelle für Handel und Gewerbe begünstigte die Verteilung von Industrieansiedlungen auf die Stadt und das umliegende Land. Stuttgart hatte Fabriken und Industrieanlagen, aber sie veränderten nicht den Kern der Stadt.

In den Regierungszeiten von König Karl (1864–1891), die er an der Seite von Königin Olga Nikolajewna absolvierte, und Wilhelm II. (1891–1918), der Württemberg in der Residenzstadt zuerst mit Marie von Waldeck und nach deren Tod mit Charlotte von Schaumburg-Lippe vorstand, wurde aus der Kleinstadt Stuttgart die Großstadt mit Kleinstadtcharakter. 1861 hatte sie 61 314 Einwohner, (davon waren 30 326 weiblich), um 1900 zählte man schon 176 699 Bewohner (91 719, also weit über die Hälfte, waren Frauen!). 1919 lebten 311 434 Menschen in der Stadt (166 454, wiederum die überwiegende Mehrheit, waren Frauen).[1]

Stuttgart mauserte sich, nicht nur was die Größe anging: »Die große Bauthätigkeit, welche besonders am nördlichen Ende der Stadt vom Neckarthor bis Berg die neue Baugesellschaft und Einzelne entwickeln, wird selbst durch den Krieg kaum gestört«[2] – nein, sie wollte auch Kulturstadt werden. In der Hartmannschen Chronik wird für das Jahr 1870 als eintragungswert vermerkt (übernommen aus einem Artikel der Allgemeinen Zeitung): »Vor wenigen Jahren durfte man noch fragen: wie denn Stuttgart unter die Kunststädte gerate? Jetzt darf man's nicht mehr ... Seltsames Spiel der Gegensätze! Die spröden, abgeschlossenen, querköp-

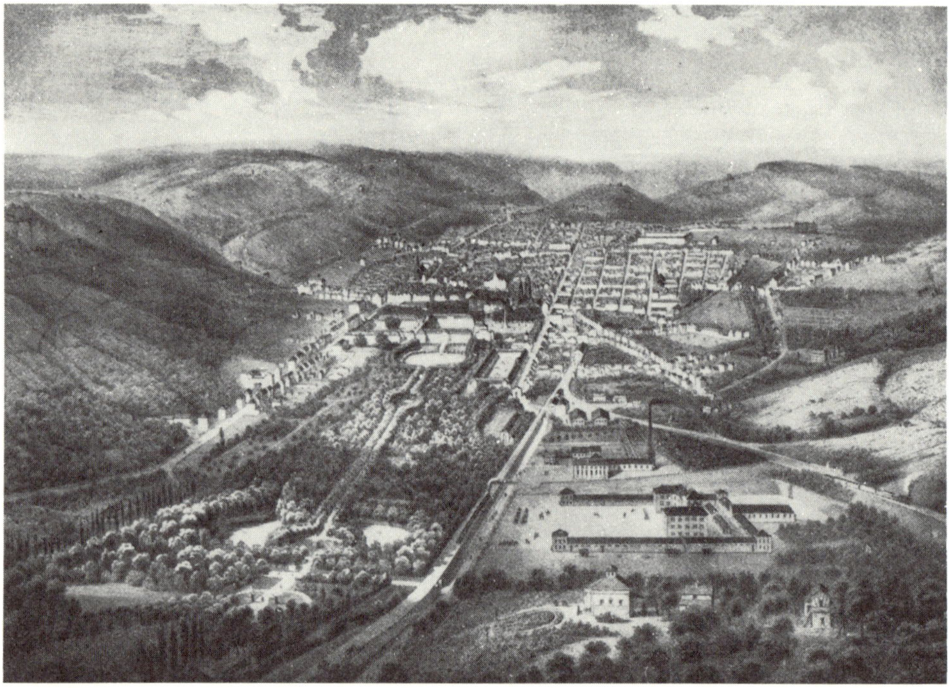

Stuttgart in der zweiten Hälfte der fünfziger Jahre des 19. Jahrhunderts. Lithographie von F. Federer.

figen Schwaben, am altväterlich Überlieferten sonst so treu festhaltend, liefern jetzt in den Arbeiten des Luxus und der Mode das Feinste und Zierlichste, und Stuttgart ist in diesem Stück ein Klein-Paris des deutschen Südwestens. Die schwäbische industrielle Regsamkeit hat sich da mit einem Geschmack verbunden, der in Stuttgart als einer Hauptstadt der deutschen Literatur und des Buchhandels von den verschiedensten Seiten angeregt wird.«[3]

Wer neben topographischen Angaben, Einwohnerzahlen und einigen wirtschaftlich-kulturellen Details mehr über die Stadt wissen möchte, der wird in einem »Kleinen Führer durch Stuttgart und Umgebungen« aus dem Jahr 1875 mit dem Wesen der Stuttgarter und Stuttgarterinnen (bei den letzteren interessiert den Beschreiber allerdings eher das Aussehen und ihr Hang zum Luxus) vertraut gemacht: »Die meisten der Bewohner sind protestantisch, denn die Zahl der Katholiken beträgt nur 1224 und die Zahl der Israeliten nur 164. Dagegen haben Erstere dennoch ihre eigene Kirche und Letztere ihre eigene Synagoge. (So viel wir hören, soll durch die Bemühungen des Herrn Marquardt, Hotelist hier, nun auch ein englischer Gottesdienst hergestellt, und die frühere reformierte Kirche zu diesem Zwecke hergestellt werden), und nirgends wohl in ganz Deutschland kann die gegenseitige Duldsamkeit größer seyn. Diese geht aber keineswegs aus Indifferentismus hervor; im Gegentheil, die Bewohner Stuttgarts sind im Allgemeinen wegen ihres frommen Sinns bekannt. Sonntags sind die Kirchen stets angefüllt und sogar überfüllt, und besonders das weibliche Geschlecht bewahrt noch die alte Religiosität, durch die sich das biedere Schwabenland mit seinen berühmten Theologen stets auszeichnete. An Sectierern und Sectiererclubs fehlt es freilich auch nicht, und die Pietisten haben nirgends mehr Ausbreitung gewonnen als gerade in Stuttgart.

Damit hängt vielleicht die Vorliebe zusammen, die der Stuttgarter für ein abgeschlossenes Familienleben hat. Der Fremde erhält nämlich etwas schwer Zutritt in einen Familienkreis, und seine Bekanntschaft mit dem Familienvater oder einem und dem andern Gliede der Familie kann sogar schon in Freundschaft übergangen seyn, ehe er in der Familie selbst heimisch ist. Ist der Fremde aber einmal aufgenommen, so gilt er fast für ein Familienglied, und darf in Freud und Leid auf Mitgefühl rechnen. [...] Drei Dinge werden dem Fremden auffallen, über die wir nicht umhin können, ihm Licht und Aufklärung zu geben. Das Eine ist der Luxus in Kleidern und Schmuck, das Andere die Kleinstädterei, die man uns immer noch vorwirft, und das Dritte die Vorliebe der Stuttgarter für Stuttgart.

Der Luxus in Kleidern und überhaupt im äußeren Auftreten geht weniger die Männer, als die Weiber an. Im Allgemeinen kann man sagen, daß das weibliche Geschlecht, besonders das jugendliche, in Stuttgart ein sehr schönes ist. Man sieht zwar keine hervorstechenden Figuren, auch wenig durch Schönheit auffallende Gesichter, aber durchweg freundliche, blühende, blonde oder braune Löckenköpfchen mit üppigem und doch schlankem Wuchse und graciösen Bewegungen. Unter 100 Mädchen sind 50 gewiß hübsch, 49 nett und angenehm und nur eines häßlich gebildet. Wo aber Schönheit ist, da ist Geschmack, und schon daraus ist etwas Luxus in den Kleidern zu erklären. Dazu kommt noch, daß Stuttgart seit 10 Jahren von Fremden zehnmal so stark besucht ist, als früher, daß der Wohlstand sich durch das Aufblühen der Gewerbe verdreifacht hat, und daß Stuttgart nunmehr als große Stadt ins Leben eingreifen will.

Was die Kleinstädterei, die man Stuttgart in so hohem Grade vorwirft, betrifft, so ist sie vielleicht mehr imaginär, als wirklich. Allerdings hat die Klatschfraubaserei bei uns eine tiefere Wurzel gefaßt als anderswo, und gerade wegen des oben berührten Characterzugs der Vorliebe zur Abgeschlossenheit sind in der That nur halbwegs öffentliche Charactere von Jedermann gekannt; allein – öffentliche Personen sind überall mehr bekannt als gewöhnliche Privatleute, und – um mit einmal Alles zu sagen: Stuttgart ist noch keineswegs eine so große Stadt, daß ein Mensch darin als ein kleines Atom verschwinden könnte.«[4]

So weit, so schön: Die Mädchen, besonders die jungen, sind zum großen Teil hübsch und nett anzusehen, die Familien – als gesellschaftlicher Faktor in der Stadt das wichtigste Element – sind schwer zugänglich und eng. Wie aber fühlten und lebten die Frauen, die eine überwiegende Mehrheit der Bevölkerung ausmach-

»Treibriemenwald« in einer Werkstatt um 1920: Hier wurden Isolierkörper aus Speckstein für Zündkerzen hergestellt.

ten? Wie lebten sie in den vielstöckigen Bürgerhäusern des Stuttgarter Westens und Ostens, wie in den billigeren Hinterhäusern, welche die eisernen Küchenbalkone und »Veranden« an der Hinterfront der an der Straße gelegenen »guten« Häuser anblickten?

Waren sie mit ihrem Leben zufrieden? Sie waren es wohl, wenn die sogenannten privaten Rahmenbedingungen stimmten, das heißt, wenn sie sich in der Familie und in ihrem finanziellen Rahmen geborgen fühlten. Das war aber oft nicht der Fall.

In den Frauenporträts aus dieser Epoche wird deutlich, daß es für Frauen immer noch am wichtigsten war, geheiratet zu werden. Aber selbst im so kleinkarierten Stuttgart gab es Ausnahmen und Sonderfälle. Da lebte der 1848er Sozialist Albert Dulk aus Königsberg (1819–1884) mit drei Frauen und den gemeinsamen Kindern zusammen; da gab es Frauen, die mit viel jüngeren Männern verheiratet waren; da lebten alleinstehende Frauen, oft auch Schwestern, in gemeinsam gemieteten Wohnungen, da gab es die Fabrik- und die Hausarbeiterinnen, die mit ihren Familien viel zu beengt wohnen mußten, da gab es schließlich die Prostituierten.

Im Zuge der Industrialisierung wurden die möglichen Frauenberufe vielfältiger; die Arbeitsbedingungen mußten aber verbessert werden. Dienstmädchen und Hausangestellte waren fast noch

Frauen bei der Arbeit an der Zigarettenpackmaschine der Firma Waldorf (»Waldorf-Astoria«), um 1900.

Leibeigene; Arbeitszeitregelungen und Arbeiterinnenschutzbetimmungen (erstmals 1878) während Schwangerschaft und Stillzeit[5] mußten erkämpft werden. Kranken- und Haftpflichtversicherungen für Frauen wurden gegründet (1884), um sie sozial abzusichern; gleiche Löhne für gleiche Leistungen mußten (und müssen zum Teil heute noch) erstritten werden, ebenso Beamtinnenrechte für Lehrerinnen. Post- und Telegraphenarbeitsplätze, die zunehmend von Frauen besetzt wurden, sollten den männlichen, besseren Bedingungen angepaßt werden; ehrenamtliche Tätigkeiten im karitativen und kommunalen Bereich sollten endlich bezahlt werden, um auch unverheirateten Frauen ein Existenzminimum zu garantieren – kurzum: Frauen wollten gleichberechtigt in die Arbeitsprozesse einbezogen werden, in denen sie sich abrackerten. Und sie wollten vor allem die gleichen Bildungs- und Ausbildungsmöglichkeiten haben wie die Männer – auch im akademischen Bereich.

Dafür war noch sehr viel zu tun. Die Einsicht, daß die patriarchalische Billigung von weiblichen Arbeitskräften zum Beispiel in den kaufmännischen Berufen und in den im Verlauf des 19. Jahrhunderts gegründeten Versicherungsanstalten nicht das unbedingt Wünschenswerte war, verbreitete sich erst langsam. Noch um 1900 galten beispielsweise die Arbeitsbedingungen für Frauen beim »Schöpfer der deutschen Haftpflichtversicherung« und Gründer des Allgemeinen Deutschen Versicherungsvereins in Stuttgart (Karl Gottlob Molt, 1842–1910) als vorbildlich: »Während Molt einerseits als einer der Ersten weibliche Hilfskräfte in großem Ausmaße für den Bürobetrieb heranzog, sorgte er andererseits für strenge Trennung der Geschlechter. Die Fräulein hatten ihre eigenen Arbeitsräume, die von denen der männlichen Beamten streng geschieden waren; an der unvermeidlichen Verbindungsstelle zwischen dem männlichen und weiblichen Teil saßen einige besonders erprobte Damen, die durch Charakter, Alter und Aussehen volle Gewähr boten. Jedes Geschlecht hatte seinen besonderen Zugang zu den Bürogebäuden, und die Arbeitszeit der Fräulein begann und endete je eine Viertelstunde früher als die ihrer männlichen Kollegen, so daß jedes Zusammentreffen der Geschlechter im Bannkreis der Arbeitsstätte vermieden wurde.«[6] Und da Molt »modern« war, setzte er auch seine Bürotechnik in diesem Sinne ein: Robert Bosch hatte für ihn ein Netz »vertikaler und horizontaler Aktenbahnen« ausgedacht und ausgeführt, das »sämtliche Abteilungen des weit verzweigten Gebäudekomplexes« miteinander verband, »jeden Botengang überflüssig machte und damit jeden Anlaß zu einer der Arbeit fremden Unterhaltung unterband.«[7]

In der Geschichte der Frauen und der Frauenarbeit gibt es eine Unmenge solcher »origineller« Einfälle und Erschwernisse. Neben den einzelnen Frauenschicksalen soll aber hier auch die solidarische Zusammenarbeit von Frauen dokumentiert werden. Denn die gab es: Sie war notwendig, um alte verkrustete Traditionen zu verändern, um auch für Frauen menschenwürdige Lebens- und Arbeitsbedingungen zu schaffen.

Nach der Aufhebung des Vereinsverbotes in Württemberg 1865 (in Preußen erst 1908) gab es eine neue Welle von Frauenzusammenschlüssen. Es waren wiederum die Vereine (wie um 1848), die Forderungen der Frauenbewegung nach gesellschaftlicher Ebenbürtigkeit, nach Bildungsmöglichkeiten, nach einer vom Mann unabhängigen wirtschaftlichen Lage und nach Einführung des Frauenwahlrechts vertraten. Diese Vereine waren zum Teil schon ganz ohne männliche Mitglieder gegründet worden.

Armen- und Waisenversorgungsvereine, die sich meistens über die Konfession definierten, gab es als Bestätigungsort für viele Stuttgarterinnen natürlich ebenfalls. Hier engagierten sich Honoratiorenfrauen, die ihre karitativen Vereine unter das Patronat der Königinnen stellten. Viel Not wurde auch hier gelindert; die bestehenden Verhältnisse sind aber durch solche Mildtätigkeit nicht verändert, sondern sanktioniert worden.

Die Vereinsgeschichte ist eine aufschlußreiche Informationsquelle der Frauengeschichte. Alle weltanschaulich verschiedenen Vereinigungen als Teil der weitgefächerten Alltagsgeschichte sind aber noch nicht umfassend erforscht. Auch in der vorliegenden Arbeit konnte dies aus Zeitgründen nicht geleistet werden; es wurden aber wichtige Details zusammengetragen, um die Zusammenhänge zu präzisieren.

Frauen aus den verschiedensten sozialen Schichten schlossen sich im letz-

Vermutlich Firma J. Mack, Korsetten- und Weißwarenhandlung in der Marienstraße 36, 1885, oder Firma Adolf Heinemann, Damenkonfektion, ebenfalls Marienstraße 36, 1890.

ten Drittel des 19. Jahrhunderts in Vereinigungen zusammen, die zwei gleich wichtigen Richtungen der Frauenbewegung angehörten, der proletarischen und der bürgerlichen.

Das war in Stuttgart ähnlich. Ab 1865 wird die Arbeiterinnenfrage zum Tagesordnungspunkt der Arbeitervereine (siehe Porträt Anna Blos, Seite 173, und Clara Zetkin, Seite 157). Die Arbeiterinnen wurden sich ihrer gemeinsamen schwierigen Lage bewußt, gründeten vereinzelt Frauengruppen und versuchten, sich in Lesezirkeln zu bilden. Die damals entstehenden Parteien, besonders aber die Sozialisten (ab 1875), die »radikaleren« Unabhängigen Sozialisten und die Kommunisten haben hier trotz aller Meinungsverschiedenheiten in den eigenen Reihen prägend und fortschrittlich gewirkt. Der Klassenkampf hatte allerdings absolute Priorität vor der Gleichberechtigung. Sie wurde aber immerhin 1896 öffentlich beim Parteitag der SPD in Gotha verkündet, und zwar von Clara Zetkin. Das »unterdrückte Geschlecht« kam nach der zwölf Jahre dauernden Verbotsphase aller Arbeiterinnenvereine (1878–1890) hier selbstbewußt zu Wort.

Clara Zetkin ist eine der wenigen Stuttgarter Frauen, die als »Galionsfigur« bezeichnet werden können. Ihr Bekanntheitsgrad ist in allen Lagern hoch. Frauenfragen wurden sonst für Stuttgart traditionsgemäß bescheiden in Gruppen behandelt; oft blieben die einzelnen

In einem »Consum«-Laden in der Holzstraße, 1924: Die weibliche Belegschaft in einheitlicher Arbeitskleidung.

Frauen anonym. Das erschwert die Forschungsarbeit heute ungemein.

Für den Bekanntheitsgrad Clara Zetkins war sicher auch die internationale Bedeutung und Zusammenarbeit der Sozialistinnen in Frauen- und Friedensfragen verantwortlich. Clara hatte in Stuttgart die erste Internationale sozialistische Frauenkonferenz mitorganisiert, die am 17. August 1907 in der Liederhalle stattfand. Hier war beschlossen worden, daß kein beschränktes Wahlrecht für Frauen zu erkämpfen sei, sondern daß man das Prinzip der gesetzlich festgelegten politischen Rechtlosigkeit des weiblichen Geschlechtes aufgeben müsse. Die »roten« Frauen erfuhren in Stuttgart viel polemischen »Zuspruch« von der konservativen Presse. Clara Zetkin hatte jedoch in der Frauenzeitung »Die Gleichheit«, an der seit 1906 auch Käte Duncker (als SPD-Genossin des städtischen Parteikomitees) mitarbeitete, ein Sprachrohr, mit dem sie zurückschoß.

Arbeiterinnen erhielten aber auch Unterstützung von männlicher Seite. Hier ist Eduard von Pfeiffer (1835–1921) zu nennen, der sein ganzes Leben lang im sozialen Bereich tätig war. 1867 gründete er einen Verein zur Fürsorge für Fabrikarbeiterinnen, aus dem später ein Verein für Mädchenheime wurde. Pfeiffer war auch der Gründer der Kolonie Ostheim (erbaut von 1892–1903). Hier wurden nach einer genossenschaftlichen Idee Zwei- bis Drei-Zimmer-Wohnungen

Eines der neun Pferdefuhrwerke des Stuttgarter »Spar- und Consum-Vereins«, die im Jahre 1913 im Einsatz waren.

in drei- bis viergeschossigen Häusern erbaut, die ein gesellschaftliches Zentrum in einem Vereinshaus hatten. Eine zusätzliche Kinderkrippe erleichterte es den Frauen, einer geregelten Arbeit nachzugehen. Dies war für viele Familien wichtig, deren Verdienst für die Lebenshaltung nicht ausreichte. 1865 gründete Pfeiffer die Verkaufs- und Einkaufsgenossenschaft »Consum und Ersparnisverein«, um die Warenpreise für die nicht Begüterten günstiger zu gestalten.

Stuttgart war durch sein vergrößertes Arbeitsangebot und sein Wachstum ein Magnet für Arbeitskräfte von außen. Besonders auch für junge Mädchen, die nicht selten auf die falsche Bahn gerieten. Hier waren Vereinshäuser und Wohnungsmöglichkeiten für ledige Frauen besonders wichtig, aber längst nicht ausreichend vorhanden. Das Eduard-Pfeiffer-Haus in der Heusteigstraße (seit 1890) war Wohnheim und Vereinshaus in einem. Hier hatten die Arbeiterbildungsvereine ihren Sitz, unter anderem auch die abolitionistische Föderation (Verein für den Kampf gegen die staatlich erlaubte Prostitution). Vorsitzende war eine Vertreterin der bürgerlich bewegten Frauen Stuttgarts: Mathilde Planck. Sie war in ihrer Zeit eine der bekanntesten frauenbewegten Württembergerinnen, ab 1919 eine der ersten fünf Frauen (neben 90 Männern) im Landtag, und wies in ihren Vorträgen immer wieder auf die doppelte Moral der wilhelminischen Gesellschaft hin. Sie war gegen die staatlich legitimierte Prostitution und für ein gemildertes Strafrecht für Dirnen.

In diesem Bereich ist auch die erste weibliche Polizeiassistentin Henriette Arendt zu erwähnen, die in Stuttgart allerdings wegen allzu kritischer Äußerungen nach fünf Jahren Dienst ohne Pensionsansprüche ihre Stellung verlassen mußte. Sensationsschriftstellerei wurde ihr vorgeworfen, weil sie gravierende Mißstände im Dirnenwesen, in den Gefängnissen, in der Waisenpflege und im Adoptionsbereich aufdeckte. Ihre Amtszeit von 1903 bis 1908 war aber auch durch Streitereien der miteinander konkurrierenden Schwesternverbände und Wohlfahrtseinrichtungen gekennzeichnet.

Auf der Seite der bürgerlichen Frauenbewegung wurde in Stuttgarter Frauenverbänden und -vereinen der sogenannten gebildeten Bürgerinnen ebenfalls repräsentative Arbeit geleistet, wenn auch etwas später als im übrigen Deutschland.

Die 1848 zum Verstummen gebrachte Frauenbewegung hatte sich um 1865 wieder zu regen begonnen. Im selben Jahr hatte Louise Otto-Peters in Leipzig den Allgemeinen deutschen Frauenverein (A.d.F.) gegründet. Aus dem deutschen Südwesten kam keine Reaktion. Zum deutschen Frauentag 1869 in Kassel reiste als einzige Süddeutsche Mathilde Weber-Walz (siehe Anmerkung 5) an, zusammen mit ihrem Gatten. Sie wurde als erste Schwäbin Mitglied im A.d.F.

In Stuttgart »bewegten« sich die Frauen aber doch: Nachdem hier 1873 der Deutsche Frauenverein tagte, gründeten acht Frauen unter der Führung der Schriftstellerin Emma Laddey (1841–1892), die seit 1864 in Stuttgart lebte, den Schwäbischen Frauenverein. Sein Ziel war es, »durch vereintes Wirken die weibliche Jugend zu erhöhter Bildung, Erwerbsfähigkeit und Sittlichkeit zu erziehen und ihr neue Bahnen zu Arbeitsverdienst zu eröffnen.«[8]

Nach der Maxime Louise Otto-Peters', daß Arbeit die Pflicht, das Recht und die Ehre der deutschen Frau sei, verstanden auch die Frauen des Schwäbischen Frauenvereins ihre Aufgabe darin, Frauen zu Berufen mit Verdienst auszubilden und »Ehrenamtlichkeit« soweit wie möglich zu verbannen. »Erhöhte Bildung des weiblichen Geschlechts, Befreiung der Frauenarbeit von allen ihrer Entfaltung entgegenstehenden Hindernissen und dem Mittel: Frauenarbeitsschule, Kindergarten, Stellen- und Arbeitsvermittlung für Frauen und Jungfrauen. Versammlungen, monatliche, verbunden mit Vorträgen oder musikalisch deklamatorischen Inhalten«,[9] so der O-Ton des Vereins. Sein Archiv wurde leider zum größten Teil im Zweiten Weltkrieg zerstört. Ein Teil erhielt sich im Besitz von Emma Lautenschlager, die von 1923 bis 1934 und von 1948 bis

Rechts: Titelseite der Zeitschrift »Frauenberuf«, herausgegeben vom Schwäbischen Frauenverein, vom 19. März 1901. – Folgende Doppelseite: Aus dem Autographenalbum des Schwäbischen Frauenvereins; links: Schmuckblatt; rechts unten: Die Königsfamilie bezeugte mit ihrer Unterschrift ihr Wohlwollen für den Schwäbischen Frauenverein.

Frauenberuf.

Blätter für Fragen der weiblichen Erziehung, Ausbildung, Berufs- und Hilfsthätigkeit.

Redaktion: Reinsburgstraße 25.
Telephon Nr. 1550. Sprechstunde 10—12 Uhr.

Herausgegeben vom
Schwäbischen Frauenverein in Stuttgart.

Expedition: Reinsburgstr. 25.
Telephon Nr. 1550.

Erscheint jeden **Samstag.**
Abonnementspreis bei sämtl. Postanstalten für Deutschland u. Oesterreich Mk. 2.— jährlich, Mk. 1.— halbjährlich, von der Expedition unter Kreuzband bezogen Mk. 3.— bezw. Mk. 1.50. Mitglieder des Schw. Frauenvereins erhalten das Blatt gegen Vergütung der Bestellgebühr.

Der **Inseratenpreis** beträgt für die 4gespaltene Petitzeile oder deren Raum 15 Pfg für Stellengesuche 10 Pf. (der Minimalsatz für solche Anzeigen beträgt 40 Pfg.). Außer der Expedition nehmen sämtliche Annoncen-Expeditionen Anzeigen entgegen. **Reklamen** 50 Pfg. pro Petitzeile. — **Beilagengebühr** Mk. 10.— pro 1000 Exemplare.

Preis 20 Pfg. | **Stuttgart,** den 19. März 1901. | **Preis 20 Pfg.**

Zugleich Publikationsorgan der Vereine:
Württembergischer Lehrerinnenverein; Verein für weibliche Angestellte in Handel und Gewerbe; Württembergischer Malerinnenverein; Frauenlesegruppe; Verein Frauenbazar (Paulinenstraße Nr. 39); Hilfspflegerinnen-Verband; Filialen Stuttgart, Mannheim für die weiblichen Bühnenangehörigen Deutschlands; Verein Frauenbildung—Frauenstudium, Abteilung Stuttgart.

Fest-Nummer

zur Einweihung des zweiten Vereinshauses des Schwäbischen Frauenvereins
Silberburgstraße 23
in Anwesenheit der Allerhöchsten Protektorin Ihrer Majestät der Königin.

Prolog

gedichtet von Herrn Rektor Dr. Straub,
gesprochen von Fräulein Philippine Brand, Königl. Hofschauspielerin.

Es ist ein Fest, wenn in die schmucken Räume
Ein neues Haus der Gäste Schar empfängt;
Wie darf erst heute, wo die kühnsten Träume,
An die sich Jahre lang das Herz gehängt,
Wir That geworden seh'n und Kraft und Leben,
Gerechte Freude das Gemüt erheben!

Ein zartes Reis, gepflanzt in schwäb'scher Erden
Und groß gepflegt von edler Frauen Hand —
Wir seh'n es heut' zum stolzen Baume werden,
Der weit das schatt'ge Dach der Aeste spannt;
Er steht fortan in hoher Huld geborgen;
Die Landesmutter selbst wird für ihn sorgen.

Die Zeit erhebt den Ruf an alle Frauen:
Macht euch bereit, besinnet euch nicht lang;
Hinfort habt ihr euch selbst das Glück zu bauen,
Euch Weg zu bahnen in des Lebens Drang:
Fortan wird keins am Lebensquell sich laben,
Das nicht dem Ganzen dient mit eig'nen Gaben.

Der heute laut erklingt an allen Orten
Auch Schwabens Frau'n ergriff der Ruf mit Macht;
Nun öffnet ihnen dieses Haus die Pforten,
Sie auszurüsten für des Lebens Schlacht;
Es will sie bilden, ihnen für das Leben
In tücht'ger Kunst die beste Mitgift geben.

Und sieh! schon sieht man sich's geschäftig regen:
Am Küchenherd die munt're Mädchenschar
Ist schon am Werk und reicht den leckern Segen
Zugleich geschmückt mit sinn'gen Zierden dar,
Und auch des Haushalts niedrig kleine Pflichten,
Weiß jede hier mit Anmut zu verrichten.

Dort über Büchern seh' ich andre sinnen:
Sie thun in emf'gem Fleiß sich nicht genug.
Sie wollen fremder Sprachen Gut gewinnen,
Sie führen über Soll und Haben Buch,
Die Schreibmaschine läuft gleich einer Spule:
Das ist die neue Töchterhandelsschule.

Doch wer der Menschenpflänzchen lieber warten,
Den Kleinen leben will mit zartem Sinn,
Dem öffnet blühend sich ein Kindergarten,
Für's Frauenherz der köstlichste Gewinn,
Welch lieblich Amt, die jungen Seelen nähren,
Mit Spielen sie erfreuen und belehren.

Und weil der Mensch im Geiste soll bedenken,
Was er erstrebt und knüpfen an die Welt,
Um mit Erfolg der Kräfte Spiel zu lenken:
Ist gleich die Warte diesem Haus bestellt,
Von der der Wächterruf wird laut den Leuten
Der Frau'n Beruf und ihre Ziele deuten.

DURCH KUNST UND FLEISS KOMMT NUTZ UND PREIS
Schwäbischer Frauenverein
unter dem
Protectorat
Ihrer Majestät der Königin.
Jahrmarkt
zum Besten
der Frauenarbeitsschule.
Stuttgart, im Mai 1885.
Autographen-Album.

Die Handschriften berühmter und anderer durch ihre öffentliche Stellung und Wirksamkeit in der Zeitgeschichte hervorragender Männer und Frauen sind in den Kreisen der Gebildeten von jeher nicht nur einer besonderen Aufbewahrung für wert erachtet, sondern auch schon durch autographische Vervielfältigung wie z. B. anno 1880 durch das Wiener Festblatt „Vindobona" zum Gegenstand der Verwertung für humanitäre Zwecke gemacht worden. „In unserer Liebesgabe", heißt es in jener Festschrift, „sollten sich wie in einem Focus, alle Licht- und Wärmestrahlen des gemeinsamen Schaffens für einen wohlthätigen Zweck sammeln".

Der **Schwäbische Frauenverein**, von dem gleichen Wunsche beseelt, schätzt sich glücklich, durch die liebenswürdige Mitwirkung so vieler Freunde seiner Sache und insbesondere auch durch den wohlwollenden Beistand Seiner Königl. Hoheit, des unserer Thätigkeit präsidirenden Prinzen **Wilhelm**, sich in den Stand gesetzt zu sehen, eine autographische Handschriften-Sammlung auf dem Jahrmarkt niederlegen zu können und glaubt sich hiemit der freudigen Hoffnung hingeben zu dürfen, daß auch dieser Artikel unseres Jahrmarktes willkommen sein und eine ebenso ehrende als bereitwillige Abnahme finden werde.

Stuttgart, im Mai 1885.

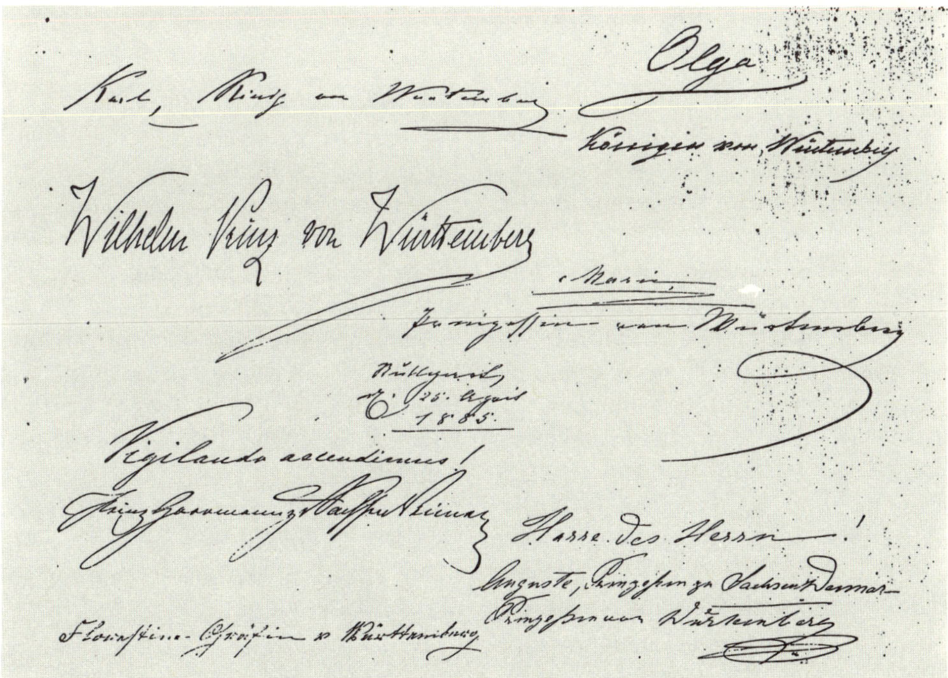

Das Wohn- und Arbeitszimmer des Schwäbischen Frauenvereins in der Silberburgstraße 23 im Jahr 1906.

1951 im Vorstand des Vereins arbeitete. Sie war die Ehefrau des nach fast zwanzigjähriger Amtsführung 1933 abgelösten Stuttgarter Oberbürgermeisters Dr. Karl Lautenschlager.

Die Mitgliederzahl wuchs sehr schnell; der Verein wurde von der Öffentlichkeit akzeptiert und vom Königshaus unterstützt – die Honoratiorenfrauen hatten dahin gute Beziehungen. Königin Olga übernahm das Protektorat, später folgte ihr Königin Charlotte. Das erste Rechnungsjahr verlief brilliant: 6000 Gulden waren eingenommen worden. Ein Lehrerinnenseminar und eine Töchterhandelsschule wurden gegründet, 1876 folgten eine Frauenarbeitsschule und ein Fröbelscher Musterkindergarten; im selben Jahr konnte sogar ein eigenes Vereinshaus in der Reinsburgstraße erworben werden.

Der Verein entsprach so recht der sozialen Verantwortung der schwäbischen Bürgerin, die ihre familiäre Qualitäten und Haushaltserfahrungen so auch nach außen demonstrieren konnte. Privates und Politisches wurden so verknüpft, die Forderung nach politischen Rechten wurde in einer Zuarbeit für die Männer kompensiert.

Die Frauen kamen, unterstützt durch familiäre Einflußnahme auch auf den höheren Etagen, besser als durch Provokation zu ihrem Recht.

In der weiteren Geschichte des Vereins wurden noch eine Hauswirtschafts-

Küche der »Koch- und Haushaltungsschule« des Schwäbischen Frauenvereins, ebenfalls im Vereinshaus in der Silberburgstraße untergebracht, 1906.

schule, eine Frauenfachschule, eine soziale Frauenschule und Jugendleiterinnenseminare eingerichtet; die Stellenvermittlung arbeitete mit Erfolg, die Vereinszeitung »Frauenberuf« verteilte einschlägige Informationen zur Frauenberufswelt.

»*Allgemeine Stellenvermittlung.* Es wurden 128 Stellen vermittelt und zwar:

Zimmermädchen	27
Jungfern	7
Haushälterinnen	5
Kinderfräulein	15
Kindergärtnerinnen	33
Stützen	21
Kindermädchen	5
Hausmädchen	2
Gesellschafterin	1
Hausdamen	3
Nachmittagsgouvernanten	3
Wärterinnen	2
Ferienstelle	1

Die Vereinszeitung ›*Frauenberuf*‹ ist zugleich Publikationsorgan der Vereine: Württembergischer Lehrerinnenverein, Verein Frauenlesegruppe, Verein für weibliche Angestellte in Handel und Gewerbe, Verein Frauenbazar, Hilfspflegerinnenverband, Hauspflegeverein, Verband und Filialstelle Stuttgart-Mannheim für weibliche Bühnenangehörige Deutschlands, Verein Frauenbildung – Frauenstudium und Frauenverein Heilbronn.«

Der »Frauenberuf« war – wie im Zitat ersichtlich – auch das Blatt der 1890 gegründeten Vereinigung württembergischer Lehrerinnen (siehe Frauenstudium und Frauenbildung, Seite 183). In diesem von Julie Kazmaier bis 1906 geleiteten Verein (von 1906–1916 war Mathilde Planck die Vorsitzende) wurde dafür gearbeitet, daß Lehrerinnen in ihren Ausbildungsmöglichkeiten, in ihrem Berufsstatus und ihrer Bezahlung nicht schlechter behandelt würden als ihre Kollegen. Sie erwarben das Recht, Beamtinnen zu sein und erreichten endlich (dies aber erst 1929!) auch die Streichung der Zölibatsklausel, die bestimmte, daß nur ledige Frauen beruflich tätig sein konnten – nach der Heirat war an ein Amt nicht mehr zu denken. (Im »Dritten Reich« galten ähnliche Bestimmungen; durch den Krieg und den Bedarf an Ersatz für die an der Front kämpfenden Männer konnten sie aber nicht durchgehalten werden.)

1891 gab es in Stuttgart die erste Abiturientin: Es war die Gräfin Maria von Linden (siehe Frauenstudium und Frauenbildung, Seite 183). 1906 durften die ersten beiden Frauen in die Technische Hochschule Stuttgart immatrikuliert werden – leider sind hier die Akten verbrannt –, eine davon studierte Mathematik und Naturwissenschaften, die andere die allgemeinbildenden Fächer.

Im Bereich der künstlerischen Ausbildung waren Frauen schon etwas früher mehr akzeptiert oder sogar gefeiert worden. Dies gilt für das Theater (Schauspiel und Tanz), für die Oper, für Musik und Malerei. Gefeierte Bühnenstars und die dazugehörigen Skandälchen gab es auch in Stuttgart. Die königliche Familie, ab 1891 die Familie Wilhelm II., war theaterkundig, förderte die Künste und war kulturell gebildet. Aber auch für die »Frauenbestrebungen«, so ein Bericht von Frau Geheimrat (wohlgemerkt: Geheimrats*gattin*) Paula von Göz (siehe Porträt Henriette Arendt, Seite 198) war der Königshof, zumindest ihrer Meinung nach, kein Hemmnis.

Im Oktober 1906 wurde die erste Württembergische Frauentagung der bürgerlichen Frauen feierlich im Cannstatter Kursaal abgehalten (nett hofiert von der Presse). 1916 beschrieb Frau von Göz dieses Ereignis in einer offiziellen Publikation so: »Die Regierungszeit König Wilhelm II. ist für die Frauenbestrebungen in Württemberg eine Zeit des Aufschwungs. Sie haben sich in dieser Zeit vermehrt, ihre Ziele weiter gesteckt und vertieft, getragen und geweckt sowohl von dem Geist sozialer Gesinnung, der zur Zeit der Einführung der sozialen Reichsgesetze zur Beteiligung aufrief, als auch von der Frauenbewegung, die um die Mitte des 19. Jahrhunderts einsetzend, erst in seinem letzten Jahrzehnt weitere Frauenkreise in Württemberg ergriff ...«[10]

Die bürgerlichen Frauen fühlten sich anscheinend gut aufgehoben im Staate und in ihren »Fortschritten« nicht behindert.

Ein neues Bewußtsein des Frau-Seins hatten die Frauenbewegungen aber vermittelt, und das in allen Bevölkerungsschichten. Vor allem wuchs die Solidarität und die Hilfsbereitschaft unter den Frauen, die sich sozial ebenbürtig waren, die ähnliche Berufe hatten.

Im Bereich der darstellenden Künste, der Malerei zum Beispiel, war ein Zusammenhalt am deutlichsten geworden. In der städtischen Gewerbeschule, an der Akademie der bildenden Künste, am Konservatorium, gab es Möglichkeiten weiblicher Ausbildung; sie wurden aber immer wieder in Frage gestellt. Um die Jahrhundertwende taten sich einige Malerinnen zusammen, unter ihnen Anna und Pietronella Peters und Sally Wiest. Nach einem Aufruf an die kunstbeflissenen Damen Stuttgarts gründeten sie 1893 den Württembergischen Malerinnenverein. Das war eine mutige Tat, denn nicht nur die gebildete Frau im Beruf der Journalistin, Schriftstellerin, Lehrerin oder gar Politikerin war die Zielscheibe der einschlägigen Presse und der Karikaturisten, sondern natürlich auch die »Malweiber«.

All diese Frauen verschiedenster sozialer Herkunft, deren Leben hier dargestellt wird und die heute als Vorkämpferinnen für Frauenrechte anerkannt sind, haben sich wohl untereinander kaum gekannt. Sie arbeiteten in verschiedenen Lagern und hatten oft stark differierende Meinungen über die Inhalte der Frauenfragen und über die Methoden zu deren Lösung. Besonders zum Problem der Wahlberechtigung von Frauen gingen die Meinungen stark auseinander. Auch in Stuttgart gab es, wie im übrigen Deutschland, einen Verein der Frauenstimmrechtsbewegung, der mit dem Deutschen Frauenstimmrechtsbund von Lida Gustava Heymann und Anita Augspurg zusammenarbeitete; doch die verschiedenen Verbände konnten sich nicht einigen. In Stuttgart war es die Freidenkerin und Frauenrechtlerin Anna Lindemann, die seit 1908 die Stuttgarter Filiale leitete. Inwieweit sie in Stuttgart einen Konsens der widerstreitenden Meinungen zu diesem Thema zustande brachte, ist heute nicht mehr zu rekonstruieren.

Daß alle sich engagierenden Frauen auch in Stuttgart außerordentlich gebildet waren oder einen starken Bildungswillen hatten, ist unbestreitbar. Ob der Malerinnenverein ein kultureller Anknüpfungspunkt war, wäre schön zu wissen. Zwar werden die Herzogin Wera und seine Majestät König Wilhelm II. als Ausstellungsbesucher in den Annalen vermerkt (auch diese höheren Töchter und Malerinnen wußten ihre Beziehungen geschickt einzusetzen). Aber ob Clara Zetkin-Zundel (ihr Mann Friedrich Zundel war Maler und ihr gemeinsames Haus in Sillenbuch der Treffpunkt nicht nur für Genossen, sondern auch für viele Kunstfreunde) oder Mathilde Planck oder Anna Blos, die sich sehr gut in der Geschichte der schwäbischen Malerinnen auskannten, ins 1907 von den Malerinnen gekaufte Atelierhaus in der Eugenstraße 17 kamen und die Damenbälle besuchten, das ist aus den Aufzeichnungen nicht zu erfahren.

Dennoch erweist sich aber jene Zeit um die Jahrhundertwende als das gemeinsame Fundament der heutigen Frauenpolitik. Trotz der getrennten gesellschaftlichen Wege, trotz der Unterschiede im Einsatz der eigenen Person und des eigenen Lebens für die Frauen, trotz der vielfältigen Perspektiven und Einschätzungen, was nun ein gesellschaftliches Wagnis oder Selbstverständlichkeit sei, sind damals Rechte und Lebensbedingungen errungen worden, die sich nicht von alleine ergeben hätten. Das Lebensgefühl der Frauen veränderte sich, ihr Streben nach Lebensqualität wurde bewußter. Reformbewegungen, im Bereich der Ernährung, der Hygiene, des Gesundheitswesens, der Körperkultur und nicht zuletzt auch der Kleidung – das Korsett hatte spätestens mit den »Neuen Frauen« der zwanziger Jahre ausgedient –, ermöglichten ihnen kleine Schritte aus der Unterdrückung in freiere Umgangsformen und Lebensbedingungen. Doch dieser Weg in eine bessere, frauenfreundlichere Gesellschaft wurde immer wieder durch Rückschritte und vor allem durch eine »Naturgegebenheit« der Geschichte behindert, die Frauen tapfer mittrugen, die sie lange nicht zu verhindern suchten: die Kriege!

Zwar waren es im 20. Jahrhundert gerade die Kriege, die der Selbstverständlichkeit der Frauenberufstätigkeit einen gewaltigen Schub nach vorne versetzten, denn während die Männer an der Front waren, wurden die Frauen gebraucht und in den sonst Männern vorbehaltenen Arbeitsbereichen eingesetzt. Aber es waren auch die Kriege, die sie mit all dem daran geknüpften Leid, dem Elend, der Not in ihrem ganzen Frausein beschwerten und ihre Kräfte überforderten.

Die Euphorie, die der Erste Weltkrieg noch erzeugt hatte, wurde aber schon damals nicht von allen Frauen mitgetragen. Mathilde Planck und Frida Perlen, die Vorsitzende des Stuttgarter IFFF (Internationale Frauenliga für Frieden)[11] schickten am Vorabend des Kriegsbeginns ein Telegramm an Kaiser Wilhelm mit der Bitte, diesen Krieg zu verhindern. Die Tagung des Internationalen Frauenkomitees für dauernden Frieden 1915 in Amsterdam – mitten im Krieg – war auch von Deutschen besucht: Frida Perlen, Lida Gustava Heymann und Dr. Anita Augspurg waren dabei, sie kannten einander auch vom Frauenstimmrechtbund.

Das größte der Frauenprojekte in der Geschichte der deutschen Frauenbewegung allerdings, in dem auch zum ersten Mal bürgerliche und proletarische Frauen zusammenarbeiteten, war der »Nationale Frauendienst«. Er war vom Bund Deutscher Frauenvereine, dem Dachverband der bürgerlichen Frauenorganisationen (1894–1933), unter dem Vorsitz von Gertrud Bäumer und Hedwig Heyl

Rechts: Kriegsaufruf König Wilhelms I. an »sein« Volk, das nur aus Söhnen bestanden hat. – Seite 108, oben: Kriegsfolgen 1871: »Perspectivische Ansicht eines Württembergischen Kranken- und Küchenwagens«; unten: Kriegsfolgen 1914: »Ihre Majestät Königin Charlotte besichtigt eine Sanitätskolonne« (im Stuttgarter Marstallhof). – Seite 109, oben: Letztes Familienfoto vor der Mobilmachung 1914. Familie Binder, Immenhofer Straße 17. Unten: Im Hof der Rotebühlkaserne, 1914. – Seite 110, oben: Hauspflege des »Nationalen Frauendienstes«; unten: Das Entbindungsheim für Kriegerfrauen war eine der Einrichtungen des »Nationalen Frauendienstes« in Stuttgart. 1915. Wie das vorhergehende Foto stammt auch diese Aufnahme aus dem Nachlaß von Gertrud Pfeilsticker-Stockmayer, die selbst im »Nationalen Frauendienst« mitarbeitete. – Seite 111: Aus der »Schwäbischen Frauenzeitung«, 1914. Diese »erste und einzige« Frauenzeitung, wie sie sich fälschlicherweise nannte, hatte in Württemberg 1896 als progressives Blatt begonnen, wurde aber bald zum konservativen Familien- und Hausfrauenwochenblatt.

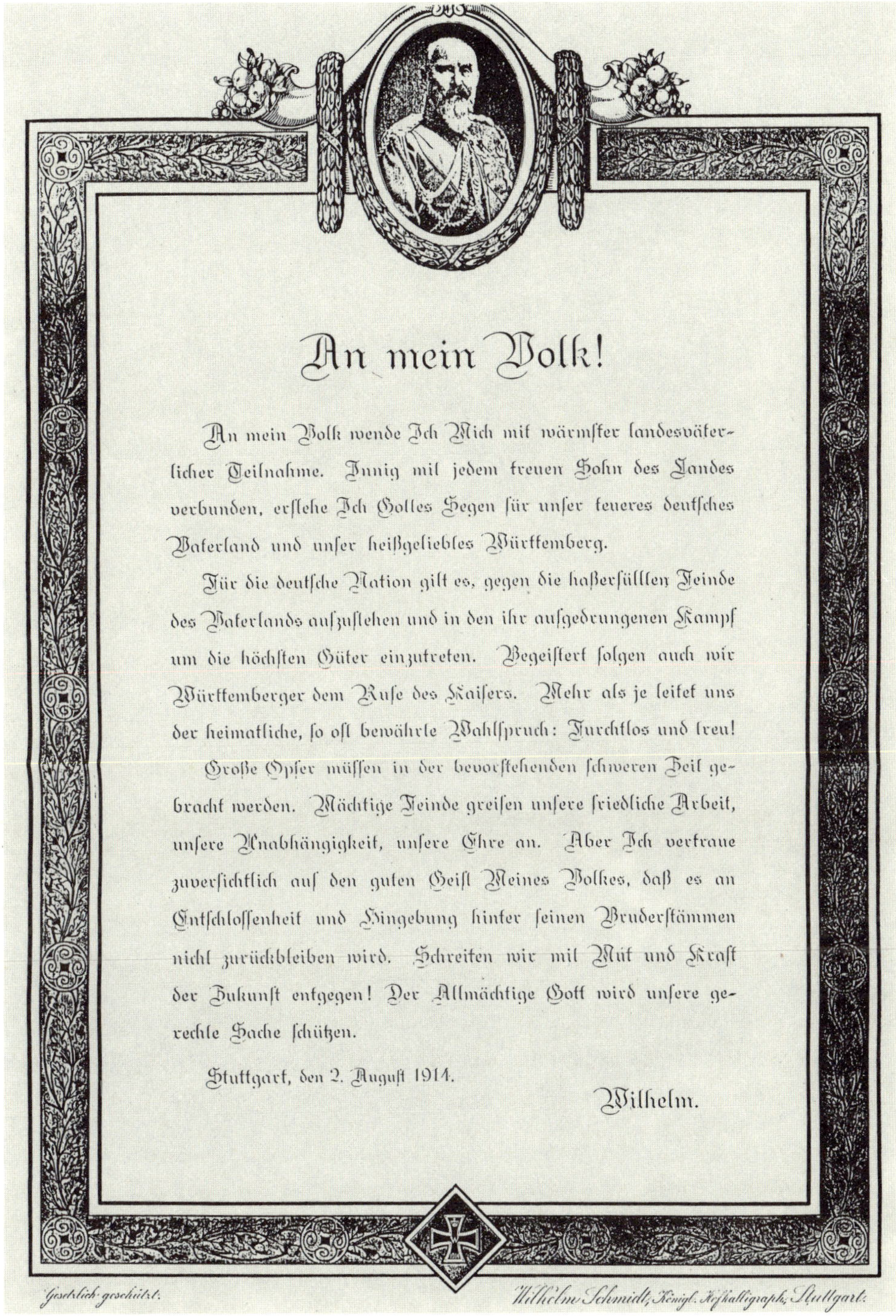

An mein Volk!

An mein Volk wende Ich Mich mit wärmster landesväterlicher Teilnahme. Innig mit jedem treuen Sohn des Landes verbunden, erflehe Ich Gottes Segen für unser teueres deutsches Vaterland und unser heißgeliebtes Württemberg.

Für die deutsche Nation gilt es, gegen die haßerfüllten Feinde des Vaterlands aufzustehen und in den ihr aufgedrungenen Kampf um die höchsten Güter einzutreten. Begeistert folgen auch wir Württemberger dem Rufe des Kaisers. Mehr als je leitet uns der heimatliche, so oft bewährte Wahlspruch: Furchtlos und treu!

Große Opfer müssen in der bevorstehenden schweren Zeit gebracht werden. Mächtige Feinde greifen unsere friedliche Arbeit, unsere Unabhängigkeit, unsere Ehre an. Aber Ich vertraue zuversichtlich auf den guten Geist Meines Volkes, daß es an Entschlossenheit und Hingebung hinter seinen Bruderstämmen nicht zurückbleiben wird. Schreiten wir mit Mut und Kraft der Zukunft entgegen! Der Allmächtige Gott wird unsere gerechte Sache schützen.

Stuttgart, den 2. August 1914.

Wilhelm.

Gesetzlich geschützt. Wilhelm Schmidt, Königl. Hofkalligraph, Stuttgart.

Perspectivische Ansicht eines Württ. Kranken-& Küchenwagens.

Ihre Majestät Königin Charlotte besichtigt eine Sanitätskolonne
im Marstallhof unter Führung des Direktor Dr. von Geyer und Geh. Hofrat Karl Herrmann.

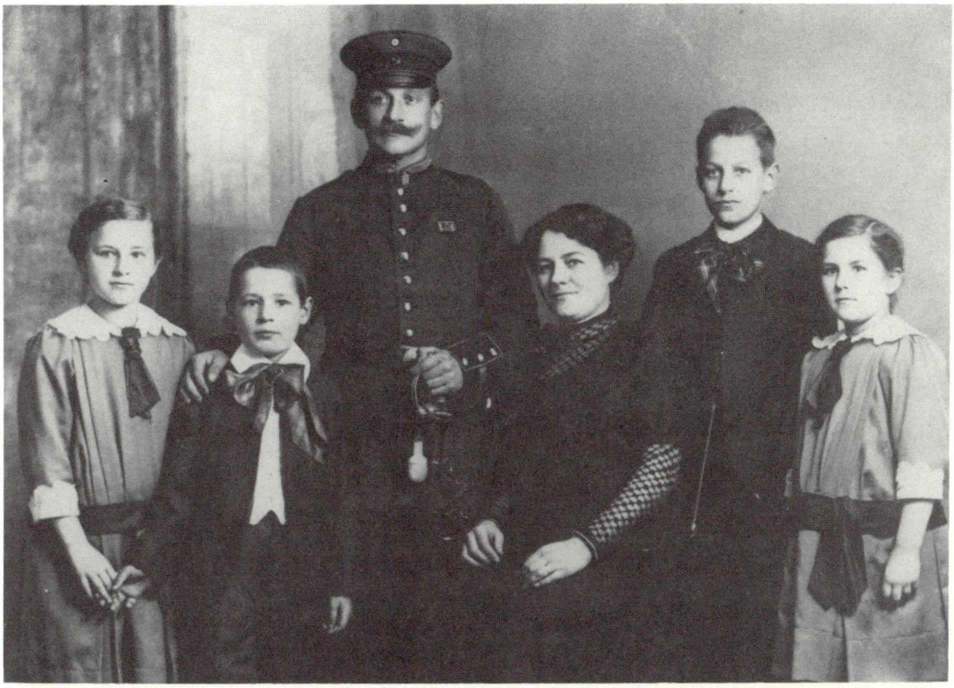

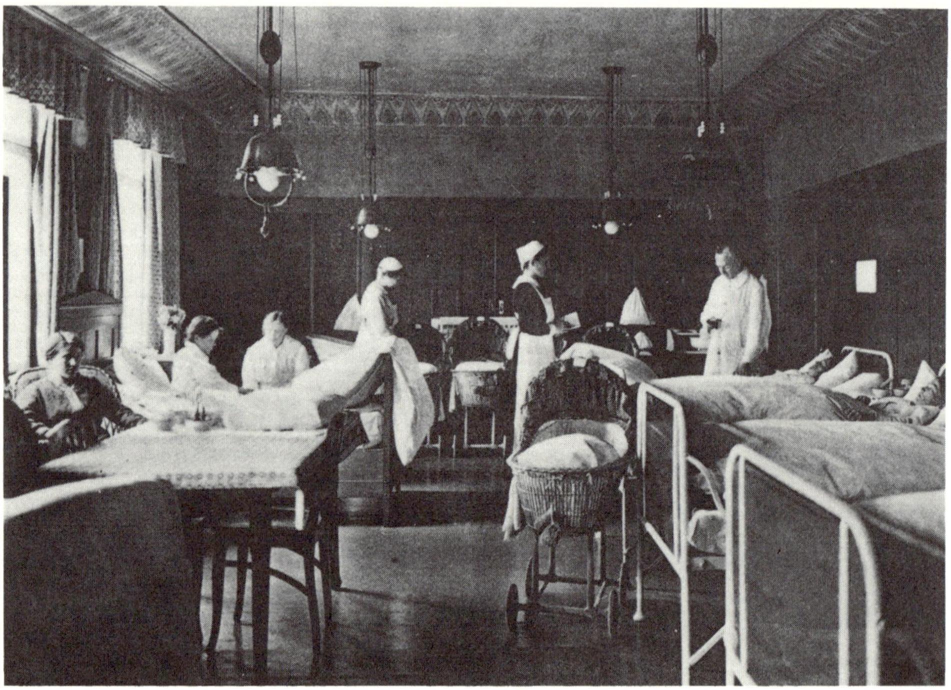

Mode vom Tage

Die Kriegsbereitschaft der Frauen

7088 Größe 44
Gürteljacke mit Zweibahnenrock.

6867 Größe 46–48
Dezentes Kostüm für starke Damen.

Während unsere Krieger voll opferwilliger Tapferkeit des Landes Grenzen vor dem Überfall feindlicher Scharen säubern, sind unsere modernen Frauen eifrig an der Arbeit, sich durch Werke sozialer und hygienischer Fürsorge den kämpfenden Männern ebenbürtig an die Seite zu stellen. Voll edler Selbstverleugnung opfern sie klaglos, in stiller Heldengröße Hab und Gut, das Teuerste, was sie ihr Eigen nannten, alles das, was ihnen vor kurzem allein das Dasein lebenswert machte.

Zielbewußt kämpfen sie den Kampf gegen den inneren Feind, gegen Not, Krankheit und Sorge.

Ein anderes Bild zeigen unsere, sonst von einer eleganten, promenierenden Damenwelt durchfluteten Straßen, ernst und einfach ist eine Jede gekleidet und anderen Zielen sind ihre Gedanken zugewandt, andere Besorgungen als sonst in dieser Jahreszeit stehen auf ihren Besorgungszetteln.

Eine große Mobilmachung an Wolle und Wollwaren hat eingesetzt. Durch Herbeischaffen von wärmenden Hüllen für unsere Krieger wollen Deutschlands Frauen auch ein Weniges für das Vaterland beisteuern. Mit Sorgen und Zagen verfolgt man den Stand des Thermometers, voll Fürsorge und warmem Interesse gedenkt man der Braven, die draußen bei Kälte und Regen Tag und Nacht im ungedeckten Raume zubringen müssen. Wohl jede Frau hat einen lieben Angehörigen im Felde, den sie mit ihrer besonderen Liebe und Fürsorge bedenken möchte, und dieses Vertiefen für die Bedürfnisse des Einzelnen, ihren Herzen nahestehenden, läßt die Frauen auch all der Armen gedenken, die nicht Mutter, Schwester oder Braut ihr Eigen nennen, oder die zu arm, um sich selbst mit den so nötigen, warmen Sachen auszurüsten.

Daher haben sich große Sammelstellen für Liebesgaben an unsere Truppen, von Frauen organisiert, gebildet. Sie nehmen all das entgegen, was das Los der Kämpfenden erleichtert, was geschickte Frauenhände hervorzaubern.

Wie in „der guten, alten Zeit“, sieht man jetzt jede Frau, ob arm, ob reich, mit einer Strick- oder Häkelarbeit beschäftigt, nur den einen Ehrgeiz kenend, recht schnell fertig zu werden, um sogleich mit einer neuen Arbeit beginnen zu können. In der Elektrischen, im Konzert, im Kaffeehaus, überall geleitet das Knäuel Wolle unsere Frauen, nie sieht man müßige Hände, und „wie die Alten sungen, so zwitschern die Jungen“, auch unsere Jugend ist fleißig beim Werke, und so ist es gelungen, bereits große Ladungen an wärmenden Sachen nach Ost und West an unsere Feldgrauen zu senden.

Aber die Sachen halten nicht ewig, die Kälte nimmt zu, und so dürfen wir in unserem Fleiß und unserer Opferwilligkeit nicht erlahmen. Die Arbeiten sind nicht schwer herzustellen und es kann sich eine jede aus der Fülle der Beschäftigungen dasjenige heraussuchen, was ihr am leichtesten fällt. — Wir bringn unseren Leserinnen heut eine Reihe solcher Abbildungen und praktischer Beschreibungen, nach denen sie leicht die Liebesgaben herstellen können, und wenn sie der Freude gedenken, die jede Gabe bei den Unsrigen hervorruft, wenn sie wissen, wie sie Mut und Energie anfeuert, werden sie sich für all ihre Mühe auch reichlich belohnt und zu neuen Taten angespornt fühlen.

Nr. 7083. Der seitlich unsichtbar schließenden Jacke mit angeschnittenen Ärmelstutzen werden die langen Ärmel untergesteppt und im eingereihten Taillenschluß der glockige Schoß angesetzt. Ein glatter Stoffgürtel, der die Ansatznaht deckt, wird sowohl wie der unsichtbar schließende Jackenrand mit Knöpfen und Stoffröllchenschlingen ausgestattet. Dem Halsausschnitt wird ein mit heller Seide bekleideter Mediciskragen aufgesetzt. Die zwei Rockbahnen des hochgeschnittenen Rockes werden saumbreit aufeinandergesteppt. Man braucht etwa: 5 m Stoff, 1.20 m breit.

Leibbinde. Auf 4 Nadeln kommen 180 Maschen auf jede 45 aufnehmen. Der Rand wird 2 rechts 2 links mit feineren Nadeln gestrickt als der innere Teil der Leibbinde. Nach dem Teil 2 rechts, 2 links, der 7—8 cm hoch ist, glatt rechts 30 cm hoch, alsdann wieder 2 rechts, 2 links, wieder 7—8 cm hoch.

Mütze, unter dem Helm zu tragen.

Gehäkelter Brustwärmer.

Nr. 6867. Konservativ in der Linienführung, jeder Mode trotzend, dabei aber elegant und distinguiert aussehend, ist das englische Kostüm. Unser Modell dürfte sich speziell für ältere Damen eignen und kann aus marineblauem Cheviot oder englischem Tuch angefertigt werden. Die Bahnen des zweiteiligen Rockes werden saumbreit aufeinandergesteppt. Der Rock ist hochgeschnitten, der obere Rand wird durch ein Gurtband gestützt. Die halblange Jacke hat nahtlose Rücken- und Vorderteile, letztere schließen einreihig mittels drei Knöpfen. Der reversartige Schalkragen, der mit drei Reihen Seidensoutache auszustatten ist, wird dem Halsausschnitt aufgearbeitet. Die Soutache ist auch dem Rückenteil auf den am Schnittmuster angegebenen Linien aufzusteppen. Die Innenseite wird mit Seide abgefüttert. Material: 4 m Stoff in 1.30 m Breite, 4 m Futter in 50 cm Breite, Knöpfe, Soutache.

Gestrickte Leibbinde.

Gestrickte Mütze. 4 Luftmaschen zu einem Ring schließen, dann 18 Touren feste Maschen arbeiten, bei jeder Tour so zunehmen, daß bei 18 Touren 72 Maschen erzielt sind. In der Mitte der 72 Maschen bleiben 18 frei, dann wieder hin und zurück 9 Touren gearbeitet. Sind diese gearbeitet, werden 18 Luftmaschen wieder aufgenommen, ringsherum nach und nach unten 20 Touren feste Maschen gearbeitet.

Brustwärmer. 140 Gramm Kamelhaarwolle, 45 L aufnehmen, alsdann häkelt man 56 Touren fester Maschen hin und zurück. Nach der 56. Tour häkelt man 14 feste Maschen, dreht um, häkelt wieder 8 Touren hin und zurück, nimmt bei den 8 Touren dem Halsausschnitt zu ab, so daß auf der 9. Tour 12 Maschen sind. Nun wieder 6 Touren mit 12 den nächsten wie beim Vorderteil. Nach diesen 8 Touren sind L zu arbeiten; damit die Breite genau so wird, wie das Vorderteil. Im Halsausschnitt sind dann an der rechten Seite die 14 feste Maschen wieder zu arbeiten und dies bis zur Mitte, hier wird abgekettet. Genau das gleiche gilt für das andere Teil, hier wird der Brustwärmer dann mit Druckknöpfen geschlossen.

Soldatenstrümpfe. Bei feiner Strumpfwolle sind 100 Maschen, bei grober 96 Maschen aufzulegen, der Rand ist 12 cm breit rechts und links zu stricken. Es ist zehnmal abzunehmen bis auf 80 Maschen unter dem Hacken. Der Hacken hat 18 Nähtchen, beim Keil wird achtzehnmal abgenommen mit Überstricken einer Runde. Die Länge des Strumpfes vom Aufnehmen bis zum Hacken beträgt 30 cm, vom Hacken bis zur

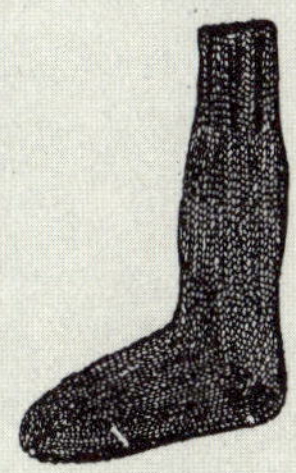

1914 ins Leben gerufen worden. Hier wurden die Kriegsfolgen gelindert, aber nicht von vornherein verhindert. Der Kreis um Clara Zetkin und die Pazifistinnen – auch die oben genannten –, die aus dem radikalen Flügel der bürgerlichen Frauenbewegung kamen, lehnten den »NdF« daher als weiblichen Kriegsdienst ab. Der Frauenbewegung war es zwar gelungen, die durch den Krieg entstandenen Freiräume positiv für sich zu nutzen; auf der anderen Seite verhinderte sie durch ihre Arbeit in der Kriegswohlfahrtspflege, in der Arbeitsvermittlung, in der Nahrungsversorgung und in der Kriegswitwen- und -waisenhilfe den Zusammenbruch der sozialen Versorgung. Sie verlängerte und ermöglichte dadurch überhaupt die weitere Kriegsführung.

Der »vaterländische« Dienst zu Hause ging sogar so weit, daß ab 1916, als der Sieg immer fraglicher wurde, Frauen und Mütter gedrängt wurden, in den Munitionsfabriken zu arbeiten, um für Nachschub zu sorgen.

Auch in Stuttgart war der »NdF« bestens organisiert. Trotzdem beschrieben alle befragten Frauen die Kriegs- und Nachkriegszeit als unvorstellbar für diejenigen, die sie nicht miterlebt haben. Besonders die Hungersnot war schlimm.

Der Schwäbische Frauenverein gab Hefte und Informationen heraus, um Frauen den Mangel mit Rezepten und Sparvorschlägen auch noch schmackhaft zu machen, um darüber aufzuklären, wie beim Kochen Energie eingespart werden könne. Es wurden Vorträge gehalten, zum Beispiel beim »Lehrkurs des Nationalen Frauendienstes im Stuttgarter Landesmuseum« von Anna Lindemann: »Unsere Ernährung in der Kriegszeit«.

Kurz, wie auch die Bilddokumentation zeigt: Es wurde in allen häuslichen und familiären Bereichen versucht, Hilfe zu leisten (siehe auch Porträts Alexandrine Rossi, Seite 136, und Mathilde Planck, Seite 150). Selbst in »Mode«-Hinweisen wurde der Krieg mit einbezogen, wurden die Frauen aufgefordert, für die »Feldgrauen« draußen zu stricken. Als die Männer dann 1918 aus dem Feld zurückkamen, wurden 11 000 Lehrerinnen arbeitslos, überall wurde Frauen die Arbeit zugunsten der heimkehrenden Männer entzogen, und zwar in folgender Reihenfolge: erstens Frauen, deren Männer Arbeit hatten, zweitens alleinstehenden Personen, drittens Mädchen und Frauen, die nur ein bis zwei Personen zu versorgen hatten.

Eine große Auswanderungswelle junger Mädchen und Frauen war die Folge dieser Politik, die das Glück in der »Neuen Welt« greifbarer erscheinen ließ als zu Hause.

Gleichzeitig war aber auch ein Erfolg zu verzeichnen: Für Arbeiterinnen wurde die 44-Stunden-Woche ingeführt.

Doch die politischen Verhältnisse änderten sich: Im Zuge der Demokratisierung und der Abschaffung der Monarchie wurde auch das allgemeine, freie, nicht beschränkte Wahlrecht für Frauen etabliert. Frauen zogen in die Landtage, in die Reichstage, in die kommunalen Verwaltungen ein. Für die in allen Bereichen legalisierte Gleichberechtigung der Frau hatte der lange Weg durch die Institutionen begonnen.

Anna Peters

Ein »Malweib« der ersten Stunde

»Württembergischer Malerinnen-Verein in Stuttgart.
Erster Jahresbericht. 1893/94.

Am 25. Februar 1893, am Geburtsfest Sr. Majestät unseres Königs, trat auf Anregung der Fräulein Anna Peters, Sally Wiest und Magdal. Schweizer unser junger Verein ins Leben und heute darf er mit Befriedigung und Dank auf die Ergebnisse seines ersten Jahres zurückblicken.

Der Verein, welcher heute 39 ordentliche und 11 ausserordentliche Mitglieder zählt, hat sich die Aufgabe gestellt, für die kunst- und kunstgewerbetreibenden Damen Württembergs einen Mittelpunkt zu schaffen und Gelegenheit zu bieten, dass dieselben unter einander verkehren und hauptsächlich sich gegenseitig Anregung und Förderung in ihren Kunstbestrebungen gewähren können.

Zu diesem Zweck hat der Verein zunächst *Vereinsabende* eingerichtet. Es haben 9 solcher Abende im Lauf dieses Jahres stattgefunden im Parterresaal der Frauenarbeitsschule, Reinsburgstraße 25. Sodann wurden 2 *gemeinschaftliche Ausflüge* gemacht, am 29. April nach Esslingen und im Mai nach Denkendorf.

Endlich durften wir mit Arbeiten der Vereinsmitglieder eine *öffentliche Ausstellung* unternehmen. Sie fand vom 19. November bis 3. Dezember des verflossenen Jahres statt und zwar im neuen Festsaal des Museums der bildenden Künste, welchen uns ein hohes Königl. Kultministerium auf unsre Bitte mit grosser Gewogenheit überlassen hat.

Dieser Ausstellung, sowie den Bestrebungen des Vereins überhaupt, wurde ein sehr freundliches Interesse entgegengebracht, wofür wir heute aufs Wärmste danken. Unser ganz besonders tiefgefühlter Dank gebührt Ihren Majestäten dem König und der Königin, welche unsre Ausstellung nicht nur mit ihrem hohen Besuch beehren, sondern auch unsern Verein durch die gnädige Gabe von 50 Mk. zu erfreuen geruhten. Des weiteren danken wir all jenen Freunden und Gönnern, welche uns von Anfang an bis heute mit treuem Rat und That zur Seite gestanden sind. Auf Grund dieser freundlichen Erfahrungen des ersten Jahres sieht der Verein mit freudigem Mut der Zukunft entgegen und hofft auf dem eingeschlagenen Wege zu weiterer gedeihlicher Entwicklung zu gelangen.«

Die Malerin Anna Peters im Garten des Anwesens Eugenstraße 17 (undatiert).

»Württembergischer Malerinnen-Verein in Stuttgart.
Unter dem Protektorat Ihrer Majestät der Königin.
Zweiter Jahresbericht. 1894/95.

Die erste Generalversammlung unseres Vereins, die am 24. Februar 1894, am Vorabend des Geburtsfestes Sr. Majestät des Königs stattfand, erhielt für uns noch eine ganz besondere Bedeutung durch die Mitteilung aus dem königl. Kabinett, dass Ihre Majestät die Königin Charlotte das Protektorat über den Württembergischen Malerinnen-Verein gnädigst zu übernehmen geruht habe. Wir sagen dafür der hohen Protektorin auch hier nochmals unsern ehrfurchtvollsten Dank.

Unser Verein zählt jetzt 42 ordentliche und 40 ausserordentliche Mitglieder. An den Vereinsabenden wurde wieder für allerhand anregende Belehrung gesorgt: unter anderem legte Frl. Bronner in Wachs modellierte Gemmen vor und Frl. Closs verschiedene Werke aus der xylographischen Anstalt ihres verstorbenen Vaters. Unsern Weihnachtsabend verschönerte Frl. Textor durch eine kleine Aufführung. Auch zwei Ausflüge wurden wieder unternommen: der eine nach Hofen, der andere nach Ludwigsburg.

Vom 1.–14. September konnten wir in einem der kleine Säle des Kunstvereins eine Fächerausstellung abhalten. Im Ganzen zählte man 60 Fächer, von welchen der vierte Teil verkauft und ausserdem noch bedeutende Bestellungen erzielt wurde. Eine besonders hohe Auszeichnung wurde dieser Ausstellung durch den Besuch Ihrer königlichen Majestät zu teil, welche einen Fächer von Frl. Peters und einen solchen von Frl. v. Schröder erwarb.

Am 15. Februar veranstaltete der Verein in den Räumen des oberen Museums erstmals einen grösseren kostümierten Abend mit lebenden Bildern und sonstigen kleinen Aufführungen. Das Fest wurde von ungefähr 400 Personen besucht und darf als ein in jeder Hinsicht gelungenes bezeichnet werden.

In den Sommermonaten vereinigten sich verschiedene Mitglieder zu landschaftlichen Studien nach der Natur; ferner fand auch in diesem Winter wieder in einem uns gütigst überlassenen Lehrsaal der Bürgerschule der Abendaktkurs statt. Derselbe war gut besucht, was wir hauptsächlich den gewissenhaften Bemühungen des Herrn Malers Yelin verdanken, in dessen Händen die Korrektur lag.

Indem wir hoffen, in diesem zweiten Jahr unserer Vereinsthätigkeit dem Zweck gegenseitiger Anregung und Förderung nach Kräften entsprochen zu haben, sagen wir allen unseren Gönnern und Freunden warmen Dank und empfehlen unsern Verein zugleich dem Wohlwollen immer weiterer Kreise.«

Der ehrfurchtsvolle Ton dieser Auszüge aus den ersten beiden Jahresberichten des Württembergischen Malerinnenvereins spricht für sich selbst.

Dem genannten Fräulein Peters, von dem hier als Organisatorin und Malerin die Rede ist, diesem Fräulein Peters war es zusammen mit anderen Malerinnen gelungen, malende Frauen hoffähig zu machen und ihnen zumindest einen neuen gesellschaftlichen Stellenwert zu ertrotzen.

Das galt zwar fast ausschließlich für Malerinnen der gehobenen Stuttgarter Bürgerschicht, doch hat Anna Peters die »Beschäftigung« des Malens und Skizzierens aus dem negativen Ruf eines kreativen Zeitvertreibs von Frauen, die nichts Sinnvolleres zu tun haben, herausgeholt. Sie hat mitgeholfen, malenden Frauen eine geringe, wenn auch nicht kritiklose Bestätigung zu verschaffen, hat eine Basis gefunden, die sich noch heute im 1907 erworbenen Ateliergebäude des damaligen Württembergischen Malerinnenvereins (heute im Besitz des Bundes Bildender Künstlerinnen) in der Eugenstraße 17 manifestiert.

In den ersten Statuten des am 25. Februar 1893, dem Geburtstag des Königs, gegründeten Vereins, heißt es in Paragraph 1: »Der württembergische Malerinnenverein in Stuttgart bezweckt regeren Verkehr unter die kunst- und kunstgewerbetreibenden Damen Württembergs zu bringen, um hierdurch gegenseitige Anregung im Schaffen und gegenseitige Unterstützung in den Bestrebungen zu befördern; er will Sinn und Geschmack für das Schöne heben und das künstlerische Verständnis in Frauenkreisen mehr entwickeln.«

Ja, wirklich nur in Frauenkreisen? Die Malerinnen gaben sich bescheiden: Sie kannten wohl die gesellschaftliche Realität und auch den Spott, den sie hervorriefen.

In Stuttgart war 1891 mit dem Regierungsantritt Wilhelm II. eine neue kulturelle Epoche angebrochen. Das verschlafene, wenig pulsierende Kunstklima hatte neue Anstöße bekommen. Künstlertum, das aus dem historisierenden Impetus wieder hinausdurfte in eine sich verändernde Welt, das ein wenig Bohème zuließ, war als Anreiz gefragt. Der 1827 gegründete Kunstverein verzeichnete um die Jahrhundertwende einen großen Zustrom von Mitgliedern.

Als 1913 der neue Bau am Schloßplatz vom König eingeweiht wurde, ahnte niemand, daß hier nur sechs Jahre später, nach dem Kapp-Putsch, eine Sitzung des evakuierten Reichstages unter dem Reichspräsidenten Friedrich Ebert stattfinden sollte. Die monarchische Präsenz war also wenig später weder in Regierungszusammenhängen noch in Kunstdingen länger gefragt.

Doch 1893 schien die Welt noch in Ordnung. Das 1889 gegründete Landesgewerbemuseum bezog 1896 seinen Neubau; das Hoftheater unter der Intendanz des Edlen zu Putlitz (siehe Porträt Alexandrine Rossi, Seite 136) erlebte mit großem königlichen Beifall in diesen Gründerjahren eine Glanzzeit; die Stuttgarter Kunstgewerbeschule (seit 1832) unter Bernhard Pankok zeigte neue Formen der Geschmacksbildung; die Stuttgarter Schule der Architektur (Technische Hochschule seit 1829) wurde in ihrer neuen Aufgeschlossenheit (Theodor Fischer, von 1901–1908 Professor für Bauentwürfe) tonangebend. In der Kunstakademie (seit 1832) war spätestens unter der Leitung Adolf Hölzels eine Auffassung der bildenden Künste, der Malerei präsent, die versteinerte Stilstrenge aufbrach.

In dieser zukunftsträchtigen Kunststadt Stuttgart sollten doch auch die Frauen nicht zurückstehen – ihr wohlgelittener Dilettantismus sollte aufgewertet werden.

In einem Aufruf an die kunsttreibenden Damen Stuttgarts und der Umgegend war zur Gründung eines Malerinnenvereins aufgefordert worden. Unterstützt von der Schillerschen Strophe:

»Im Fleiß kann dich die Biene meistern
In der Geschicklichkeit ein Wurm dein Lehrer sein
Dein Wissen teilest du mit vorgezogenen Geistern
– Die Kunst, o Mensch! hast du allein!«

hieß es da: »Es ist ein göttliches Streben des Menschen, hervorzubringen was weder einem gemeinsamen Zwecke noch Nutzen dient, das Schöne im Gewand der Harmonie darzustellen, das Göttliche in Formen zu bringen, ob Stein, Farben, Worte oder Töne es sind, deren sich der Mensch für sein Kunstwerk bedient. Sowie aber das Nützliche sich selbst befördert, da die Menge es erzeugt und keiner es missen kann, so muß das Schöne befördert werden, denn Wenige stellen es dar und Viele brauchen es.«

Um diesem Kunstprogramm zur Geltung zu verhelfen und die Damen, die sich der Kunst geweiht und sie als Lebensberuf erwählt hatten, zu untestützen, war dieser Malerinnenverein wichtig – auch deshalb, weil die Kunstschule künftig keine Damen mehr zur Ausbildung aufnahm.

Was hier mit Schillers Hilfe als ästhetisch Allgemeingültiges auch für Frauen eingeklagt wurde, war nicht so harmlos, wie es tat. Daß Frauen aus dem ihnen angestammten Platz im Haus heraustraten, war neu. Die Malerinnen kannten sich untereinander kaum. Ateliers waren nur höchst selten (zum Beispiel in München) überhaupt für Frauen zugänglich. Daß in Umkehrung des gängigen Normenkodex zum Beispiel ein männliches Modell einer Malerin zum Aktzeichnen Modell gestanden hätte (wie es die Mutter Utrillos, Suzanne Valadon, selbst in Paris nur unter großen Schwierigkeiten zu Wege brachte), wäre hier undenkbar gewesen.

In Berlin gab es schon seit 1867 einen Malerinnenverein, in München seit 1868. Dort hatten die Geschwister Sally und Marie Wiest während ihres Studiums die Annehmlichkeiten und Nützlichkeiten eines solchen Zusammenschlusses kennen- und schätzengelernt. Sie stießen bei den Töchtern des seit 1845 in Stuttgart ansässigen holländischen Malers Pieter Francis Peters auf reges Interesse. Auch Anna und Pietronella Peters waren natürlich »höhere Töchter«; durch die väterliche Unterstützung, die aber auch sehr selektierend verfuhr (nur er selbst bildete sie aus, sie durften keine Kunstschule besuchen), hatten sie das nötige Selbstbewußtsein erworben.

Der Verein wurde gegründet. Wie aus dem ersten Jahresbericht ersichtlich, fand eine öffentliche Ausstellung schon im Winter 1893 statt.

Die Werke der Malerinnen wurden nicht nur gelobt, sondern auch gekauft – sogar von der königlichen Familie. Die war allerdings, wie hinzugefügt werden muß, schon dem Werk des Landschaftsmalers Peters sehr gewogen gewesen. Anna Peters bestimmte in der Folge die Entwicklung des Vereins. Sie achtete darauf, daß die Malerinnen sich versicherten und daß der Verein einen Unterstützungsfond schuf. Sie tat alles, um die Idyllen, die sie in ihrer Kunst darstellte, nicht durch die Realität unmöglich zu machen. Mit einer kurzen Unterbrechung war sie Vorsitzende des Vereins bis 1919; erst da hat sie, als Fünfundsiebzigjährige und hochgeehrt, die Leitung in andere Hände abgegeben.

Doch bevor die wechselhafte Geschichte des Vereins, die Frauengeschichte modellhaft widerspiegelt, hier nachgezeichnet wird, sollen die Voraussetzungen dafür deutlich werden. Das Wenige, das wir über die Malerfamilie Peters noch wissen, soll im Lebenslauf des Fräulein Anna Peters, das so wohlgesittet aus dem weiblichen Rollenverständnis ausbrach, festgehalten sein.

Anna Peters wurde am 28. Februar 1843 in Mannheim geboren. Sie war die älteste Tochter des holländischen Malers Pieter Francis Peters (1818 in Nijmwegen geboren, lebte er bis 1903 in Stuttgart) und seiner Frau Heinrika oder Hendrica Gertruda Peters, geborene Mali. Die Mutter war 1820 oder 1821 in Mauren bei Böblingen ebenfalls als Tochter holländischer Eltern geboren worden und starb 1884 in Stuttgart.

Pieter Francis hatte seine im Schwäbischen lebende Base Heinrika auf einer Wanderung kennengelernt, die ihn von Holland aus über den Rhein bis an den Neckar führte. In Fuhrmannshemd und Samtrock so recht das Bild des durch die Lande ziehenden Malers, kam er nicht mehr los vom Schwabenland und der dort lebenden geliebten Frau.

Zuerst wohnten die Peters in Mannheim, wo Anna geboren wurde. Die zweite Tochter Ida (23. Januar 1846–28. Juli 1923) kam schon in Stuttgart zur Welt, ebenso die jüngste, nach der Großmutter väterlicherseits Pietronella benannt (3. März 1848–3. Januar 1924).

Das Ehepaar Peters wohnte damals im kleinstädtisch wirkenden, ländlichen Stuttgart (etwa 45 000 Einwohner) in einer vornehmen, guten Wohngegend, in der Paulinenstraße 11. 1866 zog man in die Silberburgstraße 129, 1867 dann in die Reinsburgstraße.

Peters Malkunst wurde von Wilhelm I. und seinen beiden Nachfolgern sehr geschätzt. Es ist anzunehmen, daß er als Hofmaler und mit Auftragsarbeiten gut verdiente und mit Frau und drei Töchtern ein von materiellen Nöten nicht allzu belastetes Leben führen konnte. Die Töchter besuchten das private Weidlesche Töchterinstitut. Anna soll sogar im königlichen Katharinastift (seit 1818, damals in der Friedrichstraße 34) die Literaturkurse von Eduard Mörike besucht haben. Das kostete Schulgeld, bis zu 60 Gulden pro Jahr (bei einem angenommenen Existenzminimum von etwa 70 Gulden jährlich!), und das mußte erst einmal vorhanden sein.

Pieter Francis Peters, der in seiner Familie auch den jüngsten Bruder seiner Frau, Christian Mali (1832–1906), aufzog und ausbildete – er war zusammen mit seinem Bruder Cornelius Mali (1828–1865) einer der bedeutendsten Tiermaler der Zeit –, war zusammen mit Eduard Herdtle der Begründer der »Permanenten Kunstausstellung«, der Vorläuferin des Königlichen Württembergischen Kunstvereins.

Anna und Pietronella traten in die Fußstapfen des Vaters, Anna als Blumenmalerin, Pietronella – die auch literarisch als Kinderbuchautorin tätig war – als Kindermalerin. Sie wurden von ihrem Vater ausgebildet, er war ihnen »der treueste Führer für Kunst und Leben, und ihre Anliegen machte er zu den seinen. So war es nur natürlich, daß auch bei der Gründung des Malerinnenvereins seine Ratschläge eingeholt wurden. [...] Manche von den heute noch lebenden der 39 ersten Mitglieder erinnert sich seiner dankbar als des naturfrohen Begleiters bei den Vereinsausflügen in Stuttgarts malerische Umgebung und der mancherlei künstlerischen Winke, die es dabei aufzufangen gab.«[1]

In einem Nachruf in der Südwestdeutschen Zeitung vom 25. Juli 1926 hört sich die Meinung über den allzu bestimmenden Vater aber so an: »In einer Traumepisode wird Anna Peters eigene fast schon nicht mehr auf der Erde befindliche Rückschau nachvollzogen, sie erinnert sich also: wie sie nach der Schule das Malen angefangen, der strenge Vater aber den Besuch der Akademie nicht zugestanden hatte, wie sie gleichwohl Schritt vor Schritt vorangekommen war und immer mehr Erfolg gehabt hatte, wie sie im Königlichen Schloß in Friedrichshafen gemalt – in Begleitung des Vaters, der es anders nicht dulden wollte. – Dann die Reisen mit dem Vater und den Schwestern vor allem in der schwäbischen Heimat, in die Schweiz, nach Holland, nach Paris, nach Rom, das viele Schöne, das sie dabei gesehen, die vielen bedeutenden Künstler und andern Menschen, die sie da kennen gelernt ...«[2]

Ida, die mittlere der drei Schwestern, hat im eigenen Haus, das die drei Frauen 1912 auf dem Sonnenberg bezogen, sicher die Rolle der Haushälterin übernommen. Sie verfügte dabei aber wohl über Helferinnen.

Wenn wir die lange Lebensgeschichte der Anna Peters betrachten – Märzrevolution 1848, Kriegszeiten 1870/71, Erster Weltkrieg, daneben all die gesellschaftlichen und industriellen Umwälzungen, die sich von der Mitte des 19. Jahrhunderts bis 1926 ereigneten (Stuttgart war inzwischen eine hochkarätige Industriestadt mit 345 000 Einwohnern geworden), so ist in ihrem Werk nichts davon zu sehen.

Lokale Veränderungen und Zeitereignisse gehen an ihren Blumenstilleben, an ihrem fast zeitlosen Werk vorbei. Anna Peters, die von Kind auf die Tradition der alten niederländischen Meister in sich aufgenommen hatte, veränderte im Lauf ihres Lebens zwar ihren Stil; eine Entwicklung der Farbgebungstechnik, der Pinselführung, der Bewegtheit ist in ihren Bildern spürbar und sichtbar. Daß sie malen konnte, ist dieser feinsinnigen, talentierten Frau nicht abzusprechen. Auch zeigt die spätere Strichführung mit impressionistischen Anklängen durchaus Zeitbezüge – doch Zeitkritik oder gesellschaftliche Einflüsse sind in ihrer oft auch ironisch gefärbten Genremalerei nicht vorhanden. Ein Niederschlag ihres praktischen Lebens dagegen zeigt sich in ihren Aktivitäten für den Malerinnenverein.

Ihre ersten Bilder zeigen noch die altmeisterliche Lasurtechnik. Das Obst oder Gemüse, die Pflanzen, die Blumen sind vor dunklem, goldgetöntem, leicht verschwommenem Hintergrund arrangiert. Girlanden, Gräser, kostbare Gläser oder Vasen geben den fast beiläufigen Rahmen für die Objekte, die im Bildmittelpunkt in Licht und Schatten funkelnd wichtig sind. Später entfernt sie sich von diesen künstlerischen Arrangements, malt kleine Ausschnitte aus dem Garten, eine Steintreppe, eine einfache Brettertür als Hintergrund für gerade gepflückte Wiesensträuße. Ihre Kunst, Rosen darzustellen, ist hinreißend: duftig bewegte Blüten in Kontrast zu kleinen Hinweisen auf ihr Vergänglichkeit: eine Eintagsfliege, kleine Dellen im Obst, das schwere Niederhängen dicker Rosenbälle kurz vor dem Zerfall.

Je älter sie wurde, umso bewegter werden die Bilder: Das Flirren des Lichts, die Vortäuschung des Zufälligen (Sommerblumen im Korb, nach 1900), das Erzeugen von Stimmungen wird jetzt dem früheren mehr statischen Bildkonzept vorgezogen.

Anna Peters erhält Medaillen auf internationalen Ausstellungen, die goldene Medaille für Kunst und Wissenschaft von Wilhelm II. zum fünfundzwanzigjährigen Jubiläum des Vereins, an dem sie gleichzeitig ihren fünfundsiebzigsten Geburtstag feiert. Im März 1918 huldigen ihr die Malerinnen mit einem schwäbischen Sketch von Julie Textor, das »Bärbele« und die »Kätter« aus Möhringen überbringen ihr einen von Reimen umrahmten Früchtekorb, Marie Wiest hält die Rede.

Die beiden Schwestern sind immer dabei, vor allem Pietronella als künstlerische Vertraute. Pietronellas Vorliebe galt dem Kinderbild. Sie malte häufig kleine Porträts oder Szenen mit Kindern, die im Spiel, in einer emsigen Tätigkeit versunken sind – im Dämmerlicht eines Innenraums, nur vom Lichteinfall des Fensters beleuchtet. Hunde und Katzen malte sie, ein Stück Garten in Stuttgart Sonnenberg, wo die drei Schwestern in der Sonnenbühlstraße 8 (heute Sonnenbergstraße) lebten. Die Parallelstraße heißt seit 1931 Anna-Peters-Straße.

Wäre diese Straßenbenennung nicht, die Malerin könnte als vergessen gelten. Auch das Familiengrab auf dem Pragfriedhof ist noch vorhanden; die Zeit fließt daran vorbei.

Glücklicherweise gibt es im Hause Eugenstraße 17 eine kleine »Reliquiensammlung«, die den Kriegswirren und Zerstörungen entgangen ist. Wenige Bilder, die Statuten, die Jahresberichte, die Einladungen zu Festen samt Ballbestimmungen – unterschrieben und verfaßt von Anna Peters. Es herrschte Sitte und Ordnung im Haus.

Bei den Bällen, zu denen die Damen nicht selten mit einem sie begleitenden Hausmädchen erschienen, waren Herren nicht zugelassen. »Jedermann hat kostümiert zu erscheinen, Masken sind nicht gestattet«, hieß es in den Ballbestimmungen und weiter: »Sogenannte schöne Maskeraden sind nicht beliebt, dagegen zu empfehlen sind malerische Charaktererscheinungen besonders aus Alt-Stuttgart, berühmte und unberühmte Persönlichkeiten, Leute aus dem Volk von heute und von damals.«[3] Gäste muß-

Ausstellungs-Leitung.

Der Ausschuss:

Vorstand: Frl. **A. Peters.**

Frl. **Bauer,**	Frl. **Reuss,**
Frl. **Gesell,**	Frau Oberbürgermeister v. **Rümelin,**
Frl. **Grünenwald,**	Frl. **Schweizer,**
Frau **Garn,**	Frau Generalin v. **Schott-Bieber,**
Frl. **Hartmann,**	Frl. **Textor,**
Frl. **Kieser,**	Frl. v. **Waechter,**
Frau **Obrist-Jenike,**	Frl. **M. Wiest,**
Frau Generalin v. **Pfister,**	Frl. **S. Wiest,**

Eintrittspreise:

An den Wochentagen . . . 50 Pfg.
Sonntags . . . . 30 „

Die Ausstellung ist geöffnet von morgens 9 Uhr bis abends 5 Uhr.
Sonntags von 11—5 Uhr.

Inhalt.

I. Ölgemälde 5
II. Aquarelle, Pastelle, Radirungen, Zeichnungen etc. 10
III. Plastik 12
IV. Kunstgewerbe 13
V. Lotterie 16

Die Preise der Kunstwerke sind am Katalogtisch zu erfragen.

Ausstellungsprospekt des Württembergischen Malerinnenvereins, 1899. – Seite 122: Aus dem Festprogramm des Württembergischen Malerinnenvereins vom 7. Februar 1910.

ten von den Mitgliedern empfohlen sein, für sie kostete der Eintritt drei Mark, die Souperkarten eine Mark und fünfzig. Während der Aufführungen wurde um vollständige Ruhe gebeten und von »solchen Damen, welche allein oder in Gruppen deklamatorische, musikalische oder tanzende Aufführungen zum Besten geben wollen« erbat die Unterzeichnende »gefl. Anmeldung«.[4] Auch Flugblätter mußten vorher angezeigt werden.

Die Festlichkeiten waren auf bestimmte Themen abgestimmt. 1895 wurden an einem »Rembrandtabend« lebende Bilder gestellt. Die »Jüngerinnen« der

I. Aufzug

Bilder-Galerie

Angelika . . Fräulein Käthe Löwenthal
Goethe . . . „ Clara Oesterlen
Maler Tischbein „ Ella Ruoff
Maler Hans, dessen Schüler Fräul. v. Brandt
Ein Römer . . . . . „ M. Peer
Morpheus, Gott des Schlafes „ Anna Nieffer

Besucher der Ausstellung. Ein Diener.

Lebendes Bild

gestellt von Fräulein Anna Peters und Fräulein Adelheid Scholl.

Orpheus . . . . Fräulein Irene Gerok
Eurydike . . . . . . Fräulein Stier

II. Aufzug

Tänze

arrangiert vom Kgl. Hofballettmeister Herr Scharf.

Griechin . . . Fräulein Hilde Scheurlen
Spanierin . . . Fräulein Irene Nopper
Geisha's . . . Fräulein Hede Thannhauser, Fräulein Gertrud Loßs, Fräulein Marie und Hilde Sieglin, Fräulein Elisabeth Textor

Bilder-Tänze

Fräulein Magda Bachmann
„ Marie Bachmann
„ Elena Bachmann
„ Clara Dolmetsch
Fräulein Alice Haarburger
„ Hilde Hagel
„ Margarethe Mayer
„ F. Sutter

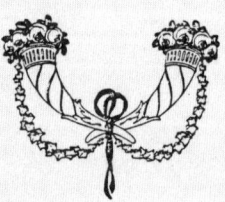

J. F. Steinkopf, Stuttgart.

bildenden Kunst tanzten Herbstblättertänze, sie stellten Pinsel und Tuben in einem Malerinnentanz dar. In der Presse wurde das als »liebenswürdige Geselligkeit«[5] beschrieben. Die Tradition dieser Feste hielt sich bis in die dreißiger Jahre. Ab 1931 wurden allerdings auch Herren geladen. Oberbürgermeister Lautenschlager (seine Schwester Marie Lautenschlager war seit 1922 Vorsitzende des Vereins, sie trat 1933 zurück), Vertreter des Kultusministeriums und Künstlerkollegen waren gekommen, Willy Reichert als witzig-bissiger Komiker. Der Verein zählte jetzt 104 ordentliche Mitglieder.

Vergessen waren die Zeiten, als Louise von Hocke sich 1896 in einer zwanzigseitigen Protestschrift, die ihr Rechtsanwalt verfaßt hatte, an die Generalversammlung gegen ihre Ausschließung wandte. Es war ihr vorgeworfen worden, geraucht und Tanzvorführungen eigenmächtig verändert zu haben.

Und sollten die jüdischen Mitglieder, die Malerinnen Alice Haarburger und Käthe Loewenthal (siehe Porträt Seite 222) und Klara Neuburger auch bald vergessen werden – waren sie etwa 1931 schon nicht mehr gesellschaftsfähig?

Die Reaktion auf die kulturelle Gleichschaltung durch die Nazis ist nicht mehr in den Unterlagen des Vereins vorhanden. Sie waren sicher gefügig, diese Malerinnen, verstießen sie doch sowieso schon mit ihrem Anspruch auf kreatives Tätigsein gegen das nationalsozialistische Ideal der Frau als Hausfrau und Mutter. Sie hatten sich auffällig weit in die Domäne der Männer vorgewagt. Im Laufe des Krieges kamen Dienstverpflichtungen und Überlebensstrategien hinzu; es gab wie überall mutige Frauen unter den Malerinnen, aber auch Opportunistinnen.

Anna Peters hatte bei ihrem Tod am 26. Juni 1926 dem Verein 2000 Reichsmark vererbt, ihre Darlehensforderung von 10 000 RM erlassen, die Unterstützungskasse mit 2600 RM aufgefüllt. Die Inflation fraß nicht nur dieses Vermögen auf.

Der Christian-Leins-Bau an der Eugenstaffel mit den vier Ateliers, dem Ausstellungsraum, dem großen Atelier für Kurse, dem Lithographierraum, dem Lesezimmer und der Hausmeisterwohnung im wunderschönen Garten blieb als krisenfestes Vermächtnis.

Beim Großangriff auf die Innenstadt am 25. Juli 1944 konnte die allein im Hause verbliebene Malerin Julie Strathmeyer-Wertz zusammen mit der Hausmeisterin Frau Fuchsloch die Brandgefahr abwenden.

Nach 1945 wurde der Verein von einigen Malerinnen sofort wieder gegründet. Er bedeutet immer noch viel Arbeit, aber auch eine Heimat für Künstlerinnen – für diese »Malweiber«, die sich auch heute noch im männlich bestimmten »Kunstbetrieb« behaupten müssen.

Isolde Kurz

Deutsche Frau der Feder

Sie wurde geboren in der Zeit, wo Frauen noch lange Haare und kurzen Verstand hatten und demgemäß in der Versammlung schweigen mußten, dafür aber von Küche und Alkoven aus desto herzhafter die Welt regierten ...[1]

Im Lexikon deutscher Frauen der Feder, Ausgabe 1898, wird »Kurz, Frl. Isolde, Florenz, Via delle Porte Nuove 12« folgendermaßen erwähnt: »als Tochter des Dichters Hermann Kurz, zu Stuttgart am 21. Dezember 1853 geboren, verlebte ihre Jugend in Ober-Esslingen, Kirchheim u. Teck, Tübingen und München. Sie war schon vom 12. Jahre an litterarisch thätig durch Übersetzungen aus dem Französischen, denen später solche aus dem Englischen, Italienischen, Russischen folgten. Ihre selbständige dichterische Thätigkeit begann sie mit Märchen, die sie zur Unterhaltung eines kranken Bruders schrieb und später drucken liess. Im Jahre 1877 begab sie sich mit ihrer Familie nach Florenz und lebt seither abwechselnd in Deutschland und Italien.[2]

Vier Werke sind von ihr aufgezeichnet: die »Florentiner Novellen« (1890), »Gedichte« (1898), »Italienische Erzählungen« (1895), »Phantasieen und Märchen« (1890). Erscheinungsort ist immer Stuttgart.

Als nächste Autorin im Alphabet erscheint:

»Kurz, Marie, Märchen, Stuttgart (1867).«

Man schien nicht zu wissen, daß sich hinter diesem Namen die Mutter Isoldes verbarg: Marie Kurz, geborene von Brunnow (6. August 1826–6. Juni 1911), die »rote Gräfin«. Sie war es, die dafür sorgte, daß ihre einzige Tochter Isolde zwar noch lange Haare hatte, aber keinen »kurzen« Verstand, sondern einen Verstand der Familie Kurz, und die war bekannt wegen ihres Eintretens für demokratisch-revolutionäre Ideen. Marie Brunnow, die fast immer in Lexikonnotizen unterschlagen wird, war eine glühende Demokratin, die ihren Adelstitel abgelegt und sich aktiv an der 1848er Revolution beteiligt hatte. Im Gegensatz zu ihrem Mann, der 1854 die Redaktion des »Beobachters«[3] niederlegte und sich resignierend zurückzog, blieb sie ihren politischen Idealen zeitlebens sowohl in ihrem Lebensstil als auch in ihrem Verhalten aktiv verpflichtet. Und das bedeutete in ihrem häuslichen Einflußbereich eben auch, daß Isolde privat unterrichtet wurde: »denn mit Mädchenerziehung befaßte sich die Gesetzgebung noch nicht.«[4]

Hermann Kurz dagegen, Isoldes Vater, der sich mit seinen veröffentlichten Polemiken auch acht Wochen Haft auf dem Hohenasperg eingehandelt hatte, war mutlos geworden, politisierte nur noch mit Freunden und führte innerhalb seiner kinderreichen Familie ein zurückgezogenes Gelehrtenleben. Nur mühsam konnte er durch eine Stelle als zweiter Unterbibliothekar an der Universitätsbibliothek Tübingen nach einer Zeit erfolgloser freier Schriftstellertätigkeit ab 1863 zum Unterhalt seiner Familie beitragen. Am 10. Oktober 1873 starb der am 30. November 1813 geborene glücklose Demokrat. Niemand hat ihn und sein Schicksal besser charakterisiert als Isolde: »Wenn es ohnehin die Art der schöpferischen Naturen ist, sich unter dem Eindruck ihrer inneren Geschichte schwerer in der Welt zurechtzufinden als der gewöhnliche Menschenschlag, so hat Alt-Württemberg seinen genialen Männern noch geflissentlich Ketten um Ketten an die Füße gelegt.«[5]

Vom Erlös ihrer ersten großen Übersetzung hat Isolde ihrem Vater auf dem alten Friedhof in Tübingen ein Grabmal errichten lassen; sie und ihre Mutter sind ebenfalls dort beerdigt.

Isolde Kurz' dichterisches und erzählerisches Werk kann keiner literarischen Strömung zugeordnet werden – die Schwerpunkte der meist biographisch gefärbten schriftstellerischen Arbeiten liegen jedoch in der kritischen und mystifizerenden Auseinandersetzung mit den großen Themen Frau, Gesellschaft, Ehe, Liebe.

Isolde wurde als zweites Kind und als einzige Tochter des nicht nur an Jahren so ungleichen Ehepaares (Marie Kurz war 13 Jahre jünger als ihr Mann) am 21. Dezember 1853 geboren. Ihr Geburtshaus in Stuttgart, Paulinenstraße 5, später 19[6], verließ Isolde zusammen mit ihren Eltern und ihrem elf Monate älteren Bruder Edgar, mit Alfred (*1855) und Erwin (*1857) im Jahre 1858, um in Obereßlingen in eine Mansardenwohnung zu ziehen, die ein Freund zur Verfügung gestellt hatte. Der literarische Erfolg war dem Vater versagt geblieben, die Familie litt Not. Was der Vater aber aus Glücklosigkeit den Kindern vorenthalten mußte, ersetzte die mütterliche Liebe an Genialität auch in der Lebensführung und im – für damalige Zeiten ungewöhnlichen – antiautoritären und freiheitlichen Umgang mit ihnen.

Isolde Kurz, die in ihren Jugenderinnerungen[7] auch ihre Stuttgarter Kindheit ergründet, beschreibt neben charakteristischen Episoden auf dem Schloßplatz und der Königstraße, wohin »das geliebte Erbstück aus dem großväterlichen Hause«[8], das Kindermädchen Josephine, sie führte, auch diese: »In mein drittes Lebensjahr fällt die erste Bekanntschaft mit dem Dichter Ludwig Pfau [1821–1894], der als politischer Flüchtling in Paris lebte und nun zu heimatlichem Besuch nach Stuttgart gekommen war ... Pfau hielt sich acht Tage in unserem Hause verborgen und pflegte während der Arbeitsstunden meines Vaters bei meiner Mutter zu sitzen, mit deren Anschauungen er sich besonders gut verstand. Mich

Isolde Kurz, Jugendbildnis.

konnte er nicht ausstehen, und diese Gesinnung war gegenseitig, denn wir waren einander im Wege. Ich war durchaus nicht gewohnt, daß die Mama, die ich sonst nur mit den Brüdern zu teilen hatte, sich so viel und andauernd mit einer fremden Person beschäftigte. Wenn die beiden also politisierend in dem großen Besuchszimmer auf und ab gingen, drängte ich mich gewaltsam zwischen die mütterlichen Knie, daß ihr der Schritt gesperrt wurde, und der Gast ärgerte sich heftig, ohne daß er bei der abgöttischen Liebe, die meine Mutter für ihre Kleinen hatte, es wagen durfte, mich vor die Tür zu setzen.«[9]

Unzeitgemäß war nicht nur die Duldung der lebhaften Kinder bei den Gesprächen der Erwachsenen, auch ihr Lesestoff war ungewöhnlich. Schon vor ihrem sechsten Geburtstag konnte Isolde Uhlands Gedichte und Schillers Balladen auswendig, und die Helden der Kinderspiele, die sie vor allem mit ihrem Bruder Edgar erfand, waren die griechischen Götter. Hier ist von der Mutter, die besonders in Tübingen als Atheistin beschimpft wurde, sicher Isoldes Neigung zum Mythischen unterstützt worden, die ihre gesellschaftlichen Analysen im Versuch, die Frau als fast göttliches Wesen zu begreifen, oft so esoterisch überhöht. Die Mutter ließ die Kinder in Unkenntnis der christlichen Lehre, brachte Isolde lieber Französisch und Italienisch bei, »spielerisch und kunterbunt« ging es dabei zu, genialisch und chaotisch. Niemand in der Familie, der Vater und Edgar ausgenommen, hatte Recht auf Privateigentum – dieses Verdikt trug nicht gerade zu einer familiären Ordnung bei.

Isolde war zehn Jahre alt, als die Familie nach Tübingen zog. »Innerhalb des Tübinger Spießbürgertums stand nun unser Haus wie eine einsame Insel. Schon beim Eintritt hatte unsere Mutter die üblichen Antrittsbesuche unterlassen. Mein Vater war eigens ein paar Wochen früher eingerückt und hatte alles, was die Etikette vorschreibt, erledigt, um ihr diese Prüfung nicht aufzuerlegen, denn er sah voraus, daß sie sich in ihrer freien, der Zeit vorangeeilten Weltanschauung ebenso abgestoßen fühlen würde wie in ihrer aristokratischen Empfindungsweise, die mit der ultraradikalen Gesinnung ganz gut zusammenging. Er wußte auch, daß die Abstoßung gegenseitig gewesen wäre, denn es gab damals in Tübingen nur wenig Frauen, die das

Zeug hatten, eine so ungewöhnliche Natur wie meine Mutter zu verstehen. Außerdem war bei ihrem ganz auf die Familie beschränkten Dasein ihre Garderobe nicht im besten Stand, und jede Ausgabe für sich selbst ging ihr lebenslang gegen das Gewissen.«[10]

Die »Heidenkinder« wurden von den anderen Kindern tätlich angegriffen. Isolde blieb deshalb lieber außerhalb der Stadt, an den Ufern der Steinlach, wo sich die Kurz'sche Wohnung damals befand. Ihr einziger Kontakt mit Gleichaltrigen war auf die inzwischen vier Brüder (1860 war Garibaldi geboren worden – die Mutter huldigte in ihrer Namensgebung den italienischen Freiheitskämpfern) beschränkt, und trotz der Vorzugsrolle, die sie beim Vater genoß, hatte sie einen schweren Stand beim Kampf um das Recht des Stärkeren.

Isolde, die schon sehr früh ihr Aufsichgestelltsein dazu benützt, sich schriftstellerisch zu betätigen, darf mit 13 Jahren eine Gymnasiastentanzstunde besuchen und sie ringt ihrer Mutter die Erlaubnis ab, Reitstunden an der Reitschule der Universität nehmen zu dürfen. Und obwohl Frauen dort eigentlich nicht zugelassen waren, setzt sie ihr Vorhaben in die Tat um und reitet in aller Frühe aus. Als das junge Mädchen allerdings auf den umstürzlerischen Gedanken kommt, den Senat zu bitten, das sonst nur für Männer offenstehende Schwimmbad an einem Tag auch für Frauen zu öffnen, um sie schwimmen lernen zu lassen, ist das Maß voll. »Der Untergang aller Sitten stand vor der Tür, wenn mir gestattet wurde, dem Unwesen des Reitens, dem man nicht hatte steuern können, das noch ärgere des Schwimmens hinzufügen ... Wie wollte man die Phantasie der männlichen Jugend beim Baden durch die Vorstellung vergiften, daß im selben Wasserbecken sich kurz zuvor junge Mädchenleiber getummelt hatten? ... eine würdige Matrone übernahm es, mir im Namen sämtlicher Mütter und sämtlicher Töchter ihr ... wo hinaus mit Dir, du Schädling am Gemeinwesen? zuzurufen ...«[11]

Isolde Kurz entschloß sich daraufhin, Tübingen zu verlassen. Die Jugendzeit war seit des Vaters Tod vorbei, »nachträglich scheint mir alles Heitere vor jenem dunklen Tage zu liegen.«[12]

»Es war hohe und höchste Zeit, daß einmal ein entscheidender Lebensschritt geschah, von dem bisher nur die Wärme des mütterlichen Nestes den flügge gewordenen Vogel zurückgehalten hatte.«[13]

Der Bruder Erwin lebt bereits in München als Student der Akademie der Bildenden Künste; Isolde zieht 1876 in seine Nähe. Ein Freund der Eltern, der damals sehr erfolgreiche Dichter und Schriftsteller Paul Heyse (1830–1914) öffnet ihr manche Tür der Münchner Gesellschaft. Sie arbeitet als Übersetzerin und als Italienischlehrerin.

In dieser Zeit entsteht ihre erste Novelle, eine romantische Liebesgeschichte, wie sie später noch gelungenere schreiben sollte. Trotz der Kritik Heyses läßt sie das Manuskript veröffentlichen, schämt sich aber anschließend dieses ersten Produkts, das jedoch unerwartet Erfolg hat.

Nur ein knappes Jahr später wird Florenz zum Wohnort der nun vierundzwanzigjährigen jungen Frau, ihrer Mutter und der Geschwister. Der Bruder Edgar, dem es nicht gelungen war, in Württemberg eine Praxis zu eröffnen, hatte sich in Florenz niedergelassen und ist bald nicht nur in der ausländischen Künstlerkolonie ein geschätzter Arzt.

Isolde trifft auch hier auf einen weltoffenen Kreis von Künstlern und Schriftstellern. In einer fruchtbaren Mischung aus mitgebrachtem Deutschtum und tiefer Empfindsamkeit für die Schönheit der Stadt und ihrer Kultur findet sie in der toskanischen Landschaft zu sich selbst, wächst aus der Kampfhaltung gegen das kleinstädtische Philistertum und aus ihrer forcierten Vorkämpferinnenrolle in eine harmonischere Lebenshaltung. Sie mausert sich zur Schriftstellerin und Dichterin, bildet sich in Museen und in der Nationalbibliothek. Sie arbeitet an Gedichten, die trotz des für diese Zeit ungewohnt freimütigen Tons großen Anklang bei der Kritik finden, bald in Anthologien abgedruckt werden. Ihre »Florentiner Novellen« sind Geschichten von Liebe und Tod, die von einer historisch genau nachempfundenen Renaissance-Atmosphäre durchdrungen sind.

Ihre danach verfaßten, eher gegenwartsnahen Arbeiten, die Italien und Schwaben in ihrem alltäglichen Leben ironisch-humorvoll analysieren – Geschichten, die »organisch vom Leben her verbürgt«[14] – »bringen es bei den Lesern nicht zu derselben Beliebtheit wie die ›Florentiner Novellen‹, über die ein blendender Schimmer von Romantik ausgegossen ist; aber tiefer und reifer sind jene [die ›Italienischen Erzählungen‹] doch.«[15]

Der von ihr mehrmals behandelte Topos der verlassenen Frau, die sich rächend, unheilbringend gegen ihr Schicksal auflehnt und in dieser Haltung die Beachtung der gesellschaftlichen Normen vermissen läßt, wurde wegen der erotischen Andersartigkeit kritisiert. Die Lesergemeinde hätte sie lieber als Renaissanceschriftstellerin beibehalten, die über eine Rahmenschilderung aus jener kulturellen Emanzipationszeit Gegenwärtiges ins Erhabene rückte.

Die letzten zwei Jahrzehnte des 19. Jahrhunderts sind für die Dichterin – die streng zwischen poetischer Eingebung, einer »lyrischen Erregung«[16] in ihrer Versdichtung und der handwerklichen Qualifikation zur Prosa unterscheidet – eine gesellschaftlich beglückende Zeit in »höheren geistigen Welten«[17], die ihre Arbeit beflügelt. Sie sind aber auch eine Zeit der familiären Tragödien. Eine eigene Liebesgeschichte endet mit dem Tod des Geliebten. Das Leitmotiv der Frau, die allen Menschen, die sie liebt, nur Unglück bringt, wird sie später in »Vanadis« thematisieren. Der jüngste, herzkranke Bruder Garibaldi stirbt 1882. Edgar heiratet und bringt eine von ihr ungeliebte Schwägerin ins Haus, das »feingesichtige Steinbild Rosa«[18]. Es wird eng neben der Praxis, den Räumen für die Mutter und der neuen Familie. Isolde flüchtet in Mietzimmer, die sie alsbald wegen allzu großer Lärmbelästigung und Platzmangel wieder verläßt.

In Forte dei Marmi kann sie sich jedoch um die Jahrhundertwende ein kleines Häuschen am Meer bauen, das zusammen mit den Nachbarhäusern ihres Bruders und dessen Praxiskollegen Van-

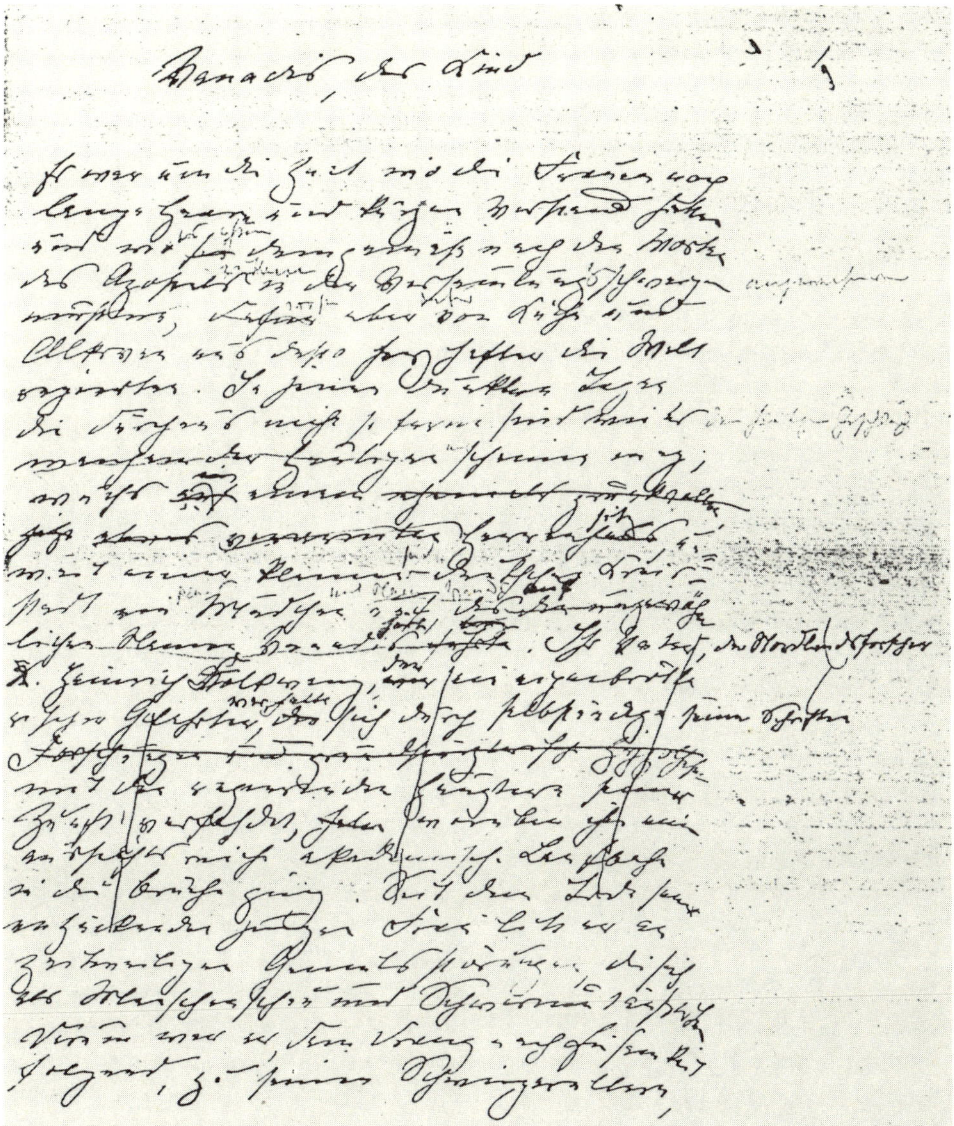

Die erste Seite des Originalmanuskripts des Romans »Vanadis« von Isolde Kurz.

zetti Treffpunkt einer europäischen Kunstgemeinde wird. 1904 stirbt Edgar an einer Ansteckung durch einen Patienten, kaum zehn Monate später ereilt das gleiche Schicksal den Bruder Alfred, der als Arzt in Venedig lebte. Marie Kurz klammert sich immer mehr an die Tochter. Das bedeutet auch, daß Isolde Kurz bis zum Tod ihrer Mutter zwischen München, wo der letzte Bruder Erwin lebt, und Italien hin- und herzieht. Die Familie, die sie in den Nachrufen verewigt und stilisiert, ist beides für sie: Rückhalt aber auch Beschwernis, besonders in den letzten Lebensjahren der Mutter.

Will man Isolde Kurz glauben, so hat sie nie an eine Ehe gedacht. »Mich verlangte nicht nach Geborgensein, nicht einmal nach dem landläufigen ›Glücklichwerden‹. Ich wollte mich selber erfüllen bis zur letzten Möglichkeit, sei es durch Freude, sei es durch Leid.«[19] Die Ehe war für sie eine der gefährlichsten Bindungen, die alles andere auflöst: »Nicht um das eigene Unterkommen, noch um die Hilfe, die ich so gerne den Meinen geleistet hätte, nicht um Besitz und weltliches Ansehen, nicht einmal um das Glück, ein Kind ans Herz zu drücken, konnte ich verkaufen, was mir für ewig preislos war: die Liebe.«[20]

Sie war aus der Tradition der Familie heraus ganz selbstverständlich emanzipiert, in ihrem Wert erkannt und bestätigt. Als sie in Stuttgart 1913 als erste Frau den Doktortitel »honoris causa« der Universität Tübingen verliehen bekam, setzte sie den Doktor nun immer vor ihren Namen, wohlgemerkt »Frau Dr. Isolde Kurz« – die Anrede Fräulein war ihr verhaßt. Was die Frauenbewegung für die Frauenbildung getan und erreicht hatte, erkannte sie erst viel später an, trotz ihrer eigenen Schwierigkeiten als Frau, die besonders auch in Italien nichts alleine unternehmen konnte: »Als ich in Florenz lebend zum erstenmal von der in Deutschland eingeleiteten Bewegung zugunsten des Frauenstudiums und der höheren Frauenberufe las, schüttelte ich den Kopf; ich hielt davon so wenig wie der verbissenste Frauenverächter. Zu gut war mir der weibliche Ungeist bekannt, wenn ich auch unterdessen weibliche Gemütseigenschaften hatte schätzen lernen. In Frauengesellschaften ging ich nie, und wenn ich vor der Türe umkehren mußte bei der Entdeckung, daß nur weibliche Gäste am Teetisch saßen. Die Armut der Belange und die Unfähigkeit der Begriffsbildung, die jedes ernste Gespräch verhinderten, wirkten auf mich wie lähmendes Gift. Wie gründlich sollte ich später umlernen, als mir in Deutschland ein neues, in geistigem Lichte herangewachsenes Frauengeschlecht entgegentrat. Es hatte genügt, den Blickpunkt auf den Mann zu ändern und den Sinn für das Überpersönliche zu wecken, so stand die Frau – nicht wesensgleich, aber ebenbürtig neben ihm. Ich darf die tapferen Wegbereiterinnen rühmen, denn ich habe nicht zu ihnen gehört. Sie haben den Nachkommenden einen Boden geschaffen, auf dem sich wohnen und werken läßt.«[21]

Ihre 1908 entstandene Versdichtung »Die Kinder der Lilith«, die einen Versuch darstellten, den seelischen Raum des Frauseins lyrisch umzusetzen, verfehlte – so konzipiert – die gängigste aller Normen, in die Frauen eingeordnet werden. Dieses Zeugnis der Gespaltenheit der weiblichen Identität erfuhr deswegen auch eine vernichtende Kritik.

Sie hatte es gewagt, die von männlichen Klischees verbrämte Figur der Lilith umzudeuten, sie von dem traditionellen Kontext des Bösen, aus der Rolle der Hexe, der alles Verschlingenden »femme fatale« der Schöpfungsgeschichte zu befreien. Lilith ist bei ihr die geglückte weibliche Schöpfung Gottes, Eva dagegen die erdenschwere Schöpfung des Teufels.

»Ich hatte von je die altjüdische Sage von Lilith, Adams erster Frau, als von einem bösen, dämonischen Wesen, das sich aus Hoffahrt mit dem Manne nicht vertrug und nach einem Zwist, ein Verzauberungswort aussprechend, ihm entflog, um fortan in Klüften und Höhlen als gefährlicher, männerauflauernder, männerkraftzerstörender Vampyr zu hausen, für eine Ungereimtheit angesehen. Warum sollte Gott, der Alleswissende, seinem Adam eine so üble Lebenskameradschaft ausgesucht haben? Und was hatte es damit auf sich, daß Lilith Flügel besaß und Adam keine? Sie sollte, hieß es, drei Dinge mit den Engeln gemein haben: mit den ersten das Schwingenpaar, das leichte Schweben von Ort zu Ort und die ahnende Kenntnis der Zukunft. Mit den Menschen aber das Sichernähren, Fortpflanzen und Sterben. Sollte Gott bei einer so ungleichen Verbindung nicht einen höheren Zweck im Auge gehabt haben? Lag hier nicht eine verdorbene, parteiisch gefärbte Überlieferung des frauenverachtenden alten Judentums vor, hinter der sich eine frühere, edlere Gestalt verbarg?«[22]

Weil sie in den Quellen nicht fündig werden konnte, schrieb sie das Gedicht, »worin ich versuchte, die Züge der Sage zu einer Erklärung des Weltplans und seiner Widersprüche umzudeuten.«[23]

Gott bildet aus einem Erdenkloß den Menschen »und gibt ihm den holdesten seiner Geister, die lichte, leichte, mit Sternen wie mit Seifenblasen spielende Lilith zur Gefährtin, daß sie mit tausend Lieblichkeiten und Launen den erdenschweren Adam zu schöpferischem Tun ansporne ... aber mit der von Gott nicht gewollten Eva tritt ihm ein Hemmnis in den Weg, das den Entwicklungsplan durchkreuzt. Als ein Stück von Adams Körper, dem er gezwungen ist, anzuhangen, zieht sie ihn in seine sinnliche Trägheit zurück und zerstört den ersten holden Liebesbund. Lilith, an dem entarteten Adam verzweifelnd, entflieht, und Eden, die Stätte ihrer jungen Seligkeit, geht in Flammen auf. Der Mensch, auf die Erde verbannt, muß mit der Menschin ein sinnliches, wölfisches Geschlecht erzeugen, in dem sich Schuld und Strafe unauflöslich weiter verketten, bis der Schöpfer seinen Plan auf langen Umwegen durch die Nachkommen der Lilith doch ans Ziel führt. Ihr im Paradiese geborener, durch Seraphim aufgezogener Sohn ist es, den Gott je und je in neuer Verkörperung als Führer seiner geringeren Brüder zur Erde schickt, gegen den sich aber auch die Kinder der Eva im voraus zusammenrotten: ›Er ist Einer und wir sind viele‹.«[24]

Dieses Epos, das in Eva all das Negative aufzeigt, das weiblichen Eigenschaften zugeschrieben wird, zeichnet Lilith als Gegenkonzept, das noch vor der

Herrschaft des Patriarchats wirksam war. Doch ihr Mythos schafft keine Erlösung auf Erden; Isolde Kurz bemüht poetische Bilder, die am Ende eine Versöhnung unmöglich machen. Der Menschheitsvollender ist Liliths Sohn, Frauen können dagegen in einer männlich geprägten Kultur nicht identisch werden. Der einseitige Dualismus – Lilith als die überirdisch-ästhetische Frau, Eva als die Hirnlose – mündet mit anderem Vorzeichen auch wieder in Klischees. Der Mythos des Weltenretters in Katastrophen und der des Weibes, das nur in der Kultur Wesenhaftes, Göttliches erzeugt, wird durch die Überzogenheit der Gefühlsfülle, durch eine poetische Irrationalität, die sich als Rationalität einer Umkehrung darstellt, lächerlich.

So scheint mir die revolutionäre, praxisnahe Haltung der Marie Kurz als Erbe in ihrer Tochter Isolde mythisch verklärt.

Bei Ausbruch des Krieges lebt Isolde Kurz wieder in München, hat aber aus Italien eine Kriegsahnung mitgebracht, die sie in Vorträgen zu bannen versucht. Ein Vortrag mit dem Thema »Deutsche und Italiener«, den sie nach Kriegsende am 23. Mai 1919 in Stuttgart hält, bringt ihr den Vorwurf der »Ausländerei« ein, weil sie versucht hat, für die andere Kultur der Italiener zu werben. Doch ihre Ambivalenz war noch andere Wege gegangen:

Im Krieg hatte die Dichterin, die sich als unpolitisch bezeichnete, einen dämonischen Ausfluß der Schicksalsmächte gesehen. »Der reine Hauch der großen Mythe«[25] und »Opferfeuer der männlichen Jugend«[26] waren es, die das Vaterland retten mußten. Dichterisch aufgewühlt und feurig hatte sie eine Gedichtsammlung »Schwert aus der Scheide« geschrieben – und nun fand sie sich mißverstanden. »Sie nahmen es für den Ausdruck des Kriegswillens und vergaßen über dem endlichen Aufruf an das Schwert die fünfmal vorangegangene Mahnung, in der Scheide zu bleiben ...«[27]. Und Isolde Kurz, die in ihrer Verirrung nachdenklich wurde, kam zu Bewußtsein, daß ihre Mutter *jeglichen* Krieg als Schlächterei angesehen hatte.

Aufgefordert vom Bund Deutscher Frauenvereine schrieb sie dennoch »ein aufmunterndes dichterisches Wort an die Frauen des Volkes, die unter den ungewohnten, auf sie herabstürzenden Lasten zu erliegen drohten. Man hat es ja heute schon nahezu vergessen, was damals die deutsche Frau zu leisten hatte.«[28]

Der Titel »Die deutsche Mutter« und der Inhalt des Gedichtes befanden sich wieder auf ähnlich blutgetränktem Boden wie »Schwert aus der Scheide«. Der Vater »zog zum Ernten nach Frankreich hinaus, dort sichelt er rot und heiß.«[29] Sie bekam dankbare Post von den Feldgrauen, sie strickte Socken und Pulswärmer, und doch haßte sie das Nachbarvolk nicht. Ihr Verstand war also doch unpolitisch; der Sinn des Lebens lag nicht hier in der Wirklichkeit.

Mit Ernst von Mohl, ihrem Jugendfreund, der als Witwer beim Tode ihrer Mutter 1911 nach München gekommen war, hatte sie 1912 die lang ersehnte

Rechts: Isolde Kurz um 1910.

Griechenlandreise unternommen. 1914 hatte sie mit ihm, der ihr die Familie ersetzte und eine Wohnung unter der ihren bezogen hatte, eine Reise durch Deutschland gemacht, auf den Spuren der Germanen. Immer mehr sah sie in diesen Welten ihren Ursprung und ihre wichtigsten Wesenscharakteristika. Als Ernst von Mohl 1929 starb, setzte sie auch ihm, wie vorher dem Vater, der Mutter und den Geschwistern, ein Denkmal in Form eines Buches. »Ein Genie der Liebe« beschreibt eine Liebe, die wohl nie irdisch vollzogen worden ist, sondern ihre Eigentlichkeit aus dem unwirklich überhöhten Sinnzusammenhang bezog.

Als 1931 auch ihr letzter Bruder Erwin und bald darauf dessen Sohn Thole stirbt, bleibt sie sehr einsam zurück. Sie pendelt wieder zwischen München und dem Haus in Forte dei Marmi, das ihr 1938 von der faschistischen Regierung Italiens wieder zurückgegeben worden war. Ihr Hang zum Stilisieren, der sich auch in fließenden, langen Kleidern mit Schleppen auslebte, wurde von vielen Schrulligkeiten begleitet. Ein federloser Kanarienvogel ist Hauptperson in ihrer Korrespondenz aus Italien mit Lisa, ihrer Haushälterin, die den Vogel betreut. Ihr Familienkult wächst immer mehr ins Monumentale – Büsten aller Verstorbenen stehen im Wohnzimmer. Als sie achtzig wird, quält sie das Festkomitee mit den absonderlichsten Details für einen wirksamen Auftritt.

Politik ist immer noch kein Ort für sie, aber sie jubelt beim Anschluß Österreichs. Allerdings wird sie mißtrauisch bei der Forderung der Reichsschrifttumskammer, die jüdischen Namen in ihrer auch hier oft zitierten letzten Biographie[30] umzufrisieren. Vorsichtig wird sie, auch wenn die Parteigrößen zu ihren Geburtstagen Gratulationen schicken.

Durch den Beginn des Zweiten Weltkriegs wird ihr Haus in Italien wiederum gesperrt. Ihre Münchner Wohnung wird zerstört, und so zieht sie 1943 wieder nach Tübingen. Die nach dem Ersten Weltkrieg eher majestätisch-stabil wirkende Dichterin war nun sehr gebrechlich geworden. Im Tropengenesungsheim lebend, erhielt sie 1943 noch die Medaille für Kunst und Wissenschaft. Sie war Ehrenmitglied des Marbacher Schillervereins, wo heute ihr Nachlaß liegt.

Als sie am 6. April 1944 starb, wurde sie von vielen, auch jungen Menschen, betrauert. Nicht nur als ein romantisches Relikt einer anderen Epoche, sondern auch als eine Dichterin, der es gelungen war, zeitgenössische Zusammenhänge aus dem Blickwinkel einer Nicht-Angepaßten zu beschreiben – auch wenn ihr Altersblick gewiß nicht unfehlbar war.

Ihre Biographien – weniger ihre Dichtungen – sind für uns heute wichtig als Dokumentation jenes Umbruchs, der spätestens seit der Jahrhundertwende nicht nur auf künstlerischem Gebiet für Frauen bedeutsam war, sondern auch für den Kampf um ihre gesellschaftlichen Rechte.

Von den Frauen, die in Stuttgart und Umgebung zur gleichen Zeit wie Isolde Kurz schriftstellerisch tätig waren, ist sie die einzige, der es gelang, bei aller Subjektivität doch allgemein Gültiges und historisch Wichtiges in ihren Lebensbeschreibungen zu schaffen. Und dies trotz ihres verklärenden Höhenfluges bei der

Wesensbeschreibung von Frauen. Mit dieser Denkweise bemäntelte und kompensierte sie eher ihr eigenes nicht ebenbürtiges Eingebundensein in die gesellschaftlichen Strukturen ihrer Zeit. Wenig moralisierend, ohne konservative, unkritische Beschönigungen, ist ihr Werk ein Zeugnis nicht nur ihres Lebens, sondern es ist auch ein Stück Kulturgeschichte. Weder Agnes Günther (1863–1911) mit ihren romantisch-historisierenden Stoffen noch die Dichterin und Fürsorgerin Anna Schieber (1867–1945), der die sozialen Zusammenhänge am wichtigsten waren, noch Auguste Supper (1867 bis 1951) mit ihren bodenständigen, rührenden Erzählungen noch die vaterländisch agierende Dichterin Therese Köstlin (1877–1963) noch Eugenie von Soden (1858–1930) mit ihren aus dem Leben gegriffenen Erzählungen und ihren Schriften zur Frauenbewegung konnten trotz hohen zeitgenössischen Bekanntheitsgrades auch noch für spätere Zeiten literarisch Gültiges hinterlassen. Sie sind höchstens im lokalen Bereich wichtig geblieben.

Die Jugendbuchautorin Tony Schumacher (1848–1931) allerdings wäre wiederzuentdecken, wenn man wissen will, unter welchen Vorzeichen und mit welchen Geschichten Kinder in mittelständischen Stuttgarter Haushalten erzogen wurden. Anni Geiger-Gog (*1897), Stuttgarts erfolgreichste Kinderbuchautorin, schrieb uner den Pseudonymen Hanne Menken und Anni Geiger-Hof 30 Jahre lang Geschichten für Kinder, die schon etwas älter sind und Eltern nicht mehr nur als Autorität begreifen.

Doch bevor Isolde Kurz ähnlich vergessen wird wie alle ihre hier genannten Kolleginnen, sollten ihr Werk zur Sicherung aus der noch nicht allzu großen Ferne umfassend kommentiert, ihr Nachlaß dokumentiert und ihre Biographie festgehalten werden.

Alexandrine Rossi

»Königliche Frau« und Hofschauspielerin

Schreibende, musizierende und malende Frauen waren in ihrer Außenseiterrolle Glanzlichter im sonst männlich dominierten Kulturleben. Sie waren Randerscheinungen im gesellschaftlichen Ganzen, immer wieder aufflackernde Impulse des weiblichen »Besonderen«. Im Gegensatz zu ihnen, die ihre Werke im häuslichen Rahmen schufen, gab es aber auch Künstlerinnen, die sich ins Rampenlicht, ins Blickfeld der Öffentlichkeit begaben.

Es waren die Tänzerinnen, die Sängerinnen, die Schauspielerinnen im Hoftheaterambiente; sie sollen hier betrachtet werden. Von den Akteurinnen der Wanderbühnen, den Marketenderinnen, den Artistinnen und Abnormitätenschaustellerinnen der Volksfeste, Kirchweihen und Jahrmärkte kann hier nicht berichtet werden, weil es kein geschichtliches Echo gibt: Keine der daran Beteiligten hat dieses Leben so dokumentiert, daß es halbwegs authentisch darzustellen wäre.

Aus dem Theaterbereich, der sich im Zuge der Etablierung des Bürgertums von der halbseidenen Kulisse für Kurtisanen zu einem künstlerischen Tempel edler Weiblichkeit (im besten Falle) wandelte, gibt es diese authentischen Stimmen.

Die Wahl fiel auf Alexandrine Rossi (1862–1953), die heute noch bei Theaterbesucherinnen, die sich an sie erinnern, einen verklärten Erinnerungsblick zu erzeugen vermag.

Sie war eine Schauspielerin, die unangreifbar in ihrer weiblichen Würde gegen alle Affären à la Stubenrauch[1], à la Anna Sutter[2] gefeit war. Sie hatte aber auch das Glück, eine Nachgeborene zu sein, hatte kein politisches Schicksal wie Marianne Pirker[3], keine Laufbahn wie Charlotte Birch-Pfeiffer[4] und wie die vielen ungenannten Tänzerinnen, Sängerinnen und Schauspielerinnen auf sich nehmen müssen, die zum Teil nur über die Verfügbarkeit ihres Körpers Karriere machen konnten, weil sie weniger stark und ihre Schicksale weniger günstig waren.

Und sie gab auch nicht, wie zum Beispiel die Sängerin Agnese Schebest[5] ihre Karriere auf, um eine bürgerlich gesicherte Existenz zu gründen und dann in der ehelichen Abhängigkeit Schiffbruch zu erleiden.

Wenn wir die württembergische Theatergeschichte ab 1800 anschauen, so ist hier die Entwicklung vom absolutistisch regierten Fürstentheater zum gewerkschaftlich gestützten Staatstheater nachzuzeichnen. Da gibt es viele Namen, die strahlend und vom Publikum verehrt in den Annalen verzeichnet sind – die Schicksale jedoch, die dahinterstehen, die Schwierigkeiten, die besonders für Künstlerinnen bestanden, bleiben meistens verborgen.

Wollen wir Goethe glauben, so war das Stuttgarter Theater im Jahre 1797 sehr mittelmäßig: »... hierauf gingen wir ein wenig spazieren und dann in das Schauspiel. Es ward Don Carlos von Schiller gegeben. Ich habe nicht leicht ein Ganzes gesehen, das sich so sehr dem Marionettentheater nähert als dieses. Eine Steifheit, eine Kälte, eine Geschmacklosigkeit, ein Ungeschick die

Alexandrine Rossi (vermutlich als Königin Elizabeth in »Maria Stuart«) um 1900. – Oben rechts: Agnese Schebest. Lithographie von Johannes Läpple, 1838.

Meubles auf dem Theater zu stellen, ein Mangel an richtiger Sprache und Declamation in jeder Art Ausdruck irgend eines Gefühls oder höheren Gedankens, daß man sich zwanzig Jahre und länger zurückgesetzt fühlt. Und was am merkwürdigsten ist, kein einziger findet sich unter ihnen, der auch nur irgend zu seinem Vortheil sich auszeichnete; sie passen alle auf das beste zusammen. Ein paar junge wohlgewachsene Leute sind dabei, die weder übel sprechen noch agiren, und doch wüßte ich nicht zu sagen ob von einem irgend für die Zukunft etwas zu hoffen wäre. Der Entrepreneur Miholé wird abgehen und ein neuer antreten, der aber die Obliegenheit hat sowohl Schauspieler als Tänzer, die sich von dem alten Theater des Herzogs Karl herschreiben auf Zeitlebens pensionirt sind, beizuhalten. Da er nun zugleich seinen Vortheil sucht und sich durch Abschaffung untauglicher Subjekte nicht Luft machen kann, so ist nicht zu denken, daß dieses Theater leicht verbessert werden könnte. Doch wird es besucht, getadelt, gelobt und ertragen.«[6]

Goethe spricht hier von der Interimszeit unter Friedrich Eugen. Die privaten »Entrepreneurs« (französisch: Veranstalter, Agent) bewährten sich nicht; 1801 wurde das Theater unter Friedrich II., damals noch Herzog, wieder der Verwaltung des Hofes unterstellt.

Hinzuzufügen ist, daß die Gagen der sogenannten »Pensionirten« kaum das Existenzminimum von 100 Gulden im Jahr überstiegen.

Herzog Carl Eugen hatte sich den Luxus gestattet, sich ein billiges Musik- und Balettpersonal[7] aus Landeskindern heranzubilden. »Die Notwendigkeit, die Ausgaben für das Theater einzuschränken, gab den Ausschlag, und der in dem Fürsten neu erwachende pädagogische Trieb erleichterte und versüßte ihm den Zwang.«[8] So Rudolf Krauß in seiner Geschichte des Stuttgarter Hoftheaters. Die Gattungen der dramatischen Künste Ballett, Oper und Schauspiel waren damals noch nicht so voneinander getrennt wie heute. 1769 war in Ludwigsburg eine Tanzschule gegründet worden. Je zehn Zöglinge beiderlei Geschlechts, meist Kinder von Theaterangehörigen, niederen Hofbediensteten und Unteroffizieren, wurden aufgenommen. Inzwischen war aber auch in der Militärakademie und in der Ecole des Demoiselles Raum für die Ausbildung von Balletteleven gefunden worden. Und in der Hohen Karlschule erstreckte sich das Ausbildungsprogramm auch auf Nachwuchs für die herzogliche Musik und die Bühne. Die angehenden Künstler blieben aber ebenso wie die ausübenden auf der untersten Rangstufe stehen. »Die geringe soziale Wertung der Artisten lag in den Zeitanschauungen begründet. Ihre niedrige Herkunft – sie waren denselben Gesellschaftskreisen wie die Zöglinge der Ludwigsburger Tanzschule entnommen – und ihre Mittellosigkeit trugen natürlich auch nicht dazu bei, ihre Stellung innerhalb der akademischen Rangordnung [in der Hohen Karlschule] zu heben.«[9]

Krauß widmet den Schauspielerinnen um 1800 sogar ein eigenes Kapitel. »... da waren an Schauspielerinnen vorhanden die Heroine Aschenbrenner, Charlotte Ziegler, nachmalige Fossetta, für das muntere, Karoline Gauß für das gesetzte Fach (bis 1812) und die Tänzerin Frau Pauli, die auch im Schauspiel mannigfach verwendbar war. Im März 1802 trat gleichzeitig mit ihrem Gatten die bildschöne Friederike Vohs, geborene Porth, ein, die in Weimar zuerst die Schillersche Maria Stuart und Goethesche Iphigenie verkörpert hatte. Mehr durch ihre natürlichen Reize als durch hervorragende Geisteskraft wirkend, kam sie nur schwer gegen die Aschenbrenner auf, obgleich sie begeisterte Anhänger besaß ... Meteorenhaft zog am Stuttgarter Theaterhimmel die liebenswürdige Sophie Bulla (1783–1842) vorüber, die von 1802/03 mit ihrer Mutter der Hofbühne angehörte ... 1804 kam mit ihrem Gatten die wackere Christine Leibnitz, die anfangs Heldinnen spielte, während Frau Aschenbrenner ins ältere Fach überging. Fräulein Gauß, die Tochter von Karoline Gauß, seit 1806 engagiert, gefiel als jugendliche Liebhaberin im bürgerlichen Schauspiel und Lustspiel, sie verheiratete sich mit ihrem Kollegen Wilhelm Hartmann. Eine sympathische Vertreterin sentimentaler Liebhaberinnen, namentlich in Schillerschen und andern klassischen Stücken, wurde 1808 an Frau Ludovika Gehlhaar gewonnen. Das Ehepaar Gehlhaar ließ sich im Sommer 1816 an die Bremer Bühne fesseln, weil man ihr Töchterchen, das schon häufig als Elevin in kleinen Rollen erfolgreich aufgetreten war, in Stuttgart nicht engagieren wollte...«[10]

Diese Mischung von Theaterklatsch und Familienchronik endet dann bei Auguste Brede (1786–1859), die 1815 ins Stuttgarter Schauspielensemble eintrat. Sie soll eine Gage von 3200 Gulden bezogen haben, was einiges über ihr Können aussagt – das war eine absolute Spitzengage. »Sie beherrschte ein sehr weites Gebiet, das von der Orsina in ›Emilia Galotti‹, ihrer Glanzrolle, bis zur Franziska in ›Minna von Barnhelm‹ reichte. Ihr elegantes Auftreten befähigte sie auch für das Fach der Salondame. Zu einer üppigen Erscheinung und glücklichen Naturanlagen gesellte sich Intelligenz, so daß sie sich mit Recht allgemeiner Beliebtheit erfreute ... Das Ballett wurde als selbständiger Kunstzweig durch Dekret vom 25. April 1803 aufgehoben ...«[11]

Der sich hier anbahnende Wandel in der Bewertung der künstlerischen Leistung, die sich zumindest bei den Spitzenkräften auswirkte, hat viel dazu beigetragen, die Theaterleute vom Ruf der moralisch anrüchigen Halbwelt zu befreien und in einen höheren Rang der gesellschaftlichen Anerkennung einzustufen. Im Laufe des 19. Jahrhunderts kam dann zumindest im Königreich Württemberg, am Hoftheater König Wilhelms II., eine zwar paternalistische, aber mit kulturellem Anspruch gepaarte Wertschätzung hinzu, die noch einmal die Theatertradition der Fürstenhöfe im besten Sinne eines vorzüglichen Mäzenatentums aufleben ließ.

Alexandrine Rossis Tagebuchaufzeichnungen[12] sind lobpreisende Beschreibungen des letzten Höhepunkts einer Theaterkultur in dieser Form, aber zugleich auch die Dokumentation ihres Unterganges.

Als Alexandrine Rossi am 27. April 1896 ihren Dienstvertrag von der Hof-Theater-Intendanz bekam, hieß der Intendant Joachim Gans Edler zu Putlitz

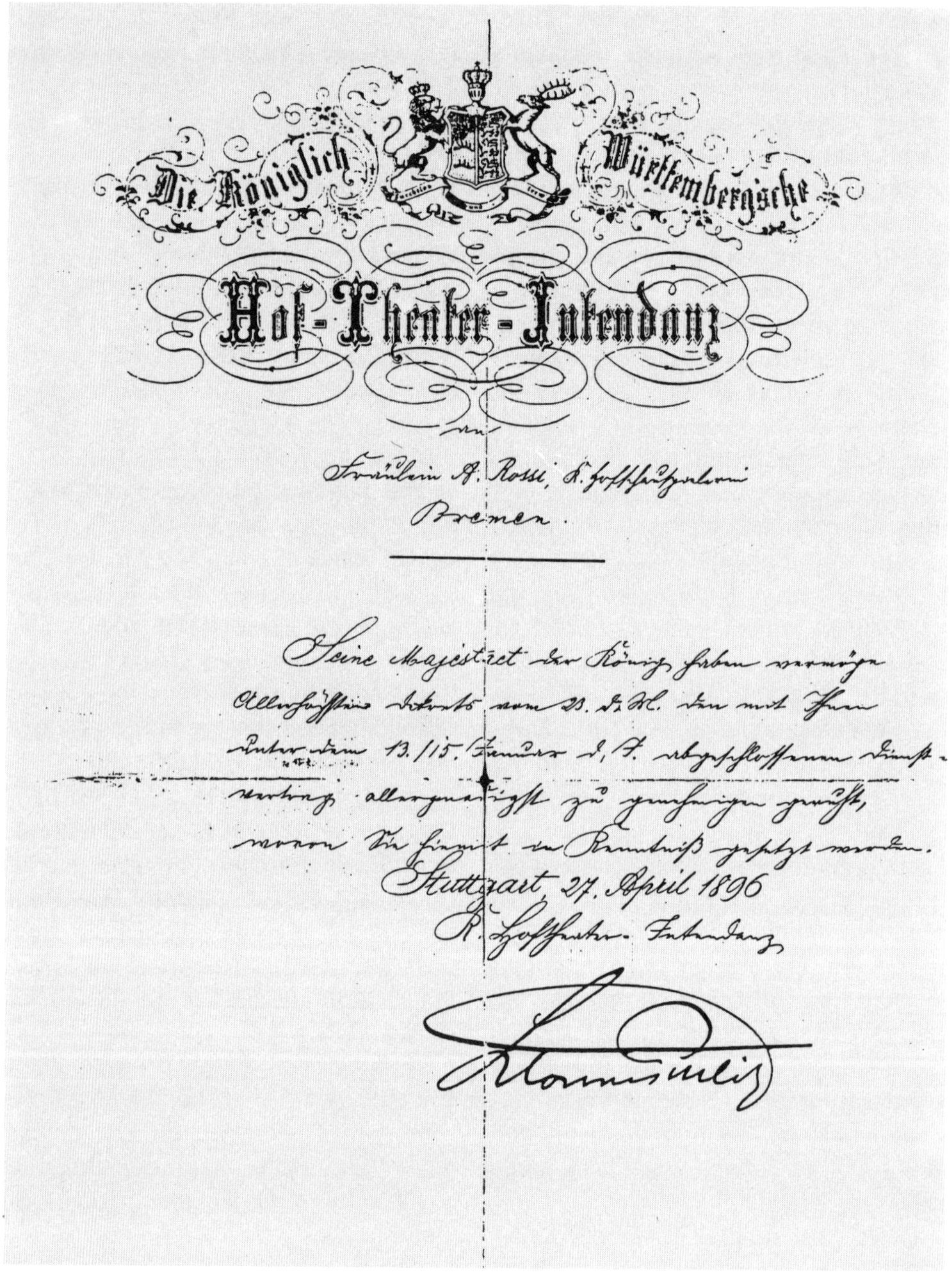
Die Königlich Württembergische Hof-Theater-Intendanz

an

Fräulein A. Rossi, K. Hofschauspielerin

Bremen.

Seine Majestät der König haben vermöge Allerhöchsten Dekrets vom 23. d. M. den mit Ihnen unter dem 13./15. Januar d. J. abgeschlossenen Dienstvertrag allergnädigst zu genehmigen geruht, wovon Sie hiermit in Kenntniß gesetzt werden.

Stuttgart, 27. April 1896

K. Hoftheater-Intendanz

Mitteilung des Stuttgarter Intendanten Joachim Gans Edler zu Putlitz an Alexandrine Rossi über die »allergnädigste« königliche Genehmigung des am 13./15. Januar 1896 mit ihr geschlossenen Dienstvertrages.

(1860–1922). Er war ein Mann, der »... nicht nur ein lebhaftes Verständnis und ein warmes Herz für das Bühnenwesen und den Schauspielerstand zeigte, sondern auch den für seinen Beruf unentbehrlichen praktischen Blick, der ihn zwischen den Forderungen der Kunst und den Bedürfnissen des Publikums eine geschickte Mitte finden ließ.«[13]

»Er suchte seinen Repertoiren auch durch Stücke Reiz zu verleihen, die sich nicht schon in Berlin oder anderwärts bewährt hatten. Er erreichte es, daß Berühmtheiten die erste Aufführung neuer Werke seiner Bühne anvertrauten, und ebenso ließ er es sich angelegen sein, Neulingen den Weg zu den weltbedeutenden Brettern zu ebnen. So bekam das Stuttgarter Hoftheater ein literarisches Gepräge, das auswärts bemerkt, besprochen, anerkannt wurde. Und ehrenvolle Gesamtgastspiele der beiden Kunstkörper belehrten das Publikum fremder Städte darüber, daß die Stuttgarter Anstalt im deutschen Bühnenleben etwas zu bedeuten habe. Der Aufschwung des Instituts war aber nur durch die belebende und fördernde Teilnahme, die der Hof seiner Entwicklung entgegenbrachte, möglich geworden. König Wilhelm II. scheute keine Kosten, um eine würdige Kunstübung zu ermöglichen ... Der König ist ein regelmäßiger Besucher der Vorstellungen, und Königin Charlotte, die der modernen dramatischen Literatur lebhafte Aufmerksamkeit schenkt, teilt die Neigung ihres hohen Gemahls. Einen besonderen Ruhmestitel hat sich der Monarch dadurch erworben, daß er sein Hoftheater unabhängig von kleinlichen Rücksichten und Vorurteilen in durchaus liberalem Geiste leiten läßt ...«[14] Außerdem trug das Königshaus auch finanziell die Kosten der Häuser mit; Anfang des 20. Jahrhunderts waren das jährlich rund 400 000 Mark.

In dieser Atmosphäre der künstlerisch-aristokratischen Anerkennung fiel es Alexandrine Rossi nicht allzu schwer, sich heimisch zu fühlen und Wertschätzung zu erringen.

Geboren worden war sie am 13. Februar 1861 in Schwerin als Tochter des Sängers August Rossi, engagiert auf Lebenszeit am Hoftheater Schwerin in Mecklenburg, und der Schauspielerin Auguste Zahn aus Kassel.

»Mein Vater, August Rossi, war der Sohn des Italieners Francesco Rossi, der als Gendarmerie-Quartiermeister mit dem Heer Napoleons I. aus Italien nach Deutschland gekommen, unter den damaligen Verhältnissen eine gute militärische Laufbahn machen konnte und sich bald in Deutschland ebenso wohl fühlte wie sein Bruder, Johann Winnand Rossi, Bürgermeister in Schlebusch bei Düsseldorf.«[15]

August Rossi hatte schon mit 23 Jahren als Gast an der Königlichen Covant Garden Oper in London gesungen. Und als der großherzogliche Hofsänger dann die Demoiselle Zahn geheiratet hatte, deren wertvollste Mitgift die Zeugnisse von Pfarrern und Wirtinnen über ihr Betragen waren, die ihre sorgende Mutter sich allmonatlich von der jeweiligen Adresse der Tochter nach Kassel erbeten hatte, genoß das Ehepaar und die bald geborenen Kinder die Fürsorge besonders der Großherzogin Mutter, Alexandrine. Für die zuletzt geborene Rossi-

Tochter übernahm sie sogar die Patenschaft: Alexandrine Rossi besaß das verbriefte Recht, den Vornamen der königlichen Hoheit zu tragen. Deren Gunst und Fürsprache war ihr sicher; sie durfte sogar mit ihren Enkeln im Schweriner Schloß spielen.

In dieser glücklichen Jugend wurden die Grundlagen geschaffen für die harmonische Lebensführung und die hoheitliche Würde, die in ihrer künstlerischen Arbeit immer zu spüren war.

Gestützt durch die der Kunst zugetane Haltung der Eltern, war es für Alexandrine Rossi fast selbstverständlich, daß sie sich der Bühne zuwandte. Ihr erstes Engagement als Opernsängerin am Hoftheater in Neu-Strelitz kam ihrem Stimmcharakter sehr entgegen: Sie entwickelte sich als Mozartsängerin. Als sie aber ans Stadttheater nach Köln berufen wurde, hatte sie dort Wagner zu singen. Die Anforderungen an ihre Stimme und an ihre Belastbarkeit waren aber zu hoch; sie wurde krank, lag monatelang darnieder und mußte Abschied von der Opernbühne nehmen.

Als Schauspielerin arbeitete sie in Lübeck, Magdeburg, Dresden und Bremen. In Stuttgart gastierte sie 1896 als Maria Stuart und in einer Komödie und wurde auf der Stelle auf Antrag des Königs vom Intendanten zu Putlitz engagiert. Sie selbst schreibt dazu: »Erstes Jahr in Stuttgart. Schon seit längerer Zeit hatte der kühne Naturalismus sich die Bühne erobert. Unser jugendlicher Chef gab dem Spielplan eine solche Bedeutung, daß neben der Pflege der Klassiker literarische Großtaten moderner Dichtung unter seiner Leitung entstanden. Für mich, wie für einige Kollegen und Kolleginnen, galt es nun durch fleißige, strenge Selbstkritik, Widerstände eigener Individualität zu überwinden. Aber dieses ›Sichwandeln‹, heute Abend Goethes ›Iphigenie‹, morgen ›Hanne‹ in Hauptmanns ›Fuhrmann Henschel‹, brachte mir ungeahnte künstlerische Entwicklung.

Nur wenige Monate waren im neuen Engagement vergangen, als mich mein Chef in die Kanzlei berief. ›Ich möchte mit Ihnen über Ihre Zukunft sprechen‹, so begann er, ›heute beim Vortrag im Wilhelmspalais, sagte seine Majestät: Fräulein Rossi muß bei uns in Stuttgart bleiben, vereinbaren Sie bitte mit ihr einen neuen Vertrag‹.«[16]

Die Schauspielerin bekam zunächst einen Zehnjahresvertrag mit Pensionsberechtigung und zugesicherter Verlängerung. Über ihr Gehalt schweigt sie sich leider aus. »Ganz still konnte ich mir nur die Tränen trocknen«, fährt sie fort, »Worte fand ich kaum für diesen außergewöhnlichen gütigen Beweis königlicher Ehrung und Anerkennung. Nun durfte ich im Kreis namhafter Kollegen und Kolleginnen, mit starker Eigenart und vornehmer Gesinnung, wirken, durfte unter bester Regie, die vielen neuen Aufgaben ohne Überhastung schaffen, durfte, wer wird mir diese Freude nicht nachfühlen, eine eigene Häuslichkeit gründen, an meinem geliebten Bechstein Flügel stundenlang nach eigenem Belieben musicieren, konnte mich auf fortan ohne jedes übliche Drängen

Rechts: Alexandrine Rossi, um 1880.

der Regisseure – dadurch veranlaßt, die Premieren möglichst bald dem Publikum zu bieten – nun wochen-, ja monatelang mit einer wertvollen Aufgabe beschäftigen; solch Vorstudien überbieten an innerer Befriedigung oftmals den glänzendsten Erfolg des Abends.«[17]

Dies ist die einzige Stelle in ihren Aufzeichnungen, in der sie – aus der eigenen Glückseligkeit heraus – Mißstände an anderen Theatern, Schwierigkeiten des eigenen Berufsstandes erahnen läßt. Kritik wird bei ihr nie laut. Deshalb ist es fast unmöglich, aus dieser Eloge auf eine geglückte Fürstentheatertradition die tatsächlichen allgemeinen Theaterbedingungen herauszuarbeiten. Es mag sein, daß Stuttgart eine rühmliche Ausnahme war, daß Alexandrine Rossi, »die königliche Frau und Künstlerin«[18], wie sie in einer Rückschau zur Feier ihres hundertsten Geburtstages genannt wurde, durch ihr Auftreten nur die besten Bedingungen an sich zog. Sie lebte in einer Welt der Kunst, sie zweifelte die Hierarchien und Ordnungskriterien ihrer Umwelt nicht an. Sie war die Herrin ihrer Kunst, besaß Wohnung, Hausmädchen und einflußreiche Bewunderer beiderlei Geschlechts. Wo hätte da eine Kritik ansetzen sollen?

Es gibt aber Dokumentationen von »frauenbewegten« Schauspielerinnen, die keinesfalls so würdevoll eingebunden waren wie Frau Rossi. Sie schrieben manifestartige Forderungen nieder, die zur Beendigung gerade der Benachteiligung der Schauspielerinnen führen sollten. Henni Lehmann prangert in ihren kritischen Ausführungen »Die Reform des Bühnenberufes«[19] viele Mißstände an, die schon »durch weit zurückgreifende historische Tradition speziell den Schauspielerinnen gegenüber bestehen.«[20] Der ungenügende Rechtschutz gerade für Frauen »verschlechtert die wirtschaftliche Lage, die wirtschaftliche Unsicherheit drückt das soziale Niveau«[21] und erzeugt Notlagen, da die Künstlerinnen durchweg geringer entlohnt werden als ihre männlichen Kollegen. Henni Lehmann zitiert den Neuen Theateralmanach der 604 in deutscher Sprache spielenden Bühnen von 1912. An Hoftheatern, subventionierten Stadttheatern, Kur- und Badetheatern waren die Bedingungen am günstigsten. Die kleinen Wandertruppen waren die schlechtesten Arbeitgeber. Die Hälfte der dort tätigen 16 000 Künstler hatte weniger als 1000 Mark Jahreseinkommen, mehr als die »Hälfte ist im Sommer brotlos«[22], ohne Engagement sind viele. Die Autorin plädiert für Jahresverträge zur Behebung des »gewohnheitsmäßigen Theaterunrechts.«[23] Sie fordert eine Bestimmung im Reichstheatergesetz, die den Mißbrauch eines Abhängigkeitsverhältnisses zu unsittlichen Zwecken gegenüber Minderjährigen unter Strafe stellt und »ebenso zweckmäßig ist die Bitte der Petition um Schaffung einer Theatergewerbeinspektion, der auch Frauen angehören sollen. Letztere Bestimmung ist durchaus notwendig im Hinblick auf die eigenartigen sittlichen Gefahren für die weiblichen Mitglieder des Berufes.«[24]

Die größten Mißstände aber stellt sie im Bereich des privaten Theaterwesens fest. Ungleiche Kündigungsbedingungen, das System der Abzüge und Strafen, die fehlende Kostümlieferung für weibliche Bühnenangehörige, die Erschwerung der Eheschließung, die inhumanen Bestimmungen für Krankheit und Schwangerschaft. Die Kostümverpflichtung der Schauspielerinnen zum Beispiel stand oft im Mißverhältnis zu ihrer Entlohnung, die Kosten dafür überschritten ihre Gage: »Die unverhältnismäßig hohen Ausgaben für die Garderobe treiben manche Künstlerin dazu, sich durch eine illegitime Verbindung Nebeneinnahmen zu verschaffen, sie ermöglichen es der Untalentierten, die auf ehrliche oder unehrliche Weise in den Besitz reicher Toiletten kommt, Rollen zu erlangen, die der ärmeren talentierten Kollegin entzogen werden, sie führen die Prostitution auf die Bretter, die die Welt bedeuten. Keine Gagenzulage, kein Kompromiß irgendwelcher Art kann diese Zustände beseitigen, weil stets die Ungleichheit der aufzuwendenden Mittel und somit der Kostüme bleiben wird, wenn nicht sämtliche Kostüme und moderne Toiletten gegeben und genommen werden müssen.«[25]

Sie moniert weiter, daß Eheschließungen oft Entlassungsgründe sind, daß verheiratete und unverheiratete Schwangere sofort entlassen werden können. »Die verheiratete Künstlerin füllt den Beruf ebensogut aus wie die unverheiratete, das beweist die große Zahl erstklassiger verheirateter Schauspielerinnen – aber die unverheiratete hat mehr Zugkraft für einen Teil des Publikums, der die Bühnenkünstlerin gern als Freiwild betrachtet, – die wilde Ehe wird ihr nicht verwehrt, die gesetzliche erschwert.«

Ein weiteres Problem stellen die Schontage dar. Das Auftreten von Sängerinnen und Tänzerinnen hat, ihrer Meinung nach, in dieser Zeit in großen und anstrengenden Rollen gesundheitsschädigende Folgen: »Vornehm geleitete Bühnen stellen ihren Spielplan mit Rücksicht darauf zusammen, bei anderen wird für ein Nichtauftreten in den Schontagen das garantierte Spielgeld in Abzug gebracht und so das monatliche Einkommen reduziert ... Andere Berufe sind nicht zum Vergleich heranzuziehen, überall ist eine gewisse Schonung möglich, doch die Schauspielerin darf ihrer Rolle nichts schuldig bleiben, die Sängerin ruiniert eventuell ihre Stimme.«[26]

Wenn sich diese Vorstellungen heute auch etwas veraltet lesen, so entsprechen sie sicher den damaligen Hygiene- und Gesundheitsvorstellungen. Auf alle Fälle werden Bedingungen beanstandet, die nicht auf das biologische Andersein der Frauen Rücksicht nehmen. Henni Lehmann versucht hier, Rechtsprobleme (natürlich auch einseitige Kündigungsrechte der Direktionen) und geschlechtsbedingte Nachteile für Frauen formal zu lösen, und weiß doch selbst am besten, daß dafür eigentlich die Tradition des Bühnenwesens aus den Angeln gehoben werden müßte.

Deshalb macht sie ihre Forderungen in der Beschreibung ihres eigenen Berufsstandes deutlich: »Immer wird es Künstlerinnen geben, die durch Temperament und Leidenschaft getrieben, den Rahmen bürgerlicher Sitte überschreiten. Solch Einzelleben drückt den Stand nicht herab. Dies tut die berufliche Not, die durch unangemessene Anforderun-

Kriegsküche des »Nationalen Frauendienstes« im Kunstgebäude, 1914 bis 1918.

gen den Verkauf der Frauenehre erzwingt. Doch auch die wirtschaftliche Notlage wird nicht schwinden, durch die Hilfe des Gesetzes, wenn es nicht gelingt, das Überangebot an Kräften zu beseitigen. Hierzu bedürfte es vor allem einer Regelung der Ausbildung.«[27] Sie fordert staatliche Theaterschulen, Prüfungen, bessere Vorbildung, systematische Fortbildungskurse. »Erst mit der vollen geistigen Durchbildung wird auch die volle soziale Einwertung Hand in Hand gehen.«[28]

In den 36 Jahren von 1896 bis zu ihrem siebzigsten Geburtstag 1931, die Alexandrine Rossi als Hofschauspielerin und dann als Staatsschauspielerin tätig war, hat sie in ihrem Tagebuch keinerlei Schwierigkeiten erwähnt, die dem oben wiedergegebenen Realitätsbewußtsein entsprächen. *Ihre* Karriere war gesichert, die künstlerischen Auseinandersetzungen hatten Vorrang. Und so wird ihrer auch gedacht. Max Marx, einer ihrer Kollegen, flicht ihr zum siebzigsten Geburtstag denn auch diesen Lorbeerkranz aus Worten: »Bei Dir, Alexandrine, der in Alexandrinern und Prosa gleichbewährten, kann man endlich, endlich einmal die Maske fallen lassen und frei von aller Phrase bekennen: eine der Besten der deutschen Bühne, Zierde ihres Standes, Pionierin für die Emanzipation der deutschen Schauspieler, leuchtendes Vorbild ihres Geschlechts – das bist Du Alexandrine Rossi!«[29]

Und sie selbst meint zu ihrem Künstlerinnenleben, in dem die Kunst das Le-

Kindertisch des »Nationalen Frauendienstes« im Kunstgebäude.

ben war: »Jene oftmals so interessanten Schilderungen aus dem Bühnen- und Künstlerleben, jene Sensationen, die sich in einer so großen Arbeitsgemeinschaft unausbleiblich ereignen und als ›chronique scandaleuse‹ zu einer gesellschaftlich beliebten Unterhaltung geworden sind, erregten nur für Augenblicke meine Nerven, aber nicht mein Gemüt ... mir gab meine Liebe zur Kunst die Kraft, auf ein Eheglück zu verzichten, das sich mir zu verschiedenen Zeiten bot.«[30]

Die Katastrophen und Kriege, das Niederbrechen und Wanken der von ihr geschätzten Tradition und Lebensauffassungen hat sie mit Haltung, aufrecht, auf ihre Weise helfend, überlebt. Sie war eine national gesinnte Frau, die dank ihrer künstlerischen Beweglichkeit die gesellschaftlichen Veränderungen hinnahm, auch wenn sie sie mißbilligte (zum Beispiel die Abdankung des württembergischen Königspaares). Schreiendes Unrecht geißelte sie zwar, zog sich aber in ihre Welt der Bildung zurück: »... so vollauf befriedigt, trug ich kein Verlangen danach, an der verwirrenden Buntheit der neuen Zeit und ihrer ›Weltverbesserung‹ Anteil zu nehmen. Nur die Rundfunkreden maßgebender Persönlichkeiten und die herausfordernde Art der Pressemitteilungen, verursachten mir zuweilen beim Anhören – im Hinblick auf die Wirkung derselben im Ausland – Angst und Beklemmung. ›Das Leben ist ein Drama und man macht eine Komödie daraus‹, der tiefere Sinn dieser Worte Schopenhauers, kam mir mehr und mehr zum Bewußtsein, bis zu dem Tag, da die Politik 1939, zur dramatischen Steigerung des 2. Weltkrieges führte.«[31]

Die Schauspielerin war nachdenklich und unsicher geworden. Sie, die für den deutsch-französischen Krieg 1870/71 noch diese Worte fand: »Als Kind, als deutsche Frau und Künstlerin, war es mir vergönnt, die bedeutsame Epoche unseres Vaterlandes mitzuerleben, denn der stolze Sieg unseres Heeres über Frankreich, brachte Deutschland jenen ungeahnten Aufstieg zur Weltmacht, und den Schaffenden aller Berufszweige im eigenen, wohlgeordneten Land jene gesunde Daseinsfreude, die Arbeit, Ruhe und Sicherheit gewähren. Daß diese hohen Lebensgüter – die von der Bevölkerung Jahrzehnte hindurch als selbstverständlich hingenommen wurden – auch in Gefahr kommen können, vermochte vielen erst der verhängnisvolle August 1914 zum Bewußtsein zu bringen ...«[32], sie schreibt nun: »Wiederum zogen die Jünglinge fast von der Schule fort, in den Krieg. Wiederum klagten die jungen Mädchen, daß es ihnen wohl, wie ihren Schwester im ersten Weltkrieg ergehen würde [...], die auf ein erfülltes Frauenleben verzichten mußten.«[33]

Im Ersten Weltkrieg war Alexandrine Rossi unter die Autorinnen gegangen: Sie hatte 1913 ein Kinderstück verfaßt, den schwäbischen Kindern ihre mecklenburgische Heimat vorgestellt. Die Einnahmen waren dem Roten Kreuz zugeflossen; im neuerbauten Kunstverein half sie in ihrem so bezeichneten »Kriegsdienst« in der Kriegsküche des Roten Kreuzes mit. 1914 wollte sie »den Kindern der Jetztzeit Erinnerungen ähnlicher Art mit auf den Lebensweg geben, wie ich sie als Kind von acht bis neun Jahren, durch Deutschlands siegreichen Krieg mit Frankreich, unverändert beglückend im Herzen trage ...«[34] Das Weihnachtsmärchen »Im Himmel und auf Erden« war eine »patriotische« Tat, es handelte von den »Feldgrauen im Argonnenwald«, die dort ihr Weihnachten feierten. 1915 hatte sie vaterländische Erzählungen »Sonntagnachmittag bei der Frau General« verfaßt und auf die Bühne gebracht. Auch hierfür bekam sie die Anerkennung eines großen Teiles des Publikums; für uns heute aber sehen diese Bühnenstücke sehr nach Verherrlichung und Verniedlichung des Kriegsgeschehens aus. Auf der anderen Seite hat sie aber auch mit großem Verständnis über die französischen Hilfsbühnenarbeiter geschrieben, die in ihrem Arbeitsdienst mit glänzenden Augen dem Bühnengeschehen folgten. Die Ambivalenz der sittlichen und geistigen Durchdringung der Wirklichkeit, die mit ihren Kunstbegriffen nicht zu messen war, hat es dieser Schauspielerin nicht gerade leicht gemacht, die Wirklichkeit unparteiisch zu bedenken, die eigene Subjektivität zu hinterfragen.

Einschnitte, die sie ganz persönlich betrafen, hat es auch für sie in ausreichendem Maße gegeben – glückliche und tragische.

Von 1896 bis 1928 hatte sie in der Werastraße 24 gewohnt, von dort aus sah sie 1902 die Flammen des brennenden Theaters. Dort erhielt sie die Nachricht von den »schmachvollen Vorgängen« der revolutionären Ereignisse. In ihrem Nachlaß befindet sich ein Brief Wilhelms II., der sich für ihre Anteilnahme bedankt. Auch der Intendant zu Putlitz hatte abzudanken. Die ihr vom König anläßlich seines Geburtstages am 25. Februar 1908 verliehene goldene Medaille für Kunst und Wissenschaft am Bande des Friedrichsordens war schon Geschichte. Albert Kehm hieß der neue Intendant der Württembergischen Landestheater; Alexandrine Rossi wurde 1922 zur Staatsschauspielerin. Sie fühlte sich in Stuttgart verankert. Auch an den Glückwunschbriefen, die sie zu hochkarätigen Geburtstagen bekam, läßt sich Geschichte ablesen. Wilhelm II. und der ergebene Oberbürgermeiser Dr. Lautenschlager sind die Absender. 1937 ist es mit einem »Heil Hitler« Dr. Strölin, 1947 zum fünfundachtzigsten Geburtstag Dr. Klett, das jeweils amtierende Stadtoberhaupt.

1928 war sie in die Pischekstraße umgesiedelt, 1937 hatte sie ein eigenes Haus bei der Villa Bosch (Gerokstraße) bezogen, das 1944 zerbombt wurde. In Langenburg fand sie kurzfristig eine neue Heimat. Seit 1932 hatte Alexandrine Rossi ein Ruhegehalt von 3 657 Reichsmark zu beanspruchen. Die Zeiten der »bittersten Verarmung« in den Jahren der Inflation waren ihr sehr schwer geworden; jetzt war sie als Ehrenmitglied der Württembergischen Staatstheater versorgt und geehrt. Sie, die sich im Laufe ihres langen Künstlerdaseins von der Maria Stuart zur Königin Elisabeth und dann zur Hanna Kennedy, der Amme der Maria, gewandelt hatte und in immer neuen Wandlungen ihre menschliche und künstlerische Entwicklung darzustellen vermochte, war nun an ihrem Lebensabend, den sie seit 1946 im Mörikeheim in der Hohenzollernstraße verbrachte, zur Darstellerin eigener »dramatischer« Inhalte geworden: Seit 1946 schrieb sie an ihrem Tagebuch und überdachte ihr Leben. Sie hielt »Cercle« in vierzehntägig stattfindenden Leseabenden, arbeitete in der Landesbibliothek. Die geistige Anregung und die »wertvollste Belehrung« dort waren ihr ein bleibender Gewinn.

Am 9. Januar 1953 ist sie gestorben, wenige Tage vor ihrem zweiundneunzigsten Geburtstag. Sie wurde auf dem Pragfriedhof eingeäschert, dann auf den Friedhof Hamburg-Ohlsdorf überführt.

Sie hatte ihrem Leben die ihr gemäße Form geben können. Nur im Bühnenleben hatte sie 15 Jahre lang in ihrem Kollegen Egmont Richter ihren »kontraktlich verpflichteten Ehegatten«. Sie hatte sich, nach ihren eigenen Worten, der Kunst verschrieben in einer Welt, in der sie »berufstätig und dankerfüllt lebte«.[35]

Mathilde Planck

Gegen jede Falschheit

Wir müssen frei werden von dem Wahn, daß die Gewalt die letzte entscheidende Instanz im Leben der Menschheit sei.[1]

Zusammen mit Frida Perlen (4. April 1870–21. Dezember 1933), der Vorsitzenden des Stuttgarter Ortsvereins der Internationalen Frauenliga für Frieden und Freiheit, IFFF, sandte Mathilde Planck als Mitglied der Deutschen Friedensgemeinschaft bei Ausbruch des Ersten Weltkrieges am 3. August ein Telegramm an Kaiser Wilhelm II. mit der Bitte, den Krieg zu vermeiden!

Wer war diese Frau, die es in dem damaligen Klima der vaterländischen Kriegseuphorie wagte, ein solches Telegramm abzuschicken?

Mathilde Planck wurde am 29. November 1861 als Tochter von Auguste und Karl Christian Planck in Ulm geboren. Sie wuchs mit sechs Geschwistern zuerst in Ulm und dann in Blaubeuren auf, wo der stets unter Hochspannung arbeitende Vater Gymnasiallehrer für Altphilologie am Ulmer Gymnasium und dann am evangelisch-theologischen Seminar in Blaubeuren war. In seinen letzten beiden Lebensjahren hatte er in Maulbronn noch das Amt des Seminardirektors (Ephorat) inne, bevor er im Alter von 60 Jahren starb.

Planck war nicht nur der warmherzige Lehrer einer Generation von späteren Tübinger Stiftsstudenten, die geistig und aufmüpfig Württembergs geistiges Klima bestimmten. Er war auch mit vielen philosophisch-theologisch orientierten Männern seiner Zeit befreundet, mit Friedrich Theodor Vischer und Karl Köstlin, den Stuttgarter und Tübinger Ästhetikern, den vielen Vettern aus der großen Sippe der Plancks. Er selber machte sich durch Abhandlungen über Rechtsphilosophie, Literatur und Kunst einen Namen, ist aber nie als Professor nach Tübingen berufen worden, obwohl das für ihn die höchste Bestätigung seiner Arbeit gewesen wäre. Im Hauptwerk seiner philosophischen Arbeiten »Seele und Geist oder Ursprung, Wesen und Tätigkeitsform der psychischen und geistigen Organisation«[2] (1871) hat er die ideellen und ethischen Grundzüge des deutschen Staats- und Volkswesens in einer Analyse des von ihm so genannten »reinen Realismus« behandelt: »Deutschland ist das einigende und beseelende Centrum, von welchem die geistige und bürgerliche Wiedergeburt des gesunden und veräußerlichten Völkerlebens der Neuzeit ausgehen wird.« Es ist für ihn »die kernhaft innerliche Arbeit des schwäbischen Geistes, die das zum menschlich deutschen und universellen Ziel führen wird.«[3]

Mathilde bemühte sich in ihren letzten Lebensjahren analysierend und editorisch, in Vorträgen und Schriften um die Philosophie ihres zu seinen Lebzeiten verkannten und zum Teil belächelten Vaters. In ihrem lebenslangen Kampf gegen Gewalt und Krieg hat sie sich sein mutiges, von materiellen Ansprüchen losgelöstes Ethos zu eigen gemacht.

Wie die beiden Weltkriege für seine Tochter, so bedeutete das Mißlingen der Revolution von 1848 für Planck eine herbe Enttäuschung. Die kämpferischen Auseinandersetzungen waren für ihn ein Anlaß, trotz des gewünschten Zieles der Revolution zu Besinnung und Vernunft aufzurufen. 1866, im Jahre des preußisch-österreichischen Krieges, schrieb Planck mehrere Artikel für den Schwäbischen Merkur, in denen er sich kurz vor Kriegsbeginn für eine deutsche Einigung ohne Bruderkrieg aussprach. Als es dann doch zum Bruderkrieg gekommen war, vertrat er die Meinung, daß die Bismarcksche Eroberungspolitik einen militaristischen Nationalstaat erzeuge, dabei solle doch der deutsche Einheitsstaat ein vorbildlicher Rechtsstaat werden – ein unbequemer Mann.

Auch war es sehr wohl der Erziehungsgrundsatz beider Eltern, daß die Kinder nicht kritiklos mit der Menge gehen sollten, sondern in einem eventuell zu ertragenden Außenseiterschicksal Vorbild für das Rechte und Gute sein

Mathilde Planck um 1930.

könnten. Und »das Rechte« war auch, daß jedes Mitglied in einem Rechtsstaat einen Beruf ausüben können sollte, der es ausfüllte und der für ein organisches Zusammenwirken aller Voraussetzung war. Das galt auch für Frauen, für die diese utopische Forderung Ende des letzten Jahrhunderts ein Novum war. Zumindest auf männlicher Seite gab es wenige, die wie Planck formulierten, daß unsere Kultur durch die Zurückdrängung des weiblichen Einflusses Schaden gelitten habe.

Mathilde war 20 Jahre alt, als der Vater starb; jahrelang führte sie den mütterlichen Haushalt (seit 1880 in Stuttgart), da die Mutter oft krank war. Auch dann noch war sie für die Versorgung ihrer Familie zuständig, als sie sich mit 23 Jahren wieder auf die Schulbank setzte:

In der Fürsorgestelle für Frauen im Gustav-Siegle-Haus (Erster Weltkrieg).

Sie bildete sich zur Lehrerin aus. Nicht unbedingt aus Veranlagung – sie war sehr schüchtern und empfand das als Hindernis den Schülerinnen gegenüber –, sondern auch deshalb, weil es fast keinen anderen qualifizierten Berufszweig für Frauen gab. Die Universitäten öffneten erst Anfang des 20. Jahrhunderts ihre Pforten auch für Frauen, aber ein Lehrerinnenseminar gab es – zumindest in Stuttgart (siehe Frauenbildung und Frauenstudium, Seite 183). 1887 legte sie das Examen ab und unterrichtete dann 15 Jahre an privaten Schulen und am Stuttgarter Mädchengymnasium, dem späteren Königin-Charlotte-Gymnasium, heute Hölderlingymnasium.

Die sehr kleine, zarte Frau, die vegetarisch und bescheiden lebte, stellte aber so hohe Anforderungen an sich, daß es für sie ratsam war, die Lehrerinnentätigkeit aufzugeben und sich ganz dem Beruf zu widmen, für den sie ehrenamtlich in ihrer Freizeit schon lange unermüdlich wirkte: In verschiedenen Frauenvereinen, in vielen Vorträgen und Aufsätzen setzte sie sich im Rahmen der bürgerlichen Frauenbewegung für unbeschränkte Bildungs- und Wirkungsmöglichkeiten für Frauen ein, warb für deren Gleichberechtigung und sozialen Schutz.[4]

25 Jahre lang, 1892 bis 1916, ist sie im »frauenbestrebten« (so die zeitgenössische Bezeichnung) Württemberg eine der aktivsten und bekanntesten gewesen. Sie selbst meint dazu: »Ich hatte immer den Eindruck, daß die schwäbischen Frauen bei aller Tüchtigkeit doch dem

geistigen Fortschritt nur langsam zu gewinnen waren«[5], und geistiger Fortschritt bedeutete für sie die Beschäftigung mit den Idealen der Frauenbewegung.

In diesen Jahren sind die Vereine für Frauen eine wichtige gesellschaftliche Möglichkeit, auch außerhalb der eigenen vier Wände tätig zu sein und sich weiterzubilden. Mathilde Planck arbeitet mit in der Frauenlesegruppe, sie hat den Vorsitz des Vereins Frauenbildung und Frauenstudium, ist Mitbegründerin des Nationalen Frauendienstes während des Ersten Weltkrieges (als Pazifistin hilft sie mit, die Not der Kriegsopfer zu lindern), ist beteiligt am Aufbau ehrenamtlicher Sozialarbeit (Waisenpflege) und am Kampf gegen den Alkoholmißbrauch. Sie ist Gründerin des Stuttgarter Frauenklubs und des Verbandes württembergischer Frauenvereine, von 1906 bis 1916 Vorsitzende des Württembergischen Lehrerinnenvereins, der sich für den Beamtenstatus der Lehrerinnen einsetzt und sich gegen das Zölibatsverdikt für Frauen wehrt (verheiratete Frauen mußten den Schuldienst verlassen). Auch an der Gründung der Abteilung Frauenstudium der Volkshochschule Stuttgart ist sie beteiligt, sie hält ab 1919 auch dort Vorträge.

Ihr ganz besonderes Anliegen war es aber, gegen jegliche Auswirkung von Falschheit zu kämpfen. Sie war Vorsitzende im Abolitionistischen Verein, der sich heute wie damals gegen die staatliche Förderung der Prostitution (Bordelle, genehmigter Straßenstrich) wendet. Sie hielt Vorträge über Themen wie: »Die doppelte Moral« oder »Die Prostitution und das Strafrecht« oder »Unsere sittlichen Werte und die abolitionistische Föderation«. Sie hat sich also nicht gescheut, im pietistisch-frömmelnden Stuttgart offen die Probleme eines Prostitutionsverbotes und das Los der »gefallenen Mädchen« aufzugreifen und Lösungen zu suchen – gleichgültig, ob es sich um Taglöhnerinnen, Mägde, Haustöchter oder »Künstlerinnen« handelte.

Ein neuer Abschnitt in ihrem Leben begann, als sie nach dem Erreichen des hart umkämpften Wahlrechts für Frauen Landtagsabgeordnete wurde. Die Berechtigung ihrer Forderung, daß Frauen auch im öffentlichen politischen Leben ihren Platz haben sollten, stellte sie selbst unter Beweis und wurde 1919 gewählt. Neun Jahre lang gehörte sie als Vertreterin der Deutschen Demokratischen Partei zuerst der verfassunggebenden Landesversammlung und dann dem Landtag an. Unter den fünf gewählten Frauen (Ella Ehni, DDP, 1875–1952, Emilie Hiller, SPD, 1871–1943, Luise Rist, Zentrum, 1877–1955, Klara Klotz, WBB, 1878 bis 1965)[6], die damals zum ersten Mal als weibliche Abgeordnete im Halbmondsaal des Landtags in der Kronprinzstraße (im Zweiten Weltkrieg zerstört) inmitten von 85 männlichen Abgeordneten erschienen, vertrat Mathilde Planck eine liberale, berufsorientierte Frauenpolitik für Bürgerinnen, die gleiche Rechte wie die Bürger erhalten sollten.

In dieser Zeit hat sie auch die Bausparkasse Wüstenrot mitbegründet, die gemeinnützig arbeiten sollte und ohne Gewinnabwurf für die Aufsichtsratmitglieder.

Briefumschlag an das »Fräulein Landtagsabgeordnete Schriftstellerin Planck«.

Hauptberuflich war sie als Journalistin und Redakteurin mit der Dokumentation und dem Bewußtmachen der Frauenbewegung beschäftigt. Lange Jahre arbeitete sie als Redakteurin der Zeitung »Die Frauenwacht. Zeitschrift zur Förderung der Frauenbestrebungen in Württemberg«, und zwischen 1921 und 1927 gab sie die Frauenbeilage des Neuen Tagblatts heraus, »Die Rosa Frau«.

Während des Dritten Reichs hat sich die alte Dame der württembergischen Frauenbewegung, wie schon erwähnt, dem Studium und der Herausgabe der väterlichen philosophischen Schriften gewidmet. Mit den Versuchen ihres Bruders (Dr. Reinhold Planck, der über K. C. Planck promoviert hatte), die Philosophie des Vaters 1936 den Nationalsozialisten anzudienen, weil Planck als der »erste und älteste Nationalsozialist« genannt werden könne, vor allem auch deshalb, weil er die »spartanisch kriegerische Lebensform, wie sie der Nationalsozialismus jetzt entwickelt, als Grundlage für seinen Berufsstaat ohne weiteres angenommen hätte«[7] hatte sie nichts zu tun. Von Plancks Philosophie und diesen Auslegungen seines Sohnes wurde nicht zuletzt deshalb Abstand genommen, weil Mathilde Planck in ihrem Vorwort zur »Einleitung von K. C. Planck, Deutsche Zukunft«[8] 1922 Deutschland beschworen hatte, von der Machtanbetung Abstand zu nehmen. Der Reichsleiter der NSDAP, Alfred Rosenberg, kommentierte dies entsprechend. Sie habe »in einem Augenblick die Selbstentwaffnung

Familientag der Plancks 1926. Mathilde Planck in der mittleren Reihe, neunte von links.

gepredigt [...], wo die feindlichen Militärmächte Deutschland zu Boden gedrückt hätten.«[9] Sie war sich in ihrem Pazifismus treu geblieben.

Das Mathilde-Planck-Haus in Ludwigsburg, ein Altenwohnheim nach neuesten Erkenntnissen, das sie mit Hilfe ihrer Bausparkasse erbauen ließ und dessen Leitung sie lange Jahre selbst inne hatte, wurde 1936 geschlossen. Es wurde für militärische Büros »angekauft«.

Auf diese Weise um ihr sichtbares Werk gebracht, begann sie mit über 70 Jahren auf der Gerlinger Höhe ein Haus zu bauen, das sie auch einige Jahre (1931–1947) bewohnt hat; der Hang zum Häuslesbesitz hatte sich durchgesetzt. Hatte sie noch um 1900 mit einer Schwester in der Falbenhennenstraße 2 eine Wohnung gemietet und dann in der Danneckerstraße 21 alleine gewohnt, war schon das Haus in der Sängerstaffel 3 (im Zweiten Weltkrieg zerbombt) der gemeinsame Besitz von drei Planckgeschwistern gewesen, den Mathilde mit ihrer Schwester Sophie und ihrem Bruder Christoph, dem Landgerichtsrat, teilte.

1951 wurde Mathilde Planck vom baden-württembergischen Landtagspräsidenten Wilhelm Keil das Verdienstkreuz der Bundesrepublik überreicht, zusammen mit einer Grußadresse des Bundespräsidenten Theodor Heuss: »In freundschaftlicher Verbundenheit gedenke ich heute, an Ihrem neunzigsten Geburtstag, der treuen vaterländischen und menschlichen Arbeit, der Sie als Tochter und geistige Erbin eines großen Vaters ein Leben in Hingabe gewidmet haben.«

Gestorben ist sie dreiundneunzigjährig am 31. Juli 1955 im Geroksheim in Ludwigsburg. Bis zum letzten Augenblick war sie hilfsbereit, gütig, rege und politisch interessiert. Sie hatte fast alle inneren und äußeren Katastrophen Deutschlands ertragen und durchlitten. In ihrer Schrift »Rechtsordnung und Völkerfrieden« schreibt sie:

»In allen Ländern, wo der Krieg wütet, sind die Frauen in der Mehrheit. Die grössere Zahl bedeutet auch die grössere Verpflichtung. Wenn wir wollen, so können wir der Geschichte der Menschheit eine neue entscheidende Wendung geben.«[10]

So einfach schien ihr das!

Clara Zetkin, geborene Eißner, verheiratete Zundel

Die »rote Emanze«

Es geht um nichts Geringeres als um die Befreiung und Gleichberechtigung der schaffenden Frau. Befreiung und Gleichberechtigung, die diese selbst im ehernen Bund mit ihren Brüdern als wesentlichen Teil der Aufhebung der Klassen und der Befreiung der Menschheit durch den Sozialismus erobern muß ... Gestern Sklavinnen, heute Kämpferinnen, seid ihr die Siegerinnen von morgen ... (1933)[1]

Clara Zetkin, die von 1890 bis 1920 in Stuttgart lebte und arbeitete, ist wohl die weltbekannteste »Stuttgarterin« der in dieser Sammlung beschriebenen Frauen. Ihre menschliche Größe läßt selbst jene Stimmen verstummen, die politisch mit ihr nicht einer Meinung sind und waren. Sie hat als Sprachrohr der proletarischen Frauenbewegung, der SPD, der USPD und dann der KPD unendlich viel für die Gleichberechtigung der arbeitenden Frau und für die Verbesserung ihrer Arbeitsbedingungen getan und erreicht. Für sie selbst bestand dabei nie ein Zweifel, daß diese Emanzipation der Frauen nur in einer sozialistischen Gesellschaft möglich sein könne.

Seit sie 1889 in Paris bei der 2. Internationalen, dem sozialistischen Arbeiterkongreß, ihre erste Rede gehalten hatte »Über die Arbeiterinnen- und Frauenfrage der Gegenwart«[2] bis zum oben zitierten Kampfaufruf ihrer letzten schriftlichen Äußerung »Lenins Vermächtnis für die Frauen der Welt«[3] war es ein Leben lang für sie eindeutig, daß eine Veränderung der Lage der Frau nur über sozialistische Solidarität erfolgen könne. Für sie sieht diese Emanzipation schon 1889 folgendermaßen aus: »Die Produktionsverhältnisse haben die Stellung der Frau in ihrer ökonomischen Grundlage revolutioniert, ihrer Thätigkeit als Haushälterin und Erzieherin in der Familie die Berechtigung, ja die Möglichkeit geraubt.

Die Produktionsverhältnisse haben gleichzeitig mit der Zerstörung der alten Thätigkeit der Frau innerhalb der Familie das Fundament zu deren neuer Thätigkeit innerhalb der Gesellschaft gelegt. Die neue Rolle der Frau bewirkt ihre ökonomische Unabhängigkeit vom Manne, versetzt damit dessen politischer und gesellschaftlicher Vormundschaft über das Weib den Todesstoß.

Die vom Manne befreite Frau geräth jedoch in der heutigen Gesellschaft in die Abhängigkeit vom Kapitalisten, sie wird aus einer Haus- zu einer Lohnsklavin.

Die Frage der vollen Emanzipation der Frau erweist sich also in letzter und entscheidender Instanz als eine ökonomische Frage, die im innigsten Zusammenhang mit der Arbeiterfrage überhaupt steht und nur im Zusammenhang mit ihr endgültig gelöst werden kann. Die Sache der Frau und der Arbeiter gehören untrennbar zusammen und finden ihre letzte Lösung nur in einer sozialistischen, auf Emanzipation der Arbeit vom Kapitalisten begründeten Gesellschaft.

Die Frau hat darum für ihre volle Emanzipation nur von der sozialistischen Partei etwas zu erwarten. Die Bewegung der bloßen ›Frauenrechtlerinnen‹ kann in einzelnen Punkten gewisse Vortheile erzielen, sie kann jedoch nie und nimmer die Frauenfrage lösen.

Aufgabe der sozialistischen Arbeiterpartei ist es, die Lösung der Frauenfrage durch *Organisation* und *politisch-ökonomische Schulung* derjenigen Frauenschichten anzubahnen, deren Thätigkeit in Folge der neuen Produktionsverhältnisse am umfassendsten und gründlichsten umgestaltet ist: durch die Organisation der *Industriearbeiterinnen*. Organisation und Schulung der Industriearbeiterinnen sind nicht nur der wichtigste Schritt, die Lage der Frau zu heben, sie sind auch ein bedeutender Faktor für den schnelleren und stärkeren Fortgang der Arbeiterbewegung überhaupt und dadurch von größtem Einflusse auf eine raschere Umgestaltung der bestehenden Gesellschaftsverhältnisse.«[4]

Was die damals zweiunddreißigjährige junge Frau in dem hier vollständig wiedergegebenen Résumé ihres Vortrags verkündete, war so revolutionär, daß die Genossen noch lange brauchen sollten, um den sogenannten Nebenwiderspruch der Frauenfrage neben der Veränderung der Klassenverhältnisse in Angriff zu nehmen. In Deutschland verhinderte das Sozialistengesetz, mit dem Bismarck die unerwünschte Opposition im deutschen Kaiserreich zu unterdrücken suchte, noch zusätzlich einen Aufschwung. Selbst als die Genossen sich schon wieder frei vereinigen durften (1890), hatten Frauen noch Verfolgungen zu befürchten, wenn sie in Vereinen tätig sein wollten (Preußisches Vereinsgesetz bis 1908), und dies vor allem die sozialistischen Frauen.

Clara Zetkin ist 1889 in ihren Grundsatzausführungen klar und unbestechlich, vertraut auf Solidarität und eigene Kraft. In Ihrem Aufruf 1933, den sie noch kurz vor ihrem Tode formulierte, glaubt sie den Garanten für die Durchsetzung der Frauenemanzipation schon lange gefunden zu haben: Ihre Nüchternheit weicht aus Verehrung für Lenin einem fast unreflektierten, patriarchalisch bestimmten Gefühlssozialismus. Ihr Aufruf »Gestern Sklavinnen, heute Kämpferinnen, seid ihr die Siegerinnen von morgen! Nehmt euren Platz unter den internationalen Testamentvollstreckerinnen von Lenins unsterblichem Vermächtnis ein! Erweist euch Lenins Lehre und seiner Schöpfung würdig!«[5] ist zwar immer noch kämpferisch und setzt auf formalgesellschaftliche Gleichberechtigung von Mann und Frau, läßt aber außer acht, daß weder Kommunismus noch Sozialismus noch Kapitalismus – um in ihrer Nomenklatur zu bleiben – fertige, gerechte Rezepte einer Geschlechtersymbiose haben können.

Eines jedoch hat sie in voller Schärfe erkannt: die Gefahr und die Greueltaten des Faschismus. In der internationalen Verbundenheit des Proletariats, das »während des imperialistischen Völkergemetzels«[6] des Ersten Weltkrieges »schamlos zertreten«[7] und anschließend durch den Reformismus der Linken getäuscht wurde, sieht sie die einzige Potenz, »revolutionär kämpfend«[8] die Macht zu erobern, die das »Mitgefühl und der Gerechtigkeitssinn der bürgerlichen Demokratie nie und nimmermehr freiwillig gewähren wird«[9] die der Faschismus usurpiert hat.

Und hier beschwört sie besonders die Frauen, sich ihrer Stellung und Aufgabe bewußt zu werden. »Sowenig wie der Platz der um Befreiung und Gleichberechtigung ringenden Frauen in der kleinbürgerlichen, muffigen guten Stube des Reformismus ist, sowenig ist er in dem faschistischen ›Dritten Reich‹, in dem die Frau nichts sein soll als Gebärmaschine und dienende Magd des Mannes, ihres unumschränkten Herrn und Gebieters. Die werktätigen Frauen müssen dazu beitragen, daß in festgeschlossener antiimperialistischer Einheitsfront die Niederschlagung auch des besonders gefährlichen und erbarmungslosen faschistischen Todfeindes des befreienden Sozialismus erfolgt.«[10]

Was der heute real existierende Sozialismus für die Frauen erreicht hat, steht hier nicht zur Debatte; jedoch zeigt sich nach über 50 Jahren, daß formale Gleichheit vor dem Gesetz noch längst nicht Lebensformen garantiert, die Frauen in ihrem biologischen und psychischen Andersein neben der Arbeit Selbstbestimmung und Gleichberechtigung ermöglichen.

Clara Zetkin, die ab 1890 die Geschichte der SPD in Stuttgart und deren frauengeschichtlichen Anteil auch über ihre Redaktionsarbeiten in der vierzehntägig erscheinenden Zeitschrift für die Interessen der Arbeiterinnen, »Die Gleichheit«, mitbestimmte, ist eine wichtige Protagonistin der Geschichte der Linken in Stuttgart und im deutschen Reich. Sie versinnbildlicht auch in persona deren Zerrissenheit und verschiedenen Richtungen, das heißt, an ihrem Weg von der SPD zur USPD und dann zum Spartakusbund und zur Gründung der KPD 1919 werden die Konflikte und Ideologiestreitigkeiten vor und in der Weimarer Republik deutlich. Die Bedingungen für die Industriearbeiterinnen, die Clara Zetkin in ihrem Résumé von 1889 erörtert, waren zeitbedingt sicher eines der größten Probleme. Diese Frauen waren noch ausgebeuteter als Männer, doppelbelastet, wenn sie Familie hatten, ungesichert bei Schwangerschaften. Die sogenannten bürgerlichen Frauen hatten im bestehenden Gesellschaftsrahmen zwar ebenfalls enorme Schwierigkeiten in ihrer Berufswahl und -ausübung, besonders auch damit, sich akademische Voraussetzungen zu erkämpfen. Sie verstanden es aber über ihren Bildungsstand und über gesellschaftlich mehr akzeptierte Verhandlungsformen, über Vereinsarbeit und familiäre Querverbindungen, auch über hierarchisch höher angesiedelte Männer und Ehemänner ihren politischen Forderungen Nachdruck zu verleihen. Für Stuttgart und Württemberg haben hier zum Beispiel der Schwäbische Frauenverein (1873), der Lehrerinnenverein (1890) und viele andere im Verband württembergischer Frauenvereine (1906) zusammengeschlossene Frauenvereine eine lange Tradition der Frauenausbildungs- und -berufspolitik. Sie unterlagen auch weniger dem preußischen Vereinsverbot als die Arbeiterinnenvereinigungen.

Neben dieser bürgerlich orientierten Frauenemanzipationsbewegung haben seit der Mitte des 19. Jahrhunderts auch die Arbeitervereine eine Tradition in der Emanzipationsgeschichte der Arbeiterinnen vorzuweisen – mit stark patriarchalischen Vorzeichen allerdings. Haushalt und Kindererziehung waren hier in der Rollenzuweisung genauso Frauendomäne wie bei den Bürgerlichen. 1865 stand beim dritten Vereinstag der Arbeitervereine in Stuttgart zum ersten Mal der Programmpunkt Frauenarbeit auf der Tagesordnung[11] – vor allem aber deshalb, weil die Männer die billige Konkurrenz der Frauen fürchteten. Um deren Interessen zu formulieren, wurden Arbeiterinnenvereine, Lese- und Bildungsvereine gegründet – von Frauen!

Der Druck der Verhältnisse war enorm: »Die Zahl der Erwerbstätigen ist von 1882 bis 1895 um 16,6 % und von 1895 bis 1907 um 19,34 % gestiegen, und zwar die der erwerbstätigen Männer um 15,8 resp. 19,35 %, die der erwerbstätigen Frauen aber um 18,7 % von 1882–1895 und um *44,44* % von 1895–1907!«[12]

»Erwerbszweige, in welchen die weiblichen Arbeiter in Deutschland an Zahl die männlichen erheblich übertreffen, sind hauptsächlich folgende:

	weiblich	männlich
Landwirtschaft	4 217 132	2 737 768
Textilindustrie	466 210	390 312
Bekleidungsgewerbe	403 879	303 264
Reinigungsgewerbe	85 684	58 035
Gast- und Schankwirtschaft	266 930	139 002
Häusliche Dienste	279 208	36 791
Gesundheitspflege und Krankenwartung	129 197	78 520

Diese Zahlen geben ein klares Bild von dem Stande der Dinge in Deutschland. Obwohl der Kreis der Erwerbstätigen weit über die Bevölkerungszunahme hinausgeht, hat das Zuströmen weiblicher Arbeitskräfte zur Erwerbsarbeit diesen Steigerungsgrad noch mehr überflügelt. Die Beschäftigung der Frauen ist auf allen Gebieten im raschen Vordringen begriffen. Während die Zahl der männlichen erwerbstätigen Bevölkerung relativ stationär bleibt, wächst die weibliche erwerbstätige Bevölkerung relativ und absolut. Noch mehr. Die Zunahme des weiblichen Geschlechts bei den Erwerbstätigen trägt den Hauptanteil an der Steigerung des Anteils der Erwerbenden an der Gesamtbevölkerung. Der Anteil der weiblichen Angehörigen an der weiblichen Volkszahl sank von 70,81 Prozent in 1895 auf 63,90 Prozent in 1907 herab. Die Frauenarbeit hat somit einen solchen Umfang, eine solche Bedeutung gewonnen, die die ganze lächerliche Hohlheit des Philistersprüchleins erweisen: die Frau gehört ins Haus.«[13]

Soweit August Bebel, mit dem Clara Zetkin beim Pariser Kongreß 1889 zusammengetroffen war. Er hatte dort als Vertreter der deutschen Sozialdemokratie vom Schicksal der SPD während der Sozialistengesetze berichtet, aber auch vom Aufschwung, den die Partei trotz allem genommen hatte.

Der Kongreß beschloß, am 1. Mai 1890 für den Achtstundentag, Arbeitsschutzmaßnahmen und das Verbot von Kinder- und Frauennachtarbeit zu demonstrieren. In Stuttgart »sprachen sich bei dieser 1. Maifeier die führenden Sozialdemokraten dafür aus, in der Öffentlichkeit vorsichtig aufzutreten, den Schwerpunkt der Feier auf die Abendveranstaltung zu setzen und die Frage der Arbeitsniederlegung den Gewerkschaften zu überlassen.«[14]

»Die erste behördlich genehmigte Mai-Demonstration im Deutschen Reich fand dann doch in Stuttgart statt, allerdings erst im Jahr 1898. Von den Gewerkschaften organisiert, zogen 12 000 Menschen vom Marienplatz aus in Sechserreihen durch die Stadt, vorbei am Wilhelmspalais bis zum Cannstatter Wasen ... Die Arbeiterinnen bildeten im Umzug und bei den späteren Straßendemonstrationen eine eigene Gruppe. In mustergültiger Ordnung reihte sich der bunte Chor der Frauen im Festtagssstaat dem Ganzen ein. Jedoch blieb ihre Zahl gering: 1902 waren es 150, 1912 sogar nur 130. Frauenerwerbstätigkeit war nicht unbedingt erwünscht.«[15] Hinzuzufügen wäre, daß diese Frauenarbeit, wie dargestellt, sehr wohl geleistet wurde und notwendigerweise erfolgte, daß aber ihre *Dokumentation* nicht erwünscht war.

Clara Zetkin, die von Luise Dornemann auf dem Pariser Kongreß folgendermaßen beschrieben wird: »Sie trug ein einfaches schwarzes Kleid, billig und fast schmucklos wie das Sonntagskleid einer Arbeiterin. Ihr schweres rotblondes Haar war zu einem Knoten aufgesteckt. Kampf, Not, Entbehrung, Leid, strenge geistige Arbeit und Ringen nach Erkenntnis hatten die Züge ihres Gesichts geformt«,[16] war ganz sicher unter den Frauen der Stuttgarter Mai-Demonstration.

Sie, die als erste Frau von 1895 bis 1913 in der Kontrollkommission der SPD eine wichtige Rolle spielte – und das war nur der Beginn ihrer politischen Laufbahn –, soll hier mit den familiären und sozialgesellschaftlichen Voraussetzungen geschildert werden, die sie befähigten, ihre Vorkämpferinnenrolle so mühelos auszufüllen, wie sie es bis zum Ende ihres Lebens selbstverständlich tat.

Clara Eißner, am 5. Juli 1857 in Wiederau/Sachsen geboren, war das älteste Kind des Kantors, Organisten und Schullehrers Gottfried Eißner (1806–1875). Er hatte als Witwer mit schon erwachsenen Kindern 1855 Josephine Richter-Vitale (1822–1906, Lebensdaten ermittelt von Dr. Marianne Walle, Calais), die Witwe eines Leipziger Arztes, geheiratet. Clara hatte noch einen Bruder und eine Schwester, und da die Kinder sehr freiheitlich und tolerant erzogen wurden, war ihr Zuhause ein »regelrechter Diskutierclub«.[17] Gottfried Eißner, der seine Kinder selbst unterrichtete, lehrte Clara auch das Orgelspiel und übermittelte ihr eine solide Ausbildung in Literatur und Musik. Er stammte aus einer Taglöhnerfamilie, war vom Pfarrer gefördert worden, bewahrte aber zeitlebens eine gütig-hilfreiche menschliche Haltung gerade den Armen, den Unterdrückten und den Kindern gegenüber. Die »vornehme und ein wenig fremdländisch aussehende« Mutter Claras, die sich im Dorf »Madame Eißner«[18] nennen ließ und die Bauern zuerst sehr erstaunt hatte, stammte aus einer italienisch-französischen Kaufmannsfamilie. Ihr Vater war auf der Offzierschule St. Cyr erzogen worden und jahrelang persönlicher Ordonnanzoffizier Napoleons gewesen. Aber da er ein begeisterter Anhänger der Französischen Revolution war, hatte er den maßlosen Eroberer verlassen und sich als Professor für französische Sprache in Leipzig niedergelassen. Josephine Vitale teilte die Begeisterung ihres Vaters; sie erzog ihre Kinder im Geiste der Ideale der Französischen Revolution: »Freiheit, Gleichheit, Brüderlichkeit«, sympathisierte mit der deutschen 1848er Revolution und war eine aktive Vertreterin der bürgerlichen Frauenemanzipationsbewegung, in ihrer aktiven und temperamentvollen Art sicher auch ein Vorbild für die Tochter Clara. Mitte der sechziger Jahre hatte sie einen Turnverein in Wiederau mitbegründet, und unter ihrer Aufsicht stickten die Mädchen und Frauen, deren Mitwirken in der Turnerbewegung ein Novum war, die schwarzrotgoldene Vereinsfahne. Später gründete Josephine Eißner im Dorf einen Frauenverein, der mit Luise Otto-Peters und Auguste Schmidt, den Gründerinnen des Allgemeinen Deutschen Frauenvereins (ADF), in Verbindung stand.

Als Clara 15 Jahre alt war, zogen die Eltern nach Leipzig, um ihr, die mit ihrem Bruder und anderen begabten Jungen Sonderunterricht bekommen hatte, eine Berufsausbildung zu ermöglichen. Die große Stadt bedrückte Clara zuerst. Sie war es gewohnt gewesen, auf Entdekkungsgängen in den Feldern und im Wald frei herumzustreifen; als sie aber einen Ausbildungsplatz in dem von Auguste Schmidt begründeten Lehrerinnenseminar bekam, war sie vom intensiven Studium, vor allem des Französischen, Italienischen und Englischen, begeistert und ausgefüllt.

Die erworbenen Kenntnisse und ihr außergewöhnliches Geschichtswissen sollten es ihr in ihrem späteren Leben, besonders in der schweren Pariser Zeit, ermöglichen, ihren Lebensunterhalt und den ihrer Kinder zu verdienen und eine eigene Existenz zu gründen. Doch das Haushalten mit dem Mangel hatte sie schon von den Eltern gelernt, die in Leipzig mit einer kleinen Rente des Vaters, mit Unterricht und Pensionären keinen üppigen Lebensstandard hatten. Als der Vater 1875 starb, war er zutiefst resigniert. Der deutsch-französische Krieg 1871 hatte ihm die Hoffnung auf ein friedliebendes und demokratisches Deutschland genommen. Außerdem konnte er sich mit dem Geschäftsgebaren der Gründerzeit, das für ihn in Profitgier, Kriegsgewinnlerei und chauvinistischen Interessen gipfelte, nicht abfinden.

Clara wurde die beste Schülerin im Lehrerinnenseminar, dessen Lehrstoff sich inhaltlich außerordentlich von anderen Instituten dieser Art unterschied. Denn hier wurde nicht nur gelernt, um sich als gebildete Frau bessere Heiratschancen zu verschaffen, sondern um gleichberechtigt einen Beruf ausüben zu können. »Clara begriff hier, was ihr zu

Hause kaum klargeworden war, daß die Gleichberechtigung, die die Mutter so selbstverständlich in Anspruch genommen hatte, durchaus keine Selbstverständlichkeit war, sondern den Frauen in ihrer Gesamtheit noch vorenthalten wurde.«[19]

Clara war eine der Vertrauten Auguste Schmidts und lernte Louise Otto-Peters kennen. 1878 schloß sie mit dem Prädikat »Mit Auszeichnung bestanden« ab, obwohl die Prüfungsbedingungen hart waren, weil die Examinatoren des Königreiches Sachsen besonders in diesem Seminar, das Gleichberechtigung und demokratische Gesinnung vertrat, die strengsten Maßstäbe anlegten.

Doch Clara Eißner beschritt nicht den Weg der bürgerlichen Frauenbewegung, blieb nicht Gouvernante und Hauslehrerin in Leipzig, sondern kam über einen Zirkel russischer Studenten mit den Ideen und Werken von Karl Marx und Lasalle in Berührung.

1878 ist das Jahr, in dem die Sozialistengesetze in Kraft traten. Die junge Lehrerin wird Mitglied der SPD, lernt Ossip Zetkin kennen und sitzt in den sozialdemokratischen Versammlungen mit Ossip fast nur unter Männern, Handwerkern und Arbeitern.

Der russische Revolutionär Ossip Zetkin, der damals etwa 30 Jahre alt war (geboren um 1850 in Odessa, gestorben 1889 in Paris), erlernte damals bei einem Leipziger Sozialdemokraten das Tischlerhandwerk und leitete gleichzeitig an der Universität einen politischen Studentenzirkel. Sohn reicher Eltern, hatte er Vermögen, Studium und Beruf aufgegeben, sich in der politischen Opposition betätigt und fliehen müssen. Er war ein brillianter Redner und Schriftsteller[20], der klar und ohne falsches Pathos die politisch-ökonomischen Verhältnisse beschrieb. In der Emigration ab 1880 arbeitete er vor allem auch über die Geschichte und die aktuellen Schwierigkeiten der französischen Sozialisten.

Clara besucht auf Ossips Anregung Vorlesungen im Leipziger Arbeiterbildungsverein, hört Vorträge von August Bebel und Karl Liebknecht, die ihr die Geschichte der deutschen und französischen Arbeiter und ihren Kampf für bessere Lebens- und Arbeitsbedingungen verdeutlichen. Sie setzt sich mit ihrer Freundschaft mit Ossip und mit ihrer Solidarität zur Arbeiterklasse in Widerspruch zu ihrer Familie und zu Auguste Schmidt, die sie beschwört, sich von den »schrecklichen Menschen« und »Volksverderbern«[21] zu trennen. Clara bleibt ihrer neuen Lebensanschauung treu.

Das bedeutet den Bruch mit Auguste Schmidt, deren Bedeutung für die Frauenbewegung sie immer anerkannt hat, deren Weg und Ziele sie aber später heftig kritisiert: »So waren sie [Louise Otto und ihre Gesinnungsgenossinnen] wohl bereit, den Arbeiterinnen zu ›helfen‹ aber sie verstanden nicht, daß es für diese nur eine wirksame Hilfe gab: ihre Organisierung gemeinsam mit den Klassengenossen zum Kampf gegen den Kapitalismus und seinen Staat, seine soziale Ordnung.«[22]

Ossip Zetkin wird 1880 nach einer durch die Polizei entdeckten geheimen Funktionärssitzung, in der August Bebel vom Parteitag in Wyden berichtete, festgenommen und als Ausländer ausgewiesen.

Clara geht als Hauslehrerin nach Linz, dann nach Zürich und arbeitet dort am »Sozialdemokraten« mit, der nach Deutschland geschmuggelt wurde. Eduard Bernstein und Julius Motteler heißen die Genossen, die Clara Eißner in die gefährliche Arbeit mit einbeziehen.

Durch die Trennung war es Clara und Ossip bewußt geworden, daß nur ein gemeinsames Leben für sie beide sinnvoll sei. 1883 verläßt die nun sechsundzwanzigjährige junge Frau die Schweiz und beschließt, das entbehrungsreiche Emigrantenleben Ossips in Paris mit ihm zu teilen. Sie verkehren in russischen Emigrantenkreisen (damals hat Clara angefangen, russisch zu lernen) und im deutschen Sozialdemokratischen Verein, wo Ossip tätig ist. Clara Eißner nennt sich jetzt Zetkin; sie heiratet nicht, weil sie die deutsche Staatsbürgerschaft nicht verlieren will.

1883 und 1885 werden die beiden Söhne Maxim (†1965 Berlin) und Kostja (†1980) geboren (Todesdaten ermittelt von Dr. Marianne Walle, Calais). Sie kann sie trotz ihrer Armut, des Hungerns und der häufigen Wohnungswechsel, trotz ihrer ununterbrochenen Arbeit und schriftstellerischem Wirken – Ossip und Clara beschrieben zum Beispiel den Berliner Arbeitern das Paris der Arbeiter, Clara schrieb über Louise Michel und die Frauen der französischen Revolution – zu sozial engagierten und gebildeten Menschen (beide werden später Ärzte) erziehen.

1886 jedoch bricht Clara Zetkin, erschöpft von der fast pausenlosen Haus- und Erwerbsarbeit und den politischen Aktivitäten, zusammen. Eine Lunge ist angegriffen. Die erst Neunundzwanzigjährige ist am Ende ihrer Kraft. Die Freunde – darunter auch die Töchter von Karl Marx, Laura Lafargue und Jenny Longuet – raten ihr zur Schonung. Unerwartet kann sie mit den Kindern zu ihrem Bruder Arthur nach Leipzig fahren; das Reisegeld bekommt sie von ihm geschenkt. Ihre Gesundheit stabilisiert sich. Sie trifft alte Genossen, hält ihre erste Rede, in der sie prompt steckenbleibt – die Genossen ermuntern sie. Die Familie darf nichts von ihrer Teilnahme an dieser illegalen Versammlungstätigkeit wissen.

Kurz nach ihrer Rückkehr nach Paris erkrankt Ossip schwer. Zwei Jahre lang, bis zu seinem Tod im Januar 1889, bleibt er gelähmt. Die schweren Jahre der Pflege, die Trauer und die schwierige wirtschaftliche Lage bewältigt sie mit eiserner Kraft. Dann hilft sie bei der Vorbereitung des 2. Internationalen Arbeiterkongresses, hält dort als Delegierte die schon zu Beginn erwähnte Rede. Eleanor Marx-Aveling übersetzt ins Französische, dann spricht Emma Ihrer zur Frauenfrage, berichtet von der sich in Deutschland entwickelnden, noch kleinen Frauen- und Arbeiterinnenbewegung. Der Kongreß nimmt in seine Resolution auch die Forderung nach besonderen Schutzbestimmungen für Frauen auf und fordert gleichen Lohn für gleiche Arbeit für die Frauen, die als gleichberechtigte Kämpferinnen im politischen Kampf betrachtet werden. Immerhin: Theoretisch ist ein Anfang gemacht.

Nach Bismarcks Abdankung und dem Fall des Sozialistengesetzes kehrt Clara

Teilnehmerinnen und Teilnehmer der ersten Internationalen Frauenkonferenz in Stuttgart vor der Liederhalle, 1907.

Zetkin mit vielen anderen Emigranten 1890 nach Deutschland zurück. Wieder sucht sie bei ihrem Bruder in Leipzig Hilfe; ihr Zustand ist aber so bedenklich, daß sie wegen einer beginnenden Tuberkulose in ein Sanatorium im Schwarzwald gebracht werden muß. August Bebel hatte sich für die Genossin eingesetzt.

Nach ihrer Gesundung bemüht sie sich um Arbeit und kann ab 1891 im J.H.W. Dietz Verlag, dem renommierten SPD-Verlag in Stuttgart in der Furtbachstraße 12, die Leitung des Frauenblattes »Die Arbeiterin« übernehmen. Das Nachfolgeblatt »Die Gleichheit. Die Zeitschrift für die Interessen der Arbeiterin« gibt sie von 1892 bis 1917 heraus, dann wird sie wegen ihrer von der SPD abweichenden politischen Meinung entlassen.

Seit dem 4. Januar 1892 ist Clara Zetkin in Stuttgart gemeldet. Zusammen mit ihren Söhnen – sie besuchen die Hayer'sche Elementarschule in der Rotebühlstraße und später ein Stuttgarter Gymnasium – wohnt sie zuerst in der Rotebühlstraße 147. Ihre Nachbarn waren die Familie Robert Boschs, mit der sie bekannt wurde, und Karl Kautsky, der 1891 das Erfurter Grundsatzprogramm der SPD konzipiert hatte und lange Jahre als Sekretär von Friedrich Engels in London gewesen war.

Die Stuttgarter Behörden hätten Clara Zetkin bald nach ihrer Niederlassung

Clara Zetkin (Mitte links) um 1910 mit ihrer innig geliebten Freundin und Gesinnungsgenossin Rosa Luxemburg.

gern ausgewiesen. Sie wird wegen falscher Namensführung ihrer Söhne, die aber laut französischem Geburtsschein den Namen Zetkin zu Recht führen, vorgeladen.[23] Das Vernehmungsprotokoll unterschreibt sie mit ihrem Schriftstellerinnennamen Clara Zetkin, obwohl sie den Behörden gegenüber Clara Eißner heißt. Trotzdem muß das Strafverfahren niedergeschlagen werden. Und da sie sächsischer Staatsangehörigkeit ist – nicht russischer! – kann sie in einem zweiten Verfahren auch nicht ausgewiesen werden, denn sie ist auch nicht vorbestraft. Eine Überwachung scheint aber ratsam!

Die 25 Jahre, die Clara Zetkin in Stuttgart arbeitete und politisch agierte, waren sowohl für sie als auch für die Stadt eine Zeit der prägenden Veränderung. Die Arbeiterbewegung wuchs, ihr Frauenanteil war aber bis 1907 relativ gering: »1902: 1826, 1906: 6460 bei 384 327« *Genossen in ganz Deutschland*[24]; in Stuttgart waren es 1902 beziehungsweise 3649 (Gesamtzahl) bei 188 700 beziehungsweise 259 200 Einwohnern.[25]

Erst ab der 1. Internationalen Frauenkonferenz vom 18. bis 24. August 1907, die im Rahmen des Internationalen Sozialistenkongresses in Stuttgart abgehalten wurde, stiegen die Mitgliederzahlen in Deutschland sprunghaft auf 10 943 bei den Frauen und auf 530 466 bei den Männern. Die Abonnements der

»Gleichheit« stiegen ebenfalls in diesem Zeitraum von 4000 auf 70 000.[26]

Frauen erhielten die Zeitschrift von da ab auch kostenlos zur Weiterbildung und zur Information. 1904 hatte dagegen noch »die SPD-Fraktion im Landtag die Forderung nach dem allgemeinen Frauenwahlrecht auf das Kommunalwahlrecht für ledige und verwitwete Frauen eingeschränkt und hatte sich damit die scharfe Kritik der ›Gleichheit‹ eingehandelt.«[27]

Clara Zetkin hatte inzwischen innerhalb der Partei Karriere gemacht: Von 1895 bis 1913 war sie als erste Frau in der Kontrollkommission der SPD, von 1909 bis 1917 im Parteivorstand. Sie sprach auf Parteitagen (1891 in Erfurt, 1896 in Gotha) und leitete die 1. Internationale Sozialistische Frauenkonferenz in Stuttgart, begründete dort die Resolution für das Frauenstimmrecht vor dem Internationalen Sozialistenkongreß. Das internationale Frauensekretariat wurde gegründet, Clara Zetkin wird seine Sekretärin, die »Gleichheit« zum Organ der internationalen Frauenbewegung. 1910 ruft Clara auf dem 2. Internationalen Frauenkongreß den 8. März zum Internationalen Frauentag aus, 1912 hält sie auf dem Internationalen Sozialistenkongreß in Basel ihre Rede »An die Mütter der Welt« und warnt vor dem drohenden Krieg.

Nun ist es aber keineswegs so, daß der Einfluß, den Clara Zetkin auch über ihren Status als Herausgeberin ausübte, ungebrochen akzeptiert wurde. Weder im Bürgertum Stuttgarts, noch innerhalb der SPD, bei den SPD-Frauen, nicht einmal innerhalb der Redaktion der »Gleichheit«. Dort waren es Frauen wie Anna Blos (siehe Porträt Seite 173), die mit ihrem gemäßigten Kurs Clara Zetkin nicht unbedingt unterstützten. Dies hat aber nie dazu geführt, daß Artikel, die nicht »linientreu« waren, zensiert oder unterdrückt wurden. Konsens war wohl, daß »Die Gleichheit« für die volle gesellschaftliche Befreiung der Frau eintrat »wie sie einzig und allein in einer im Sinne des Sozialismus umgestalteten Gesellschaft möglich ist, wo mit der ökonomischen Abhängigkeit eines Menschen von einem anderen Menschen die Grundursache jeder sozialen Knechtschaft und Ächtung fällt ... Die wohlhabende Frau bedarf zu ihrer Emanzipation, ihrer Befreiung bloß der rechtlichen Gleichstellung mit dem Manne. Die Frau des Proletariats dagegen bleibt, auch wenn sie ihre rechtliche Gleichstellung mit dem Manne errungen, noch unfrei, abhängig vom Kapitalisten.«[28]

Die Diskrepanzen jedoch, die zum Beispiel unter den sozialistischen Frauen auch bei der 1. Internationalen Sozialistischen Frauenkonferenz zu Tage kamen, beschreibt Alexandra Kollontai, eine russische Vertreterin, so:

»Während der Konferenz lieferten sich der rechte und linke Flügel der Fraueninternationale einen Kampf, der die Auseinandersetzung zwischen den beiden Strömungen in der Internationalen widerspiegelte. Ich stand auf Seiten Clara Zetkins. Der erste Punkt der Meinungsverschiedenheiten betraf den Kampf für das allgemeine Frauenstimmrecht. Die österreichischen Sozialistinnen mit Lily Braun fanden sich zu einigen

Clara Zetkin (mit Stock) und zwei Genossinnen um 1920.

Kompromissen bereit, während Clara Zetkin Festigkeit verlangte. Im Namen Russlands unterstützte ich die Linken gegen die Opportunisten. Auch hinsichtlich der Formen der Arbeit unter den Frauen kam es zu Divergenzen: Clara Zetkin bestand auf der Bildung einer internationalen Zentralstelle, während Lily Braun und die Rechten darin auf einmal eine Äußerung von Frauchenrechtlertum sahen. Wiederum mußte ich die Linken unterstützen.«[29]

Die bürgerliche Presse war im übrigen ausgeschlossen worden, was nicht gerade zu einer sachlichen Kommentierung führte. Die »Gleichheit« dazu am 2. September 1907: »Auf alle Fälle sind wir besser gefahren, daß sie [die Presse] wütend über die Nichtöffentlichkeit einer erfolgreichen Tagung keift, als wenn sie unter Umständen Gelegenheit gehabt hätte, über die öffentliche Inszenierung einer mißlungenen Konferenz zu höhnen.« Die roten Emanzen hatten »die abgedroschene Frauenwahlrechtsfrage wiederum aufs Tapet« gebracht (Schwäbische Tagwacht, 27. August 1907), das war sowieso unfein.

Nicht als legitimes Anliegen für eine doch nicht mehr allzuferne Zukunft wurden die Forderungen dieser Frauen genommen, sondern als ungebührliches Ansinnen. Und als auf der Massenversammlung des Kongresses am 18. August auf dem Cannstatter Wasen (August Bebels Rede wurde von Clara Zetkin ins Französische übersetzt) der französische Abgeordnete Marcel Cachin ausrief: »Le proletariat français et allemand ne se laisse plus égarer par le chauvinisme«[30] (»Das französische und das deutsche Proletariat lassen sich vom Chauvinismus nicht mehr in die Irre treiben!«), war auch das nicht zukunftsweisend: Die Verhältnisse waren noch nicht so.

Doch die Marxistin Zetkin schockte nicht nur politisch. Auch ihr Privatleben gab Anlaß zum Stirnrunzeln, selbst innerhalb der Partei. Am 8. November 1899 hatte sie den Maler Georg Friedrich Zundel (1875–1948) geheiratet. Sie war damals 42, er 24 Jahre alt. Doch auch Zundel bekam wegen seiner politischen Gesinnung und später wegen seiner Ehe Schwierigkeiten. Er hatte in Stuttgart alle Aussicht gehabt, eine Professur zu erhalten. Doch als er sich 1896 aus Solidarität an einem Streik der Studenten beteiligte, war dieses Ziel für ihn nicht mehr zu erreichen. Bei diesem Streik hatte er Clara Zetkin kennengelernt. Sie war es, die dem von der Akademie verwiesenen Maler mit Hilfe ihrer Parteifreunde eine Wohnung und ein Atelier verschaffte. Drei Jahre später wurde aus dieser Gesinnungsfreundschaft eine Ehe; die Söhne waren befragt worden und zeigten sich einverstanden. Zundel verstand sich gut mit ihnen. Die Zundels wohnten in der Blumenstraße 34, Zundels Atelier war in der Olgastraße 7. Als die finanziellen Verhältnisse der beiden sich durch Ausstellungen und Veröffentlichungen verbesserten, bauten sie sich 1903 in Sillenbuch in der Kirchheimer Straße 14 ein Haus. Der Garten war Clara Zetkins ganze Freude, das Haus der Treffpunkt vieler Freunde: Rosa Luxemburg, Claras inniggeliebte Freundin, kam immer wieder zu Besuch; Ottilie Baader, August Bebel, Karl Legien, Franz Mehring, Jean Jaurés, Georgij Walentinowitsch Plechanow und selbst Lenin waren Gäste.

Doch auch die Stuttgarter Partei- und Künstlerfreunde waren zu Gast. Zundel kaufte 1907 sogar ein Auto, um die Besucher vom ländlichen Sillenbuch zum Kongreß zu fahren.

Clara verdankt dem Zusammenleben mit dem »Arbeitermaler« viele Anregungen in Kunst und Literatur. Sie hat in vielen Aufsätzen und Reden zum Thema »Kunst und Proletariat« Grundlegendes für die sozialistische Kunsttheorie formuliert. Zundel, der nach fast dreißigjähriger Ehe (Scheidung von Clara Zetkin 1928) Robert Boschs Tochter Paula heiratete, die er als junges Mädchen porträtiert hatte, stand allerdings einer so emphatischen Betrachtung skeptisch gegenüber. In den Jahren vor dem Ersten Weltkrieg traten »die Erfahrungen einer auf die soziale Wirklichkeit gerichteten Bildwelt nun zunehmend hinter fernen Idealen zurück ... er wurde sich in dieser für ihn persönlich so betreffenden Zeit der Wandlung seiner Grenzen bewußt ... Die Kritik, daß der so vielversprechende Maler des proletarischen Schicksals im politisch entscheidenden Moment ausgewichen sei ins individualistische Porträt beziehungsweise ins scheinbar unverbindlich Mythologische und Religöse, mag manchem verdächtig erscheinen ...«[31]

Die Freundschaft mit dem »Roten Bosch« hatte also auch schmerzliche private Folgen für Clara Zetkin, obwohl das allmähliche Auseinanderleben der Eheleute Zundel-Zetkin nicht nur diese Ursachen hatte. Die sozialen und gesellschaftlichen Folgen der Freundschaft mit Bosch zielten dagegen auf Fortschritt: Schon 1894 hatte er in seiner noch relativ kleinen Werkstatt den neunstündigen Arbeitstag eingeführt, 1906 den Achtstundentag, 1910 den freien Samstagnachmittag, 1913 garantierte er die Übernahme eines Sozialversicherungsanteils. Außerdem hatte er durch die Vermittlung Clara Zetkins eine große Anzahl von Bolschewiki, die nach dem Duma-Aufstand 1905 Rußland hatten verlassen müssen, eingestellt. Sie waren im Einvernehmen mit Lenin Mitglieder der Stuttgarter SPD-Organisation geworden.

Clara Zetkin, die in ihrer Stuttgarter Zeit immer mehr zum Linksaußen der SPD wurde – gestützt auf den starken Stuttgarter Ortsverein unter Friedrich Westmeyer –, hat die Kriegshysterie, die auch innerhalb der SPD wuchs, mit Argwohn betrachtet. Als am 1. August 1914 auch die SPD-Fraktion im Reichstag die Kriegskredite bewilligte, kam es zum Eklat. Die Kritik der Zetkin war so vehement, das die »Rechten« einen eigenen Verein gründeten.

1915 organisiert Clara Zetkin in Bern eine illegale Konferenz sozialdemokratischer Frauen der am Krieg beteiligten Länder. Sie wird wegen Landesverrats auf der Rückreise verhaftet, dann angeklagt. Eine Protestwelle erzwingt ihre Freilassung. Das Haus in Sillenbuch wird ständig überwacht, Hausdurchsuchungen finden statt; die nun 58jährige ist schwer krank. 1917 wird sie von der »Gleichheit« entlassen. Sie tritt der Unabhängigen SPD bei, spricht im November 1918 auf dem Marktplatz in Stuttgart – Not und Elend des Krieges sind auf ihrem Höhepunkt – vor der revolutionären Volksversammlung. Die nach der Absetzung Wilhelms II. gewählte Regierung Blos bekämpft sie, da diese gemäßigte Regierung die Politik Eberts und Scheidemanns unterstützt. Für die USPD wird sie als Abgeordnete in die württembergische Verfassunggebende Landesversammlung gewählt und ergreift dort als erste Frau in einem deutsche Parlament am 29. Januar 1919 das Wort, um der Regierung Revisionismus und die Unterdrückung der sozialen Revolution vorzuwerfen. Als am 15. Januar Rosa Luxemburg ermordet wird – Claras Brief hat sie nicht mehr erreicht – schreibt sie an Mathilde Jacob: »und so komme ich mit meiner Verzweiflung zu Ihnen. Lebe ich überhaupt noch und kann ich nach diesem Furchtbarsten noch leben? Ich möchte Blut weinen, einen Schrei ausstoßen, der die ganze Welt erschüttern, umstürzen müßte, mir den Schädel an der Wand zerschmettern, um nicht zu denken, an das Eine, Entsetzliche zu denken: Sie sind tot, gemeuchelt, gemeuchelt unter den grausigsten Umständen. Ich begreife es nicht, daß das Leben ohne Karl und Rosa seinen Gang weitergehen kann, daß draußen die Sonne scheint.«[32]

Trotz Krankheit und Trauer verfolgt Clara Zetkin den einmal eingeschlagenen Weg weiter, der sich nicht zu einer milden Beurteilung der schwierigen politischen Verhältnisse führt, sondern zu einer sehr pointierten, radikalen politischen Haltung.

Mit der Sozialdemokratie ging sie schon lange nicht mehr einig. Aus der USPD trat sie 1919 aus und wurde Mitglied der KPD, auch Mitglied der KPD-Zentrale. Sie wurde in den Reichstag gewählt, von 1920 bis Mai 1924 für Chemnitz-Zwickau, von Mai 1924 bis Dezember 1924 für Hessen-Nassau, von Mai 1928 bis zum 30. März 1933 für Württemberg. Am 30. August 1932 hielt sie ihre berühmte Eröffnungsrede als Alterspräsidentin – sie war blind und mühevoll aus Moskau angereist, wo sie seit 1920 mit größeren Unterbrechungen lebte: »Das Gebot der Stunde ist die Einheitsfront aller Werktätigen, um den Faschismus zurückzuwerfen ...«[33]

Die Nazis kamen trotz aller Warnungen an die Macht, die deutschen Kommunisten wurden verfolgt und umgebracht.

Clara Zetkin, die schon 1921 wieder aus der KP-Zentrale ausgetreten war, hatte von diesem Zeitpunkt an parteiintern keine große Rolle mehr gespielt. An den Sitzungen des Reichstags nahm sie zwar teil, aber die Zeit, »in der sie alle Frauenkonferenzen beherrscht hatte«,[34] war vorbei. »Ihre Energie und Dialektik, ihr scharfer Verstand und ihr Ideenreichtum«[35] waren geschwächt. Als Vorsitzende des Internationalen Frauensekretariats und Vorsitzende der »Roten Hilfe« (Solidaritätsorganisation für die weltweit verfolgten Sozialisten) war sie jedoch auch in Deutschland noch immer eine der wichtigsten kommunistischen Politikerinnen. Über diese Ämter war sie auch Mitglied des Kommintern. Dieses Gremium, das nach dem Tode Lenins (1924) immer mehr zur Befehlszentrale Stalins verkam, stieß auf ihre harte Kritik; sie fühlte sich dort einsam und wenig wirksam.

Immer mehr zog sie sich in ihr Haus in Archangelskoje bei Moskau zurück. Das Sillenbucher Haus war 1927 von Kostja verkauft worden; er hatte dafür in Birkenwerder bei Berlin ein Haus für seine Mutter gekauft, das ihr aber weniger gefiel.

1927 nahm sie am zehnten Jahrestag der Oktoberrevolution auf der Ehrentribüne auf dem Roten Platz die Parade mit ab. Das war ihr letztes »gutes« Jahr: Ihre Blindheit, ihre Ohnmachten machten ihr sehr zu schaffen. In Archangelskoje wurde sie von ihrer Schwiegertochter Emilie Zetkin-Milowidowa, der Frau Maxims, gepflegt. Immer noch versuchte sie zu arbeiten, sie schrieb an ihrem Buch über die proletarische Frauenbewegung in Deutschland.

Am 20. Juni 1933 ist Clara Zetkin in Archangelskoje gestorben. Begraben liegt sie an der Kreml-Mauer, 400 000

Menschen gaben ihr das letzte Geleit. Stuttgart, die Stadt, die ein Vierteljahrhundert die »Basis« dieser kämpfenden, oft angegriffenen, starken Frau war, hat 1946 in Sillenbuch eine Straße nach ihr benannt. Wenn wir daran denken, daß zu ihrer Überwachung zeitweilig die Polizei im Nachbarhaus untergebracht war, so hat sich zumindest nach ihrem Tod die Einstellung dieser Stadt zu einer gewissen Toleranz hin verändert. Und das ist gut so – gerade weil Frauen heute noch immer nicht die »Siegerinnen« sind.

Anna Blos, geborene Tomascewska

Pionierin der Frauengeschichte

Die Frauen selbst, so konservativ sie bis jetzt im ganzen sind, besitzen auch gar keine Neigung mehr, in die alten, engen, patriarchalischen Verhältnisse früherer Zeiten zurückzukehren.

August Bebel[1]

Anna Tomascewska war fast vierzig Jahre alt – ausgebildete Lehrerin, engagierte Mitarbeiterin in der bürgerlichen Frauenbewegung durch ihre Vereinstätigkeit im Hausfrauenverband Württembergs –, als sie 1905 ihr Junggesellinnendasein aufgab und den durch Sozialistengesetz und Verfolgung »geeichten« sechsundfünfzigjährigen Sozialdemokraten Wilhelm Blos heiratete. Mit ihm teilte sie ein spätes, noch 22 Jahre dauerndes häusliches Glück, das auf der gleichberechtigten, engen politischen und geistigen Zusammenarbeit und auf seelischem Gleichklang beruhte.

Wilhelm Blos (*5. Oktober 1849 in Wertheim, †6. Juli 1927 in Stuttgart)[2] war nach der Novemberrevolution 1918 Chef der provisorischen und revolutionären Regierung Württembergs und dann ab 7. März 1919 zwei Jahre lang der erste württembergische Staatspräsident. Er hatte ähnlich wie Anna Blos, die durch ihn zur Sozialdemokratie gefunden hatte, neben seinem auf die Praxis bezogenen Engagement ein starkes Interesse daran, Geschichtszusammenhänge akribisch dokumentarisch darzustellen. Er war Redakteur, Schriftsteller und Reichstagsabgeordneter (1881–1884 für Reuß, 1890–1907 für Braunschweig-Blankenburg), war als Redakteur der »Hamburger Gerichtszeitung« aufgrund des Sozialistengesetzes aus Hamburg ausgewiesen worden und lebte seit 1894 in Cannstatt.

Die Epochen des Umbruchs, die Wilhelm Blos in seinen Büchern über die deutsche Revolution, 1848/49 und über die französische Revolution 1789 in »volksthümlicher Darstellung« als Geschichtsprozeß der Aufklärung und des Aufbruchs der Bürger im Staat beschrieb (siehe Literaturverzeichnis), bearbeitete Anna Blos in ihren Büchern auf dem Gebiet der Frauengeschichte.

Sie hat über die Frauen der deutschen Revolution 1848, über kulturell und selbstbewußt handelnde Frauen in Schwaben, über die »Frauenfrage im Lichte des Sozialismus« geschrieben und gab als erstes weibliches Mitglied des Ortschulrates in Stuttgart (1910) eine

Dokumentation über »Kommunale Frauenarbeit im Kriege« heraus.

Ihr 1929 erschienenes Buch »Frauen in Schwaben – 15 Lebensbilder«[3], das die »bunten und oft hochdramatischen schwäbischen Frauengestalten« seit »dem großen deutschen Bauernkrieg«[4] vor nun gut 450 Jahren beschreibt, soll ein Dokument dafür sein, daß in diesem deutschen Volk, »das sich erhob, um die Fesseln des auf ihm lastenden Feudalismus zu brechen«[5], auch eine »Reihe von Frauen Seite an Seite mit den Männern für Recht und Freiheit gekämpft hat.«[6]

Sie erzählt vom Leben und den Taten dieser aufrechten Frauen, die sie aus der eher verschwiegenen Präsenz in der Geschichte herausholt. Die Existenz der mutigen Bürgerin wird unter Beweis gestellt. Diese Frauen sind durchaus in der Lage, nicht nur in der Familie, sondern auch öffentlich ihre Qualitäten zu zeigen, die dazuhin noch oft männliche Schwächen und enge Prinzipienreiterei sichtbar werden lassen.

»Unsere Geschichtsschreiber haben sich im allgemeinen zu sehr in die Geschichte der Fürsten und ihrer Umgebung vertieft. Nicht minder interessant aber ist die Geschichte des Volkes und der Männer, die aus dem Volk hervorgegangen sind und seine Kultur mitbegründeten.«[7] So lautet der heute durchaus aktuelle Geschichtsansatz der Anna Blos; ihr Interesse für die Geschichte der Frauen ist ein Kapitel der allgemeinen Geschichtsschreibung, das, provokant, erst in den letzten zehn Jahren von Wissenschaftlerinnen geschrieben wird: »Mir aber war es stets ein Anliegen, ob nicht auch in den Frauen ein Hauch jenes Geistes zu spüren war, der die Männer erfüllte ...«[8] Mit diesen »Männern« meint sie in erster Linie neben den Philosophen Hegel und Schelling und dem Nationalökonomen Friedrich List die Dichter Schwabens, die ihre Dichtkunst dem Ideal der Menschlichkeit verschrieben hatten: Friedrich Schiller, Ludwig Pfau, Friedrich Hölderlin, Christoph Martin Wieland, Justinus Kerner, Wilhelm Hauff. Ihre Auswahl charakterisiert natürlich auch sie selbst, besonders deutlich in der Wahl der Dichter ihrer Gegenwart: Hermann Hesse und Friedrich Wolf (siehe Porträt Else Kienle, S. 255). Gerade beim zuletzt Genannten wird die gesellschaftskritische Komponente und Vorliebe der Sozialdemokratin offenbar – bei Hermann Hesse eher das anteilnehmende Interesse für den Schüler Hesse: Die fortschrittliche Lehrerin hat den autoritären Erziehungsmethoden gegenüber, die der Dichter in seinem Erziehungsroman »Unterm Rad« anprangerte, sicher eine wohlfundierte Kritik zu entgegnen gehabt.

In diesem geistigen Umfeld findet sie auch ihre Schwäbinnen: »Nicht Frauen, die durch Geburt und Herkunft an hervorragender Stelle standen, sondern Frauen, die sich ihre Stellung im Leben erkämpft haben gegen Vorurteile und Widerstände.« Diese Geistigkeit ist keine abgehobene, theoretische Kunstfertigkeit, sondern die pragmatische Seite einer mutig gelebten Alltagsphilosophie, die allzuwenig überliefert wird.

Gleichzeitig ist dieses Buch der Anna Blos – es soll hier in der nach 60 Jahren zum ersten Mal fortgeschriebenen Geschichte der Stuttgarter Frauen einen mit ähnlichen Vorzeichen verfaßten Nachfolger erhalten – ein Dank der Autorin an ihren Mann, »an den, der mich ins Schwabenland geführt hat und der mich das Schwabenvolk verstehen und lieben lehrte« und der ihr besonders »die Tapferkeit der schwäbischen Frauen als vorbildlich hingestellt«[9] hat.

Über das Leben der Schriftstellerin, Politikerin und Lehrerin Anna Tomascewska ist bis zu ihrer Heirat 1905 nur wenig bekannt. Archivunterlagen fehlen im schwäbischen Raum. Der Nachlaß von Wilhelm Blos im Staatsarchiv Berlin-Ost konnte wegen der begrenzten Dauer dieses Geschichtsprojektes nicht überprüft werden.

So unterliegt auch Anna Blos dem »Geschichtsschicksal« der meisten Frauen: Sie wird erst durch den berühmten Mann im Leben und in Zeugnissen darüber zur überlieferungswürdigen Person. Als Tochter des Oberstabsarztes Tomansczewski wurde Anna am 4. August 1866 in Liegnitz geboren. Ihre schulische Ausbildung erhielt sie unter anderem im Karlsruher Viktoria Pensionat, das drei Klassen und einen Oberkursus anbot – die unterrichteten Fächer und die Anforderungen entsprachen dem Lehrplan der höheren Mädchenschulen. Die Schule stand unter dem Protektorat der Großherzogin und genoß bestes Ansehen. Dreizehn- bis siebzehnjährige auswärtige und ausländische Schülerinnen – nur wenige Karlsruherinnen – erwarben dort ihre Kenntnisse, die besonders im Hinblick auf den späteren Besuch eines Lehrerinnenseminars vorbildlich waren.

Immer wieder muß darauf hingewiesen werden, daß der Lehrerinnenberuf

Anna Blos

seit dem frühen 19. Jahrhundert zu den beliebtesten standesgemäßen Erwerbsmöglichkeiten bürgerlicher Frauen gehörte, und Anna Blos machte da keine Ausnahme. Sie schloß ihre Seminarausbildung in Berlin (und zusätzlich ein paar Semester Studium an der Universität Berlin) mit dem Oberlehrerinnenexamen ab, vermutlich zwischen 1875 und 1880.

Wo und in welchen Schulen sie dann unterrichtet hat, war nicht zu belegen: Im Bereich des Oberschulamtes Stuttgart und Württemberg sind keine Unterlagen vorhanden.

Wahrscheinlich hat sie erst ab 1905 zusammen mit Wilhelm Blos in Stuttgart gelebt. Zuerst wohnte sie in der Schillerstraße 3 in Cannstatt, ab 1909 in der Paulinenstraße 7 ebenfalls in Cannstatt, ab 1915 in der Charlottenstraße 15 in Degerloch, ab 1919 in der Gymnasiumstraße 2 in Degerloch, von 1922 bis 1933 am Alten Schloßplatz 6 in Stuttgart. Ab 1922 wird sie im Adreßbuch getrennt von ihrem Mann, dem Staatspräsidenten a. D., als Schriftstellerin, dann ab 1928 als Staatspräsidentenwitwe geführt. Kurz vor ihrem Tod am 27. April 1933 zog sie noch nach Stuttgart-Ost in die Hackländerstraße 28. Begraben liegt sie mit Wilhelm Blos auf dem Pragfriedhof.

Anna Blos, die während ihrer Ehe einen Kreis bedeutender Menschen in ihrem Haus empfing, wird von Marie Juchacz (1879–1956, Frauensekretärin und Vorstandsmitglied der SPD, von 1919–1933 Reichstagsmitglied) in deren Buch »Sie lebten für eine bessere Welt« als eine mit glänzenden Fähigkeiten begabte Frau geschildert. Sie erwähnt aber auch die »Nachtseiten« ihrer Genossin: »Anna Blos war gesundheitlich zart, nervös, von häufiger Migräne geplagt. Das und ihre Sensibilität machten den Umgang mit ihr manchmal schwierig. Sie stand fast immer unter dem Eindruck, zurückgesetzt, nicht genügend anerkannt zu sein. Sie fühlte sich von den Angehörigen der arbeitenden Schichten, denen sie größere Bildungsmöglichkeiten vermitteln wollte, durch eine Kluft getrennt. War sie ehrgeizig? Vielleicht. Aber Ehrgeiz kann eine gewisse Berechtigung haben, wenn das entsprechende Können dahintersteht. Und Anna Blos wußte viel, sie hatte große Fähigkeiten, und ihre Arbeit fand auch Anerkennung. Trotzdem scheint sie sich verlassen, fremd gefühlt zu haben in der Arbeiterbewegung, die sie geliebt hat und der sie bis zum Tod treu geblieben ist. Dem Brief eines Freundes entnehme ich, daß sie qualvoll an einer unheilbaren Krankheit gestorben ist. Sie war in ihrer letzten Lebenszeit wirklich einsam und allein, denn nun war Hitler an der Macht. Selten sah sie Freunde bei sich. Auch an ihrem Grabe fanden sich nur wenige ein.«[10]

Anna Blos, deren ungewollte Distanz zur sozialdemokratischen Basis hier angedeutet wird, war in der SPD-Führungsspitze Stuttgarts eine wichtige Person. Sie war lange Jahre Mitglied des Landesvorstandes und von Januar 1919 bis 1920 Reichstagsmitglied der SPD. Davor hatte sie im deutschen Hausfrauenverein eng mit der bürgerlichen Frauenbewegung zusammengearbeitet. Das Ziel war hier, die Hauswirtschaft in den Familien, die Kindererziehung und die Gesundheitspflege nach wissenschaftlichen Gesichtspunkten zu systematisieren.

Sie war in einer Zeit zur SPD gekommen, als die Mitgliederzahlen zwar stiegen, die Partei aber immer noch Revolutionsfurcht verbreitete. »Jeder Streik, jeder sozialdemokratische Parteitag, jede Demonstration dokumentierte die Allgegenwärtigkeit der ›roten Gefahr‹, die den Wohlstand des Bürgertums und die Stabilität der gesellschaftlichen Ordnung zu bedrohen schien.«[11] Die Furcht war begründet, denn soziale Ungerechtigkeit wollte nicht mehr hingenommen werden: »Obwohl der reale Jahresverdienst von Arbeitern und Arbeiterinnen zwischen 1871 und 1914 um fast 80 Prozent stieg, blieb er weit hinter den noch schneller wachsenden bürgerlichen Einkommen und Vermögen zurück.«[12]

Obwohl Anna Blos dem gemäßigten SPD-Flügel angehörte, trug sie den Widerstand gegen die gesellschaftlichen Verhältnisse, die das Proletariat benachteiligten, klar und eindeutig mit. Der Frauenpolitik galt aber ihr Hauptinteresse. Sie schrieb seit 1905 für die »Gleichheit«, (siehe Porträt S. 157), die Clara Zetkin seit 1891 in Stuttgart leitete, und hatte nach anfänglichen Schwierigkeiten der Terrainabgrenzung keine Probleme in der Zusammenarbeit mit der viel radikaleren Genossin. »Aus persönlicher Erfahrung kann ich betonen, daß die Arbeit mit Clara Zetkin als Schriftleiterin sehr angenehm war ... als sie nach Kriegsende die Haltung meines Mannes heftig angriff, stellte ich meine Mitarbeit ein.«[13]

Die Ressentiments saßen jedoch tief, und trotz aller Anerkennung wurde Clara Zetkin von der Kollegin streng beurteilt: »Durch ihre Heirat mit dem sehr viel jüngeren Zundel, kam Clara Zetkin-Zundel in ganz behagliche Verhältnisse. Sie, die wie kaum eine andere das Wort ›proletarisch‹ im Munde führte und alle angriff, die bürgerlichen Verkehr hatten oder sich eine ›gehobene Lebenshaltung‹ erlaubten, wohnte in einer mit schönen Möbeln eingerichteten Villa, hatte ein gastfreies Haus, und wer sie dort als liebenswürdige Gastgeberin kennenlernte, konnte sich kaum vorstellen, daß diese Frau die Todfeindin der bürgerlichen Gesellschaft war, als die sie sich selbst gern bezeichnete.«[14]

Bis 1916 hat Clara Zetkin die Gleichheit redigiert, und diese sozialistische Frauenzeitung war zweifellos lange Zeit eine der besten, wenn nicht die beste Frauenzeitung in Deutschland überhaupt. Es war gewiß nicht leicht, die Zeitung auf diese Höhe zu bringen und auf ihr zu halten. Wie schwer war es nur, einen Stab von geeigneten Mitarbeiterinnen zu finden. War doch lange Zeit die Mitarbeit an der Gleichheit unentgeltlich, und war doch die Zahl der Frauen, die schreiben konnten, oder derer, die Interesse hatten für diese Art Zeitung, sehr gering. Immer wieder ist der Zeitung der Vorwurf gemacht worden, daß sie nicht populär genug wäre. Clara Zetkin hat sie bewußt nicht populär gehalten: Sie wollte ein Gegengewicht schaffen gegen die damals so beliebten Frauenzeitschriften, wie sie ja heute noch so gern gelesen werden. Selbst die Unterhaltungsbeilage sollte möglichst wenig Romane, keine Modeberichte, keine Rezepte bringen, sondern dem Wissen dienen.

Im »Vorwärts«, in der »Schwäbischen Tagwacht«, der »Württembergischen Zeitung« äußerte sich Anna Blos zum Thema Gleichberechtigung der Frauen, zur Frauenbewegung, zum Schulwesen[15], zum Thema der Mitarbeit der Frau im Gemeindewesen[16], das heißt, in der Kriegsfürsorge, in der Polizeiverwaltung (siehe Porträt Henriette Arendt, Seite 198), in der Schulverwaltung. Immer hatten ihre Artikel den Tenor, es sei zu hoffen, »daß nach dem Krieg die gesetzlichen Schranken fallen, die der Mitarbeit der Frauen in öffentlichen Ämtern noch entgegenstehen«.[17]

Das Kapitel Schulverwaltung lag ihr besonders am Herzen, war sie doch am 1. April 1910 in Stuttgart als erste Frau in einem deutschen Bundesstaat (Württemberg ging hier mit gutem Beispiel voran) durch einstimmige Wahl des Gemeinderats Mitglied des Ortsschulrates geworden.

Zu diesem Thema soll sie noch einmal selbst zu Wort kommen – ihre Ausfüh-

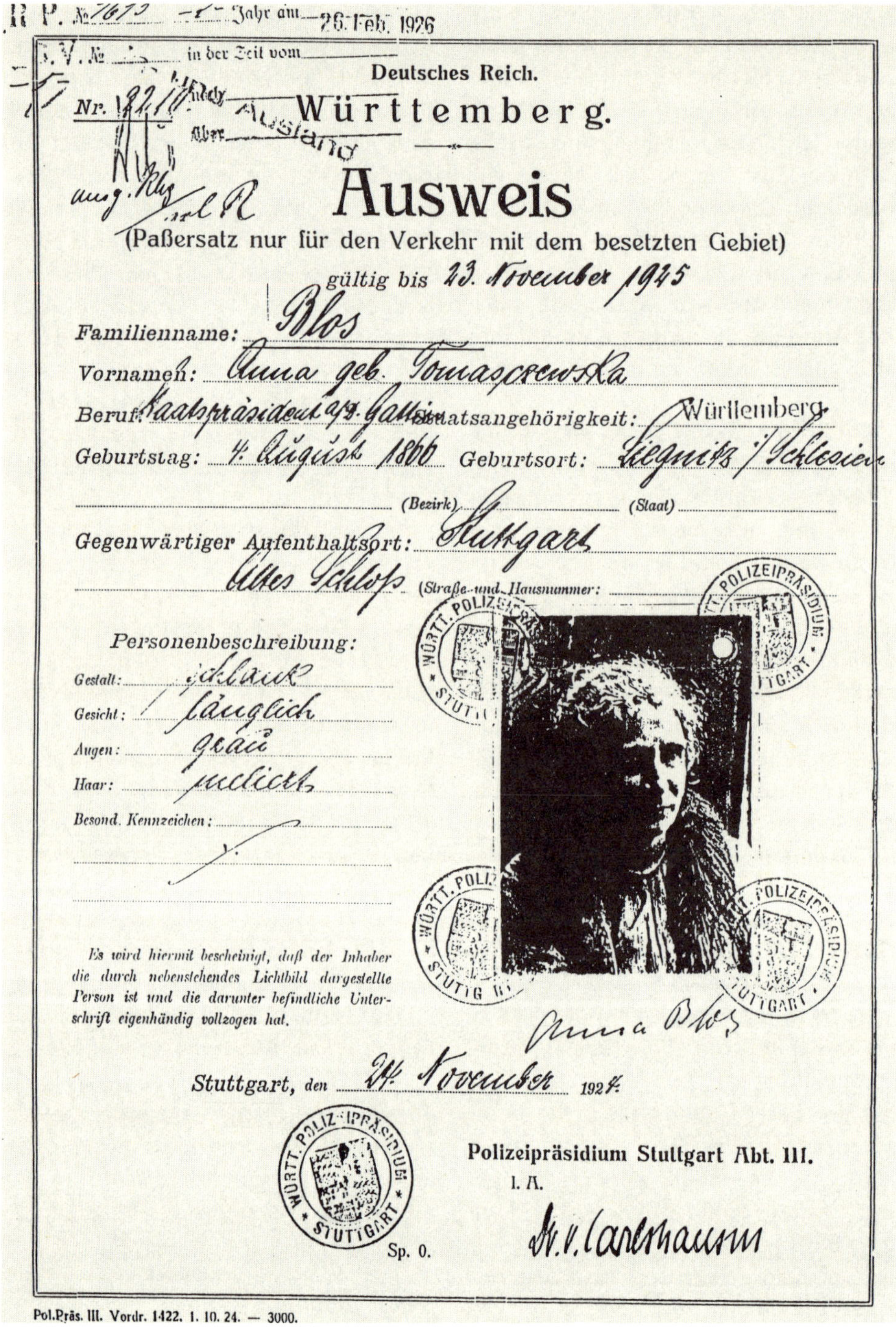

R. P. № 7613 -1- Jahr am 26. Feb. 1926

S. V. № ... in der Zeit vom ...

Deutsches Reich.

Nr. 8210 Württemberg.

über Ausland

Ausweis

(Paßersatz nur für den Verkehr mit dem besetzten Gebiet)

gültig bis 23. November 1925

Familienname: Blos

Vornamen: Anna geb. Tomasczewska

Beruf: Staatspräsident a. D. Gattin Staatsangehörigkeit: Württemberg

Geburtstag: 4. August 1866 Geburtsort: Liegnitz / Schlesien

(Bezirk) ... (Staat) ...

Gegenwärtiger Aufenthaltsort: Stuttgart

Altes Schloß (Straße und Hausnummer:

Personenbeschreibung:

Gestalt: schlank

Gesicht: länglich

Augen: grau

Haar: meliert

Besond. Kennzeichen: —

Es wird hiermit bescheinigt, daß der Inhaber die durch nebenstehendes Lichtbild dargestellte Person ist und die darunter befindliche Unterschrift eigenhändig vollzogen hat.

Anna Blos

Stuttgart, den 24. November 1924.

Württ. Polizeipräsidium Stuttgart

Polizeipräsidium Stuttgart Abt. III.

I. A.

Sp. 0.

Pol.Präs. III. Vordr. 1422. 1. 10. 24. — 3000.

rungen sind wohlfundiert und zeugen von der eigenen Erfahrung als Lehrerin.

»Das am 1. April 1910 in Kraft getretene Volksschulgesetz in Württemberg ließ Frauen als Mitglieder des Ortsschulrats heranziehen. Der Ortsschulrat (Schuldeputation, Schulkommission) setzt sich gewöhnlich zusammen aus Vertretern der Lehrerschaft, Mitgliedern des Gemeindesrats, Geistlichen, dem Stadtschularzt und anderen Amtspersonen. In den meisten Bundesstaaten waren vor dem Kriege die Vertreter und Vertreterinnen der Arbeiterklasse so ziemlich davon ausgeschlossen, trotzdem der weitaus größte Teil der Kinder, die die Volksschulen besuchten, Arbeiterkinder sind. (Für die höheren Schulen sind besondere Verwaltungsbehörden da, von denen hier nicht gesprochen werden soll.) Es gehört zu den Errungenschaften des Krieges, daß jetzt die Vertreter der arbeitenden Klassen überall Sitz und Stimme in den Schulbehörden erlangt haben. Ihre Aufgabe während des Krieges ist keine leichte, denn es sind große Schwierigkeiten damit verknüpft, den Schulbetrieb in vollem Umfange aufrechtzuerhalten. Viele Schulgebäude werden ja zu militärischen Zwecken gebraucht. Ein großer Teil der Lehrerschaft, allein 50 000 Volksschullehrer, folgten dem Rufe der Heerespflicht. Der Lehrkörper einer Schule wurde häufig um ein Drittel, ja um die Hälfte vermindert. War schon vor dem Kriege zu klagen über die Überfüllung einzelner Klassen, über die Schädigung des Abteilungsunterrichts, über die Überlastung der Lehrkräfte, so wird man sich jetzt bemühen müssen, die durch den Krieg entstandenen Lücken in der Lehrerschaft durch Anstellung von Lehrerinnen auszufüllen. Klassen müssen geschaffen werden in anderen öffentlichen Gebäuden, wenn die eigentlichen Schulgebäude belegt sind. Eine kleinliche Sparsamkeit in den Schulen während des Krieges würde eine große Schädigung der Zukunft unseres Volkes bedeuten. Die Lehrerinnen haben bisher immer eine gewisse Zurücksetzung erfahren. Heute sind sie sogar in Gymnasien tätig und verstehen, sich bei den Knaben Autorität zu verschaffen. Man soll also in den Volksschulen nicht engherziger sein. Alle Mittel, die heute für Bildungszwecke ausgegeben werden, sind eine Saat für die Friedenszeit, in der unsere Jugend arbeiten soll für die großen Kulturaufgaben der Menschheit, die jetzt während des Krieges brach liegen müssen. Je mehr heute betont wird, daß der furchtbare Krieg eine Einmütigkeit im deutschen Volk hervorruft, wie keine frühere Zeit sie kannte, um so mehr ist es Aufgabe der Behörden, danach zu streben, daß diese Einmütigkeit zum Ausdruck kommt durch die Schaffung einer einheitlichen Bildungsgrundlage für unsere gesamte Volksjugend. Vor allem wird es Aufgabe der in den Schulbehörden tätigen Frauen sein, die durch den Krieg wesentlich verschlimmerten sozialen Verhältnisse bei den heutigen Schulangelegenheiten in An-

Links: »Paßersatz nur für den Verkehr mit dem besetzten Gebiet«, ausgestellt für Anna Blos am 24. November 1924.

schlag zu bringen. Sie waren schon vor dem Kriege denkbar traurig. In Berlin zum Beispiel mußten vor dem Krieg 14 000 Kinder ohne Frühstück in die Schule gehen. Jetzt werden immer mehr Einrichtungen getroffen zur Verabreichung von warmem Frühstück in den Schulen. Überall werden die Kinderküchen erweitert oder eingeführt. So hat sich in Stuttgart bei den Schuluntersuchungen während des Krieges die erfreuliche Tatsache gezeigt, daß die Kinder durchschnittlich fünf Pfund mehr wiegen als die gleichaltrigen bei der letzten Untersuchung vor dem Krieg wogen. Wenn man bedenkt, wie teuer und knapp jetzt die Lebensmittel sind, so ist das gewiß der allerbeste Beweis dafür, wieviel für die Gesundheit der Volksjugend geschehen kann, wenn Staat und Gemeinde nicht nur dafür sorgen, daß der Geist gebildet wird, sondern daß sie auch für das leibliche Wohl Sorge tragen.«[18]

Über die Rolle, die sie in ihrer Funktion als Ortsschulrätin übernommen hat, und deren politische Funktion gibt sie eine klare Auskunft: Sie will »Einfluß bekommen auf Schul- und Erziehungsfragen unserer Volksschüler und -schülerinnen, der Jugend unseres Proletariats so viele Bildungsmöglichkeiten zuwenden, wie nur für sie erreichbar sind, mithelfen, daß die Volksschule aus dem Aschenbrödel zum wichtigsten Faktor unserer Gemeinde erhoben wird, das erscheint mir als eine der wichtigsten Aufgaben der Sozialistinnen. Möchte bald die Zeit kommen, in der es selbstverständlich erscheint, daß überall Frauen in die Ortsschulräte gewählt werden, von denen man weiß, daß die Interessen der minderbemittelten Bevölkerung die ihren sind.«[19] Aus den gleichen Gründen arbeitete sie auch ab 1919 nach Gründung der Volkshochschule von Anfang an im Bereich der dortigen Frauenabteilung mit.

Wie fiele wohl das Urteil der Anna Blos über das Grundschulwesen heute aus?

Nach Kriegsende war die Politikerin Mitglied des Landesvorstandes der SPD und hatte so von der provisorischen Regierungsbildung Kenntnis. Wilhelm Keil (1870–1968), der sich als SPD-Politiker an die Spitze der revolutionären Bewegung gesetzt hatte, äußerte sich zu dem auch heute noch umstrittenen Thema dieser Regierungsbildung so: »Frau Blos war Mitglied des Landesvorstandes, ihr Mann gehörte keiner der hier vertretenen Körperschaften an. Man ließ den erfahrenen Mann jedoch gerne mitberaten in diesem Kreis ...«[20] Blos war nicht gerufen worden, er war einfach im richtigen Augenblick da. »Er stimmte der Errichtung einer provisorischen Regierung zu und mahnte, dafür zu sorgen, daß die öffentliche Gewalt, die der Bewegung in den Schoß gefallen sei, nicht wieder von den anderen an sich gerissen werde. Es wurde nicht mehr lange geredet. Man schritt zur Tat.«[21] Wilhelm Blos wurde zum Ministerpräsidenten gewählt, nachdem er ein halbes Jahr lang Chef der provisorischen Regierung gewesen war.

Daß die Regierung Blos – besonders seitens der USPD – nicht uneingeschränkt getragen wurde, ist wohl müßig hinzuzufügen. Anna Blos hat durch das Hinzuziehen ihres Mannes Fingerspitzengefühl bei der Einschätzung der politischen Situation bewiesen. Sie selbst war ab Januar 1919 als einzige Frau aus Württemberg in die verfassunggebende Nationalversammlung in Weimar gewählt worden und hat anderthalb Jahre unter 17 Württembergern ihr demokratisches Mandat pflichtbewußt und eifrig erfüllt.

1920 hat die SPD nach den Wahlen im übrigen mit 22 Reichstagsabgeordneten den größten Frauenanteil einer Fraktion gestellt. Im ganzen Reichstag gab es 41 Frauen = 9,6 Prozent – ein Ergebnis, das in der Bundesrepublik erst wieder in den achtziger Jahren erreicht wurde!

Trotzdem waren damals die Sozialistinnen skeptisch. Adele Schreiber (1872–1957), SPD-Abgeordnete im Reichstag während neun Jahren und Mitautorin des Buches »Die Frauenfrage im Sozialismus«, war diese Entwicklung 1930 Anlaß zu einem nachdenklichen Résumé: »Die politische Frauenbewegung schreitet vorwärts. Sie hat die schweren Schläge von Krieg und Inflation überwunden. Sowohl im Rahmen der Parteitage wie durch die besonderen Frauenkonferenzen werden wertvolle Anregungen für Frauenwerbung und Frauenschulung gegeben. Die weibliche Mitgliederzahl, die kurz vor dem Kriege 140 718 betrug, war im Jahre 1928 auf 198 771 gestiegen, sie hat jetzt [1930] 218 000 überschritten.

Dieser Aufstieg müßte sich viel schneller vollziehen, stünde ihm nicht nur die Verständnislosigkeit der Hausfrauen, sondern auch die weiter Kreise Berufstätiger im Wege. Millionen von Frauen, die den harten Daseinskampf kennen, fördern dennoch Parteien, deren Interessen den ihren völlig entgegengesetzt sind. Daneben steht das große Heer der Gleichgültigen.

Noch haben alle diese Frauen nicht begriffen, daß die Klassenschranken völlig morsch, wirtschaftlich niedergebrochen sind. Sie fühlen bürgerlich, weil sie, oft unter großen Entbehrungen, den sie beglückenden Schein der Zugehörigkeit zu einer höher gewerteten Klasse zu wahren suchen. Dies gilt vielfach für die Frauen im Handelsgewerbe, Verkäuferinnen, Büroangestellte, für Beamtinnen (Post-, Telegraphen-, Eisenbahndienst), für Krankenpflegerinnen, Lehrerinnen – auch für Akademikerinnen, deren Existenz heute besonders schwer ist.

Nicht nur wirtschaftlich haben die Frauen durch eine sozialistische Erneuerung der Gesellschaft zu gewinnen, auch alle ideellen Forderungen weiblicher Gleichberechtigung und Freiheit, des Rechts auf persönliche Lebensgestaltung innerhalb und außerhalb der Ehe, des Rechts auf Ablehnung und Bejahung der Mutterschaft, die Befreiung der Frau aus schlimmster Geschlechtssklaverei, wie die Reglementierung der Prostitution – all dies hängt von der politischen Konstellation ab, wäre unrettbar verloren, unter reaktionärer Machtpolitik.«[22]

Und so kam es dann auch: Mit der Bejahung des Dritten Reiches hatte die große Mehrheit der Frauen ihre 1919 erworbene Chance vertan. Anna Blos hat – und das können wir rückblickend aus der zeitlichen Distanz heraus mit größerer Objektivität feststellen – mit ihren historischen Arbeiten und besonders mit ihrer minutiösen Beschreibung der Geschichte der sozialdemokratischen Frauen Deutschlands (zusammen mit Adele Schreiber, Louise Schröder, Anna Geyer) ein viel zu wenig bekanntes Kompendium der proletarischen Frauenbewegung verfaßt und herausgegeben. Von den Anfängen der Arbeiterinnenbewegung bis zum Ersten Weltkrieg hat sie die nicht immer leicht erkämpfte und durchzuhaltende Stellung der Frauen in Theorie und Praxis innerhalb der oft widersprüchlichen SPD-Politik beschrieben, hat die gesellschaftlichen Verhältnisse besonders in ihrer Frauenfeindlichkeit durchleuchtet. Ihre Mitautorinnen haben die zeitgenössische Gegenwart ebenso kritisch reflektiert.

Analyse und Emotionen sind eng miteinander verknüpft, deshalb mag dieses Buch der Anna Blos vielleicht nicht immer objektiv sein – spannend zu lesen ist es trotzdem auch heute noch. Gerade, weil es nicht so tut, als müßten Frauen in Bezug auf ihre gesellschaftliche Stellung und die Wege, die zu deren Verbesserung einzuschlagen sind, immer nur einer Meinung sein.

Im Vorwort dankt sie wieder »meinem lieben Mann, der mir in jener Zeit, in der ich verzweifelt fragte, was ich ohne ihn noch auf der Welt sollte, den Weg wies, in seinem Sinn und Geist weiterzuarbeiten.«[23]

Durch Ihre Ehe und das Miteinander mit ihrem Mann wurde Anna Blos im Kampf für die Rechte der Frauen unterstützt. Die »alten, engen patriarchalischen Verhältnisse«, die Bebel beschreibt, hatten sie beide verabschiedet. Dieser Beweis für die Praktizierbarkeit einer gemeinsamen Emanzipation von Frau und Mann ist beispielhaft und selten – auch heute noch.

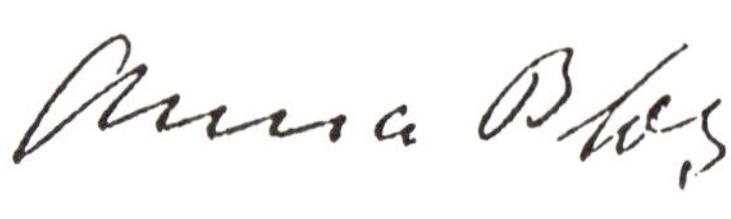

Vera Vollmer, Sofie Reis, Helene Reis

Frauenbildung und Frauenstudium

Frauenbildung und Frauenstudium waren zwei der vorrangigen politischen Ansatzpunkte und ein Dauerthema für unzählige Eingaben, Schreiben und Aufsätze vor allem der bürgerlichen Frauen, die seit Mitte des 19. Jahrhunderts über Ausbildung und Beruf ihre Selbständigkeit erringen wollten. Sie wollten es nicht nur, sie mußten es auch, denn das Geheiratetwerden als Lebensversorgung war schwierig geworden. Es entsprach auch nicht mehr den veränderten gesellschaftlichen Bedingungen und der Verteilung der Arbeit.

Sprecherinnen der proletarischen Frauenbewegung im süddeutschen Raum wie Clara Zetkin und Anna Blos haben sich erst zu Beginn des 20. Jahrhunderts zur Mädchenerziehung und zur Schulfrage geäußert und Konzepte entwickelt. Diese beiden Sozialistinnen waren aber von der Ausbildung her ebenso priviligiert wie die bürgerlichen Frauen, von denen hier drei Vertreterinnen exemplarisch beschrieben werden: Es ist Vera Vollmer, deren Leben dokumentiert und nachvollziehbar ist und die einen hohen Wirkungsgrad erreichen konnte, gefolgt von den Schwestern Reis, die sich ihr ganzes Leben für die Frauenbildung eingesetzt haben. Sie hatten aber keine Nachlaßverwalterin wie Vera Vollmer. Deshalb kann über ihr Leben außerhalb der Ämter, die sie inne hatten, nicht viel gesagt werden. Doch da die List der Vernunft auch in der Frauengeschichte nicht immer ganz abwesend ist, hat zumindest die Aura dieser Frauen überlebt. Nicht nur, daß einige für uns heute exotisch wirkende Bücher der Frauenliteratur in der Württembergischen Landesbibliothek aus ihrem Besitz sind (die Autographen stammen daher), sondern auch deshalb, weil das Haus Johannesstraße 13, in dem seit über zehn Jahren das Frauencafé und Kulturzentrum »Sarah« zu Hause ist, lange Jahre das Domizil der beiden Schwestern war; dort hatten sie auch ihr Büro.

Eine kleine historische Rückschau auf die Entwicklung des Mädchenschul»un«wesens und die Ausbildungsmöglichkeiten von Lehrerinnen soll dazu dienen, die Lage der Frauen um die Jahrhundertwende, mit der sich die drei hier Genannten auseinanderzusetzen hatten, zu verdeutlichen.

1916 schreibt Julius Desselberger in seiner »Geschichte des höheren Mädchenschulwesens in Württemberg«: »Es ist kein Zufall, daß erst gegen Ende des 18. Jahrhunderts von höherer Bildung des weiblichen Geschlechts die Rede ist und erst jetzt höhere Bildungsanstalten für Mädchen in Württemberg gegründet wurden. Das Zeitalter des fürstlichen Absolutismus war noch eine Zeit der Herrschaft des Mannes; auf dem Gebiet des höheren Bildungswesens konnte daher nur an die männliche Jugend gedacht werden. Mit der Bildung des weiblichen Geschlechts war es damals überall, besonders aber in Schwaben, schlecht bestellt. Wenn überhaupt etwas für Mädchen geschah, beschränkte man sich auf etwas Privatunterricht in Musik, Zeichnen, Tanzen und einige Unterweisung im Französischen, das bisher nicht allein am Hofe die Umgangssprache gebildet hatte, sondern auch in bürgerlichen Kreisen immer mehr verbreitet wurde.«[1]

Um 1800 haben sich die pädagogischen Konzepte von Schule und Erziehung allmählich so gewandelt, daß sie unseren heutigen Vorstellungen als gedankliche Vorläufer gelten. Aber obwohl Denker wie Rousseau und Pädagogen wie Pestalozzi mit seinen Schülerinnen Rosette Kasthofer und Josephine Stadlin auch die Mädchenerziehung als Erziehung zum Menschen begriffen, wurde diese noch weiterhin vernachlässigt und mußte gegen männliche Vorurteile in Staat und Öffentlichkeit durchgesetzt werden. In Deutschland begann um 1800 im allgemeinen überall die Schulpflicht für die Volksschule; Gymnasien entanden aber nur für Knaben, Universitäten waren nur in zwei oder drei Sonderfällen von Frauen zu absolvieren.

Die Industrialisierung des 19. Jahrhunderts, die viele Frauen, die bislang im Haus tätig gewesen waren, zu einer Arbeit außer Haus bestimmte, brachte mit dem Selbständigwerden der Frauen auch das verstärkte Bedürfnis, ihr Recht auf Erziehung und Bildung einzuklagen. Es kam zur Gründung von Mädchenschulen, von Lehrerinnenseminaren für Volksschullehrerinnen (in Stuttgart und Markgröningen schon um 1858), zur Errichtung des Höheren Lehrerinnenseminars 1874, das dem Königlichen Katharinenstift angegliedert war, zum Entstehen von Berufsfachschulen, die zum Teil vom Schwäbischen Frauenverein (seit 1873) gegründet wurden, und zum Kampf für das Hochschulstudium. Der 1890 gegründete Lehrerinnenverein, der sich für alle Schularten zuständig fühlte, hat sich als Organisation dafür eingesetzt, daß im Laufe der Zeit auch die Arbeitsbedingungen und der finanziell und sozial abgesicherte Status der Lehrer wenigstens annähernd auch für Lehrerinnen galt. In einem historischen Rückblick der Württembergischen Lehrerinnenzeitung vom 1. Mai 1923 war zum fünfzigjährigen Jubiläum des Lehrerinnenseminars zum Rechtsstatus und zur Gehaltsregelung der Lehrerinnen das Folgende zu lesen:

»Die geringe Einschätzung der Lehrerin kam während der ersten Zeit deutlich zum Ausdruck in ihren Rechtsverhältnissen. An den amtlichen Körperschaften der Lehrer hatte sie keinen Anteil, im damaligen Lehrerkonvent kaum Sitz, keine Stimme, zum Ortsschulrat weder aktives noch passives Wahlrecht. Noch 1907 heißt es in dem betreffenden Artikel des Gesetzes: der Eintritt in die Ortsschulbehörde kommt den Lehrerinnen nicht zu. Erst das Volksschulgesetz 1909 ging einen Schritt vorwärts ...«[2] (siehe Porträt Anna Blos, S. 173) und weiter: »Die Gehaltsverhältnisse der Lehrerinnen bilden ein besonders interessantes Kapitel in der Geschichte der Lehrerinnen. Der Gehalt betrug anfangs 70 Gulden, vierteljährlich nachbezahlt, eine Summe, deren Kaufkraft kaum zu der allernotdürftigsten Lebenshaltung in Ernährung und Kleidung ausreichte, noch Erübrigungen für elementarste geistige Bedürfnisse zu machen. Auch ›erhebliche Aufbesserungen‹ in den Jahren 1877, 1890 und 1900 änderten daran nicht viel; doch war schließlich – wie eine Lehrerin jener Tage sich ausdrückte – der Gehalt so, ›daß man leben konnte‹. In Krankheitsfällen hörte der Gehalt vom ersten Tag ab auf, und keine Krankenkasse trat in die Lücke.«[3] Ab 1877 trat wenigstens im Krankheitsfall eine drei Monate dauernde Gehaltszahlung in Kraft. Eine Kranken- und Pensionskasse des Lehrerunterstützungsvereins ließ dann auch Lehrerinnen zu. Eine dauernde Anstellung war erst nach Einführung der zweiten Dienstprüfung auch für Lehrerinnen ab der Jahrhundertwende möglich.

Hinzuzufügen wäre noch, daß das Lehrerinnenseminar aus dem Bereich der Waisenbetreuung entstanden ist. Auch im Stuttgarter Waisenhaus, in dem Jungen und Mädchen erzogen, beschäftigt (die Jungen eher mit militärischem Ziel, die Mädchen im handwerklichen Bereich, vor allem mit Spinnen) und im Katechismus unterrichtet wurden, ist der Ursprungsort eines Ausbildungskurses für Lehrerinnen zu sehen. Schon 1718 hatte die Waisenanstalt auch eine eigene Lehrfrau: Dorothea Vischer.[4]

Die Geschichte der Volksschulen kann als Geschichte des sich Herausbewegens aus den Katechismus- und Konfessionsschulen beschrieben werden, die Geschichte der sogenannten höheren Töchterschulen eher als eine Geschichte der sehr langsamen Verabschiedung einer Rollenzuweisung. Als Vorläufer der höheren Töchterschulen können die von Herzog Carl Eugen gegründete Ecole des Démoiselles (1772 – siehe Porträt Ludovike Simanowiz, S. 50) und die privaten Gründungen der Tafingerschen Schule (1801) und der Oelschlägerschule (1810) bezeichnet werden.

1841 kam im Privatschulbereich ein Evangelisches Töchterinstitut hinzu. Das 1818 von der jungen Königin Katharina gegründete Katharinenstift gilt als erste Gründung der öffentlichen Hand. Es stand immer unter der Oberleitung des Königshauses, und dies auch nach 1877, als das höhere Mädchenschulwesen in Württemberg neu geordnet wurde und viele Privatschulen sich in öffentliche Schulen verwandelten. Es war also keiner Schulbehörde unterstellt. Erst 1903 ging die Schule in städtische Verwaltung über und wurde der Königlichen Ministerialabteilung für höhere Schulen untergeordnet. Der 1903 eingeführte Lehrplan galt ab 1903 auch für eine andere königliche Schule, das 1873 gegründete Königin-Olga-Stift, dessen oberste Leitung bis 1891 Königin Olga inne hatte. Natürlich kosteten diese Schulen Schulgeld, das Katharinenstift zum Beispiel anfangs 30 bis 54 Gulden. 1868 stieg der

Maria Gräfin von Linden in ihrem Labor, um 1810.

Betrag auf 60 Gulden. Die Pensionärinnen hatten ein Kostgeld zu bezahlen, das zwischen 300 und 500 Gulden schwankte. Es wurden aber auch Freistellen gewährt. Die Oberhofkasse oder die Privatkasse des Königs und der Königin halfen, wenn das Geld nicht reichte. Zur Anschaffung von Lehrmitteln gab es auch Zuschüsse. »Als 1848 der bisher gereichte jährliche Staatsbeitrag von 2000 Gulden gestrichen wurde, unter der Begründung der Abgeordnetenkammer, man könne die hier erzogenen Töchter daheim im Hause nicht mehr brauchen, übernahm König Wilhelm I. auch diese Summe. Bei der stets wachsenden Schülerzahl und den bescheidenen Gehältern der Lehrer sank allmählich der königliche Zuschuß auf einen sehr mäßigen Betrag.«[5] Im Durchschnitt waren die Mädchen am Ende ihrer Schulzeit 16 Jahre alt. Da die bestehenden Schulen dem Schülerinnenstrom nicht gewachsen waren, wurde 1899 das Charlottengymnasium (heute Hölderlingymnasium) und 1913 die Königin-Charlotten-Realschule (heute Königin-Charlotte-Gymnasium) gegründet. Schulgeld war an diesen Schulen, wie ohne Ausnahme an allen Gymnasien, bis 1955 zu bezahlen.

Das Abitur konnte in all diesen Schulen von den Schülerinnen erst ab 1924 abgelegt werden, weil es nicht einmal im Katharinenstift eine Oberstufe gab. Die Abiturientinnen mußten also die Oberstufe an den entsprechenden staatlichen Jungenschulen abschließen; dafür war eine besondere Genehmigung des Kultusministeriums notwendig. Dies galt auch für die mittlere Reife, die an der Königin-Charlotten-Realschule im Unterricht vorbereitet wurde. Auch diese Prüfung mußte extern an einer Jungenrealschule abgelegt werden.

Das erste Abitur legte in Stuttgart Maria Gräfin von

Die erste Tübinger Studentin gestorben

* In Schaan bei Vaduz im Fürstentum Liechtenstein ist am 25. August Gräfin Maria v. Linden, Professorin der Zoologie a. D., gestorben. Sie war die erste Frau, die in Tübingen ordnungsgemäß als Studentin zugelassen war und auch, im Jahr 1895, doktoriert hat. Sie war am 18. Juli 1869 auf Schloß Burgberg im Oberamt Heidenheim geboren, das nach dem Tod des Grafen Edmund v. Linden im Jahr 1929 noch in ihren Besitz gekommen ist. Es gelang ihr, die schon in der Jugend eine große Energie und starkes Zielbewußtsein besaß, mit Förderung des bekannten Tübinger Zoologen Prof. Dr. Eimer, ihre Zulassung zum Hochschulstudium durchzusetzen, was damals etwas ganz Besonderes war. So war die erste Studentin in Tübingen überall bekannt und die alten Tübinger Studenten und Einwohner erinnern sich ihrer straffen Gestalt noch wohl, zumal sie auch dadurch auffiel, daß sie als leidenschaftliche Reiterin viel im Reitkostüm ausging. Sie war aber naturgemäß — sonst hätte sie sich nicht durchgesetzt — in erster Linie eine eifrige Schülerin der Hochschule und machte bei Prof. Eimer ihren Doktor, um dann als Assistentin an seinem Institut weiterzuarbeiten. Als Eimer 1898 gestorben war, ging sie 1899 als Assistentin an das anatomische Institut nach Bonn. Hier wurde sie 1908 als Vorstand an die neu errichtete parasitologische Abteilung des hygienischen Instituts berufen und 1910 zum außerordentlichen Professor ernannt, wiederum als erste Frau in Preußen. Ihrer Arbeit erwuchs ein Werk über „Parasitismus im Tierreich" (1895) und über „Experimentalforschungen zur Chemotherapie der Tuberkulose" (1920); auch in Fachzeitschriften hat sie Verschiedenes veröffentlicht. In der Geschichte des Frauenstudiums in Württemberg ist sie bahnbrechend gewesen; endgültig durchgesetzt hat es sich ja erst anderthalb Jahrzehnte später, als u. a. Margarete v. Wrangell, die spätere Hohenheimer Professorin, in Tübingen immatrikuliert wurde.

Nachruf auf Maria Gräfin von Linden, die »erste Tübinger Studentin«, im »Merkur« vom 30. August 1936.

Linden 1891 im Karlsgymnasium ab. Sie wurde nach einem schriftlichen Gesuch 1892 die erste Tübinger Studentin und 1910 sogar als erste Frau in Preußen zum außerordentlichen »Professor«. Ihr Lebensweg ist in dem hier wiedergegebenen Nachruf entsprechend pathetisch dargestellt.

Die zweite Stuttgarter Abiturientin ist Sofie Leontine Hagmaier. Sie hat 1898 als erstes Mädchen am Eberhard-Ludwigs-Gymnasium ihr Abitur bestanden und später die Prieser'sche Höhere Mädchenschule geleitet. Von 1912 bis 1929 war sie als Oberstudiendirektorin die Leiterin des Charlotten-Gymnasiums. Als die stadtbekannte Pädagogin 1931 starb, hatte sie bewiesen, daß Frauen sehr wohl fähig sind, leitende Stellungen einfühlsam und bestimmt auszufüllen.

Die Lehrerinnenausbildung, die für die Oberstufe der Gymnasien erst ab 1906 mit einem Universitätsstudium möglich war, konnte für die Höheren Töchterschulen am 1874 gegründeten höheren Lehrerinnenseminar im Katharinenstift in einem zweijährigen Kurs absolviert werden. »Man empfand Anfang der siebziger Jahre schmerzlich, daß es den Höheren Mädchenschulen an richtig vorgebildeten Lehrerinnen fehlte und daß begabte Schülerinnen, die ihre geistige Ausbildung nicht mit der Schule und etwa einer Modepension abschließen wollten, keine Gelegenheit zu weiterer Fortbildung hatten«.[6]

An Ostern jeden Jahres wurden Mädchen, die das 16. Lebensjahr vollendet hatten und den Nachweis über die Aneignung des gesamten Unterrichtsstoffs einer mindestens neunklassigen Höheren Mädchenschule durch eine Aufnahmeprüfung erbringen konnten, ins Seminar aufgenommen. Schulgeld war zu entrichten, 180 Mark für die württembergischen Schülerinnen, 240 Mark für die nicht württembergischen. Dann gab es noch Freistellen mit einem Stipendium, das bis zu 350 Mark jährlich betrug.

1903 wurde die Kurszeit auf drei Jahre verlängert. Den Unterricht erteilten jetzt nicht nur die Lehrer des Stifts, sondern drei Professoren und eine Lehrerin, die nur im Seminar unterrichteten.

Vera Vollmer

Vera Vollmer, die von 1896 bis 1898 dieses Seminar absolvierte, war wohl von der Herkunft her prädestiniert zum Besuch gerade dieser Ausbildungsstätte.

Anna Vera Vollmer war am 9. Mai 1874 in Stuttgart geboren worden. Ihr Vater Robert Vollmer (1836–1892) war königlicher Oberschloßinspektor im Alten Schloß; ihre Mutter, Theresia Wagner (1840–1906), war Hofdame und Vorleserin der Königin Olga. Die Patin der ältesten Tochter des Ehepaars Vollmer war die Herzogin Wera, und Vera Vollmer war stolz auf ihre königliche Umgebung.

Mit sieben Jahren kam sie ins Königin-Katharinenstift, das damals noch Ecke Schloß- und Friedrichstraße lag und vom Alten Schloß aus in fünf Minuten zu erreichen war. Mit 16 verließ sie die Schule, an der sowohl vormittags wie nachmittags unterrichtet wurde (in den beiden ersten Klassen 26 Stunden, in der dritten bis sechsten 32 Stunden und in den beiden letzten Klassen 34 Stunden wöchentlich) mit guten Allgemeinkenntnissen in Biblischer Geschichte, Lesen, Schönschreiben, Rechtschreiben, Aufsatz, Literatur, Rechnen, Geschichte, Geographie, Naturgeschichte und -lehre, Französisch, Englisch, Singen, Zeichnen, Handarbeit und Tanzen.

Sechs Jahre lebte sie dann zu Hause und lernte Kochen und Nähen. Dann meldete sie sich im höheren Lehrerinnenseminar an und durchlief als fleißige Schülerin ohne Mühen die Ausbildung.

Von Mai 1899 bis Oktober 1905 erfüllte Vera Vollmer an verschiedenen Stuttgarter Volksschulen ihre Lehrdienste, dann unterrichtete sie zwei Jahre am Katharinenstift die Klassen der Unter- und Mittelstufe.

Seit 1907 wurden an den Universitäten auch weibliche Studenten immatrikuliert; in Stuttgart an der Technischen Hochschule waren das zum Beispiel drei Frauen, eine in Mathematik und zwei in der Fachrichtung Chemie und Pharmazie.

Vera Vollmer, deren größter Wunsch es war, zu studieren, hatte seit 1906 – das Lehrerinnenabschlußexamen wurde dem Abitur gleichgestellt – die Chance, das zu tun. Sie nahm einen dreijährigen Urlaub von der Schule und schrieb sich mit anderen Lehrerinnen aus Stuttgart als Gasthörerin ein. Erst ab 1909 bekamen sie die vollen akademischen Inskriptionsrechte. Es gab damals neun weibliche Studenten, die ordentlich eingeschrieben waren, und 60 Gasthörerinnen in Tübingen. Das heißt, daß alle Vorlesungsbesuche und Seminare im voraus genehmigt sein mußten, was bei den Professoren, die dem Frauenstudium skeptisch gegenüberstanden, nicht immer einfach war.

Vera Vollmer belegte die Fächer Deutsch, Englisch, Französisch, Geschichte, Geographie, Psychologie und Pädagogik. Das Arbeitspensum war gewaltig. Ihre Wohnung hatte sie samt Hausmädchen von Stuttgart nach Tübingen in die Olgastraße 4 verlegt und führte dort ein gastliches, offenes Haus. In der Tübinger Zeit lernte sie auch die erste Hohenheimer Professorin, Margarete von Wrangell, und Klara Hähnle kennen, die von 1920 bis 1933 Vorsitzende des Württembergischen Lehrerinnenvereins war.

Waren die Studienbedingungen auch schwierig, so war die inzwischen dreiunddreißigjährige Frau doch in ihrem häuslichen Rahmen privilegiert. 1910 legte sie nach dreijähriger Ausbildung in fünf Fächern die Prüfungen ab – das war eine erstaunliche Leistung – und absolvierte ihr Referendarjahr am Katharinenstift.

Neben dem Unterricht arbeitet sie an ihrer Dissertation: »Die Begriffe der Triuwe und der Staete in der höfischen Minnedichtung«. Sie schließt sie 1914 »summa cum laude« ab.

Eigentlich hat sie jetzt schon einen nur in Ausnahmefällen möglichen Höhepunkt einer weiblichen akademischen Laufbahn erklommen. Sie wird Nachfolgerin von Leontine Haglocher (die als Direktorin an das Charlotten-Gymnasium geht) an der Prieser'schen Höheren Mädchenschule. Ab 1914 geht sie als Lehrerin an die Königin-Charlotten-Realschule, unterrichtet aber auch an

Vera Vollmer.

der Oberstufe des Karlsgymnasiums reine Jungenklassen. Die im langen Kleid unterrichtende, erhaben wirkende Lehrerin ist mit Autoritätsproblemen nicht konfrontiert; auch die Knaben erfüllen folgsam die geforderten Pflichten.

Während all ihrer Ausbildungsjahre hat Vera Vollmer sich mit den Schwierigkeiten des Frauenstudiums befaßt, hat Daten zur Frauenbewegung zusammengetragen. In ihrem Nachlaß im Staatsarchiv Stuttgart sind einige dieser zeitgenössischen Dokumente gesammelt. Die Hinweise auf die ersten Stuttgarter Abiturientinnen und Informationen über ihren Werdegang stammen daraus; es gibt Landtagsprotokolle zu einer Sitzung im März 1921, Tagesordnungspunkt: »Benachteiligungen der Medizinstudentinnen und ihre Schwierigkeiten eine Anstellung nach dem Studium zu bekommen«. Die Abgeordnete Klara Klotz (1878–1965) WBB (Württembergischer Bürgerbund) weist, ohne »viel« Beifall aus dem Männergremium (90 Männer, fünf Frauen) zu bekommen, auf die Mißstände hin. Auch eine Fortschrittsmeldung war ihr des Aufbewahrens wert: Die erste Frau wird damals zur theologischen Dienstprüfung zugelassen, und 1928 wird Martha Krockenberger als erste Frau in den Württembergischen Evangelischen Landeskirchentag gewählt.

Als Vera Vollmer am 26. April 1921 als Regierungsrätin und Referentin für das Mädchenschulwesen ins Kultusministerium berufen wird, hat sie in diesem Bereich die absolute Spitze der Karriere erreicht: Sie ist die einzige Frau in Deutschland in einem Kultusministerium überhaupt. Über die Mängel in diesem Mädchenschulwesen weiß sie nur allzugut aus eigener Erfahrung Bescheid. Es fehlt an berufsbildenden Schulen. Eine große Ausnahme ist der Schwäbische Frauenverein, der mit seiner Frauenarbeitsschule, seiner Haushaltungsschule, der Töchterhandelsschule und der Kindergärtnerinnenschule seit 1873 bahnbrechende Arbeit leistet. Es fehlt an Lehrplänen und Prüfungskriterien, nicht nur im gymnasialen Bereich. Eine Verbesserung der Schulung und Bezahlung der weiblichen Lehrkräfte, der Hebammen und Fürsorgerinnen wäre erforderlich. Sie ist unzufrieden mit den kleinen Fortschritten, die sie bewirken kann, unzufrieden auch mit den mangelnden Erfolgen ihres »Fachbereiches« bei der Reichsschulkonferenz 1920. Die Weiterbildung der schulentlassenen Mädchen zur Lehrerin ist immer noch nicht eindeutig geregelt (erst ab 1923), der Ausbau des höheren Mädchenschulwesens dauert ihr viel zu lange (schulinternes Abitur wie gesagt erst ab 1924). Im Bereich der staatlichen Ausbildung von Fachlehrerinnen ist die Gründung des Hauswirtschaftlichen Seminars (1921) in Kirchheim/Teck, an dem sie selbst auch noch unterrichtet und Prüfungen abnimmt, eines ihrer liebsten und erfolgreichsten Projekte. 1929 erreicht sie die Verstaatlichung aller privaten und konfessionellen Hauswirtschaftsschulen. Allerdings ist immer noch die Rollenzuweisung für die Mädchen und Frauen im Ausbildungsbereich eindeutig: In Verbindung mit einer allgemein menschlichen und bürgerlichen Fortbildung sollen sie für ihre hauswirtschaftlichen und hausmütterlichen Aufgaben erzogen werden. Das heißt, daß ein »Frauenschuljahr« an die sechsklassigen Mädchenrealschulen oder die fünfklassigen Mädchenmittelschulen angehängt wird. Diese Regelung hat es dann während des Dritten Reiches sehr erleichtert, das ideologisch verbrämte Frauenbild, dem auch in der Ausbildung nachzueifern war, durchzusetzen und Mädchen an ihm zu messen. Seit 1935/36 gab es, um die »Frauenprioritäten« zu fördern, das sogenannte »Spätzlesabitur« für die Absolventinnen der Frauenoberschule mit dreijähriger hauswirtschaftlicher Oberstufe an der Königin-Charlotten-Oberschule (wie die Königin-Charlotten-Realschule jetzt hieß). Diese nach dem Zweiten Weltkrieg wieder aufgelöste Schulform hat diesem Gymnasium in der Reputation seiner Abitursqualität auch noch später sehr geschadet.

Doch meine Darlegungen über die historischen Ausbildungsformen und Erziehungsvorbilder für Frauen sollen keine Absage an eine fortschrittliche Ausbildung zur perfekten Haushaltsführung sein. Sie erheben jedoch Einspruch dagegen, eine »naturgegebene« Veranlagung der Frauen nur für den Beruf der Haushälterin und Mutter zu reklamieren.

Daß Vera Vollmer eine solche Beschränkung der Frauen im Sinne hatte, ist sicher nicht richtig, hat sie doch noch 1938 die Berufsschulpflicht auch für Mädchen eingeführt. Das spricht dafür, daß sie vielfältige Ausbildungsmöglichkeiten für Mädchen für sinnvoll hielt. Etwas anderes hätte wohl auch nicht zu ihrem eigenen Berufsweg gepaßt.

Aus der Presse- und Öffentlichkeitsarbeit der Oberregierungsrätin ist kaum etwas erhalten, die Archive sind verbrannt. Ihre politische Einstellung war wohl demokratisch-liberal. Von 1918 bis 1925 war Frau Dr. Vollmer Mitglied der DDP; um die gute Zusammenarbeit im Ministerium nicht zu gefährden, wird sie 1933 auf Druck ihres Chefs, des Ministerialrates Dr. Drück, Parteimitglied der NSDAP. Es wäre wohl zu einfach, von ihr als »fortschrittlicher« Frau in dieser Stellung einen eindeutigen Widerspruch gegen das Regime erwartet zu haben; aber sie hat auch Kolleginnen nicht geschützt, die wegen geäußerter Kritik in Schwierigkeiten gerieten. Sie blieb bis 1945 im Amt, wurde 1947 entnazifiziert und war später noch beratend im Ministerium tätig. Nach der Pensionierung war sie weiter schriftstellerisch aktiv. Selbstdiszipliniert und streng, klug und würdig lebte sie bis zum Schluß in dem großbürgerlichen Rahmen, den sie von klein auf liebte und kannte. Ihre Stuttgarter Wohnungen waren immer groß und geräumig gewesen. Aus der Neckarstraße 26, die damals noch eine hochherrschaftliche Wohngegend war, zog sie in den Herdweg 7 (1927–1935), dann in die Relenbergstraße 63. Die alten Möbel und das stilvolle Hausgerät wurden von einem Hausmädchen gepflegt. Vera Vollmers »männliches« Auftreten wandelte sich zu Hause in ein frauliches und mütterliches; sie kochte selbst sehr gerne und gut und verwöhnte mit diesen Fähigkeiten auch ihren großen Freundeskreis.

Am 3. April 1953 ist diese »Wegweiserin der Mädchenbildung«, wie sie in einer Würdigung ihres Lebens genannt wurde[7], nach monatelangem Leiden gestorben. Wie alle Frauen ihrer Generation hat sie mit dem Schicksal zweier Weltkriege trotz ihrer Privilegien des Gut-situiert-Seins kein einfaches Lebens geführt. Als Pädagogin gehörte sie zu jenen gestandenen Frauen der Gründerzeit, die im vollen Bewußtsein ihres rechten Weges die Schwierigkeiten, die sich ihnen entgegenstellten, in mutiger Gelassenheit überwanden.

Sofie und Helene Reis

Stuttgart:

Abteilung des Vereins Frauenbildung — Frauenstudium. Vorſ.: Frau Johanna Daur, Herdweg 51. Del.: Frl. Sophie Reis, Johannesſtr. 13. 176 Mitglieder.

Verein Frauenbewegung (Frauenlesegruppe). Vorſ.: Frl. Helene Reis, Johannesſtr. 13. 160 Mitglieder.

»Jahrbuch der Frauenbewegung«, 1913.

So, wie hier belegt, sind in den Jahrbüchern des Bundes deutscher Frauenvereine von 1912 bis 1931 – in Informationssammlungen der bürgerlichen Frauenbewegung also – die beiden Schwestern Reis immer wieder als Vertreterinnen von Informationsstellen im Bereich der Frauenbildung genannt. Helene Reis wird unter anderem auch als Vorstand der Frauenlesegruppe in der Büchsenstraße 36 erwähnt, Sofie Reis auch als Mitarbeiterin im Schwäbischen Frauenverein in der Abteilung Frauenstudium/Frauenbildung oder als Referentin in der seit 1919 eröffneten Frauenabteilung der Volkshochschule in Stuttgart (siehe die Abbildung unten).

Man beachte das damals sicher mit noch mehr Erstaunen betrachtete »Nur für Frauen!«

Im umseitig abgedruckten Nachruf für Sofie Reis wird die Vielseitigkeit ihres Engagements deutlich; aus den bewegten Abschiedsworten ihrer Mitstreiterin Mathilde Planck (siehe Porträt S. 150) erfahren wir ein wenig vom familiären Hintergrund der Schwestern. Helene Reis bleibt jedoch fast völlig im Dunkel.

Nur über die Schriften der beiden, zum Beispiel im »Frauenberuf. Blätter für Fragen der weiblichen Erziehung, Ausbildung, Berufs- und Hilfsthätigkeit«[8], in

„Zur Entwicklung der Frauenbewegung in Deutschland" (nur für Frauen).

Mittelalterliche Anschauungen über das Wesen der Frau. Geistige Grundlagen der Frauenbefreiung. Die Anfänge a) in der Literatur, b) in der Organisation. Erste deutsche Frauen- und Arbeiterinnenvereine. Die Frau in der Wohlfahrtspflege. Von der Caritas zur Sozialpolitik. Führende Frauen der Frauenbewegung. Gegenwartsfragen: Die Frau in der städtischen und ländlichen Familie, Berufsfragen, Mitarbeit der Frau bei der Bildung sittlicher Lebensideale bei der Gestaltung des Rechts. Die Alkoholfrage als Frauenfrage. Die Frau im Staat und in der Politik. Erziehung und Fürsorge.

Reis. Jeden Freitag 7—8 Uhr abends. Beginn 10. Oktober. Hörsaal: Bürgerschule II, Heusteigstraße.

Aus dem Verzeichnis der Volkshochschule Stuttgart, Winterhalbjahr 1919/20.

der »Frauenwacht«[9] und in Frauenbüchern können wir heute noch die Intensität ihres lebenslangen Einsatzes im Bildungsbereich nachvollziehen.

In der Stuttgarter Chronik von 1902 sind Titel von Vorträgen aufgeführt: Helene Reis und Mathilde Planck sprachen über die Hausfrauen- und Dienstbotenproblematik. Sofie Reis berichtete über die Tagung des Bundes deutscher Frauenvereine – dies nur als Hinweis dafür, daß sie immerhin ein öffentlich zu dokumentierendes Interesse erzeugten.

In einem Artikel im »Frauenberuf«, in dem Sofie Reis kurz vor der geplanten Mitgliederversammlung aller deutschen Gruppen des Vereins »Frauenbildung/Frauenstudium« in Stuttgart im Mai 1903 Bilanz zieht, beschreibt sie die Ziele und Zwecke des Vereins folgendermaßen: »Der Verein hat den Zweck, die Frauen der inneren und äußeren Selbständigkeit zuzuführen, durch Hebung der allgemeinen Bildung und durch Erschließung der wissenschaftlichen Studien und Berufe. Als Mittel zu Erreichung dieses Zweckes dienen:

1. die Einwirkung auf Verbesserung des gesamten Mädchenschulwesens.

Sofie Reis †

Daß nach langjährigem schwerem Leiden Sofie Reis, eine aufopfernde Führerin der württ. Frauenbewegung, entschlafen ist, erfüllt alle, die sie kannten, mit schmerzlichem Bedauern. Die Entschlafene hat auf den verschiedensten Gebieten sozialer und kultureller Frauenarbeit bahnbrechend gewirkt. Ihr ist die Rechtsschutzstelle für Frauen in Stuttgart zu verdanken, die sie jahrelang geführt hat. Auch die Einführung der weiblichen Berufsberatung in Württemberg ist auf ihre Initiative zurückzuführen. Sie hat die von privater Seite gegründete Frauenrechtsschutzstelle Stuttgart bis an die Schwelle des Arbeitsamts geführt. Als Mitbegründerin des Lehrerinnenvereins, des Vereins freier Krankenpflegerinnen und des Frauenklubs hat sie sich für Frauenrecht, Frauenpflicht und Frauenwohl eingesetzt und als Mitbegründerin und langjährige pflichteifrige Schriftführerin der Abteilung Stuttgart des Vereins Frauenbildung-Frauenstudium an jeder Förderung der Frauenbildung tätigen Anteil genommen. Der Literarische Klub verdankt ihr eine viele Jahre hindurch geführte sachverständige Berichterstattung in der ihr nahestehenden Presse. Ihre lebendigen Aufsätze auf verschiedenen Gebieten waren so recht ein Ausdruck ihres Wesens. Als 1914 die Frauen sich dem Vaterlande und ihrer Vaterstadt zur Verfügung stellten, wurde ihr eine Lazarettbibliothek anvertraut. Auch in der Lebensmittelversorgung war sie ehrenamtlich tätig.

Mittwoch, 28. Mai wurde Sofie Reis zur letzten Ruhe gebettet. Ein Zug von teilnehmenden Frauen schloß sich den Leidtragenden an. Mathilde Planck, die Führerin und Mitkämpferin, sprach ihr in ergreifenden Worten die Grabrede. Aus ihrem Lebenslauf entnehmen wir, daß Sofie Reis, tief innerlich religiös, sich keiner Religionsgemeinde zugehörig gefühlt hat. Ohne dogmatische Bindung empfand sie die Seele der Dinge im Einklang mit der Harmonie des Alls. Sie suchte, Schmerzen zu lindern, Gegensätze zu mildern. Deshalb empfand sie auch als eine bittere Enttäuschung die Zerrissenheit Deutschlands nach dem Kriege, die politischen und konfessionellen Gegensätze. — Namens des Verbands Württ. Frauenvereine legte Frau Lilly Kaulla einen Kranz nieder. Studienrätin Dr. Hähnle für den Württ. Lehrerinnenverein, eine Vertreterin der politischen Frauengruppe und des Frauenklubs gedachten der Entschlafenen in Verehrung und Dankbarkeit. Th. S.

Nachruf auf Sofie Reis, 1930.

Die Juristin
von Sofie Reis.

Alljährlich entschließt sich ein Trüppchen strebsamer Abiturientinnen zum Studium der Rechtswissenschaft; mutig überwinden sie die Schwierigkeiten des römischen Rechts und eifrig leben sie sich in die Pandekten [Sammlung des Römischen Rechts] ein, obwohl bis jetzt keine Aussicht für sie besteht, zu den Ämtern zugelassen zu werden, auf die das juristische Studium vorbereitet. Im Winter 1911/12 studierten auf deutschen Hochschulen 65 Frauen die Rechte.

Der abstrakte Rechtsstoff verlangt konzentriertes Denken. Wer in sich nicht die Neigung verspürt, jene strenge Selbstzucht auszuüben, die zu äußerster Sachlichkeit zwingt, der bleibe der Jurisprudenz fern. Dazu sollte ein starkes Interesse für alle Regungen der Menschenseele kommen mit dem Ausgangspunkt der bewußten Selbsterziehung. Für solche Menschen wird der Einblick in die Geschichte des Rechts zu einem Spiegel, der nicht nur die sittliche Entwicklung der Menschheit widerstrahlt, sondern auch die eigene wiederzugeben, zu vertiefen vermag.

Für die Zulassung zum ordnungsmäßigen Studium ist das Reifezeugnis eines Gymnasiums, Realgymnasiums oder einer Oberrealschule erforder-

2. die Errichtung und Unterstützung von Lehranstalten, welche der weiblichen Jugend die gleiche Vorbildung für die Hochschulen sichern wie der männlichen.

3. eine allgemeine Agitation für Erschließung von Bildungsanstalten jeder Art und wissenschaftlicher Berufe für die Frauen.

4. die Beschaffung von Geldmitteln.«[10]

Sofie Reis spricht von dem Verein, der 1898 in Wiesbaden gegründet wurde, als Organisation, die besonders im lokalen Bereich seines Wirkens schon zahlreiche Erfolge verbuchen konnte, nicht zuletzt auch wegen der Kompetenz der Mitglieder und seiner sachlichen Arbeitsweise.

Die so emsig engagierten Schwestern waren in einer »zahlreichen Familie«[11], nämlich der des Rechtsanwaltes Dr. Richard Reis, aufgewachsen. Sofie war die jüngste (*3. Dezember 1867, †26. Mai 1930). Die Daten von Helene Reis sind bislang unbekannt gewesen, konnten aber aus der Registratur des Pragfriedhofes erschlossen werden. Es gab dort früher ein Urnengrab der beiden Schwestern. Demnach ist Helene Reis am 28. Juni 1938 gestorben, und zwar im Alter von 73 Jahren, 3 Monaten und 9 Tagen; sie ist also am 7. Oktober 1865 geboren; ihr Beruf wird als Waisenpflegerin angegeben.

Die Kinder- und Jugendzeit soll fröhlich gewesen sein. Die aufgeweckte Sofie

lich, das letztere ergänzt durch eine Prüfung im Lateinischen. Nach dem mindestens 7–8 Semester umfassenden Hochschulstudium, dessen Gesamtkosten – selbstverständlich ohne Berechnung des Lebensunterhalts – auf ca. 1000 bis 1600 M. sich belaufen, legt der Student der Rechte sein erstes Staatsexamen ab. In keinem Bundesstaat wurden bis jetzt Studentinnen dazu zugelassen, mit Ausnahme von Bayern, wo mit der Neuregelung des Rechtsstudiums die Zulassung von Frauen zu den juristischen Zwischenprüfungen beschlossen wurde, doch mit dem Vorbehalt, daß daraus kein Anrecht auf Zulassung zum Vorbereitungsdienst und zur zweiten Prüfung erwächst. Einen anderen Abschluß ihrer Studien als das Doktordiplom besitzen weibliche Rechtsbeflissene nicht.

Während der Referendar nun in 6 bis 8 Semestern am Amtsgericht, Landgericht und bei einem Rechtsanwalt sich praktisch auf sein zweites Examen vorbereitet, konnte die Juristin bis jetzt lediglich arbeiten: als Volontärin bei einem Rechtsanwalt, an einer Handelskammer oder einer Versicherungsanstalt. Der Kollege von der Universität hat sich als Rechtsanwalt niedergelassen, ist Beamter oder Richter, vielleicht Dozent an einer Hochschule geworden. – Die Juristin wartet auf einen der ganz wenigen besoldeten Plätze als Leiterin einer gemeinnützigen Rechtsauskunftstelle, als Geschäftsführerin ei-

hat das Stuttgarter Lehrerinnenseminar besucht. Warum sie nicht Lehrerin geworden ist, war nicht zu erfahren. Um 1895 schon schloß sie sich den frauenbewegten Frauen Stuttgarts an und hat unter den späteren politischen und weltanschaulichen Konflikten mit ihnen sehr gelitten. Sie selbst war zurückhaltend und auf sachliche Art überlegt: »Ihre Gewöhnung an wissenschaftliche Arbeit erleichterte es ihr, sich in die verschiedenen Seiten der Frauenfrage, die volkswirtschaftliche, die juristische und nicht zuletzt die ethische, aufs gründlichste einzuleben.«[12]

Sofie Reis war auch im musischen Bereich, besonders in der Musik, und schriftstellerisch tätig. »In den Mußestunden und Ferienzeiten konnte sie mit der ihr innig nahestehenden Schwester sich an den Schöpfungen der Kunst erfreuen ... Sie fühlte sich von der Liebe ihrer Geschwister umgeben und in einem gleichgesinnten und gleich strebenden Freundeskreis wurden Anregungen ausgetauscht.«[13]

Ihre Aktivitäten wurden im besten Frauenalter von einem Leiden gebremst, über das wir nicht Näheres erfahren. Trotz aller eigenen Beschwerden, trotz Kriegswirren und der Trauer über die Zerrissenheit ihres Landes ist sie ihren Idealen treu geblieben. »Den Weg der selbständigen, ihrem Gewissen verantwortlichen Frau ist sie gegangen«[14], schreibt Mathilde Planck. Ganz sicher ist

> ner Zentrale für Jugendfürsorge oder vielleicht bei einem Genossenschafts- oder Syndikatssekretariat. Falls sie das Glück hat, in eines dieser Ämter einzurücken, so kann sie jährlich 2–4000 M. verdienen. In keinem Fall darf sie auf den Broterwerb angewiesen sein, denn auch als Journalistin, Redakteurin, als Rechtslehrerin an Fortbildungsanstalten kann sie nicht den ihren Aufwendungen für das Studium entsprechenden Lebensunterhalt, nur höchstens einen Zuschuß erwerben.
>
> Wo die Juristin auch arbeite, überall darf sie von der Tätigkeit eines Juristen nur Teilfunktionen ausüben: an den Rechtsschutzstellen die beratende, aber nicht die vor Gericht verteidigende, an den Jugendfürsorgezentralen die nachforschende, aufsichtführende und organisierende, doch nicht die Tätigkeit des Jugendrichters selbst.
>
> Es unterliegt keinem Zweifel, daß das Amt des Jugendrichters in der Hauptsache erziehlicher und pflegerischer Natur ist, ebenso wie dasjenige des Rechtsanwalts ein beistehendes ist, und daß beide sehr wohl in vollem Umfang von Frauen ausgeführt werden könnten.
>
> Auch die Gemeindeverwaltungen, denen auf sozialpolitischem und erziehlichem Gebiet so viele neue Aufgaben erwachsen, sollten sich mehr und mehr für neue Ämter der Juristinnen versichern und diese Stellungen ausreichend besolden.[15]

jedenfalls, daß die beiden Schwestern Sofie und Helene Reis als bewußt reflektierende Frauen versuchten, ihren Beitrag zur Frauenemanzipation zu leisten und aus den Beschwernissen dieser Arbeit ihren Lebenssinn bezogen haben. Ihre einfache Würde und die Hingabe an die selbstgewählte Aufgabe verdienen auch heute noch eine Dankesadresse der Nachgeborenen.

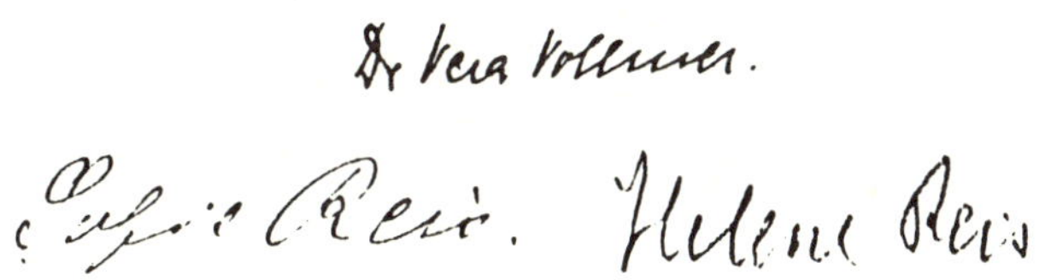

Henriette Arendt

Die erste Polizeiassistentin Stuttgarts

Glücklich unser Staat, in dem Wohltätigkeit nicht mehr Notwendigkeit ist.[1]

»Meine Anstellung am Stadtpolizeiamt in Stuttgart als erste Polizeiassistentin in Deutschland erfolgte am 1. Februar 1903. Die damit übernommenen Pflichten erstreckten sich hauptsächlich auf die Überwachung der am Stadtpolizeiamt Stuttgart eingelieferten weiblichen Gefangenen, sowie auf die Fürsorge für sie nach ihrer Entlassung. Mit welchen unendlich großen Schwierigkeiten eine derartige Tätigkeit häufig verknüpft ist, können nur die ermessen, welche selbst in dieser Arbeit stehen. Bei dieser Art Fürsorge ist besonders die Beobachtung zu machen, aus wie unsäglich kleinen Anlässen heraus die erste Verfehlung eines Menschen häufig erfolgt. Kaum kann man von einer Schuld sprechen; aber die betretene Bahn ist abschüssig und je tiefer jemand auf ihr abwärts gleitet, desto schwerer ist es, ihm aus der Tiefe wieder emporzuhelfen. Diese Hilfe aber muß erfolgen. Es ist die Pflicht der menschlichen Gesellschaft, die Schuldiggewordenen wieder aufzurichten und ihnen die Möglichkeit, ein neues geordnetes Leben zu beginnen, zu eröffnen. Um festzustellen, auf welchem Wege diese Möglichkeiten am ehesten gefunden werden können, sind die Erfahrungen, die ich in meiner polizeilichen Tätigkeit machen konnte, vielleicht zu verwerten.«[2]

So beginnt Henriette Arendt ihre erste Publikation, die ihre schwierige Arbeit in einem ganz neuen und deshalb auch viel beachteten Berufszweig für Frauen dokumentieren sollte. Gleichzeitig aber warb sie mit diesem Buch um Verständnis und um Unterstützung.

In der Einführung zu ihrem Buch zeigt das Reichstagsmitglied Friedrich Naumann (Freie Vereinigung, FrVg)[3] das Doppelbödige und Doppeldeutige ihres Auftrages. Er unterstützt die psychologische Notwendigkeit von weiblichen Beamten in der »Sitte«, wie diese Amtsstelle heute wohl hieße.

»Schwester Henny Arendt ist Polizeibeamtin in Stuttgart und somit Vertreterin eines Berufes, der bis vor kurzem als ein rein männlicher erschien. Was hat die Polizei mit Weiblichkeit zu schaffen? Mehr als man gewöhnlich weiß! Das ganze Heer der armen zerbrochenen Weiblichkeit in den Großstädten wird von den Polizeileuten kontrolliert, inhaftiert, ins Elend hinein festgebannt oder aus ihm herausgezogen. Der Polizist ist der Vertreter der Staatsgewalt gegenüber allen Bettlerinnen, Diebinnen, Dirnen und zwar ist er das gleichsam im Nebenamt. Die Weiber werden von ihm je nachdem mit Härte oder Gutmütigkeit, barsch oder nachsichtig unter Paragraphen gebracht, was aber aus der Einzelnen wird, liegt jenseits der Amtsarbeit der Männerpolizei. Hier kann nur weibliche Polizei helfen. Wie sie zu arbeiten hat, läßt sich nicht von vornherein durch fertige Instruktionen vorschreiben, sondern muß von denen erprobt werden, die zuerst in dieses Amt berufen sind. Eine von den wenigen Frauen, denen es gegeben ist, Pfadfinderinnen auf diesem neuen und schwierigen Gebiet zu werden, ist Schwester Arendt. Das, was sie uns bietet ist kein festes System weiblicher Polizei, sondern ein Einblick in einen erst werdenden Staatsberuf, damit aber in aller Schlichtheit und Einfachheit ein nicht unwesentlicher Beitrag zum Eindringen der Frau in öffentliche Ämter ... es gibt staatliche Obliegenheiten, die nur von Frauen erledigt werden können und die überhaupt nicht erledigt werden, wenn wir nur Männerbeamte haben.

Die Polizeibeamtin ist als solche eine Vertreterin der menschlichen Fürsorge gegenüber der Unterwelt der Frauen und berührt sich deshalb mit den Arbeiten der christlichen Vereine, die seit Jahren sich um Magdalenen, Schwachsinnige, Kranke und Verkommene gekümmert haben. Sie ist die Mittelsperson zwischen Strafgewalt und Rettungsverband und kann nach beiden Seiten hin bessernd wirken, einerseits indem sie die rohe und oft direkt schädliche Ausübung der Macht gegenüber der Schlauheit und Selbsterhaltungssucht des Lasters in richtige Bahnen zu lenken sucht, andererseits indem sie die zusammenhangslose Arbeit verschiedener Vereine von einer Stelle aus beeinflußt und vermehrt. Natürlich kann eine einzelne Polizeiassistentin für sich allein nicht den ganzen Gang der Dinge ändern, aber gerade dieses kleine Buch zeigt, wieviel schon von einer einzelnen Person aus geschehen kann, wenn sie nur das Herz auf dem rechten Fleck hat und jenen großen Glauben an den Wert jeder einzelnen armen Menschenseele besitzt, ohne den niemand die Geduld hat, die zur Menschenrettung gehört. Eine Polizei ohne diesen Glauben tut vielfach vergebliche Arbeit, indem sie straft, ohne daß die Strafe irgendwem etwas nützt ...

Welche großen Summen geben unsre Staatskassen aus, um Gefängnisse und Krankenhäuser zu unterhalten! Eine Arbeit, wie sie Schwester Arendt tut, hat nur eine ersparende Kraft. Fast jede Person, die durch sie in geordnete Lebensverhältnisse zurückgeführt oder in Anstaltserziehung eingereiht wird, würde ohne diese vermittelnde Tätigkeit dem Staate viel mehr Geld kosten. Deshalb ist es berechtigt, derartige Beamtinnen aus öffentlichen Mitteln zu bezahlen. Es steht garnicht so, als habe der Staat nichts mit Seelenpflege zu tun und müßte sie durchaus den frommen Vereinen überlassen ... Der Staat hat allen Konfessionen zu dienen und hat dem Notstand gegenüber nur die eine Aufgabe, die Wohlfahrt und Ordnung zu vermehren. Bieten sich ihm dabei Kräfte, wie sie aus

Bei der Kleiderdesinfektion im Gesundheitsamt.

religiösen Anstalten erwachsen sind, so soll er keine Bedenken haben, sie in seinem Nutzen der Allgmeinheit zu Diensten zu stellen. Deshalb kann man sagen: indem die Stuttgarter Polizeischwester von ihren Amtserfahrungen redet, verteidigt sie ihr Amt ... Ich wünsche meinesteils der Polizeiassistentin von Stuttgart viele Leser, Helfer und Nachfolgerinnen!«[4]

In diesem Vorwort wird ganz klar dargestellt, wo im Tätigkeitsbereich einer Polizeischwester Konfliktsituationen entstehen mußten, nämlich im Bereich der Polizeihierarchie und ihres Machtverständnisses und im Konkurrenzverhalten der verschiedenen Wohlfahrtsvereine, die sich durch eine Koordinationsstelle nicht gängeln lassen wollten.

Aber bevor diese Schwierigkeiten im besonderen Falle der Henriette Arendt für die Stuttgarter Verhältnisse beschrieben werden – was nach über 80 Jahren, in denen all die verzwickten Fakten und Meinungsäußerungen pro und contra Polizeiassistentin in den Akten schlummerten, nicht einfach ist –, muß gesagt werden, daß zumindest die Billigung des Berufs der Polizeiassistentin stetig zugenommen hat. Es wurde gute Arbeit von den Frauen geleistet, die – »typisch weiblich« – Aufopferung und menschliches Verständnis für ihre Schützlinge über die materielle Entschädigung stellten, die sie als Lohn bekamen.

Daß das Stuttgarter Beispiel trotz allem Schule in Deutschland gemacht hat, unterstreicht ein Kommentar von Anna

Freiwillige Krankenpflege im Haueisen-Lazarett, 1914/15.

Blos (siehe Porträt S. 173), der 1917 in einer Broschüre zur »Kommunalen Frauenarbeit im Kriege« erschienen ist. Sie hat hier die vor und während des Krieges unter Beweis gestellte Eignung der Frauen auch für die Polizeiverwaltung dokumentiert.

»Die Einstellung der ersten Polizeiassistentin erfolgte im Jahre 1903 in Stuttgart. Diese Einstellung erregte ein gewisses Aufsehen in Deutschland. Es war das erstemal, daß eine Frau dem Beamtenkörper der Polizei einverleibt wurde. Inzwischen ist die Zahl der Polizeiassistentinnen prozentual sehr hoch gestiegen, das heißt um 140 %, wenn auch die absolute Zahl noch immer sehr klein ist, denn wir haben erst 36 solcher Beamtinnen in Deutschland. Hier ist aber der Beamtencharakter streng gewahrt, das heißt die Polizeiassistentinnen sind nirgends ehrenamtlich tätig, sondern sie beziehen feste Gehälter, die zwischen 1000 Mk.–4500 Mk. schwanken. Dieses hohe Gehalt gewährt Altona, wo die Beamtin lebenslang angestellt ist, mit vier Wochen Urlaubsberechtigung. Ihr Aufgabenkreis ist die gesamte soziale Fürsorge, die in das Polizeigebiet fällt. Ihre Vorbildung besteht in sozialer Tätigkeit.«[5]

Die von Anna Blos hier geschilderte Altonaer Situation war eine überaus fortschrittliche Ausnahme. Frauen hatten noch Jahrzehnte darum zu kämpfen, daß die Beamtinnengehälter denen der Beamten in der Höhe angeglichen wurden. Dazu ein zeitgenössischer Kommentar aus dem Jahrbuch des Bundes Deutscher

Frauenvereine von 1919 zu den Anstellungs- und Ausbildungsverhältnissen der Kommunalbeamtinnen von Recha Rotschild:

»Noch immer begegnet das Eindringen der Frau in die Beamtenlaufbahn auf Seiten der Beamtenschaft selbst auf dumpfen Widerstand. Sucht man verstandesgemäß die Gründe dieser Erscheinung zu erfassen, so tritt einem – nach Ausscheidung aller möglichen Imponderabilien – als letztes und anscheinend stichhaltiges Argument die Behauptung entgegen, daß die weibliche Konkurrenz die Tendenz zur Unterbietung habe und darum prinzipiell als Schädling zu betrachten sei. Die Stichhaltigkeit dieses Argumentes wird zunächst dadurch in Frage gestellt, daß die Überzahl der den Frauen im Beamtenleben und insbesondere im kommunalen Dienst offenstehenden Posten gar nicht in die Beamtenhierarchie eingeordnet sind ... Die große Zahl der Waisenpflegerinnen, Ziehkinderüberwacherinnen, Schulschwestern, Wohnungspflegerinnen, kurz der sozial-kommunalen Beamtinnen, unterliegt in Bezug auf ihr Arbeitsgebiet und ihre Arbeitsbedingungen anderen Normen, als sie für die reine Verwaltungsarbeit maßgebend sind. So wesentlich es erscheint, ihre berufliche Ausbildung zu fördern, ihre Stellung zu heben, ihre Besoldungsverhältnisse befriedigend zu gestalten ... es bietet sich nur schwer ein Angriffspunkt, um Vergleiche zwischen den Gehaltsverhältnissen männlicher und weiblicher Beamten anzustellen.«[6]

Und so blieb es noch lange, auch wenn Frauen als wirkliche Beamtin (Lehrerin, Post- und Telegraphenbeamtin zum Beispiel) mit den gleichen Rechten und Pflichten ausgestattet waren wie die Männer.

Henriette Arendt war auch im Besoldungsbereich eine schlecht ausgestattete Pionierin. Die Öffentlichkeitsarbeit der Frauen war bei weitem noch nicht so stark wie 1919 nach dem Erreichen des Wahlrechts, und so blieb ihr nichts anderes übrig, als auch hier im Alleingang ihre harten Vorraussetzungen nach fünfjähriger Amtszeit zu kommentieren: »Oft dachte ich zurück an den Beginn meiner Tätigkeit in Stuttgart, an mein ärmliches kleines Zimmer in der Hohenstraße und an den anstrengenden Dienst auf der Polizei von 7 Uhr früh, oft bis 2 und auch 3 Uhr nachts, an die große Not, die so viele meiner Schützlinge leiden mußten und an den Schmerz, den ich empfand, so wenig helfen zu können, weil mir die Mittel dazu fehlten! Da konnte ich noch kein Vorasyl gründen, sondern mußte die Leute in meinem engen Zimmer aufnehmen und ihnen von meiner eigenen Wäsche und Kleidung geben. Erwies sich dann mein monatliches Gehalt von Mk. 250.– schon kaum ausreichend, so gestaltete sich der Fall noch viel schwieriger, wenn eines der Mädchen sich bereit erklärte, in eine Rettungsanstalt zu gehen, oder gerne zu ihren Angehörigen heimbefördert werden wollte. Zur Fürsorge für die Gefangenen nach ihrer Entlassung war ich ja von Stadtschultheißenamt angestellt worden, aber die Hauptsache, die Mittel dazu, gab man mir nicht. Ich mußte alles von meinem Gehalt bestreiten, Reisekosten für mich und meine jeweiligen Schützlinge, Verpflegungskosten und anständige Kleidung für diese und außerdem für jeden Tag, den ich auswärts war, noch Mk. 3.– für meine Stellvertreterin im Amt. Da geriet ich denn schließlich in eine unangenehme Situation und nachdem ich alles, was ich an Schmuck und sonstigem überflüssigem Kram besaß, so ziemlich verkauft hatte, legte ich dem Herrn Polizeirat eine Beichte ab. Nie werde ich es vergessen, wie väterlich und freundlich er damals mit mir sprach. Mit ihm und der Vorsteherin des Pflegeschwesternverbandes, dem ich angehörte, wurde dann beschlossen, an die Privatwohltätigkeit zu appellieren.«[7]

Not und Elend mußten gelindert und auch »verwaltet« werden, und Schwester Henny tat dies ohne Rücksichtnahme auf ihr eigenes Vermögen. Sie suchte Auswege und fand sie. Aber gerade das wurde ihr zum Vorwurf gemacht. Eigenständig zu handeln, um wirksam Not zu lindern, war eben nicht unterwürfig. Und daß sie erkannt hatte, daß die sozialen Mißstände und die drohende Verschlechterung besonders für Jugendliche unheilvolle Auswirkungen haben mußten, wurde ihr als Schwarzmalerei vorgeworfen.

Leider sollte sie recht behalten. Waren von 1903 bis 1908 während ihrer Amtszeit die Möglichkeiten der Hilfe schon knapp, wie wenig erst konnte die Lawine der Not während des Ersten Weltkrieges gebremst werden! Daß durch den Krieg für viele Jugendliche die sowieso schon schwierigen sozialen und gesellschaftlichen Verhältnisse noch unüberwindbarer wurden, daß viele auf die schiefe Bahn gerieten, belegt wiederum Anna Blos:

»Seit Kriegsausbruch hat sich die Zahl der Kriminalität der Jugendlichen noch bedeutend gesteigert, wie die Statistik des Jugendfürsorgevereins in Stuttgart beweist. Dort wurden abgeurteilt:

Jugendliche zwischen 12 bis 14 Jahren 1914: 37, 1915: 115, Zunahme 210 Prozent.

Jugendliche zwischen 14 bis 16 Jahren 1914: 75, 1915: 150, Zunahme 100 Prozent.

Jugendliche zwischen 16 bis 18 Jahren 1914: 180, 1915: 243, Zunahme 35,75 Prozent.

Hier machen sich also die Folgen des Krieges in traurigster Weise bemerkbar. Die Kinder sehen und hören täglich so viel von den traurigen Begleiterscheinungen des Krieges. Die Väter, die vor dem Kriege ihren Einfluß auf die Kinder geltend machen konnten, fehlen. Die Mütter haben infolge vermehrter Erwerbsarbeit weniger Zeit für die Kinder. Man wird immer mehr zu der Einsicht kommen, daß hier nichts mit strengen Gesetzen und mit verschärften Strafbestimmungen gebessert werden wird, sondern man wird begreifen, daß die Wurzeln des Uebels, nicht seine Folgen ausgerottet werden müssen. Hier eröffnet sich für die Polizeiassistentin ein weites Feld der Tätigkeit. Ihr ist es viel leichter, die menschliche Seite des Beamtentums zu bewahren ...«[8]

Nun haben aber gerade die eskalierenden Schwierigkeiten, die die Amtszeit der ersten Stuttgarter Polizeiassistentin begleiteten, grundsätzlich mit dieser menschlichen Seite des Beamtentums zu tun. Ihre Arbeit wurde als Angriff auf eine sogenannte Männerdomäne verstanden.

Durch die weibliche Direktheit und Dringlichkeit Henriette Arendts wurden auch alle Ressentiments gegen die Tätigkeit einer Frau in einer autoritativen öffentlichen Funktion genährt: Sie hat ihr Amt eher zu eifrig als zu lasch ausgeübt, hat die Gelder, die sie durch ihre Veröffentlichungen verdiente, für ihre Tätigkeit verwendet und dies in Kassenberichten öffentlich dargelegt. Sie konnte aber trotzdem nicht verhindern, daß sie als »hergelaufene, bettelarme Schwindlerin« bezeichent wurde, die in Stuttgart nur ihren »Judenbeutel füllen wollte.«[9] Veruntreuungen oder Bereicherungen konnten ihr aber nie nachgewiesen werden. Und nicht nur von Seiten der Bürokratie bekam sie Hindernisse in den Weg gelegt und wurde gescholten – es ist da noch eine andere Grundunverträglichkeit: »Wenn ich meine vielen Fehler und Schwächen auch klar erkenne und auch in dem von mir so geliebten Amt vielleicht mit zu großer Leidenschaftlichkeit, mit zu ungestümem Eifer vorgegangen bin und dem schwäbischen Volkscharakter zu wenig Rechnung getragen habe, ich darf doch das unerschütterliche Bewußtsein haben, daß ich vielen Hunderten von unglücklichen Menschen geholfen habe und dereinst nicht mit leeren Händen vor dem höchsten Richter stehen werde ...«[10]

Henriette Arendts Rebellentum wurde auch von bürgerlichen Frauen, die im Wohlfahrtsbereich ehrenamtlich arbeiteten, als radikale Einmischung, als »reklamehafter« Angriff auf ein Terrain verstanden, in dem Frauen in einer gesellschaftlich positiv bewerteten Arbeit auch repräsentativ – in der erforderlichen Demut allerdings – öffentlich auftreten und arbeiten durften. Wohlfahrtspflege galt als gesellschaftsfähiges Anliegen der Honoratiorenfrauen, die so auf diese Weise einen anerkannten Platz im öffentlichen Leben einnehmen konnten. Zuviel Kritik oder Anklage, die nicht mehr mit der gesellschaftlichen Übereinkunft »Das-muß-so-sein« konform ging, war auch von dieser Seite nicht gefragt. Ob die Schwierigkeiten Henriette Arendts, die sehr offen und öffentlich mit den Verhältnissen haderte, und ihre Auseinandersetzungen mit den Honoratiorenfrauen – zum Beispiel mit der »frauenbewegten« Vorsitzenden des württembergischen Frauenvereins für hilfsbedürftige Kinder, der Geheimratsgattin Paula von Göz – auf diese Haltung zurückzuführen sind oder ob hier persönliche Unverträglichkeiten oder einfach der Widerstand gewisser Einheimischer gegen eine »jüdische Reingeschmeckte« verantwortlich zu machen ist, kann heute kaum noch geklärt werden. Von ihren Widersacherinnen wurde der Polizeiassistentin vorgeworfen, abfällige Kritik an der gesamten Jugendfürsorge Württembergs geäußert zu haben. Dabei hatte sie mit der Gründung eines Vereins »Kinderschutz« alle in diesem Bereich arbeitenden Verbände zu einer effektiveren Zusammenarbeit verknüpfen wollen und ihrer Meinung nach nur auf Lücken hingewiesen.

Die Ambivalenz der Wohltätigkeit, die nicht nur Hingabe, sondern auch Geltungssucht bedeuten kann, gilt natürlich genauso für Henriette Arendt. Unverheiratet und ohne männliche Unterstützung agierend, hatte sie sich ihrem Beruf mit Haut und Haaren verschrieben und arbeitete bis zum Umfallen. Ein harter Weg, der, ungeachtet der Beweggründe, Anerkennung verdient hätte. Allerdings wurde sie von Frauen, die nicht zum weiblichen Großbürgertum gehörten, als engagiert, uneitel und belastbar in ihrem notwendigen Clinch mit der Stuttgarter Bürokratie (das heißt hier: Gemeinderat und Schultheißenamt) beschrieben.

Auch heute noch wären Aufdeckungen im Bereich des Kinderhandels, des unlauteren Geschäftsgebarens im Adoptionsbereich, wäre die gnadenlose Beschreibung sozialer Mißstände, die Opfer nicht zu Schuldigen abstempelt, sondern die gesellschaftlichen Verhältnisse anprangert, in gewissen Medien- und Öffentlichkeitsbereichen ein Grund, die Kritikerin zu verunglimpfen. Und da die Stuttgarter Welt damals noch kleiner war und weniger liberal orientiert, waren die sogenannten Skandale, die die Polizeiassistentin aufdeckte, wie ein Stich ins Wespennest. Die eminente Wichtigkeit ihrer Person wird auch von der Tatsache unterstrichen, daß ihre gesamte Personalakte mit Presseberichten und einem Teil ihrer Publikationen, ihre Verhörprotokolle, die Überwachungsmaßnahmen und ein Stück weit auch ihr weiterer Lebenslauf nach Beendigung ihrer Stuttgarter »Karriere« im Staatsarchiv in Ludwigsburg[11] (hier werden auch die Akten der damaligen königlich württembergischen Landespolizeizentrale aufbewahrt) eingesehen werden können. Ein Glück für die Frauengeschichtsschreibung, die nur in wenigen Fällen so fündig wird!

Die Lebensdaten dieser engagierten Helferin und Kritikerin mit kriminalistischem Gespür wären ohne das Prädikat »Geheimsache« wohl kaum noch ans Tageslicht zu bringen gewesen. Ein Foto war leider nicht mehr auffindbar.

Aus diesen Akten – der Beurteilung zur Stuttgarter Anstellung in diesem Fall – erfahren wir, daß Henriette Arendt am 11. November 1874 in Königsberg als Tochter des Kaufmanns und Stadtverordneten Arendt geboren wurde. In ihrem Buch »Dornenpfade der Barmherzigkeit«[12], einem angeblich wahren Tagebuch einer Schwester Gerda, das aber stark autobiographische Züge Henriette Arendts trägt, beschreibt sie die Jugend dieser Gerda – alias Henriette – als einsam und ungeliebt. Die Mutter ist demnach kurz nach der Geburt (sie hatte noch einen um ein Jahr älteren Bruder) gestorben. Der Vater hat dann die jüngere Schwester der Mutter geheiratet. Das später sehr gute Verhältnis zu dieser Stiefmutter soll in der Kindheit schwierig gewesen sein. Aber da Henriette Arendt sich selbst eine »romantische Natur«[13] zuschreibt, ist dieses Tagebuch eher der Versuch einer romanhaften Verbrämung der öden Wirklichkeit. Die Krankenschwester Gerda befindet sich gerade in einer Krise ihres Schwesternberufes, als sie folgendes notiert: »Ich möchte erleben, nicht den alltäglichen Weg gehen, in der Welt herumkommen und Studien machen, aber nicht den Beruf aufgeben. In jedem Menschen, in allen Verhältnissen suche ich das Besondere herauszufinden, etwas, woraus sich ein Roman entwickeln könnte, so auch in meinem eigenen Leben.«[14]

Über den psychischen Rückhalt Henriette Arendts in ihrer Familie kann von heute aus nicht mehr geurteilt werden. Sicher ist, daß sie eine gute Ausbildung bekommen hatte. Sie steht damit in der Tradition der jüdischen Bürgertöcher. Ute Frevert schreibt dazu: »Bildung und Kultur wurden im jüdischen Bürgertum großgeschrieben, und Frauen nahmen hier seit Beginn des 19. Jahrhunderts wichtige Vermittlungsfunktionen wahr. Vom traditionellen jüdischen Bildungskanon ausgeschlossen, beschäftigten sie sich frühzeitig mit Sprache, Literatur und Kultur der Getto-Außenwelt und bewahrten diese kulturelle Dominanz auch dann noch, als Emanzipation und Assimilation die Grenzen zwischen Judentum und Umwelt durchlässiger machten. Jüdische Bürgertöchter erhielten in der Regel eine bessere schulische Ausbildung als ihre nichtjüdischen Freundinnen und waren an höheren Mädchenschulen und Universitäten deutlich überrepräsentiert. Als Ehefrauen nahmen sie aktiv an der jüdischen Gemeindearbeit teil und leisteten karitative Sozialarbeit an verarmten und kranken Gemeindemitgliedern ... die Wohlfahrtseinrichtungen jüdischer Gemeinden galten in der Zahl und Ausstattung als vorbildlich. Daß gerade jüdische Frauen in der weiblichen Sozialarbeit eine so große Rolle spielten und dem ›sozialen Feminismus‹ entscheidende Impulse gaben, kann daher kaum verwundern.«[15]

Henriette Arendt stand – bewußt oder unbewußt – in dieser Tradition. Sie absolvierte die höhere Töchterschule in Königsberg und anschließend die erste Klasse der Ecole Supérieure in Genf. Sie sprach außer deutsch französisch, englisch und russisch.

Nach einem anschließenden Jahr an einer Handelsschule für höhere Töchter in Berlin arbeitete sie drei Jahre als Korrespondentin und Buchhalterin in Königsberg.

Mit 21 Jahren begann sie einen einjährigen Krankenpflegekurs im Jüdischen Krankenhaus in Berlin. Fortan trug sie also Schwesterntracht mit der für die damalige Zeit typischen weißen Haube mit Bändern. Sie arbeitete nach der Ausbildung noch ein Jahr im Jüdischen Krankenhaus und trat dann in den Berliner Schwesternbund zum Roten Kreuz, ins Augustahaus, ein. Sie war in der Privatpflege tätig, arbeitete auch immer wieder im Krankenhaus und in Kassenheilanstalten. Außerdem wurde sie vom Roten Kreuz an Kriegsschauplätze gesandt. Wie bewußt zum Krieg und zur Kriegsopferpflege erzogen wurde, dokumentieren die hier abgebildeten Fotos der Stuttgarter Rotkreuz-Kindergruppe und das Posieren des kleinen Jungen im Soldatenrock.

Die Gesundheit der Rotekreuzschwester Henriette Arendt wurde durch die anstrengende und zeitlich fast nicht eingegrenzte Tätigkeit schwer angegriffen; ihre Stuttgarter Tätigkeit hat da keine Besserung gebracht.

Im Sommer 1902 schloß sie sich während einer Tätigkeit als Stationsschwester in der Lungenheilanstalt Schömberg (Neuenburg) dem Stuttgarter Hilfspflegerinnenbund an und erfuhr so von der Ausschreibung der Polizeiassistentenstelle.

Es ist müßig, über Ursachen und Wirkung ihres Stuttgarter Schicksals nachzudenken. Der dramatische Knoten war

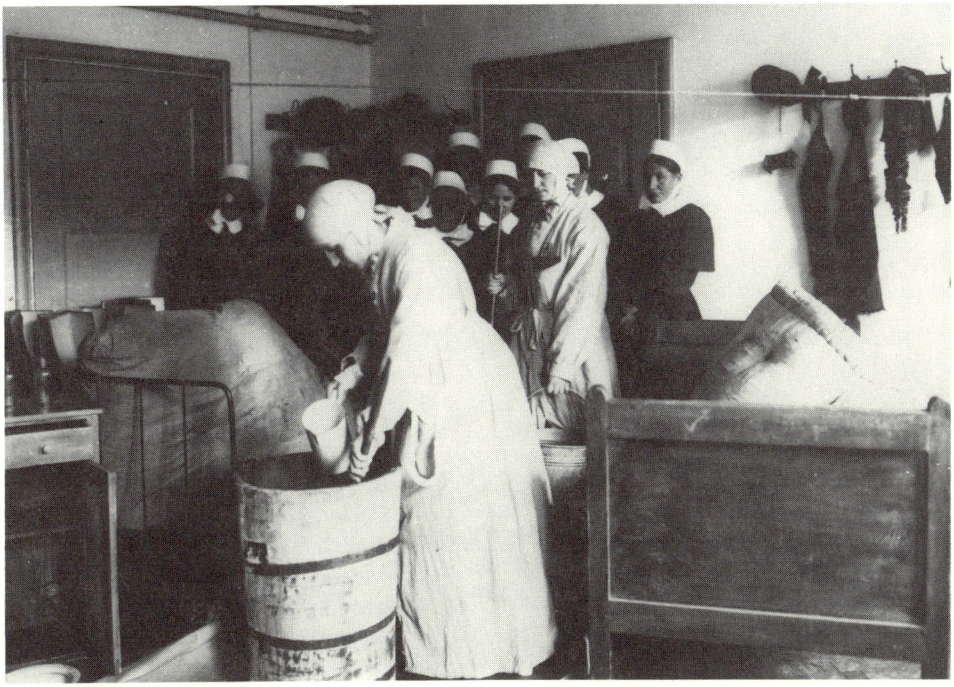

Bei der Bettendesinfektion (Schwesternausbildung).

von Anfang an geknüpft. In ihrem Buch »Erlebnisse einer Polizeiassistentin« versucht sie, sich mit vielen Fallschilderungen zu rehabilitieren: »Dieses Bändchen soll gleichzeitig meine schweren Kämpfe auf dem Gebiete sozialer Fürsorge schildern, den Kampf gegen den engherzigen, fortschrittfeindlichen Bürokratismus und gegen den Pietismus, welcher sich in der Dunkelheit mit aller Macht gegen jede humanitäre Bestrebung auflehnt, die nicht von der Kirche ausgeht. Die jahrelangen harten Kämpfe haben meine Gesundheit untergraben und mich gezwungen, am 1. Februar 1909, nach 6-jähriger Tätigkeit, mein Amt als Polizeiassistentin in Stuttgart niederzulegen. Scheinbar haben Bürokratismus und Pietismus in diesem Kampfe gesiegt. Aber den Gedanken allgemeiner sozialer Hilfeleistung, ohne engherzige Beschränkung, haben sie nicht vernichten können.«[16]

Trotz aller Verhöre, aller Angriffe wurde ihr nie ein Prozeß gemacht. Der Gemeinderat hat ihrem Ausscheiden einstimmig zugestimmt. Wohl deshalb, weil es ihren Gegnern auch noch gelungen war, ihre sittlich-moralische Haltung anzugreifen. Eine angebliche Affäre mit einem Polizeiassessor im Dienstzimmer war mit ein Kündigungsgrund in der nichtöffentlichen Sitzung des Gemeinderates, in der ihr folgende Punkte vorgeworfen wurden: »Nr. 1. Verletzung des Amtsgeheimnisses in Wort und Schrift. Nr. 2. Die Beleidigung der Schutztruppe in Südafrika. Nr. 3. Das

Jungmädchenbund vom roten Kreuz? Stuttgarter Mädchen gehen zur Uebung für den Sanitätsdienst.

Jungmädchenbund vom roten Kreuz? Stuttgarter Mädchen üben sich im Sanitätsdienst.

„Lieb Vaterland magst ruhig sein".
Ein Stuttgarter Junge in der Uniform eines bei dessen Eltern einquartierten Soldaten.

Mädchen dienen und helfen – Jungen werden auf ihre »Helden«-Rolle vorbereitet (linke Seite und oben). Ansichtskarten aus der Zeit des Ersten Weltkriegs.

Hauptverbrechen, daß die private Fürsorgetätigkeit meine Zeit zu sehr in Anspruch nimmt und meine fortgesetzte Weigerung meine Fürsorgetätigkeit einzuschränken.«[17]

Eine Pension bekam sie nicht; sie blieb nur noch eine Weile ein Politikum selbst im Bereich der linken liberalen Presse.

Der liberale »Beobachter« zum Beispiel schrieb eher ungünstig über sie, weil die »Schwäbische Tagwacht« unter dem ultralinken Außenseiter und Redakteur Friedrich Westmeyer (1873–1917) für sie Partei ergriffen hatte. Der »Beobachter« begriff dies als Rache Westmeyers an den SPD-Gemeinderäten, weil er selbst nicht in den Gemeinderat gewählt worden war. So konnten fast alle ihr Messerchen an ihr wetzen.

Sie selbst hatte sich resigniert und krank von Stuttgart verabschiedet. Eine chronische Herzerweiterung und eine Nervenschwäche ließen befürchten, daß sich ihre Erwerbsfähigkeit auf Dauer mindern werde. Neben der täglichen mindestens zehnstündigen Arbeitszeit, die auch noch länger sein konnte, hatten die Verhöre, »etwa 40–60, von verschiedenen Beamten geführt«[18], ihre Gesundheit untergraben. Erbost war sie auch über ihre Nachfolge: »Als Stellvertreter der Polizeiassistentin fungiert von da ab [nach ihrem Weggang] ein Fahnder auf dem Stadtpolizeiamt, in dessen Gegenwart die Prostituierten sich im Wartezimmer auch entkleiden müssen. Bei der ärztlichen Untersuchung assistiert die Frau des Gefängniswärters.«[19]

Wollen wir ihr glauben, gab sie aber auch in ihrer letzten Handlung nicht klein bei. Ihr Büro konnte sie zwar nur mit Mühe räumen, weil der sie vertretende Fahnder, scherzhaft »Polizeibruder« genannt, sie daran zu hindern versuchte, aber nach vier Stunden konnte sie die ihr wichtigsten Dinge an sich nehmen.

Ihr weiterer Lebensweg ist dank der polizeilichen Überprüfungen noch bis 1916 zu verfolgen. Ab 1909 lebte sie hauptsächlich in der Schweiz, zog mit Vorträgen durch ganz Deutschland, hatte aber auch noch ein Domizil in Stuttgart. Viel umgezogen war sie in ihrer Stuttgarter Zeit: Vom Herdweg in die Hospitalstraße, in die Jägerstraße, in die Kelterstraße und in die Römerstraße.

Nach ihrem Stuttgarter »Ende« arbeitete sie als selbsternannte Detektivin, um den internationalen Kinderhandel zu stören und um Kinder zu retten. Veröffentlichte Kassenberichte geben bis 1913[20] über diese Tätigkeit Auskunft.

Der Erste Weltkrieg hemmte ihre Reisetätigkeit, die bis nach Amerika gehen sollte. In einem Bericht über ihre Kriegserlebnisse[21] gibt sie folgende Pläne an: »Auf dem Weltbund der Krankenpflegerinnen in Köln, wo mir auch ein Referat übertragen worden war, lernte ich mehrere Oberinnen kennen, die mich wiederholt einluden nach Grossbritanien zu kommen. Im Mai 1914 kam ich dieser Einladung nach. Ich sprach zuerst in Birmingham, dann in London und anderen Städten und hatte auch die Ehre im Parlamentshaus einen kleinen Vortrag zu halten. Der Bischof von London und andere hochangesehene Persönlichkeiten interessierten sich für meine Bestrebungen und versprachen mir, dieselben zu fördern. Für den Herbst 1914 hatte ich Aussicht unter dem Protektorat Ihrer Durchlaucht der Frau Herzogin von Marlborough in sogenannten ›drawing-meetings‹ zu sprechen. Auch von Amerika aus wurde ich ersucht im Laufe des Winters 1914/15 Vorträge über mein Amt zu halten und 65 amerikanische Zeitungen hatten bereits auf diese geplante Vortragstournée hingewiesen. Der Ausbruch des Krieges im August 1914 machte alle meine Hoffnungen zunichte.«[22]

Ihr weiterer Aufenthalt in England verlief abenteuerlich und gefährlich. War das die Romantik, die sie suchte?

Da sie sich mit einem Schweizer Domizilschein (sie besaß in Ascona ein Haus) als Schweizerin ausgab, wurde sie bei Kriegsanbruch nicht behelligt. Aber als ihre Familie über das deutsche Konsulat nach ihr fahndete, belangte man sie wegen Falschaussage; sie konnte jedoch an der Küste, in Bournemouth bleiben, wo sie als Dolmetscherin für belgische Flüchtlinge arbeitete. Bald jedoch verdächtigte man sie als deutsche Agentin, da sie in Vorträgen gegen die Kriegshetze und die Verleumdung der Belgier auftrat, die die deutsche Armee verunglimpften.

Im Ganzen wird sie vier Mal verhaftet. Um sich zu schützen, geht sie mit einem Verwandten aus Lyon, einem pensionierten französischen Hauptmann, im Februar 1915 eine Scheinehe ein. Der Verwandte reist wieder ab, die Ehe wird nicht anerkannt, da sie keine Papiere besitzt! Dies sollte später ihr Glück sein: Sie hätte sonst als Französin nicht mehr nach Deutschland einreisen dürfen. Als Spionin wird sie trotzdem in London ins Gefängnis gesteckt, kommt nach Winchester in Einzelhaft. Nach einem Hungerstreik, der 14 Tage dauerte, wird sie entlassen und ausgewiesen, erreicht Rotterdam, wo sie im Konsulat einen deutschen Paß erhält. An der Grenze nach Deutschland wird sie wieder festgenommen, kann dann aber nach Wien weiterreisen.

Noch immer ist sie dabei, Müttern die Adressen ihrer verschollenen Kinder zu beschaffen, reist nach Sarajewo, nach Budapest, um sich die staatlichen Kinderschutzanstalten anzusehen, leitet ab 1916 in Wien eine Teestube für galizische Flüchtlinge, kündigt nach

Henriette Arendt †

In einem Mainzer Krankenhaus ist nach schwerer Operation Henriette Arendt, die frühere bekannte und streitbare Polizeischwester von Stuttgart, im Alter von 51 Jahren gestorben. Ihr gelegentlich eigenmächtiges Auftreten und ihre Unfähigkeit, sich in den Grenzen ihres Amtes als Polizeischwester, man kann aber auch sagen, in den Grenzen des Bureaukratismus zu halten, hat seinerzeit in Stuttgart, ganz besonders in der Polizeidirektion, viel Staub aufgewirbelt, und ihre unbestreitbaren Verdienste um die Kinder, die „kleinen weißen Sklaven", verdunkelt. Wenn auch manchmal ihre Feststellungen reichlich ungeprüft und ungeordnet waren, wenn ihr Temperament und ihre flammende Entrüstung über das, was sie sah und erlebte, sie mit ihrer vorgesetzten Behörde wie mit religiösen und kirchlichen Mächten in Widerstreit brachte, so darf man doch nicht vergessen, daß sie es war, die als Stuttgarter Polizeischwester dem Kinderhandel auf die Spur kam. Es ist freilich noch anderes eingetreten, was ihre Stellung hier unhaltbar machte, und so hat sie, als ihre Gesundheit unter den Kämpfen und Zusammenstößen mit den Behörden zu leiden anfing, nach fünfjähriger Tätigkeit hier ihr Entlassungsgesuch eingereicht, das eiligst genehmigt wurde.

Sie ist vielfach schriftstellerisch hervorgetreten, aber Kämpfernatur, wie sie war, hat sie es auch an Streitschriften nicht fehlen lassen. Eine solche war das Büchlein: „Menschen, die den Pfad verloren... Erlebnisse aus meiner fünfjährigen Tätigkeit als Polizeiassistentin in Stuttgart"), in dem sie, wie Naumann schrieb, ihr Amt verteidigte. „Dornenpfade der Barmherzigkeit" hieß ihre zweite Schrift, und großes und berechtigtes Aufsehen erregte ihr Buch „Kleine weiße Sklaven". Sie hat ohne Zweifel das eine große Verdienst, daß sie die Bahn für die öffentliche Jugendhilfe freizumachen half.

Vor dem Weltkrieg heiratete sie den französischen Offizier de Malringe, wurde im Krieg als Französin interniert, entkam ins Ausland, bezog, als ihr Mann gefallen war, von Frankreich eine Witwenpension und hat zuletzt bei der französischen Besatzungsbehörde in Mainz als Pflegeschwester wohl Gelegenheit gehabt, den Unterschied zwischen französischer Sozialpolitik und deutscher Sozialfürsorge sehr zugunsten der letzteren kennen zu lernen. Nun ist die etwas ungebärdige, streitbare Natur zur Ruhe gekommen, die bis zuletzt hilfsbereit und vom besten Willen beseelt gewesen ist, wenn sie auch nicht immer glücklich in der Wahl ihrer Mittel gewesen ist. Ihre Verdienste um die Kinder, ihr Mut und ihr guter Wille sichern ihr doch ein Andenken in der Geschichte der deutschen sozialen Bestrebungen.

Nachruf auf Henriette Arendt in der »Württemberger Zeitung« Nr. 249 vom 24. Oktober 1922.

drei Monaten und meldet sich wieder beim Roten Kreuz. Auf einen Überwachungsantrag hin, den die Königlich Württembergische Landespolizei an die Wiener Behörden richtet, wird sie im März 1916 als lästige Ausländerin aus Wien abgeschoben.

Von diesem Zeitpunkt an sind außer der hier abgedruckten Todesanzeige keine Unterlagen mehr im Archiv. Ob die Heiratsgeschichte im Nachruf authentisch ist? Jedenfalls hat sie selbst in ihren Kriegserlebnissen die Heirat mit René Malringe anders dargestellt. Spielt das in ihrem Lebensabenteuerroman eine Rolle?

Was sie so umgetrieben hat, wissen wir nicht. Es scheint, daß ihr Lebensweg eine ständige Flucht nach vorne war, ein Versuch, für sich und andere ein wenig Glückseligkeit zu ergattern. Es ist ihr zu wünschen, daß ihr das gelang.

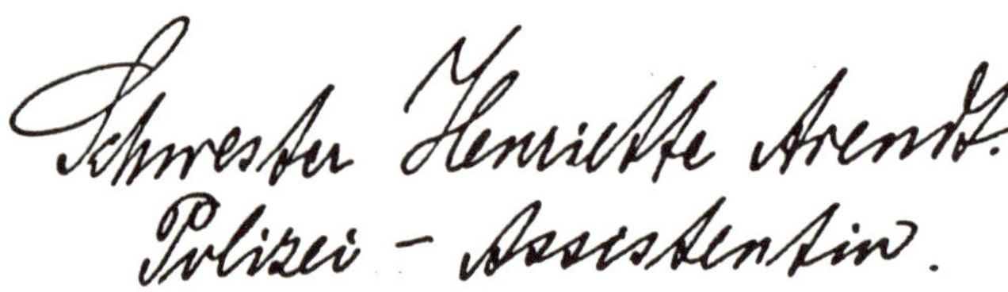

Margarete (Daisy) von Wrangell, Fürstin Adronikow

Die blaublütige Professorin

Im Herbst 1923 war das Pflanzenernährungs-Institut in Hohenheim nach meinen Plänen fertiggestellt; ich bezog es als erste weibliche Ordinaria Deutschlands.[1]

Als die siebenundzwanzigjährige Baronesse Margarete von Wrangell zusammen mit ihrer Mutter und einer Tante aus der estländischen Hansestadt Reval im April 1904 nach Tübingen zog und dort eine geräumige Wohnung in der Melanchthonstraße mietete – sie wollte nun endlich Chemie studieren –, war dies die Erfüllung eines lange gehegten Wunsches, das Ende eines »stumpfen, ignoranten, sinnlosen« Lebens. Und dies, obwohl sie in Reval im Mittelpunkt des geselligen und schöngeistigen Lebens gestanden hatte. Finanzielle Sorgen bestanden offensichtlich keine.

Zusammen mit den ersten drei Abiturientinnen des Stuttgarter Mädchengymnasiums wurde sie in einer feierlichen Immatrikulationsstunde in die akademische Gemeinschaft aufgenommen. Die vier weißgekleideten Damen waren sich ihrer Würde bewußt. Sie waren zwar nicht die ersten Studentinnen in Tübingen – das war 1892 Maria Gräfin von Linden (1869–1936) als Studentin der Zoologie gewesen (siehe Frauenstudium und Frauenbildung, S. 183), und einige Sondergenehmigungen hatte es in der Zwischenzeit auch gegeben –, aber mit ihnen wurde offiziell das Frauenstudium in Tübingen eingeläutet (in Preußen erst 1908, in Stuttgart 1906).

Margarete wurde von ihrer Familie Daisy genannt. Unter diesem Namen, Daisy von Wrangell, verfaßte sie auch 1909 ihre Doktorarbeit[2], um bei der weitverzweigten Familie, die ihrem Studium skeptisch gegenübergestanden hatte, unter dem bekannten Namen Lorbeeren einzuheimsen. Daß diese »summa cum laude«-Absolventin zwanzig Jahre später an der Universität Hohenheim die erste weibliche Ordinaria sein würde, das hat sie sich wohl trotz allen Ehrgeizes und des mehr als hundertprozentigen Einsatzes, der sie charakterisierte, nicht träumen lassen.

Doch von außen betrachtet sieht die Karriere so aus, als hätten alle Unternehmungen der Wissenschaftlerin darauf zugeführt: 1909 war sie Assistentin an der landwirtschaftlichen Versuchsanstalt in Dorpat, 1910 bis 1912 Assistentin am Chemischen Institut in Straßburg, wissenschaftliche Assistentin bei Sir William

Ramsay in London und bei Marie Curie in Paris, 1912 bis 1918 Leiterin der Versuchsstation des estländischen landwirtschaftlichen Vereins in Reval. 1920 verfaßte sie die erste Habilitation in der Geschichte der Landwirtschaftlichen Hochschule in Hohenheim/Stuttgart, und 1923, im Alter von 46 Jahren, war sie ordentliche Professorin.

Was aber hinter der so harmonisch erscheinenden Laufbahn, hinter diesen 15 Jahren steckt, auch an weltgeschichtlichen Umbruchsituationen – und ganz persönlich für sie an männlicher Ranküne, die aber wohl andererseits von männlicher Förderung aufgewogen wurde –, das soll kurz mit einem Blick auf ihre Kindheit und Jugend vertieft werden. Vielleicht werden die Gründe deutlich, die das erstaunliche Ereignis begünstigt haben, daß es einem solchen baltischen Paradiesvogel gelungen ist, gerade in einer schwäbischen traditionell-konservativen Wissenschaftslandschaft die erste Professorin Deutschlands zu werden.

»Meine beiden Eltern«, schreibt sie, »stammen aus dem Geschlecht von Wrangel, das vom zwölften Jahrhundert an seinen Wohnsitz um das Baltische Meer herum, das heißt, in Estland, Schweden und Preußen bis an die Nordsee in Holland hat.

Aus der Geschichte der Familie ist zu ersehen, daß viele ihrer Mitglieder sich dem militärischen Beruf und öfters nicht ohne Erfolg gewidmet haben, wie der schwedische Feldherr Carolus von Wrangel aus der Zeit des dreißigjährigen Krieges, der preußische Feldmarschall Graf Wrangel und eine Reihe Generäle im kaiserlich-russischen Dienst; unter den letzteren der Polarforscher und Entdecker (ab hier wird der Name mit zwei ll geschrieben) der nach ihm benannten Wrangells-Inseln, Admiral Wilh. Wrangell, und zuletzt General Peter Wrangell, der den Kampf gegen die Bolschewiken in der Krim mit Ehren bis an die äußerste Möglichkeit geführt hat. Dieser mutige Kampf gegen die brutale Gewalt, die in Bestrebung ihrer Ziele Kultur, Kunst, Wissenschaft und alle moralischen Güter der Menschheit gefährdet, müßte der ganzen zivilisierten Welt und nicht zu allerletzt den führenden Frauen Europas nahe am Herzen liegen.«[3]

Dieser Anfang einer Kurzbiographie, die sie 1929 für die Frauenbiographiensammlung »Führende Frauen Europas« schrieb, läßt Margarete von Wrangell, provoziert durch das kleine Adjektiv »führend« im Titel politisch eindeutiger formulieren, als sie es sonst tat. Aber hingerissen von der eigenen Familientradition und der Trauer über deren Ende und dasjenige der deutschen kulturellen Überlegenheit, das an den menschlichen Grundfesten der Naturwissenschaftlerin rüttelte, hat sie ein von ihr an anderer Stelle überliefertes Diktum sehr extrem und intolerant präzisiert. Noch 1914 soll sie demnach gesagt haben: »Natürlich sind wir Deutsche und selbstverständlich lieben wir unsere deutsche Kultur. Wir haben aber in Friedenszeiten Russlands Schutz und Russlands Weite in Anspruch genommen und lieben mit der ganzen

Rechts: Margarete (Daisy) von Wrangell, Jugendbildnis.

Glut unserer Seele unsere Heimat, die ein Stück Russlands ist. Achten wir unsere deutsche Kultur und wollen wir unser Deutschtum in Ehren halten, so müssen wir dem Wesentlichen dieser Kultur gerecht werden, und das wäre meiner Ansicht nach – Treue.«[4]

Ihr Vater, Baron Karl Fabian von Wrangell (1839–1889) war russischer Offizier und hatte als Leutnant zwanzig Jahre lang in russischen Kriegen gekämpft. Kurz vor seiner Verheiratung (1872) war er mit ramponierter Gesundheit in den Garnisonsdienst seines Gardegrenadiersregiments nach Moskau zurückgekehrt. Seine achtundzwanzigjährige Cousine Julia Ida Marie von Wrangell (1843–1927) lernte er bei seinem Weihnachtsurlaub auf dem väterlichen Gut Jotma näher kennen. Obwohl die junge Frau das Gouvernantenexamen abgelegt hatte und mit Begeisterung unterrichtete (was durchaus nicht zu ihrem gesellschaftlichen Status paßte), gab sie ihm ihr Jawort und den Beruf auf. Das »Trotzige und Herrschsüchtige« ihres Wesens, wie sie selbst sagte, hat sie wohl ihrer Tochter Margarete vererbt, die als einziges ihrer vier Kinder ein höheres Lebensalter erreichte. Daisys beide älteren Geschwister, ihr Bruder Nicolai (1873–98) und ihre Schwester Marie (1875–88) starben jung, die 1889 geborene jüngere Schwester Sophie starb noch als Säugling. Aber auch Daisy war nach einer nicht richtig erkannten Scharlacherkrankung, die sie als Vierjährige durchstand, ihr ganzes Leben von Nierenentzündungen, Erkältungen und Lungenerkrankungen verfolgt und ist an der Spätfolgen der Niereninsuffizienz gestorben.

Geboren wurde sie, legt man den russischen Kalender zugrunde, an einem Weihnachtsfeiertag, dem 25. Dezember 1876 (entspricht bei uns dem 7. Januar 1877) in Moskau. »Meine ersten Kindheitserinnerungen sind erfüllt von Bildern des russischen Militärlebens: Reitübungen im Kasernenhof, glänzende Paraden und jene Güte und Sorgfalt, die einstmals der unverdorbene russische Soldat im Verkehr mit Kindern an den Tag legte. Nach dem frühen Tod meines Vaters zog meine Mutter mit uns Kindern nach Reval, um uns eine deutsch-baltische Erziehung zu geben. Meine schönsten Erinnerungen sind mit der Mädchenschule Baronesse Elise v. d. Hoven verknüpft; unter ihrer warmherzigen und vornehmen Leitung lernten wir die Freude am Lernen und eine fast an mittelalterliche Blutstreue erinnernde Kameradschaftlichkeit. Schon während der Schulzeit erwachte in mir der Wunsch, Naturwissenschaft oder Mathematik zu studieren. Aber diesem Wunsche stellten sich verschiedene Schwierigkeiten entgegen. Im Familienrate fand man diesen Gedanken unnütz, emanzipiert und nicht einmal standesgemäß, und so führte ich die folgenden Jahre ein scheinbar ausgefülltes, aber innerlich doch unbefriedigendes Leben mit viel geselligen Verpflichtungen, Reisen. Meine Mutter, die meine Sehnsucht zu studieren voll verstand und in ihren Anschauungen ihrer Zeit immer weit voraus war, reiste im Frühling 1905 [wahrscheinlich ein Druckfehler, muß 1904 heißen] mit mir nach Tübingen, wo wir die nächsten Jahre sehr still verbrachten und ich Chemie studieren konnte.«[5]

Daisy von Wrangell hatte 1894, ein Jahr nach ihrem Schulabschluß, das Lehrerinnenexamen abgelegt. Dieses Examen galt als Abituräquivalent und reichte als Voraussetzung für das Studium in Tübingen. Sie lernte die schwäbische Landschaft lieben, pflegte Kontakte mit einheimischen Studentinnen – Vera Vollmer (siehe Porträt S. 183) war eine von ihnen –, aber auch mit den wenigen baltischen Studenten, die es damals in Tübingen gab. Wanderungen, Radtouren – sogar bis Venedig – zeigen ihre Unabhängigkeit und ihren Unternehmungsgeist.

Nach einem Semester in Leipzig (Mutter und Tante waren wieder in Reval) zog Daisy mit ihrer Revaler Freundin Ebba Husen in Tübingen in eine Wohnung. Das unabhängige Studentinnenleben gefiel den beiden. Ans Heiraten schien Daisy wohl nicht zu denken. Aus Kinder- und Jugendspielen waren ihr Jungen, zum Beispiel die drei Söhne des Fürsten Andronikow, durchaus vertraut, und einen davon, für den sie als junges Mädchen schon geschwärmt hatte, sollte sie mit 51 Jahren noch heiraten.

Ihr Umgang mit Männern war natürlich, selbstbewußt, humorvoll und charmant. Unkonventionell war sie nun eben, und sie stand dazu. Sie war es in einer ungezwungenen Lebendigkeit, die keinen falschen Ton, keinen kleinlichen Hintergedanken zuließ.

Von ihren Reisen, die sie oft auch alleine unternahm, fühlte sie sich bestätigt. Nach ihrer »langweiligen« Dorpater Zeit bereiste sie Frankreich und Spanien und erzählte begeistert und spannend von ihren überstandenen Abenteuern – Selbstironie kam dabei nicht zu kurz. Ihre Wanderjahre in England waren zwar erfolgreich (sie arbeitete dort, wie auch später in Paris, auf dem Gebiet der Radioaktivität), die englische Atmosphäre machte ihr aber trotz des reichen kulturellen Angebots Schwierigkeiten. Dagegen sagte ihr die Arbeit mit Marie Curie (1867–1934) und das Leben in Paris sehr zu. Daß ihr das für eine Frau Untypische ihres Lebens durchaus bewußt war, wird von einer Erinnerung ihrer Freundin Ebba Husen bestätigt, die sie in Paris besuchte. Sie überliefert diese aufschlußreiche Äußerung Daisy von Wrangells: »Wenn ich so auf meine Radiumtöpfe blicke, habe ich die Empfindung einer braven Hausfrau, die eben eingeweckt hat.«[6]

Da die Nobelpreisträgerin und Sorbonneprofessorin Marie Curie schwer erkrankte – die »Radiumtöpfe« waren doch nicht so harmlos wie Weckgläser –, kehrte Daisy von Wrangell nach Reval zurück und leitete dort die estländische landwirtschaftliche Versuchsstation, was ihr trotz der ungewohnten Verwaltungsarbeit Befriedigung gewährte. Allerdings erkrankte sie Anfang 1914 wieder, und diesmal für längere Zeit. Kuren in Meran und im Harz brachten zwar Linderung für die jetzt Siebenunddreißigjährige, aber das sorglose großbürgerliche Pendeln zwischen Deutschland und Rußland war mit Kriegsausbruch 1914 vorbei. Heimgekehrt, ließ sie sich als Krankenschwester ausbilden und arbeitete dann neben ihrer Tätigkeit in der Versuchsstation, die Düngemittel aus Küstengestein entwickelte, als Hilfsschwester.

»Die Kriegsjahre, die uns Deutsch-Balten innerlich in die schwersten Konflikte stürzten, brachten uns auch äußerlich viel Schweres. Unter den Erinnerungen meines Lebens sind die Erlebnisse der russischen Revolutionszeit mit am stärksten. Zur Zeit der Kommunistenherrschaft in Estland, vom Oktober 1917 bis zum Einzug der deutschen Truppen im Februar 1918, war ich in meiner Versuchsstation mit Arbeiten über die natürlich vorkommenden estländischen Phosphate und ihre Wirkung auf die Pflanzen beschäftigt. Eines Morgens, als ich über meiner Arbeit den roten Terror auf der Straße fast vergessen hatte, betrat eine Kommission, von roten Gardisten begleitet, mein Laboratorium, stellte Untersuchungen an, besichtigte und betastete ohne das geringste Verständnis die ihnen unerklärlichen und verdächtigen Instrumente und verlangte zum Schluß meine Unterschrift unter ein Schriftstück, daß ich ihnen das Laboratorium übergeben hätte und nun unter ihrer Verwaltung und Aufsicht weiterarbeiten würde. Diese Unterschrift verweigerte ich und das Laboratorium wurde geschlossen.«[7]

Mit etwa 150 Frauen und Männern des baltischen Adels wurde sie verhaftet und mit den Frauen – die Männer wurden nach Sibirien verschickt – unter den härtesten Bedingungen interniert. »Der Ordensgeist«[8] hielt die Frauen aufrecht. Mit dem Einmarsch der deutschen Truppen waren indes ihre Bewacher geflohen, und Daisy von Wrangell konnte nach Hause. Pathetisch berichtet sie darüber: »Ich kann das Glück der nun folgenden Tage nicht schildern, das die Herzen der deutschen Bevölkerung erfüllte, als die deutschen Soldaten in geschlossenen Reihen in unsere alte Hansestadt einzogen und uns aus Tod und Verderben retteten. Die Geschichte hat es gewollt, daß das Geschick der deutschen Nation und mit ihr das der Balten später wieder von schweren Wolken verhüllt wurde, aber das Glück und der Stolz jener Stunden ist erlebt worden und bleibt unverwischbar.

Vom Armeeoberkommando bekam ich den Auftrag, zunächst einige Vorträge anläßlich der Estland-Livland-Ausstellung in Berlin und dann in verschiedenen anderen Städten Deutschlands zu halten. Ich sprach über die Bodenschätze Estlands und berichtete besonders über den estländischen Phosphorit, über den ich während der Kriegsjahre gearbeitet hatte. Diese Arbeiten setzte ich dann in enger Zusammenarbeit mit Geh. Rat Aereboe [1865–1942] in Hohenheim fort und dort traf mich auch die Nachricht vom Rückzug der deutschen Truppen und der Unmöglichkeit, nach Estland zurückzukehren. Erst nachdem meine Arbeiten über das estländische Phosphorit Anerkennung in Deutschland erweckten, erhielt ich eine Aufforderung von der estnischen Regierung, dort Vorträge zu halten, und so sah ich 1920 nach längerer Abwesenheit die alte, liebe und so traurig veränderte Heimat wieder.

Inzwischen hatte ich zwei außerordentlich glückliche und fruchtbare Arbeitsjahre in Hohenheim verbracht. Die Erlebnisse des Krieges und der Revolution hatten meine Stellung zum Leben verändert; ich empfand das Leben nicht mehr als eine Selbstverständlichkeit, ich empfand es als ein seltenes Geschenk, das man auszunutzen verpflichtet ist. Ich genoß die Möglichkeit, still und ohne viel Berührung mit der Außenwelt wissenschaftlich arbeiten zu können; ich wollte so wenig wie möglich mit Menschen zu tun haben, die sich mißverstehen und verfolgen, *ich lebte mit den Pflanzen; ich legte das Ohr an den Boden und es schien mir, als seien die Pflanzen froh, etwas über die Geheimnisse ihres Wachstums erzählen zu können.*«[9] (Der von der Autorin kursiv hervorgehobene Satzteil ist der Text des Gedenksteins, der 1934 zur Erinnerung an Margarete von Wrangell in Hohenheim enthüllt wurde.)

Margarete von Wrangells – so nannte sie sich jetzt in Fachkreisen – Arbeiten über Phosphorsäure und die Ernährung der Pflanzen hatten in Wissenschaftskreisen und in der Industrie Aufmerksamkeit erregt. Das Düngesystem Aereboe-Wrangell schien die Wirtschaft weitgehend von Auslandsphosphaten unabhängig zu machen, eine Hoffnung, die sich nicht ganz erfüllte. Während des Aufbaus des Pflanzenernährungsinstituts, den sie trotz Inflation durchhielt – die Gelder kamen vom Reichsernährungsministerium, dem die Düngemittelindustrie für ganz Deutschland 75 Millionen Reichsmark zur Verfügung gestellt hatte –, wurde die Wissenschaftlerin an das Physikalisch-Chemische Institut der Kaiser-Wilhelm Gesellschaft nach Berlin berufen. Dort arbeitete sie mit Professor Fritz Haber (1868–1934) zusammen, der ihr eine große Hochachtung entgegenbrachte.

Ihre Berufung nach Hohenheim dagegen war nicht unumstritten – die häufigen, kontroversen Lehrerkonvente zu diesem Thema sprechen Bände. Ihre Kritiker warfen ihr vor – die Referenz, auf die sie sich bezogen, war Professor Ehrenberg aus Breslau – daß sie in Ausnutzung der allgemeinen Unkenntnis der russischen Sprache die Arbeit des russischen Agrikulturchemikers Prjanischnikow für die ihre ausgegeben habe. Ob dies begründet war oder nicht, wird nur Margarete von Wrangell gewußt haben, und sie äußerte sich darüber nicht.

Das Württembergische Ministerium für Kirchen- und Schulwesen drängte zur Entscheidung – in diesem Gremium war die Kandidatin Spitzenreiterin auf der Berufungsliste. Und sie schaffte es auch, im Lehrerkonvent endlich die Mehrheit zu bekommen.

Daß sie trotz aller Streitereien nicht nur »Ordinaria«, sondern auch Institutsdirektorin wurde – und das trotz der nicht durch Wissenschaftskonflikte bedingten Aversion einiger Männer, denen es schwerfiel, eine Frau als Kollegin zu akzeptieren –, hängt sicher nicht nur mit ihrem Können zusammen, mit ihrem Organisationstalent und ihrer Fähigkeit, theoretisch-pragmatische Seiten ihres Wissenschaftsgebietes erfolgreich miteinander zu verknüpfen. Ihr half auch ein Netz nützlicher Beziehungen, allen Widersachern zum Trotze ihr Ziel unangefochten und maßvoll argumentierend zu verfolgen.

Ein Ministeriumsschreiben – Margarete von Wrangell hatte um ein Disziplinarverfahren gebeten, um die Plagiatvorwürfe zu entkräften – versteht im Mai

1923 die Auseinandersetzung als persönlichen Zwist zwischen ihr und ihrem vehementesten Kritiker und weniger als eine Kontroverse mit wissenschaftlichen Kriterien: »Der Angriff Ehrenbergs gegen die Professorin gibt dem Ministerium keinen Anlaß, das von dieser beantragte Disziplinarverfahren gegen sie einzuleiten. Es steht hier Meinung gegen Meinung und das Ministerium hat keinen Anlaß, diejenige des Professors Dr. Ehrenberg zu der seinigen zu machen und auf Grund hiervon gegen die Professorin von Wrangell disziplinarisch vorzugehen. Das Ministerium kann es vielmehr zunächst der Professorin von Wrangell überlassen, sich mit Professor Dr. Ehrenberg in der Öffentlichkeit auseinanderzusetzen.«[10]

Als Institutsdirektorin agierte sie patriarchalisch und streng. Die Arbeit hatte für alle Mitarbeiter Priorität. Die wissenschaftlichen Veröffentlichungen waren zahlreich – in zehn Jahren 14 Promotionen – und entstanden in enger Mitarbeit der Institutsmitglieder mit der Chefin. Zum Leidwesen der im Institut Arbeitenden wurde aber zwischen den professoralen Arbeitsergebnissen und denen der Mitforschenden nicht immer klar getrennt – eine Krankheit im Wissenschaftsbereich, die auch heute noch grassiert.

Das menschliche Verständnis der Professorin aber, die sich selbst nie schonte, war fast schon sprichwörtlich bekannt. Ihr Einsatz für die ihr anvertrauten Mitarbeiter und für notleidende Studenten überstieg das »Muß« ihrer hierarchischen Stellung bei weitem. Herzlichkeit, Hilfsbereitschaft und Gastfreundlichkeit waren trotz ihres Hangs zur Kritik und Schärfe vorherrschende Wesenszüge.

Besonders seit ihrer späten Heirat mit dem verschollen geglaubten Fürsten Andronikow schien durch dessen harmonischen und »hausfraulichen« Einfluß auch Margarete von Wrangell weniger Konflikte mit den Kollegen zu haben. »Im September 1928 habe ich mich mit dem Oberst der russischen Gardekavallerie, Wladimir Fürst Andronikow, verheiratet, den ein wechselreiches Kriegerdasein durch viele Länder der Erde und alle Gefahren des Lebens führte, um ihn endlich, gleich mir, in den stillen gastlichen Tälern des lieben Schwabenlandes landen zu lassen.«[11]

1929 besuchte das Ehepaar noch einmal die Heimat. Doch dann verschlechterte sich ab 1931 der Gesundheitszustand der unermüdlich Tätigen immer mehr. Das schwere chronische Nierenleiden war nicht mehr auszuheilen. »Nach einer längeren Kur im Stuttgarter Katharinenhospital nahm Daisy im Anschluß an die Weihnachtsferien Anfang 1932 die Vorlesungen noch einmal auf, wofür im Institut – da der Weg zum Schloß zu beschwerlich für sie war – ein Hörsaal eingerichtet worden war. Allen Ratschlägen zum Trotz nahm Daisy auch noch bis zum Ende ihrer Kräfte die Prüfungen ihrer Doktoranden ab. Am 29. Februar 1932 mußte sie, begleitet von Wladimir, erneut ins Katharinenhospital aufgenommen werden, wo sie am 31. März starb.«[12] Begraben wurde sie in Reval.

1934 wurde dieser außerordentlich fähigen und gebildeten Frau aus dem Kreis ihrer Freunde und ihrer Studentinnen und Studenten ein Denkmal gesetzt. Die feierliche Enthüllung des Steines war von Reden begleitet, die würdig (von seiner Magnifizenz, dem Rektor der Universität Hohenheim), stolz auf die Leistungen dieser Frau (von Dr. Mathilde Salzmann, der Stuttgarter Ärztin der Verstorbenen) und peinlich waren, das letztere zumindest aus heutiger Sicht. Der dritte Redner, der mit ihr verwandte Hauptabteilungsleiter der Landesbauernschaft, Baron von Wrangell, würdigte die Wissenschaftlerin nämlich in einer pathetischen Blut-und-Boden-Rede: »Hier spricht ein Vertreter jener alten, preußischen Tradition, die heute das Dritte Reich wieder als vorbildlich erkannt hat. Selbstloser Dienst am Staat, am Volk – Margarete von Wrangell lebte darnach, wofür ihr Leben, ihr Nachlaß zeugen.«[13]

Wer will, kann die Rede mit ihrem ideologischen Bombast nachlesen; der Verstorbenen ist damit nicht gedient. Leider war auch ihr zurückbleibender Gatte den Einwirkungen des Dritten Reiches gegenüber sehr empfänglich.

Was diese erste »Ordinaria« der Universität Hohenheim als wissenschaftlichen Nachlaß zurückließ, was davon zerstört oder aufbewahrt wurde, mögen Fachleute entscheiden.

Daß sie eine wichtige Erscheinung im Bildungskapitel der Frauenbewegung ist, kann nicht bestritten werden. Sie hatte sich aus priviligierten Verhältnissen heraus trotz aller Widerstände ihren Platz erkämpft. Dieser Berufsweg aber war für sie nicht deshalb schwierig, weil er mit Hindernissen gepflastert war, die ihre frauenspezifische Emanzipation behinderten – darüber lächelte sie eher –, er war und ist auch für männliche Kollegen nicht einfach.

Im Grunde war ihr Erfolg »nur« Teil einer ihr zustehenden, naturgegebenen Dominanz – Adel verpflichtet –, die nicht immer von allen vorbehaltlos akzeptiert wurde: Margarete von Wrangell entsprach in ihrer Person, ihrem Bewußtsein und ihrem Status ganz der obersten Etage der damaligen gesellschaftlichen Hierarchie, die auch den Wissenschaftsbereich beeinflußte.

Diese Eindeutigkeit und Bodenständigkeit, die sie ausstrahlte, hat sie ohne Zweifel gerade auch in Württemberg begünstigt.

Käthe Loewenthal

Jüdische Malerinnen in Stuttgart

Für
Alice Haarburger
(*1891 Reutlingen, †1942 Riga?),
Elli Heimann
(*1883 Bruchsal, 1941 verhaftet und deportiert, Todesdatum unbekannt),
Marianne Herthel
(*?, †1944 Auschwitz),
Maria Lemmé
(*1880 Odessa, †1942 Theresienstadt),
Käthe Loewenthal
(*1877 Berlin, †1942 Icbica),
Klara Neuburger
(*1888 Stuttgart, †1942 Icbica),
Mathilde Vollmüller-Purrmann
(*1876 Stuttgart, †1943 Emigration),
Dorothea Wüsten
(Geburts- und Todesdatum unbekannt).

Alle hier genannten jüdischen Malerinnen haben in Stuttgart gelebt und sind von dieser Stadt aus abtransportiert worden und in den Tod gereist.

Nur Mathilde Vollmüller-Purrmann konnte zusammen mit ihrem Mann, dem Maler Hans Purrmann, in die Schweiz fliehen. Sie ist dort kurz nach der Flucht gestorben.

Die Miniaturmalerin Marianne Herthel, die den zuständigen Behörden als Jüdin nur deshalb wieder in Erinnerung kam, weil sie für ihren Mann, den Maler Ludwig Herthel, eine Rehabilitierung erreichen wollte, wurde von München aus in ein Lager bei Kattowitz verschleppt.

Wenig ist als Zeugnis der Werke dieser Künstlerinnen übriggeblieben; viele Bilder sind verbrannt.

Maria Lemmés Wohnung wurde bei ihrem Abtransport total verwüstet. Die Werke von Alice Haarburger, Klara Neuburger und Käthe Loewenthal (alle drei Mitglieder im Württembergischen Malerinnenverein Stuttgart) sind zum Teil erhalten, weil Verwandte, Kollegen und Kolleginnen sich heute um das Nachforschen mühen.

Käthe Loewenthal soll stellvertretend für sie alle wenigstens in Worten wieder aufleben, weil durch sie die Tragik der nationalbewußten Mitbürger und Mitbürgerinnen in ihrer ganzen traurigen Vielfalt deutlich wird.

Am 13. Juni 1909 schreibt sie: »Manchmal kommt mir der Gedanke: Wär ich ein Geist, der da sprechen könnte zu den Menschen, – als Geist, – ohne körperliche Hülle und Gebundenheit.

Rechts: Die junge Käthe Loewenthal. Foto um 1900.

Ohne Gebundenheit von mir zu ihnen von ihnen zu mir! Oder, wenigstens, wär ich ein Mann – und könnte da reden, wie mir's im Herzen redet, – nach außen hin. Reden zu den Menschen; im kleinen Kreise, am runden Tisch; wie zu allem Volk von hoher Warte aus; ohne weibliche Gebundenheit.

Vielleicht kommt sie noch einmal, *die* Zeit, die schöne, die wechselseitig fruchtbare, wo das äußerliche Gebundensein des Weibes aufgehen kann in ein natürliches Menschsein – ohne, daß das Weib dadurch von seiner ureigensten Weiblichkeit einzubüssen braucht. Wo ein Weib öffentlich und nach außen hin reden kann, von allem und vor allen; – und doch ganz Weib innerlich und äußerlich bleiben und sie als Weib weiter angesehen und respektiert wird, – und ihr Reden als das eines *Menschen*.«[1]

Die am 27. März 1877 in Berlin geborene Malerin Käthe Loewenthal hat diese programmatischen Sätze als Dreiunddreißigjährige geschrieben. Sie lebte damals in München (seit 1905) und arbeitete als freischaffende Künstlerin im eigenen Atelier an Landschaftsbildern, Stilleben und Porträts, die zum Teil auch Auftragsarbeiten waren.

Sie hatte seit 1905 jährlich in der Münchner Sezession ausgestellt; in den darauffolgenden Jahren verstärkte sich ihre Ausstellungstätigkeit in den maßgebenden Häusern Münchens und Stuttgarts. Sie konnte also damals schon als erfolgreiche Malerin betrachtet werden, die sich im praktischen Leben und im Beruf als alleinlebende, sich alleinversorgende Frau auskannte. Zufrieden aber war sie nicht. Sie fühlte sich den Männern nicht nur unterlegen, sondern in ihren menschlichen Fähigkeiten auch überlegen. Allein war sie mit diesen Gedanken und Gefühlen nicht, aber sie hat sich als Einzelgängerin damit auseinandergesetzt und daran gelitten ...

»Ich weiß, – auch wir müssen anders werden! Und das vor allem! Ich glaube, es liegt noch mehr in unserer Hand als in der der Männer. Denn so eingezwängt sind wir ja garnicht mehr; daß wir nicht anders werden *könnten*! Daß wir uns nicht entwickeln *könnten*! Und sind wir erst zu ganzeren, besseren, größeren und schöneren Wesen gereift, in aller Weiblichkeit und ohne Hochmut und Blaustrumpfentum, – so werden die Männer sich dessen *freuen*, des bin ich gewiß! und nach und nach werden sie es werten und einzuschätzen wissen, und über größeren Ernst, größere Züchtigkeit, größeres Lieben und größere Lebensauffassung der Frauen nicht mehr die Achseln zucken ... Nicht, daß wir das werden wollen, was da einige Frauenrechtlerinnen wünschen. Wir dürfen nie aus den Augen, besser noch aus dem Herzen verlieren, wozu wir geschaffen sind. Als Frau und Mutter, aber auch als – Mensch ... Ich bin auch weit, weit entfernt, wie einige meiner Geschlechtsgenossinnen, auf das andere Geschlecht zu wettern, – und so eine Art Bruderkrieg zu wollen, oder heraufzubeschwören! Im Gegenteil, ich möchte Frieden auf der ganzen Linie ... Denn wir gehören zu einander, wie jegliches weibliche Wesen zum männlichen gehört, in der ganzen Allnatur ...«[2]

Käthe Loewenthal hat hier sehr idealistisch, sehr überhöht das Wesen der

Frau und ihre Stellung in der »Allnatur« beschrieben, hat formuliert – und das zum Teil aus männlicher Perspektive –, wie Frauen in der bestmöglichen Ausformung ihrer Eigenschaften und Veranlagungen mit Männern leben könnten, in einem Konsens, den Frauen durch ihre Demut und ihr großes Verständnis ermöglichen.

Ihr eigener Verzicht auf Mann und Kinder – war sie zu anspruchsvoll oder hat sie unbewußt gewußt, daß Beruf und Familie nicht zu vereinen, nicht zu verwirklichen waren? – scheint eher zu belegen, daß sie ihre Wunschvorstellung über die Realität setzte. Sie entwickelte weder ein Bewußtsein für ihre eigene Ausnahmesituation (nur ganz wenigen Frauen gelang es Anfang des Jahrhunderts, selbständig künstlerisch tätig zu sein) noch akzeptierte sie jene Geschlechtsgenossinnen, die gesellschaftliche, also realistische Verbesserungen anstrebten. So hat die Malerin gerade die männlichen Vorurteile verinnerlicht – Streitbarkeit ist unweiblich –, und das so weit, daß sie den Männern so viel Entwicklungsfähigkeit zugesteht, daß sie sich über die Evolution der Frauen sogar freuen könnten. Sie führt nicht aus, was dort geleistet werden müßte, sie postuliert nur indirekt eine mögliche Reaktion auf weibliches Vorbildverhalten.

Daß Käthe Loewenthal eine solche Haltung vertreten konnte, ist eng mit ihrer eigenen Kindheit, mit ihrem Verhältnis zum Vater verknüpft.

Sie stammte aus einem jüdischen Elternhaus, das große menschliche Gegensätze in sich vereinte. Sie war die älteste von fünf Töchtern eines international anerkannten Augenarztes und Spezialisten der medizinischen Hygiene, der in Berlin neue Grundlagen der Schulhygiene entwickelt hatte. Er wurde in die Schweiz und nach Frankreich berufen; die Familie begleitete ihn.

Im Gegensatz zur Mutter, zu der Käthe und die anderen Schwestern anscheinend keine enge Beziehung hatten (sie stammte aus einer reichen Hamburger Kaufmannsfamilie, war viel weniger geistig und vital interessiert als ihr Mann und hat wohl auch im häuslich-erzieherischen Bereich den Töchtern kein praktisches Interesse dafür vermitteln können), war es der Vater, der seine älteste Tochter – aufgeklärt, liberal und modern wie er war – prägte und ihr ein Idealbild vermittelte, das nicht mehr relativiert werden konnte, da er schon mit 44 Jahren starb. Käthe war damals 16 Jahre alt.

Die Eltern gehörten nicht mehr der jüdischen Religionsgemeinschaft an. Es fehlte also die gesellschaftliche Verankerung in der jüdischen Gemeinde, die Tradition des Eingebundenseins in eine zusammengehörende Bevölkerungsgruppe.

Der stete Wechsel, der mit den häufigen Aufenthalten im Ausland verbunden war, hat weder im familiären noch im außerhäuslichen Bereich zu einer Kontinuität der Beziehungen verholfen. Käthes Selbständigkeit war dagegen, schon als sie zwölf war, sehr ausgeprägt. Sie entschloß sich, aus Bern nicht mit ihrer Familie nach Berlin zurückzukehren, und blieb bei der Familie einer befreundeten protestantischen Pfarrersfamilie, ließ sich taufen und konfirmieren und kehrte erst anschließend nach Berlin zurück.

Käthe Loewenthal, Selbstbildnis 1910.

Ihre Nichte, die Tochter von Käthes jüngster Schwester, zu der sie eine besonders enge Verbindung hatte, schreibt dazu: »Bis zu ihrem Tode war in allen guten, insbesondere aber in Zeiten schwerer Lebenskrisen und ganz besonders auch während der nationalsozialistischen Verfolgung ihr unerschütterlicher Glaube für sie Halt, Stütze und innere Freude. In diesem Glauben fand sie den Sinn ihres Lebens, er bestimmte aber auch das, was sie als Pflicht und Lebensaufgabe für sich erkannte und akzeptierte. Eine Flucht, aus welchen Gründen auch immer, erlaubte sie sich nicht.«[3]

Ihre sehr früh sich manifestierende künstlerische Begabung, das Eindeutige und Ausschließliche ihres Werdegangs als Malerin, das Sich-eingebunden-Fühlen in eine einmalig-deutsche Gedankenwelt, der sie geistig und menschlich angehörte, waren weitere Gründe dafür, daß sie die Greueltaten, die ihr widerfuhren, in fast stoischer Opferhaltung aushielt.

Schon in der Schulzeit hat Käthe Loewenthal Beispiele ihrer Begeisterung und ihres Könnens im malerischem Bereich geboten – sei es in der Schule oder in der freien Landschaft –, die für ihr Alter sehr ausgeformt waren.

Es ist anzunehmen, daß das junge Mädchen während ihres zweijährigen Aufenthalts in Bern die Werke Hodlers und vielleicht auch ihn selbst kennengelernt hat. Er stammte aus dem Berner Oberland, hat dort vorwiegend seine Landschaftsbilder gemalt, wie später auch Käthe Loewenthal.

Nach ihrem Schulabschluß begann sie ihre Studien 1895 bei Hodler und war noch jahrelang von der monumental wirkenden Linienführung seiner Malerei beeinflußt (siehe das Selbstporträt auf dieser Seite).

1898 ging sie auf Reisen und lernte in Paris den Maler Leo von König kennen, dem sie nach Berlin folgte, als er dort Leiter der Berliner Kunstakademie wurde. Aktzeichnen, Tierstudien und Porträtmalerei waren dort ihre Ausbildungsschwerpunkte.

Bis 1909 lebte und arbeitete sie danach in München, zog dann nach Tübingen. Ab 1910 war sie Mitglied des Württembergischen Malerinnenvereins in Stuttgart, wo sie an Ausstellungen und Festen teilnahm (siehe Programm des Vereins 1910, Seite 120). Seit 1914 lebte sie in Stuttgart, da auch ihre engste

Freundin, die Malerin Erna Raabe (1882–1938), mit der sie eine sehr innige Seelenverwandtschaft und ein intensiver Arbeitsaustausch verband, nach dem Tode ihres Mannes in diese Stadt gezogen war.

Käthe Loewenthal lebte und arbeitete in einem städtischen Atelier in der Ameisenbergstraße im Stuttgarter Osten, malte aber bei Adolf Hölzel, der damals Direktor der Stuttgarter Kunstakademie war. Seiner Wendung zur gegenstandslosen Malerei ist sie jedoch nicht gefolgt, sondern hat ihre Eigenständigkeit auch hier weiterentwickelt.

Ihre jüngste Schwester hatte 1912 ein altes Fischerhaus in Hiddensee gekauft; dort verbrachte Käthe Loewenthal bis in die dreißiger Jahre jeden Sommer. Ihre Seelandschaften – zumeist Pastelle in fließenden, flächig aufgetragenen Farbkontrasten mit schwarzen Konturen – wirken ernst und verhangen. Ihre Nichte hat sie als schwermütig, als zu wenig erdbezogen in Erinnerung; sie litt oft unter heftiger Migräne in jenen sommerlichen Zeiten des familiären Zusammenlebens. Kinder störten sie eher – das steht aber in großem Widerspruch zu ihren niedergeschriebenen innersten Gefühlen. Kinderlos geblieben zu sein, ohne einen ebenbürtigen Mann zu leben, war ein wiederholter Topos ihrer oft in Gedichtform ausgedrückten Trauer:

»O, wie herrlich muß es sein, *sich* fortgeführt zu wissen! Zukunftsreich zu sein. Den Faden, der sich weiterspinnt, der einen selber mit allem, was in einem ist an Sehnsucht und Tat, knüpft an die Unsterblichkeit ...«[4]

Ihre Lyrik dient der Sublimation und dem Trost. Sie spricht in Reimen, die

Käthe Loewenthal mit dem Porträt ihrer Freundin, der Malerin Erna Raabe. Um 1928.

aber die stilistische Abstraktion, die sie im Malen scheinbar so leicht beherrschte, nicht nachvollziehen; sie wirken gefühlsschwer, ungeformt. Das Verwobensein ins Geistig-Übernatürliche, in die großen metaphysischen Zusammenhänge des Da-seins, konnte sie sprachlich nicht fassen. Die Diskrepanz zur Wirklichkeit war wohl auch zu groß, um nicht nur künstliche Abgehobenheit zu vermitteln.

Der verlorene Erste Weltkrieg und die Folgen haben sie in eine tiefe Lebenskrise geführt. Ihre deutsch-völkische Einstellung bestärkte sie in der Haltung, daß das Kriegsende und die Versailler Verträge eine »unverschuldete Erniedrigung«[5] ihres Volkes sei, dem sie sich zutiefst zugehörig fühlte. Ihre schriftlich niedergelegten Gedanken zu Gruenewald, Holbein, Bach, Beethoven, Friedrich dem Großen, Hermann dem Etrusker, Kant, Goethe, Schiller, Kleist sind Elogen über die kulturelle Größe ihres Vaterlandes: »mein armes liebes Land ...«[6]

Käthe Loewenthal, in ihrer Jugend eine hochgewachsene Frau mit »griechisch-klassischem« Aussehen, die eine ernste Schönheit ausstrahlte, hat in der Freundschaft zu Erna Raabe, die für sie den idealen Menschen verkörperte, die Verwirklichung ihrer Freundschaftsvorstellungen gesehen. Sie fand aber auch in der Sorge um sie und im Austauch mit ihr die Bestätigung ihrer eigenen Persönlichkeit. Auf Bitten von Erna Raabe gab sie ihre Überlegungen, Deutschland zu verlassen, auf. Erna Raabe starb 1938; Käthe Loewenthal, die seit 1935 Malverbot hatte, kümmerte sich, soweit ihr das unter den gegebenen Umständen noch möglich war, um die Wohnung und den Nachlaß. Auch um die Freundin nicht durch Schriftstücke einer Jüdin zu kompromittieren, nahm sie die Zeugnisse ihrer Freundschaft an sich. Gestützt durch ihre Religiosität, durch ihren Glauben, nahm sie ihr Schicksal auf sich. Sie mußte ihr Atelier verlassen und in eine »Judenwohnung« nach Kaltental ziehen. Ihr Freundeskreis schrumpfte. Der Malermeister Albrecht Kämmerer, ein Freund zahlreicher verfemter Künstler, lagerte alle noch bei ihr befindlichen Ölbilder zusammen mit den Werken von Oskar Schlemmer, Willi Baumeister und anderer in seinem Magazingebäude. Es wurde 1943 bei einem Bombenangriff zerstört. Die Familie Wolf Donndorfs, die eng mit der Malerin befreundet war, konnte ein Apfelstilleben in Öl retten. Andere Bilder, hauptsächlich Porträts, wurden in letzter Zeit entdeckt, doch ohne daß die Dargestellten identifiziert werden konnten.

In Kaltental war Käthe Loewenthal noch 1942 gemeldet. Sie wurde im Frühjahr jenes Jahres noch nach Weißenstein in ein Wohnheim »evakuiert«, dann im März 1942 mit dem zweiten Stuttgarter Deportationstransport vom Killesberg aus zusammen mit ihrer Malerkollegin Klara Neuburger nach Icbica in Polen gebracht. In diesem Vernichtungslager wurde sie sofort nach ihrer Ankunft umgebracht – sie war 75 Jahre alt an diesem 26. April 1942. Für dieses Verbrechen gibt es keine Worte. Ein Vierzeiler, den sie ohne Datierung hinterlassen hat, zeigt ihr Wissen um ihr mögliches Schicksal, dem sie aber keinen Widerstand mehr leistete:

Grabschrift
Nie satt geworden
Verdurstet und verdorrt
Solch Menschen morden,
O, setzet es nicht fort!

Ida Kerkovius

»Sie ist ganz Kunst«

Meine Welt ist die Farbe, in ihr kann sich meine Phantasie ganz entfalten.[1]

Die Malerin, die im Jahre 1959 – im Gespräch befragt – diesen so naiv-pathetisch klingenden Satz äußerte, hat sich ihr ganzes bewußtes Leben lang aus den manierierten Kunstbetrachtungen, den Theorismen, den Analysen und Versuchen herausgehalten, die angestrengt über dekorative Wortornamente Malerei ergründen wollen.

Das Pathos ihrer Äußerung wird relativiert, wenn wir ihr weiter zuhören: »Bei mir gehen übrigens die verschiedensten Dinge nebeneinander her. Ich brauche den Wechsel, die Spannung zwischen Natur und freier Gestaltung. Man nennt mich eine abstrakte Malerin, aber ich bin gar nicht abstrakt. Und vor allem: eine kalte Abstraktion liegt mir nicht. Das gebaute Bild interessiert mich am meisten. Aber zwischendurch male ich auch einen Blick aus dem Fenster.«[2]

Dies sind Sätze der damals achtzigjährigen Künstlerin, gesprochen in ihrem Stuttgarter Haus in der Nägelestraße 5.

Sie ist eine der wenigen Malerinnen des 20. Jahrhunderts, die in Deutschland über die Grenzen hinaus bekannt wurden, die mit Paula Modersohn-Becker, Gabriele Münter, Marianne Werefkin, Käthe Kollwitz in einem Atemzug genannt werden. Ihre Bedeutung ist unumstritten.

Ida Kerkovius hat seit 1908 mit wenigen Unterbrechungen in Stuttgart gelebt – ein ausreichender Grund, sie in einem Stuttgarter »Frauenporträt« darzustellen. Es wäre vermessen und würde ihrem Wesen nicht gerecht, wenn ihre Malerei ergründet werden sollte. Hier soll vielmehr versucht werden, auf ihr Leben in unserer Stadt aufmerksam zu machen – auf eine lange Epoche, die viele »Strömungen« in der Kunst, in der Politik, im praktischen Leben in sich schließt.

Auch unter dem Gesichtspunkt der Diskrepanz von schöpferischem Tun und dessen Verleugnung in einer würdelosen Welt, deren Opfer Ida Kerkovius selbst lange Jahre geworden ist, soll hier berichtet werden.

Ida Kerkovius wurde am 31. August 1879 als viertes Kind einer ursprünglich deutschen Patrizierfamilie in Riga geboren. Sie verlebte mit zehn Geschwistern, mit Vettern und Basen ihre Kindheit auf dem elterlichen Gut, das vier Stunden von Riga entfernt lag.

Ein Jugendparadies war dieses lettische »Rittergut« gewesen, mit einem reichen gesellschaftlichen Leben. Aber Ida hat es trotzdem verlassen, um sich als Malerin ausbilden zu lassen. Zuerst wurde das von den Eltern noch begrüßt; eine musische Ausbildung gehörte damals zur Erziehung junger Mädchen aus »guter« Familie, aber später, als die junge Frau ihren Entschluß, als Malerin leben zu wollen, endgültig durchsetzte, brach der Konflikt aus.

In einem Interview zu ihrem fünfundachtzigsten Geburtstag sagte sie: »Die Malerei war für mich ein und alles. In der Jugend hat man mit Liebesgeschichten zu tun gehabt. Ich war froh, als das vorüber war. Jetzt konnte ich mich ganz auf meine Kunst konzentrieren. Ich muß allein sein. Ich glaube, ich habe mein Leben richtig gestaltet.«[3]

Die Ruhe und Sicherheit, mit der sie das sagen konnte, ist erstaunlich. Aber diese so glücklich lebende Frau hat wohl kaum Resignation im Leben, kaum Stagnation in der Kunst gekannt – trotz allem. Eine heitere Gläubigkeit strahlt aus ihren Bildern, eine Farbigkeit, die auch Kontraste und Widersprüche harmonisch verbindet. Aber lassen wir sie selbst sprechen:

»Mein Leben vor der Staffelei begann mit 18 Jahren in meiner Heimatstadt Riga. Schon als Kind lebte die Sehnsucht nach künstlerischer Gestaltung in mir. Zunächst besuchte ich eine Privatmalschule. Dort wurden Kopfstudien nach Modellen in Schwarzweiß gezeichnet. Ein Erlebnis war es für mich, als ich zum erstenmal ein Portrait in Ölfarbe malen durfte. Mein Lehrer war sehr zufrieden damit und sagte: Sie werden einmal sehr gut malen. Das gab mir Mut.

Ich absolvierte diese Schule mit Diplom, auf Grund dessen ich berechtigt war, an höheren Schulen Unterricht zu geben.

Mein Vater wollte, daß ich Portraitmalerin in Riga werde, um mich dort zu halten; mich trieb es aber zu höheren Zielen.

Ich sah in der Zeit eine Ausstellung einer Malerin, die Hoelzel-Schülerin gewesen war, die mich interessierte. Sie hatte in Dachau in Bayern bei ihm Unterricht gehabt. Diese Schule wollte ich nun unter allen Umständen auch besuchen, und als ich anschließend mit Verwandten eine Italienreise machen durfte, schrieb ich von Rom aus an Hoelzel nach Dachau und wurde von ihm angenommen. Aus 3 Monaten wurden damals 5 Monate, dann mußte ich wieder in meine Heimat zurückkehren ...

1906 wurde Hoelzel an die Stuttgarter Akademie berufen. Ich folgte ihm dorthin und bekam ein Meisterschüler-Atelier zu weiterer Fortbildung. Ich hörte nicht auf, bis zu seinem Tode mich an seiner Lehre mit ihm und neben ihm weiterzubilden, seine Entwicklung zu verfolgen, trotz meiner inzwischen erreichten Selbständigkeit und eigenen Ausdrucksweise. Worin sie bestand, will ich nun versuchen zu erklären. Mein Schaffen ist von zwei polaren Gegensätzen bestimmt, einerseits die bildnerischen Ausdrucksmittel für das innere Erlebnis zu finden, dabei die Phantasie frei walten zu lassen, primär mit dem Spiel der Mittel aus dem Material heraus zu beginnen; daraus entwickelt sich dann der le-

Ida Kerkovius, Selbstbildnis 1929.

Ida Kerkovius bei der Arbeit, 1969.

bendige malerische Organismus, der mich am stärksten in der Gegensätzlichkeit von Farbe und Form beschäftigt. Diese Voraussetzungen gelten auch, wenn ich vom Gegenständlichen ausgehe, ein Stilleben oder eine Landschaft malen will ...«[4]

1903 in Dachau wurde Ida Kerkovius also Hoelzels Schülerin. Ihre Handschrift hatte ihm gefallen, und so wurde sie von dem wählerischen Meister akzeptiert. Die Malerin beschrieb später ihren Unterricht so: »... Die Lehre, die mich tief beeindruckte, vollzog sich in Dachau einerseits vor der Natur in der Landschaft und andererseits im Atelier. Hoelzel ging mit seinen Schülern in die Landschaft hinaus und lehrte sie sehen. Die Landschaft in Dachau enthielt schöne Baumgruppen; es galt sie zunächst zusammenfassend als Flächenformen zu sehen, die dreidimensionale Natur auf die zweidimensionale Bildfläche zu übertragen. Um das flächige Sehen zu erleichtern, mußten die Schüler sich schwarze Augengläser anschaffen. Erst nachdem die Flächenformen auf die Bildebene bildhaft verteilt waren, durfte man sie plastisch in Helldunkel gestalten ... in dem Sinne, wie im Bild die Ausdrucksmittel der Linie, der Fläche, des Helldunkels und der Farbe anzuwenden sind, wurden Übungen gemacht. Die Beherrschung dieser Ausdrucksmittel erleichterte das bildhafte Sehen und die Anwendung vor der Natur, sie gab die Fähigkeit, diese bildhaft zu sehen und zu gestalten.«[5]

Soweit Ida Kerkovius zu den Anfängen ihrer Malerei. Doch sie ist nicht nur eine Hoelzel-Schülerin. Sie hat eine so breite Palette von Techniken, Ausdrucksmöglichkeiten und Kunstrichtungen entwickelt und vielleicht auch assimiliert, daß es schwierig wäre, sie schematisch einzuordnen. Wozu auch? Ihr selbst war es das Wichtigste, sich immer weiterzuentwickeln. Ihre mit der wachsenden Meisterschaft zunehmende Leichtigkeit, ihre Kunst der Vereinfachung, die surrealen, symbolisch anklingenden Signale, das »Zeichnen« mit dem Pinsel, die Ölmalerei, das Aquarellieren, das Pastellieren, das Zeichnen mit Kohle und Kreide, das Teppichweben, das Arbeiten mit Glas sind Ausdrucksformen ihrer Vielfalt, die sie nicht einzuschränken gedachte.

Es gibt bei ihr immer ein Nebeneinander von verschiedenen Stilen und Bildgattungen. Ihr Biograph und Freund Kurt Leonhard[6] sieht keine Möglichkeit, ein Nacheinander ihrer Entwicklung zu konstruieren. Leider sind frühe Arbeiten fast keine, Arbeiten aus der mittleren Zeit nur wenige erhalten. 1944 wurde ihr Atelier in der Urbanstraße 53 durch Bomben zerstört, viele ihrer Werke sind dadurch verloren.

Die Malerin, die die Teilnahme am öffentlichen Kunstbetrieb scheute, war seit Beginn ihrer Stuttgarter Zeit Mitglied im ältesten Stuttgarter Malerinnenverein, dem Württembergischen Malerinnenverein in der Eugenstraße 17. Herta Rössle, die später ebenfalls Malerin werden sollte, berichtet von einer Begegnung mit Ida Kerkovius: »Ich kam aus dem Motzer'schen Kindergarten in der Olgastraße über die Eugenstaffel und wollte zum Mittagessen nach Hause. Vor der Nummer 17 stand eine Frau vor einer Staffelei und malte von der Treppe aus das schöne Haus der Malerinnen. Ich setzte mich auf eine Treppenstufe und schaute hingerissen zu, wie sich der Pinsel in ihrer Hand über die Leinwand bewegte und wie das Haus, der Garten, die Eingangstür mit dem Rund darüber, entstanden. Merkwürdig erschien mir die Kleidung dieser Frau, die Malerin trug ein langes Reformkleid, am Kopf saß eine Schneckenfrisur ...«[7]

Wann wohl diese Schneckenfrisur dem Bubikopf gewichen ist, dem sie bis ins hohe Alter treu blieb (siehe Selbstbildnis, 1929, Seite 231)? War er nur ein modisches Zugeständnis an die zwanziger Jahre?

Seit 1920 hat Ida Kerkovius dann in der Urbanstraße 53 gearbeitet und gewohnt – mit einem weiten Ausblick auf die sich um den Bahnhof herum gruppierende Stadt, deren Ausläufer die grünen Hänge in Richtung Killesberg hinaufklettern.

Von dort aus zog sie drei Winter über ins Bauhaus nach Weimar. Sie trat als Lehrling in die Webereiklasse ein und hatte schon mit ihrem ersten vier Quadratmeter großen Teppich einen erstaunlichen Erfolg bei den Künstlerkollegen.

Die meisten Anregungen bekam sie aber von Paul Klee, der damals die Leitung der Glasmalerwerkstatt inne hatte. Oskar Schlemmer und Johannes Itten, die in jener Zeit ebenfalls am Bauhaus arbeiteten, waren ihr schon von Stuttgart her verbunden.

Von 1923 bis zum Tode Hoelzels 1934 lebte sie dann fast ausnahmslos in Stuttgart.

1930 hatte sie ihre erste große Einzelausstellung im Stuttgarter Kunstverein;1933 malte sie ihr erstes gegenstandsfreies Ölbild. Phantasiebilder verstärkten diese Entwicklung.

Nach der Machtergreifung allerdings nimmt ihre Erfolgslinie einen Verlauf ins Ungewisse: Sie gehört zu den sogenannten Entarteten und darf nicht mehr ausstellen.

Sie geht auf Reisen, besucht ihre Familie und flieht mit ihr beim Einmarsch der Russen.

Bei Kriegsbeginn ist sie wieder in Stuttgart, muß nach der Zerstörung ihres Ateliers sehen, wie sie mit den Trümmern ihres Werkes zurechtkommt. Sie kann in ein Behelfsheim nach Degerloch ziehen, das ihr ein Stuttgarter Mäzen und Freund zur Verfügung stellt. Hier entstand dann zehn Jahre später ihr eigenes Haus.

Nach der Isolation während der Nazizeit und der Kriegsjahre findet die überaus Bescheidene, die ihr Leben fast ausschließlich ihrer Arbeit, ihrer Kunst widmet, im Nachkriegs-Stuttgart einen kleinen Kreis von Kennern, die sie unterstützen. Kleine Galerien stellen sie aus, ihre erste Nachkriegsausstellung ist 1948 im Kunstverein.

Es folgten offizielle Ehrungen: 1954 das Bundesverdienstkreuz, der Baden-Württembergische Staatspreis, 1958 der Professorentitel, 1959 die Jubiläumsausstellung im Kunstverein zum 80sten Geburtstag, viele Ausstellungen in der ganzen Welt. Und auch im Bereich der »Kunst am Bau« wurde sie nicht vergessen: Die große Glaswand im Festraum des Stuttgarter Rathauses (erbaut 1955/56) ist von ihr entworfen, von der Glaskunstfirma Saile errichtet worden.

Die vorherrschenden Farben der abstrakten, in Flächen und Linien aufgeteilten Komposition sind Blau und Rot in vielen verschiedenen Tönen.

Doch der Lebenslauf dieser Künstlerin, der aus der Eindeutigkeit ihrer künstlerischen Schöpfungskraft heraus so konsequent und bruchlos gelungen scheint, wird noch einmal durch ein Verbrechen verzerrt. 1957 wird die siebenundsiebzigjährige in ihrem Haus in Degerloch von einem vertrauensselig Eingelassenen überfallen, beraubt und im Keller gefesselt zurückgelassen. Freunde finden sie dort.

Aber auch davon kann sie sich noch einmal erholen, obwohl dieser Überfall sie innerlich fast so schwer getroffen hat wie der Bombenangriff 1944.

Bis zu ihrem Tod am 7. Juni 1970 bleibt sie trotz aller Einbrüche der realen Welt, die auch in ihrer heiteren Welt des Schaffens und Erschaffens Spuren hinterlassen, die lebhaft schauende, gütig-liebenswürdige Frau mit dem kaum ergrauten Bubikopf, die noch immer nicht müde und begeisterungsunfähig ist.

Trotz eines längeren Krankenhausaufenthaltes kann sie 1969 zu ihrem neunzigsten Geburtstag noch einmal eine große Retrospektive ihres Werkes im Kunstverein miterleben.

Jawlensky sagte einmal von ihr: »Sie ist ganz Kunst«. Das war und ist vielleicht der einzige Weg für eine weibliche Künstlerin, ihre Begabung auszuleben, ohne im Leben zu versagen.

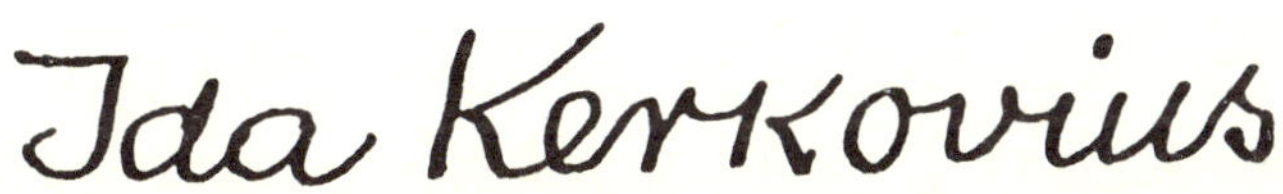

Dritte Geschichtsphase: 1919 bis 1933

Die neuen Rechte und ihr schnelles Ende

In Anbetracht dessen, was an Aufbrüchen, Aktionen, Reaktionen, Brutalität und menschlicher Größe in ihr steckt, wird diese Geschichtsphase hier verhältnismäßig kurz und auf die wichtigsten frauenbezogenen Inhalte reduziert beschrieben. Ausführlicher werden die geschichtsträchtigen Daten und ihre individuellen Auswirkungen in den vorgestellten Biographien behandelt.

Keine dieser Frauen, die zum Teil zeitlich in die zweite Geschichtsphase eingegliedert sind, konnte sich den existentiellen Dissonanzen und gesellschaftlichen Mißständen der Zeit entziehen, weder die Künstlerinnen – Isolde Kurz, Alexandrine Rossi, Käthe Loewenthal, Ida Kerkovius, Grete Breitkreuz –, noch die Beamtin und Bildungsexpertin Vera Vollmer, noch weniger die engagierte Ärztin Else Kienle und genausowenig die Politikerinnen: Mathilde Planck, Clara Zetkin, Anna Blos, Anna Haag, Hilde Reichert-Sperling, Charlotte Armbruster, Helene Schoettle, Gertrud Müller. Die erste Professorin Deutschlands, Margarete von Wrangell, Anna Blos und Clara Zetkin starben zu Beginn des »Tausendjährigen Reiches«; sie hatten damit wahrscheinlich Glück. Trotz der neuen Rechte waren die Gegensätze auch unter den Frauen krass und wurden polemisch ausgetragen. Der Einzug der Frauen in die Parlamente 1919, die demokratische Staatsform der Weimarer Republik ließen nun Themen zu, die den Frauen schon seit langem auf den Nägeln brannten. Diese Themen waren in der autoritär strukturierten Gesellschaft des obrigkeitshörigen Staates vor 1918 zwar schon existent gewesen, konnten aber zum Teil aus Angst vor Verfolgung nicht auf die öffentliche Tagesordnung gesetzt werden und hatten damit auch keine Chance einer politischen oder juristischen Lösung.

Die Debütantinnen in den parlamentarischen Gremien – nie wieder war der Frauenanteil so hoch wie 1919 (siehe die Tabelle auf der nächsten Seite) – arbeiteten im Hochgefühl, endlich mithandeln zu können. Konservative Frauen schrieben Anfragen, stellten zahllose Anträge, meistens zur Verbesserung der Berufssituation, der Ausbildungsmöglichkeiten und der Versicherungs- und Rentenversorgung.

Die Frauen der SPD, USPD und der KPD versuchten neben der Verbesserung der Arbeitsbedingungen das mit doppelter Moral behandelte Problem des § 218

	Gesamtzahl der Abgeordneten	davon Frauen	%
Nationalversammlung 1919	423	41	9,6
Reichstagswahl Juni 1920	469	37	8
„ Mai 1924	472	27	5,7
„ Dez. 1924	493	33	6,6
„ 1928	?	?	?

Auf die einzelnen Parteien verteilen sich die weiblichen Abgeordneten in folgender Weise:

	1919		1920		Mai 1924		Dez. 1924	
	Zahl der Frauen	%	Zahl der Frauen	%	Zahl der Frauen	%	Zahl der Frauen	%
Mehrheitssozialisten	22	13,3	13	11,5	11	11	17	12,9
Unabhängig. Partei	3	13,6	9	11,1	—	—	—	—
Dt. Demokr. Partei	6	8	4	9	2	7,1	2	6,2
Dt. Nation. Volkspartei	3	7	3	4,6	4	3,7	5	4,8
Deutsche Volkspartei	1	4,5	3	4,8	2	4,5	2	3,9
Zentrum	6	6,3	3	4,4	3	4,5	4	5,7
Kommunisten	—	—	1	5	4	6,4	3	6,6
Sonstige Parteilose	—	—	1	5,2	1	6,2	—	—
Insgesamt	41	9,6	37	8	27	5,7	33	6,6

Die vorstehenden Zahlen ergeben einen zweifellosen Rückgang der weiblichen Abgeordneten während der Berichtszeit.

Aus dem »Jahrbuch des Bundes deutscher Frauenvereine 1921–1927«.

Württemberg

	1928	1930
Gesamtzahl der Abgeordneten 80, darunter	3 Frauen = 3,75 %	3 Frauen = 3,75 %
Zentrumspartei	1 Frau	1 Frau
Sozialdemokratische Partei	2 Frauen	2 Frauen
	3 Frauen	3 Frauen

1930

Zentrumspartei

Frau Luise Rist, Landesvorsitzende des Katholischen Frauenbundes, Stuttgart = 1 Frau

Sozialdemokratische Partei

Frau Sophie Döhring, Gewerkschaftsangestellte, Stuttgart
„ Emilie Hiller, Heilbronn = 2 Frauen

Aus dem »Jahrbuch des Bundes deutscher Frauenvereine 1928–1931«.

zu einer für Frauen würdevollen Lösung zu bringen. Stuttgart ist in diesem Bereich atmosphärisch genauso von harten Auseinandersetzungen geprägt wie das übrige Deutschland. Die »Affäre Kienle-Wolf« war hier der Kulminationspunkt einer mit ethischen Vorzeichen versehenen machtpolitischen Bevölkerungsstrategie, unter der die ärmsten der Frauen zu leiden hatten.

1920 hatte die USPD die Streichung des Paragraphen 218 verlangt; die Reichstagsfraktion der SPD hatte einen Antrag auf Straffreiheit bei einem abortiven Eingriff während der ersten drei Schwangerschaftsmonate eingebracht, die heutige Fristenlösung. Beide Anträge wurden abgelehnt. Die KPD forderte 1922 in einem Gesetzentwurf das Recht auf kostenlose Abtreibung, außerdem öffentliche Fürsorge bei Schwangerschaften und Geburten von sozial und materiell schlecht gestellten Müttern sowie Beihilfen zur Ernährung und Erziehung der Kinder und außerdem eine kostenlose Abgabe von Verhütungsmitteln. Abgelehnt. Für 1924 wurde die Zahl der illegalen Abbrüche in Deutschland auf 200 000 geschätzt.

Die Mutterschutzgesetze sahen zwar einen insgesamt achtwöchigen Schwangerschaftsurlaub vor; die Frauen wagten aber aus Angst vor Kündigungen oft nicht, diesen Urlaub zu nutzen. Um 1925 arbeiteten über ein Drittel der Arbeiterinnen bis zur Niederkunft oder bis einen Tag davor, viele bekamen ihre Kinder sogar in der Fabrik.

1926 wird der § 218 novelliert: Schwangerschaftsabbrüche werden jetzt nicht mehr mit Zuchthaus, sondern mit Gefängnis bestraft. Das Reichsgericht erkennt die medizinische Indikation an. In der Praxis verweigern manche Ärzte sie, viele Priester sprechen sich gegen die Abtreibung aus, auch wenn das Leben der Mutter durch die ausgetragene Schwangerschaft gefährdet ist.

1929 findet die Uraufführung des Schauspiels »Cyankali« des Arztes und Schriftstellers Friedrich Wolf statt, der mit diesem Bühnenwerk über die Auswirkungen des § 218 eine Massenbewegung gegen diesen Paragraphen entfacht. Hunderttausende von Männern und Frauen kämpfen gegen diesen »Schandparagraphen« und schließen sich in Aktionen zusammen, um ihn zu eliminieren. Führend in dieser Bewegung sind die KPD, die sozialistischen Ärzte und die Sexualreformerinnen. Das 1926 erlassene sogenannte »Schund- und Schmutzgesetz«, das die BdF-Vorsitzende Gertrud Bäumer (1873–1954)[1] mit befürwortet hatte, war die Antwort: Es gewährte eine strafrechtliche Handhabe gegen sozial-kritische Autoren, die sich öffentlich gegen den § 218 wandten.

Das war die Rechtslage, als Dr. Friedrich Wolf und Dr. Else Kienle 1931 in Stuttgart wegen unerlaubter Abbrüche verhaftet wurden, ein Ereignis, das in der Stadt Abscheu wie Zustimmung hervorrief (siehe Porträt Else Kienle, Seite 255).

In der von 1919 bis 1933 wenig gewachsenen Stadt – 350 000 Einwohner

Rechts: Aufruf der »Groß-Stuttgarter Frauenliste« zur Wahl am 6. Dezember 1931 im »Stuttgarter Neuen Tagblatt«.

Seite 18 – Nr. 570 Stuttgarter Neues Tagblatt – Abendausgabe Samstag, 5./Sonntag, 6. Dezember 1931

Wir brauchen Stadtmütter!

neben den Stadtvätern,

weil die frauliche Auffassung auf allen Gebieten des Gemeindelebens zur Geltung kommen muß,

weil die Aufgaben der Gemeindeverwaltung **ohne die Mitarbeit der Frauen nicht richtig gelöst werden können.**

Die Kandidaten der Frauenliste sind einig in der inneren Haltung gegenüber ihren Aufgaben im öffentlichen Leben. Diese Einheitlichkeit bindet sie fester zusammen als ein Parteiprogramm!

Sie sind einig darin, daß über dem Kampf der Interessen **der Dienst am Volk, der Dienst am Menschen steht.**

Sie sind einig darin, daß die Arbeit für die Oeffentlichkeit **von sittlicher Verantwortung getragen sein muß.**

Wir Frauen wollen:

Größte Sparsamkeit im Gemeindehaushalt. Schwierig ist die Entscheidung, wie und wo man sparen kann. Frauen haben es aber von jeher verstanden, auch bei einfachem Lebensstil das Nötige und Menschenwürdige zu erhalten. Dieser Grundsatz wird uns auch auf dem Rathaus leiten. Auf allen Gebieten ist die Selbsthilfe der Einwohnerschaft aufzurufen.

Förderung der Familie. Uns liegt besonders am Herzen die Not der Mütter. Wir setzen uns ein für die Bekämpfung des Alkoholismus, für die stärkere Förderung produktiver Siedlung.

Bildung und Schutz der Jugend. Unvermeidliche Sparmaßnahmen im äußeren Aufwand dürfen Erziehung und Bildung der heranwachsenden Jugend nicht beeinträchtigen. Wir wollen Abwehrkräfte schaffen gegen körperliche und sittliche Gefährdung der jugendlichen Arbeitslosen.

Unterstützung der berufstätigen Frau. Wir wollen sie in ihrem heute besonders schweren Kampf stützen und ihr die Möglichkeiten zur Entfaltung ihrer Kräfte im Rahmen des gesamten Gemeinwesens erhalten.

Schutz des gewerblichen und bäuerlichen Mittelstands. Der Mittelstand, dessen Lebensraum heute von allen Seiten eingeengt wird, hat Anspruch auf wirksame Hilfe. Seine Erhaltung ist ein lebenswichtiges Interesse der Gesamtheit.

Bekämpfung der Arbeitslosennot. Die Pflicht der Gemeinschaft besteht nicht nur darin, auch weiterhin den Arbeitslosen das zum Leben Notwendige zu geben; wir wollen vielmehr ihre seelische Not mit Verständnis und Entschlossenheit mildern.

Die Parteigegensätze drohen, unser Volk auseinanderzuführen.

Dieser Zersplitterung entgegenzuarbeiten, ist der große Gedanke der Frauenliste.

Die „Groß-Stuttgarter Frauenliste" ist eine Zusammenfassung aller aufbauenden Kräfte!

Wähler, wählt am 6. Dezember Liste 6 „Groß-Stuttgarter Frauenliste"

Die Kandidaten der „Frauenliste":

Meta Diestel ist durch ihre künstlerische und musikpädagogische Betätigung weit über die Grenzen unseres Vaterlandes hinaus bekannt geworden. Mit ihrer Begabung auf sozialem Gebiet trat Frau Diestel bei Kriegsausbruch hervor. Ihre führenden Leistungen im „Nationalen Frauendienst" sind bekannt. Was sie damals in organisatorischer und fürsorgerischer Arbeit für die unter den Kriegsnöten leidende Stuttgarter Bevölkerung, für die Füllung der Speisekammern in Lazaretten, Mütter- und Kinderheimen leistete, wird ihr unvergessen sein. Im Zusammenhang damit gründete sie 16 landwirtschaftliche Hausfrauenvereine. Nach der Umwälzung beteiligte sie sich durch Vorträge an der staatsbürgerlichen Aufklärung der Frauen, ohne sich parteipolitisch zu binden. Sie ist Mitbegründerin des Evang. Volksbunds, in dessen Frauenstadtausschuß sie den Vorsitz führt, ebenso in der Frauengruppe des Tonkünstlerverbands.

Sofie Schieker-Ebe, Oberlehrersfrau, hat zusammen mit ihrem Mann die „Schieker-Schule" aufgebaut. Sie ist als Schriftstellerin bekannt und geschätzt. Um ihrer Bücher willen „Was tun Sybille?" und „Sybille blickt i... Leben" wird sie von der Jugend verehrt und gilt ungezählten **Jungwählern** und -Wählerinnen als Wegweiserin an die Wahlurne.

Else Eberhardt, Verbandsgeschäftsführerin, steht nicht nur bei der weiblichen Angestelltenschaft als weitblickende Führerin in hohem Ansehen, sie hat längst Anerkennung in Kreisen weit darüber hinaus gefunden. Sie ist Landesarbeitsrichter beim LAG Stuttgart, Mitglied des Finanzgerichts, stellv. Mitglied des Verwaltungsausschusses beim Landesarbeitsamt Südwestdeutschland, Mitglied des Oberversicherungsamts, Kammer für Angestelltenversicherung. Sie zeigt durch ihre Mitarbeit im Württ. Landesverband für Volksheimstätten und Bodenreform besonderes Interesse für die Gesundung des Wohnungswesens.

Eugenie Ruß-Willig, Postsekretär a. D., ist seit dem Jahre 1918 Landesvorsitzende der Vereinigung Württ. Verkehrsbeamtinnen, Vorstandsmitglied im Beirat Württ. Verkehrsbeamter, geschäftsführendes Mitglied des Württ. Beamtenbundes und Aufsichtsratsmitglied der Württ. Beamtenbank.

Johanna Baumann, Reallehrerin an der Königin-Charlotte-Realschule, Vorstandsmitglied des „Allgem. Württ. Lehrerinnenvereins". Sie weiß die in einem Gemeindeprogramm gestellten Forderungen auf dem Gebiet des gesamten Schulwesens sachverständig zu beurteilen.

Mathilde Beh, Damenschneidermeisterin, gehört zu den Gründerinnen der Zwangsinnung für die Damenschneiderei. Sie ist Obermeisterin der Stuttgarter Pflichtinnung für das Damenschneidergewerbe. Mit den Belangen des gewerblichen Mittelstandes und seinen Bedürfnissen ist sie aufs beste vertraut und daher auch in der Lage, auf dem Rathaus als sachverständige Vertreterin zu wirken.

Berta Bienz, Obertürkheim, war viele Jahre in zwei Untertürkheimer Großbetrieben als Auslandskorrespondentin angestellt. Sie hat durch ihre im In- und Ausland gesammelte Berufserfahrung reiche Kenntnis industrieller Fragen. Durch ihren Unterricht als Sprachlehrerin kennt sie die Sorgen der freien Berufe.

Annemarie Bock, Schulleitersfrau in Botnang, war vor ihrer Verheiratung Lehrerin und ist ihrem Lehramt insofern treu geblieben, als sie an der Frauenabteilung der Volkshochschule nun auch ihre hauswirtschaftliche Erfahrung weitergibt.

Dr. med. **Elisabeth Hebbaens**, Aerztin. Sie leitet den Verein „Frauenbildung-Frauenstudium" und hat sich in diesem Rahmen aufs tatkräftigste für die weibliche akademische Jugend eingesetzt. Auch durch ihren Unterricht an fünf verschiedenen Frauenschulklassen findet sie Gelegenheit, an der Ausbildung junger Mädchen mitzuwirken.

Anna Herrigel, Fachlehrerin in Gaisburg, hat neben ihrem beruflichen Wirkungskreis die Leitung des Evang. Arbeiterinnenvereins in diesem Vorort. Sie gehört dem ... und Stadtausschuß des Evang. Volksbunds seit seiner Gründung an. Die Singbewegung verdankt ihr viel organisatorische Hilfe.

Frida Herzog, Buchhändlers-Witwe in Gablenberg, war lange Jahre Gemeindehelferin. Sie ist bekannt und beliebt als „Freizeitmutter" und leitet eine Frauengruppe für Gemeindearbeit.

Thekla Kauffmann, Arbeitsvermittlerin, kann auf eine vieljährige ehrenamtliche und berufliche Tätigkeit auf den verschiedensten Gebieten der Sozialfürsorge und Frauenbewegung zurückblicken. Ihre Arbeit in der Jugendgerichtshilfe, beim Städtischen Gesundheitsamt, als Fabrikpflegerin, als Geschäftsführerin der Hilfsstelle für Frauenarbeit, später ihre Fürsorge für neu ins Erwerbsleben tretende Frauen und nun ihre Vermittlertätigkeit in der Angestelltenabteilung des Arbeitsnachweises, geben ihr Einblick genug, um zu wissen, was not tut und wo Frauenhände auf dem Rathaus eingreifen müssen.

Marta Krockenberger, Studiendirektorsfrau in Degerloch, ist das einzige weibliche Mitglied des **Württ. Landeskirchentags** und eine der hervorragendsten Vertreterinnen der evangelischen Frauen. Sie ist Landesvorsitzende der Frauenabteilung des Evang. Volksbunds und des Landesverbands Evang. Arbeiterinnenvereine.

Elisabeth Neef, Oberregierungsrats-Witwe. In ihrer Hand ruht seit zehn Jahren die Leitung des weit über die Grenzen unserer Vaterstadt mit Recht berühmten „Schwäbischen Frauenvereins", an dessen Ausbau sie unermüdlich arbeitet.

Dora de Nesle, Leiterin der Frauenarbeitsschule Cannstatt seit 17 Jahren und als solche den meisten Müttern und Töchtern Cannstatts bekannt. Bei Kriegsbeginn übernahm sie mit dem Roten Kreuz die Einrichtung des Hauflen-Lazaretts und leitete vier Jahre lang die Heimarbeit der Kriegerfrauen.

Dr. rer. pol. **Marta Luise Rehm**, Leiterin der sozialen Frauenschule, war früher Gewerbeassessorin beim Württ. Wirtschaftsministerium, dann im selben Amt bis zum Jahre 1929 Hilfsberichterstatterin, in welche Zeit auch ihre Ernennung zum Regierungsrat fällt.

Hilde Reichert-Sperling, Postratsfrau, war schon vor dem Kriege führend in der Jugendbewegung. Ihre Anteilnahme am öffentlichen Leben führte sie immer mehr auf alle Gebiete der Frauenarbeit. Sie ist jetzt Vorsitzende des „Verbands Württ. Frauenvereine".

Freifrau Else v. Reischach ist seit vielen Jahren Vorsitzende des Vereins für wirtschaftliche Frauenschulen auf dem Lande und allen denjenigen Müttern und Töchtern von besonderer Bedeutung, die ihre Ausbildung in der Wirtschaftlichen Frauenschule Groß-Sachsenheim genossen haben.

Helene Rukwied-Groß, Inhaberin einer Buchhandlung, vereinigt in glücklicher Weise die Eigenschaften einer erfahrenen Geschäftsfrau mit dem Einblick in die Bedürfnisse berufstätiger junger Menschen. Aus ihrer vielfältigen sozialen Betätigung sei nur hervorgehoben, daß sie nach dem Kriege in der Rechtsschutzstelle für Frauen wirkte. Sie ist Geschäftsführerin des „Köngener Bundes" und außerdem Jugendschöffin.

Oberlehrerin Frida Schmalzried lehrt seit 30 Jahren die Wangener Kinder, und es gibt in Wangen kaum eine Familie, in der sie nicht bekannt und beliebt wäre. Darum wurde sie auch in den Kirchengemeinderat gewählt und ist neben ihrer Berufsarbeit seit vielen Jahren ehrenamtliche Fürsorgerin. Sie arbeitet im Lehrerausschuß für Jugendwohlfahrt und im Ausschuß des Ferienheims Untertürkheim. Endlich liegt noch in ihrer Hand die Leitung des Frauen- und Mädchen-Missionsvereins ihrer Gemeinde.

Frida Schmidhäuser, Arzt-Frau in Hedelfingen. Sie stellte sich mit ihren großen hausfraulichen Erfahrungen als wirtschaftliche Leiterin des Wöchnerinnenheims Hedelfingen in den Dienst ihrer Gemeinde und hat in dieser Fürsorge für Mutter und Kind warmes mütterliches Verstehen bewiesen.

Josefa Wagner, Heimarbeiterin in Heslach, steht in engster Fühlung mit ihren Berufsschwestern. Mit feinem, mütterlichem Sinn und hausfraulicher Fürsorge arbeitet sie für den Heimarbeiterinnenverein und gehört mit zu den geschätztesten Vertrauensleuten des Evang. Volksbunds.

Marie Weber, Gipsermeisters-Frau. Seit Gründung der „Berufsorganisation der Hausfrauen Stuttgarts" ist sie in diesem Verein als Ausschußmitglied erfolgreich tätig und wurde von dieser Stelle auch in den Ausschuß der Ortskrankenkassen entsandt.

Mathilde Weckerle, Fabrikantensfrau in Zuffenhausen, hat während dem Krieg als unermüdliche Mitarbeiterin an der Kriegsküche mütterliche Fürsorge in weitestem Umfang geübt und ist ihrer fürsorgerischen Betätigung in stillster Weise bis heute treu geblieben.

Kaethe Wolf-Gumpold konnte in ihrer vieljährigen beruflichen, künstlerischen und sozialen Arbeit reiche Lebenserfahrungen sammeln. Sie ist seit sieben Jahren Pfarrer in der Christengemeinschaft. Neben ihrem Beruf wirkt sie noch als Mitarbeiterin in der Beratungsstelle für Lebensfragen und in der Frauenabteilung der Volkshochschule.

Fotos aus der Zeit um 1940, die Frauenbilder und Mädchenaktivitäten zeigen, wie sie der Nazi-Ideologie entsprachen. Links: BDM-Mädchen beim »Hilfseinsatz«. Oben: Dem Hilfsdienstmädchen der NS-Frauenschaft wird gezeigt, wie man ein Kind hält.

waren das Mittel dieser Jahre; der Frauenanteil lag wegen des Ersten Weltkrieges weit weniger über der Hälfte als vor 1919 – waren Urteile literarisch-schöngeistiger Art über *die* Frauen nicht mehr möglich, wenn sie nicht noch klischeehafter sein wollten als in der »guten, alten Zeit«. Die sozialen Unterschiede wurden mit der zunehmenden Wirtschaftskrise deutlicher. Die verschiedenen Gruppierungen schotteten sich ab, arbeiteten nicht mit Frauen anderer Richtungen zusammen. Die schon vor 1918 politisch aktiven Frauenvereine, vor allem der konservativen Seite, klagten über Mitgliederverluste, weil die

Frauenbilder und Mädchenaktivitäten, wie sie der Nazi-Ideologie entsprachen. Oben: Erkrankt eine Ehefrau und Mutter, betreut die Nachbarschaftshilfe der NS-Frauenschaft die Familie. Rechts: Helferinnen des BDM überreichen Müttern das »Ehrenkreuz« und einen Blumenstrauß.

Frauen sich mehr in die Parteien integrierten, um eine breitere politische Basis zu haben. Der Frauenanteil in der SPD stieg ebenfalls: Rund 20 Prozent betrug er Ende der zwanziger Jahre.

Daneben wuchs die Frauenkulturbewegung zusehens an. Überall gab es Frauenvereine, die sich für neue Frauenkleidung, moderne Architektur, Körper- und Bewegungskultur engagierten. 1926 wurde die Gedok, die Gemeinschaft deutscher und österreichischer Künstlerinnen, gegründet. Es gibt sie auch in Stuttgart heute noch. Die konfessionell gebundenen Frauen reagierten ebenfalls mit einem neuen Frauenbewußtsein und

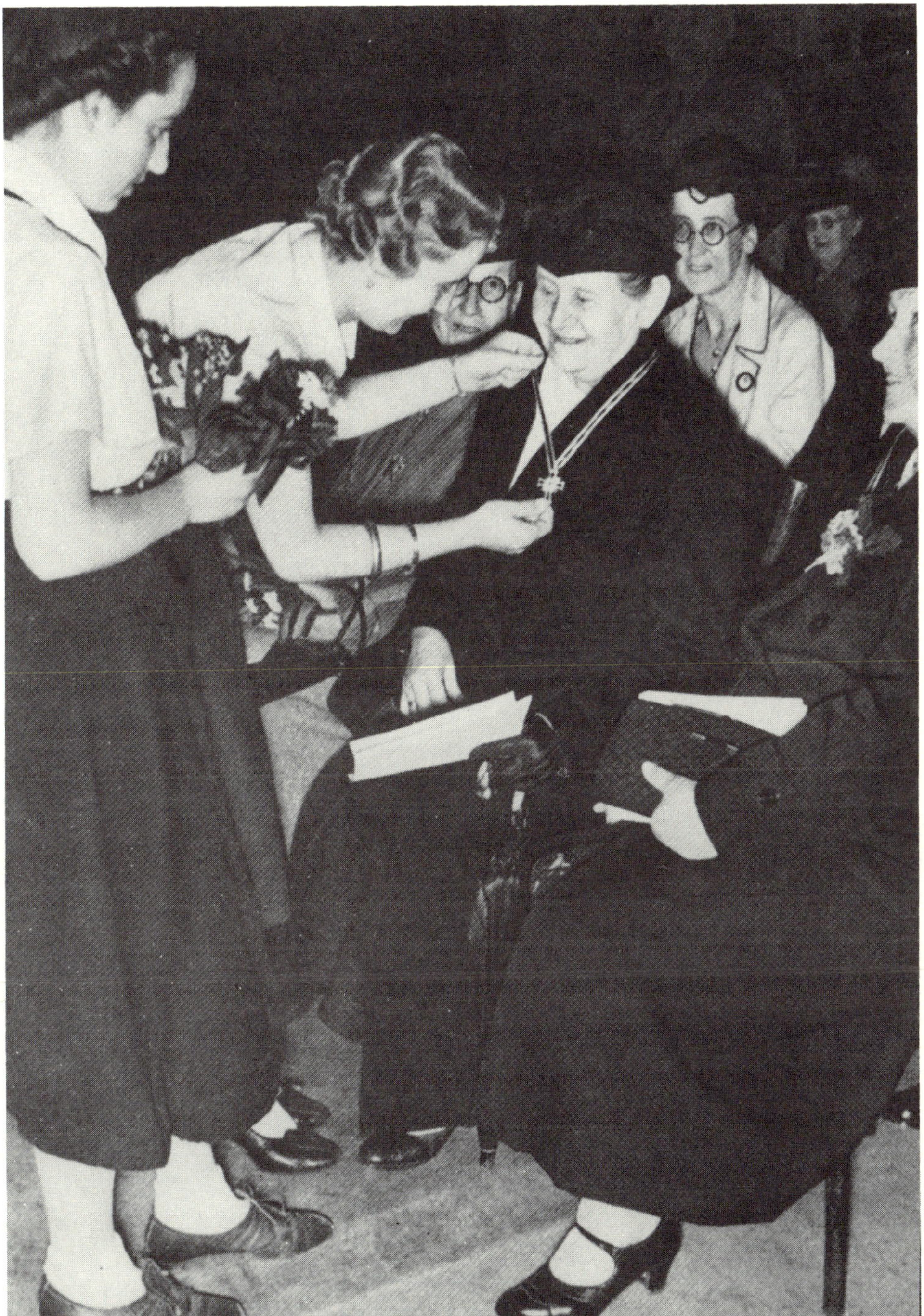

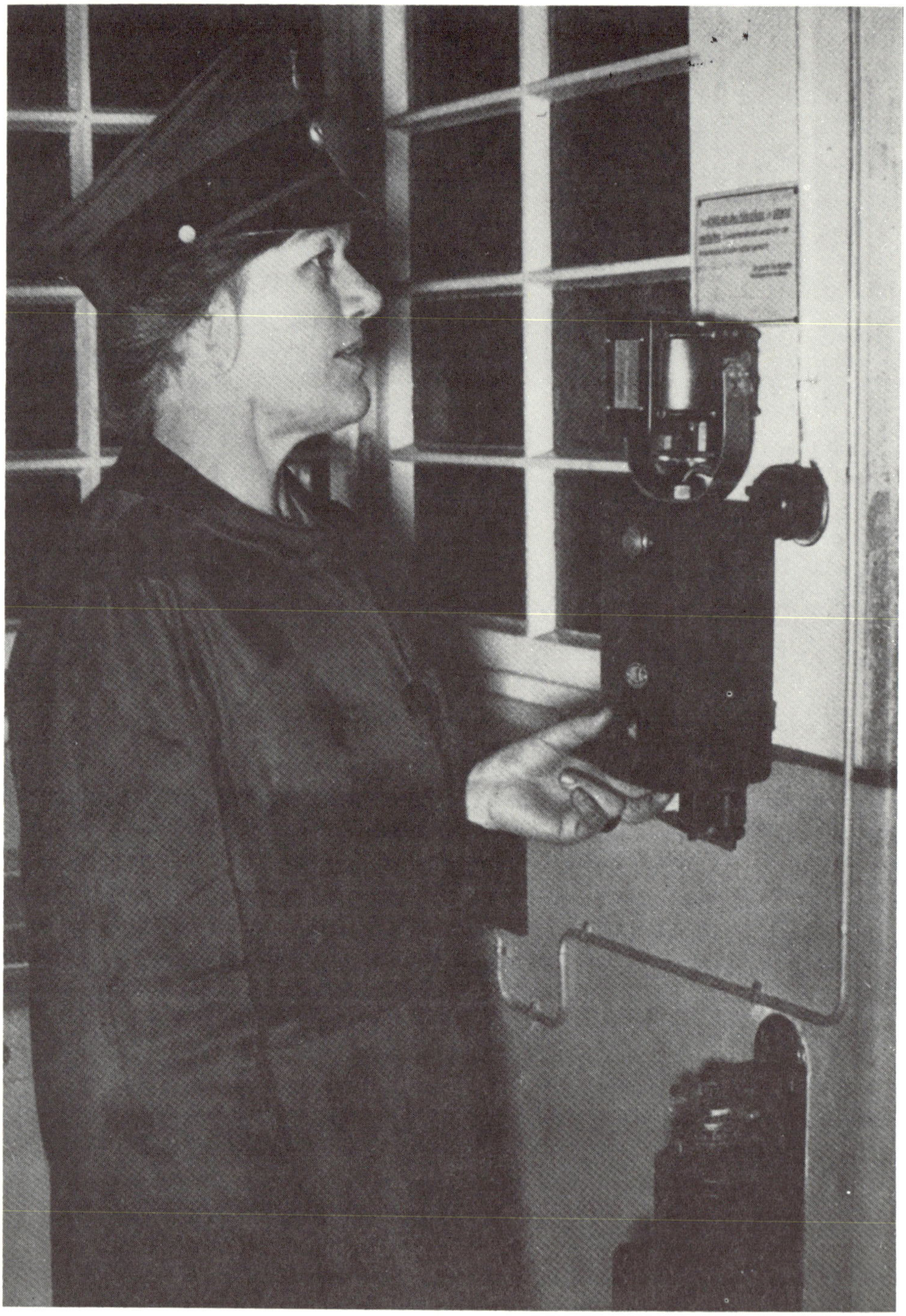

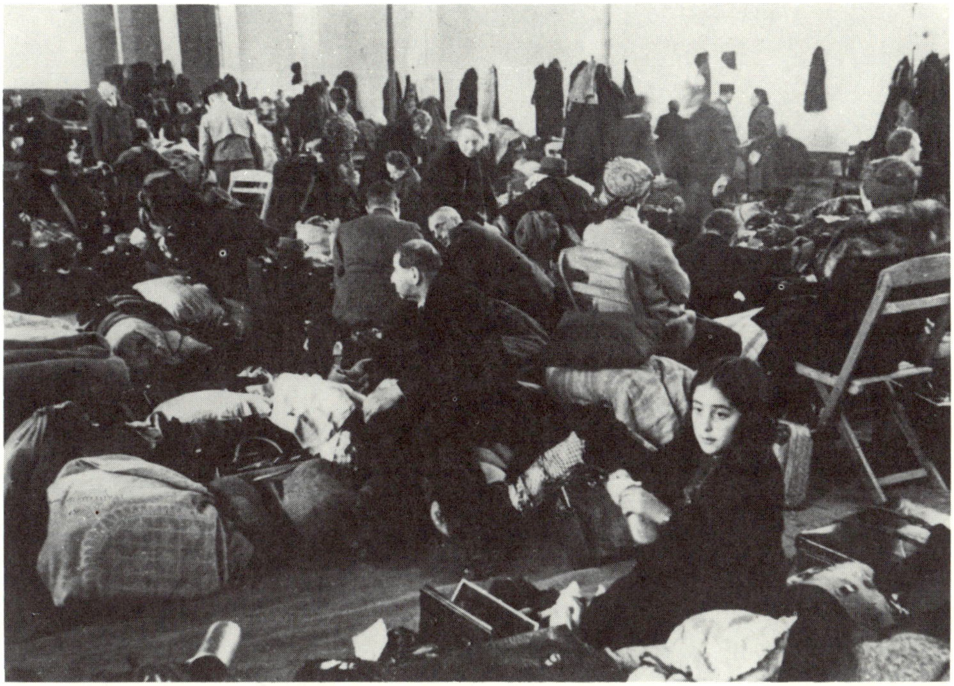

Links: Eigentlich nicht vorgesehen, aber als »Ersatz« für die kriegführenden Männer unentbehrlich: die berufstätige Frau, hier eine Bahnbeamtin (um 1940). – Oben: Sammellager der Stuttgarter Juden vor der Deportation. Killesberg, 1941.

setzten gegen die männlich bestimmte Hierarchie ihrer Kirchen ein neues Frauenengagement. 1920 gewährte die evangelische Kirchenverfassung den Frauen das aktive kirchliche Wahlrecht, 1924 wurde es bei den katholischen Gemeindevertretungen eingeführt.

In Stuttgart gibt es seit 1918 eine Gruppe des Katholischen Frauenbundes, der ohne männlich-pfarrherrlichen Vorsitz zusammentrifft. Seit 1923 existiert ein Ortsverein des Evangelischen Frauenbundes, der stark der Frauenbewegung verpflichtet ist. 1928 wird Martha Krockenberger (siehe Vera Vollmer, Seite 188) als erste Frau in den Württembergischen Evangelischen Landeskirchenverein gewählt. Sie fordert im selben Jahr als Vertreterin des »Gesamtverbandes evangelischer Arbeiterinnenvereine Deutschlands« in Übereinstimmung mit dem Verbandsvorstand für verheiratete Mütter das Verbot der bezahlten außerhäuslichen Arbeit. Ein Hinweis darauf, daß diese Familienpolitik sich an der traditionellen Mutterrolle orientierte, wie es im übrigen auch viele Sozialisten taten. Was aber war zu tun, wenn das Geld nicht reichte?

Und was taten die Bildungswilligen, wenn das Geld knapp war? Ab 1919 gab es in Stuttgart die Volkshochschule, die auch eine Frauenabteilung gründete. Mathilde Planck, Anna Blos, Vera Vollmer und Sofie Reis waren von den hier vorgestellten Frauen maßgeblich an der Gründung und am Lehrprogramm beteiligt. Dora zu Putlitz, eine Tochter des 1918 verabschiedeten königlichen Hoftheaterintendanten, war ebenfalls Mitgründerin und Kursleiterin von 1919 bis 1932. Sie förderte wie die Leiterin der Frauenabteilung, Dr. Carola Rosenberg-Blume (1924–1933), die »Volksbildung« der bildungshungrigen Frauen.[2] Auch diesem Engagement setzten die Nationalsozialisten ein Ende. Obwohl die Mehrheit der deutschen Frauen durch ihre Wahlentscheidung Hitlers Ermächtigungsgesetz möglich machten, gab es bewußte Frauen, die das kommende Unheil voraussahen und helfen wollten, es zu verhindern. Neben den »roten« Genossinnen war dies auch eine Gruppe von liberal-demokratisch orientierten Frauen, die 1931 mit einer Frauenliste zur Kommunalwahl in Stuttgart antraten. Hilde Reichert-Sperling war eine von ihnen. Sie wurden nicht gewählt. Es ist aber auch kaum anzunehmen, daß sie den aufkommenden Wahnsinn hätten verhindern können; dazu hätte es noch viel mehr bewußte Frauen wie sie gebraucht.

Frauen verschwanden ab 1933 aus dem politischen Leben der parlamentarischen Gremien. Alle Frauenverbände, die nicht der NS-Frauenschaft gleichgeschaltet werden wollten, wurden aufgelöst.

Damit hört die Geschichte der Frauenemanzipation abrupt auf, denn nun wurde ein neues, altes Frauenbild – uniform und fremdbestimmt – aufgebaut. Die Emanzipierten flohen, emigrierten, leisteten Widerstand, gingen in die innere Emigration, wurden getötet.

Das Kapitel der Frauen, die in Stuttgart blieben und mithalfen, Menschen zu retten, der Frauen, die starben, emigrierten oder in Konzentrationslagern umgebracht wurden, muß erst geschrieben werden.

Anna Haag, geborene Schaich

Die Friedensfrau

Anna Haags Lebensweg zeigt beispielhaft auf, was zwischen 1888 (am 10. Juli 1988 wäre sie 100 Jahre alt geworden) und heute in einem Frauenleben schwierig oder glücklich sein mußte oder konnte. Ihre in ganz besonderem Maße ausgeprägte menschliche und positive Lebenseinstellung hat ihr geholfen, all das Schwere des Ersten und Zweiten Weltkrieges in ein mutiges Sich-Einsetzen für den Frieden und in eine unermüdliche Mitarbeit in den verschiedensten sozialen Bereichen umzuwandeln.

Geboren und aufgewachsen ist sie in Althütte (Kreis Backnang) als drittes von sechs Geschwistern im Schulhaus des Ortes. Sie wurde bis zum 13. Schuljahr vom Vater Jakob Schaich in dieser Dorfschule unterrichtet, bekam aber mit den Brüdern beim Pfarrer Französischunterricht. Eine angebotene Freistelle im damals königlichen Katharinenstift in Stuttgart kam für die Eltern nicht in Betracht, weil sie die Tochter nicht als Bittstellerin in der Hauptstadt sehen wollten und es für besser hielten, daß sie in der Familie und im kleindörflichen Freundeskreis aufwuchs. Die finanzielle Belastung wäre trotz aller Unterstützung auch zu groß gewesen.

Erst als der Vater nach Dettingen auf der Schwäbischen Alb versetzt wurde, kam Anna in die Konfirmandenklasse eines anderen Lehrers und war erstaunt über dessen anderes Wertesystem. Die gefürchtete Strenge des Vaters und seine vorgelebte Gerechtigkeit wurde, verglichen mit der Schätzleswirtschaft des neuen Lehrers, für sie zum nachahmenswerten Vorbild. 1902 war die Schulzeit mit der Konfirmation beendet. Während eines Aufenthaltes im Haushalt Mergenthaler (ihr Onkel, der Mathematiklehrer Adolf Mergenthaler, war der Bruder ihrer Mutter, Karoline Mergenthaler, und sie beide die Geschwister des Erfinders Ottmar Mergenthaler) genoß sie einen zweijährigen Gastunterricht in einer Höheren Töchterschule in Backnang. Sie erhielt keine höhere Schulausbildung und auch keine Berufsausbildung, obwohl es selbstverständlich war, daß die Brüder zumindest das Volkschullehrerseminar – auf Kosten des württembergischen Staates – besuchen konnten. Anna half nach Beendigung der Schule der Mutter im Haushalt – das bedeutete damals Schwerstarbeit – und mußte ihn oft auch ganz übernehmen, weil die Mutter krank war. Ein typisches

Mädchenschicksal also – und das, obwohl der Vater politisch wach und kritisch war.

In Althütte kam es öfters vor, daß Vater und Kinder während der Schulpause zur Mutter in die Küche gingen, um sich das Vesperbrot abzuholen. Der Vater las dort grollend die Zeitung und schimpfte über die »Burschen«. Er meinte damit die Abgeordneten des damaligen Königlich-Württembergischen Landtags, die wieder einmal indirekte Steuern beschlossen hatten. Anna Haag berichtet zum Beispiel, wie der Vater über die Ungerechtigkeit klagte, daß diese Steuern, zum Beispiel für Salz und Streichhölzer, die kleinen Leute trafen: »›Wenn sie das mit Kaviar und Sekt tun würden!‹ rief der ergrimmte Vater, ›aber Dinge besteuern, die jeder braucht!‹«[1] An solchen Tagen ging Anna mit ihrem Vesperbrot nicht auf die Gasse, um mit den Klassenkameradinnen zu spielen. Sie mußte vom Vater unbedingt hören, was in der Welt vorging. Traurigerweise schien es viel zu oft falsch zuzugehen, wo bei etwas gutem Willen und rechtlichem Verstand alles doch so leicht richtig zu regeln wäre, wie der Vater immer wieder betonte. Bei derartigen Gelegenheiten schwor sich Anna: »Wenn ich einmal groß bin, werde ich bestimmt helfen, daß die Welt vernünftiger geordnet wird! Auf alle Fälle werde ich dafür sorgen, daß die ärgerlichen indirekten Steuern abgeschafft werden! Welch lächerliches Vorhaben«, schreibt sie weiter. »Sie war ja nur ein Mädchen und Mädchen standen um jene Zeit herzlich schlecht im Kurs. Von passivem und aktivem Wahlrecht der Frauen und einer dadurch möglichen Einflußnahme war ja noch lange nicht die Rede. [...] Ihre ersten frauenrechtlichen Regungen«[2] aber empfand sie im Zorn über die Konfiszierung ihrer Post durch den Vater, der kurzerhand Postkarten zurückhielt, die Freunde ihrer Brüder ihr im Backfischalter schickten, um mit ihr ins Gespräch zu kommen.

Geheiratet hat sie mit 21, nach vierjährigem Verlobtsein den Bewerber, der sich durch die Abwehr der Eltern nicht beirren ließ, den kurz vor dem Staatsexamen stehenden Studenten der Mathematik, Albert Haag. Mit ihm meisterte sie alle Schwierigkeiten der ersten, sehr arbeitsintensiven Lehrerstelle im Internat in Lähn/Hirschberg, an der zweiten Schule in Treptow/Pommern und dann an der Deutschen Schule in Bukarest, wo sie nach dem Ausbruch des Ersten Weltkrieges mit ihren beiden Töchtern, Isolde und Sigrid, in größter Not ihre Frau gestanden hat. Auch hier bewies sie ihr Durchhaltevermögen, ihre große Phantasie, mit denen sie auch die aussichtslosesten Situationen meisterte.

1914 war Albert Haag während ihres Deutschlandurlaubs nach kurzer Ausbildung an die Front geschickt worden, mit einem jener jungen Regimenter, die in Flandern fast völlig aufgerieben wurden. Nach einem Jahr Frontzeit wurde Albert Haag auf Betreiben des Außenministeriums von der Truppe entlassen und wieder an die Bukarester Schule ge-

Links: Anna Haag an ihrem 90. Geburtstag, 1978.

schickt. Die Familie reiste mit ihm. Kurz danach trat Rumänien in den Krieg gegen Deutschland ein, er wurde interniert und an die Ostgrenze Rumäniens verschickt. Dort erkrankte er an Typhus, kam mit dem Leben knapp davon und konnte kurz vor Kriegsende aus dem Lager fliehen. In Bukarest waren indessen die deutschen Truppen einmarschiert; Anna Haag konnte als Leiterin eines Flüchtlingsheimes den Lebensunterhalt für die Familie verdienen. Alle Probleme scheint sie dank ihrer großen Menschlichkeit mühelos bewältigt zu haben – sie war hartnäckig und unermüdlich, wenn es darum ging, Mißstände zu beseitigen.

In dieser Bukarester Zeit hatte sie vor dem Kriege angefangen, Zeitungsberichte und Geschichten zu schreiben. Sie hatte von Anfang an Erfolg damit. Ihr direkter Ton und ihre Fähigkeit des liebevollen, klaren Beschreibens hat sie zur Schriftstellerin und zur engagierten Zeitungsjournalistin geradezu wie selbstverständlich bestimmt.

Nach Kriegsende verließ die Familie Bukarest. Von 1919 bis 1927 unterrichtete Albert Haag in Nürtingen, dann ab 1927 in Stuttgart. Anna und Albert Haag lebten politisch überaus bewußt. Nach der Weltkriegskatastrophe waren beide der SPD beigetreten, nicht als schablonisierte Solzialdemokraten, sondern als betonte Individualisten. Damals wurde Anna Haag auch Mitglied der Internationalen Frauenliga für Frieden und Freiheit (IFFF), in der sich Frauen zusammengeschlossen hatten, die ihre Aufgabe darin sahen, künftige Kriege verhüten zu helfen. Sehr früh wurde den Haags bewußt, welchen Kurs die Nationalsozialisten einschlugen. Albert Haag wurde 1934 von seiner Schule suspendiert und einige Monate später in eine Mädchenschule nach Ludwigsburg strafversetzt: Bei einer Ansprache an die Schüler zum Heldengedenktag hatte er die Schrecken des Ersten Weltkrieges geschildert.

Anna Haag entging nach der Machtübernahme nur knapp einer Verhaftung, weil sie ein mit ihrem Namen veröffentlichtes Plakat der IFFF in letzter Minute vor einer Hausdurchsuchung verbrennen konnte. Es war von Gulbranson gezeichnet und zeigte in erschütternder Ehrlichkeit das wahre Wesen des Krieges zusammen mit dem Symbol der Friedenstaube.

Die Haags wurden immer einsamer. Anna Haags Kriegstagebuch, das sie im Kohlenkeller versteckt hielt – die Namen ihrer nächsten Familienangehörigen waren verschlüsselt – berichtet von ihrem Leiden an diesem mörderischen Wahnsinn.

»11. 5. 1940 Wozu wohl ein Mozart, ein Beethoven, ein Goethe gelebt und ihre Werke geschaffen haben, wenn wir Heutigen nichts anderes wissen als töten und zerstören?

19. 5. 1940 Nicht die gelegentliche und zu allen Zeiten als Begleiterscheinung des normalen Lebens auftretende Niedertracht ist es, die mich im Innersten aufwühlt, sondern die Tatsche, daß bei uns zu Lande gegenwärtig die Niedertracht zum Prinzip erhoben ist – die braune Pest.

23. 6. 1940 Man müßte sich doch denken können, daß verantwortungsbe-

wußte Frauen, Frauen, die im Leben stehen, die von seinen Stürmen zerzaust, wacker standgehalten haben, die Klarheit über allerlei Menschliches bekommen haben, Frauen, die sachlich sind, ohne Eitelkeit, weil sie dazu garkeine Zeit haben, daß solche Frauen durch ihre Mithilfe bei der Leitung der Staatsgeschäfte wohltuend auf die Entwicklung des Staates und auf das Wohlergehen seiner Bürger wirken müßten.

24. 9. 1940 Ein furchtbares Flüstern geht um. Irre und Gemütskranke werden umgebracht.

14. 11. 1940 Diese irregeführten deutschen Menschen! Diese Unter-Weltbürger!

22. 4. 1945 Es ist geschehen. Erstarrt, benommen, noch nicht fähig, das unerhörte Erleben, die Fülle des Glückes ganz zu fassen. Nun werde ich in den Garten gehen. Ich werde ein paar Narzissen abschneiden, mich an ihrem samtenen Weiß und ihrem Duft ergötzen. Ich werde die blaue Frühlingsluft in mich trinken, ganz ohne Furcht. Ich werde ein kleines Lied summen, und alles Menschenglück wird wieder mein sein. Vielleicht werde ich auf unserem Flügel spielen ›Nun danket alle Gott‹, und Albert wird dazu singen. Wir werden beide versuchen, unseren Schwur zu halten, an der Gesundung unseres Volkes von seiner schweren geistig-seelischen Erkrankung und an seiner Errettung aus namenloser materieller Not mitzuarbeiten, soviel uns Kraft gegeben sein wird.«[3]

Der wichtigste Grund ihrer erneuten SPD-Mitgliedschaft nach 1945 war im übrigen, daß die SPD als einzige Partei am 24. März 1933 dem Ermächtigungsgesetz nicht zugestimmt hatte.

Die aktivsten Frauen in diesem zerstörten Stuttgart nach Kriegsende waren diejenigen, die den Terror des Naziregimes am eigenen Leib verspürt hatten. Anfänglich arbeiteten die in überparteilicher und überkonfessioneller Absicht gebildeten Frauenverbände noch zusammen, getragen von dem Willen, alles besser zu machen. Aber bald hörte die Zusammenarbeit des Stuttgarter Frauendienstes, des Frauenausschusses und des Stuttgarter Frauenparlaments auf. Die Frauen kehrten in ihre Ausgangsgruppierung zurück, weil dort effektivere praktische Arbeit geleistet werden konnte. Außerdem war versäumt worden, jüngere Frauen zur Mitarbeit zu gewinnen. Die alte Garde der Frauen verhinderte einen Neuanfang. Die Verhältnisse der Weimarer Republik wurden fast bruchlos im Rahmen der Frauenpolitik übernommen, die bürgerliche und proletarische Frauenbewegungen gerieten wieder in Konflikt. Die gesellschaftlichen und rechtlichen Rahmenbedingungen, die den Frauen immer noch gravierende Nachteile bescherten, hätten schon damals in Angriff genommen werden müssen. Anstatt gemeinsamer politischer Aktionen aber war pragmatische Abhilfe der schlimmsten Nöte an der Tagesordnung. So setzte sich wieder eine konservative Grundhaltung durch. Die Nazi-Ideologie, die Frauen aus dem öffentlichen Leben fast völlig verbannt hatte, scheint außerdem ganze Arbeit geleistet zu haben.

Dies zeigte sich auf vielfache Weise. In den Ausschüssen zum Beispiel – das waren Bürgerversammlungen, die Demokratie von unten anstrebten und im zerstörten Stuttgart versuchten, die schlimmste Not zu lindern, nazistische Überbleibsel zu beseitigen, wiederaufzubauen und wiedergutzumachen. In diesen Ausschüssen also übernahmen die allmählich zurückkehrenden Männer mit Selbstverständlichkeit die bezahlten Positionen – Frauen blieb wieder einmal das Ehrenamt. Bei den ersten Stuttgarter Gemeinderatswahlen bekamen fast alle weiblichen Kandidatinnen weniger Stimmen als die männlichen. In 14 Wahlbezirken ließ man zu statistischen Zwecken Frauen und Männer getrennt abstimmen – und siehe da: Die Frauen selbst trauten den Frauen nicht! Diejenigen, die am häufigsten Frauen von der Liste gestrichen hatten, waren Frauen. Das Ergebnis im Gemeinderat war dann auch entsprechend: Von 48 Mitgliedern waren fünf Frauen (1946) und im Landtag von 100 Abgeordneten sieben Frauen, davon fünf aus Stuttgart. Unter ihnen war Anna Haag.

Sie ist in jener Zeit von Anfang an dabei gewesen, in der Absicht, den Start in eine neue, bessere Zeit mitzugestalten. Sie war als SPD-Frau in den ersten städtischen Beirat, einen verfassunggebenden Vorläufer (12. Oktober 1945) des ersten zu wählenden Gemeinderats, berufen worden. Das hier zitierte Gedicht, daß damals in der Stuttgarter Zeitung erschien, ist Anna Haags Beschwerde darüber, daß außer dieser Einberufung nicht sehr viel mehr geschah. Ihr aber brannte die Notwendigkeit, nun endlich etwas tun zu müssen, unter den Nägeln.

Der städtische Beirat

Was gestern war, ist heute schon Geschichte!
Bei Gott! Dies Wort ist wahr!
Es stimmt auf vieles und sogar aufs Haar
für das, was wir den Städtschen Beirat nennen
und dessen Namen alle Leute kennen.

Berufen wurde er, und einmal durfte er auch »tagen« –
Doch sollt in Neugier einer mich befragen,
was dieses eine Mal der Beirat hat beraten,
ob er geschritten gar zu wichtigen Taten,
so müßt er folgendes aus meinem Mund vernehmen
(ich hoff, er würd darum sich nicht zu Tode grämen):
Der »Beirat« hatte nichts zu melden!

O Bürger, wolltest Du ihn darum schelten,
so denk: Dies erste und bis heute einzge Tun
war gar kein »Tun«, es war ein »Ruhn«!
Der »Beirat« durfte wie in Hitlers großen Reichstagszeiten
zur »Entgegennahme« einer Erklärung schreiten.
Seither ist Grabesruh! Nichts ist vom »Beirat« mehr zu hören und zu lesen!
Sieht es nicht aus, als sei am End er schon gewesen?[4]

»Daraufhin wurde der Beirat natürlich einberufen. Ob zum Nutzen der schwer zerstörten Stadt? Diese Frage stürzte Anna in berechtigte Zweifel. Die Not verlangte ja nach raschen Entschlüssen und nicht nach langen Parlamentsreden. Die Einführung der Demokratie als Lebensform hatte in deutschen Landen wieder einmal einen denkbar ungünstigen Start.«[5]

Im Oktober 1946 wurde sie in den Landtag gewählt, und immer wenn sie sich zu Wort meldete, wurde die Mehrzahl der Herren Abgeordneten unruhig. Zum Beispiel wurde am 22. April 1948 das von ihr eingebrachte Gesetz, das die Voraussetzung für die Möglichkeit der Kriegsdienstverweigerung schuf, angenommen. Im Grundgesetz Artikel 4, Absatz 3 heißt es heute: »Niemand darf gegen sein Gewissen zum Kriegsdienst mit der Waffe gezwungen werden.«

Bis 1952 war sie in diesem Gremium tätig. Zu einer Neuwahl ließ sie sich nicht mehr aufstellen. Ihr Mann war damals gerade gestorben, und die Differenzen in der eigenen Partei waren zu groß.

In diesen Jahren der Adenauerzeit und des kalten Krieges vertrat sie nicht die SPD-Parteilinie. Sie war prinzipiell gegen eine Wiederaufrüstung der Bundesrepublik und gegen die Errichtung einer deutschen Wehrmacht. Und als sie 1961 einen Aufruf unterschrieb, daß vorrangig Atomwaffengegner in den Bundestag gewählt werden sollten, wurden die Verantwortlichen für diesen Aufruf aus der Partei ausgeschlossen, sie allerdings nicht. Ihr kulturelles und soziales Engagement war bis ins hohe Alter ungebrochen.

Neben der Mitarbeit in der 1946 wiedergegründeten IFFF widmete sie sich zusammen mit der Arbeitsgemeinschaft Stuttgarter Frauen der Errichtung eines Frauenhauses. Mit deren Mithilfe hat sie den Bau des Anna-Haag-Hauses finanziert und als entscheidender Motor durchgesetzt. Sie hatte eine Zusage der Stadt Stuttgart erhalten, die jede von der Arbeitsgemeinschaft aufgebrachte Mark verdoppeln wollte. Anna Haag überzeugte die Amerikaner von der Wichtigkeit des Projekts; der McCloy-Fonds gab eine sehr großzügige Spende, und die Stadt mußte wohl oder über nachziehen.

Seit 1951 gewährte dieses Haus obdachlosen Mädchen und Frauen, darunter vielen Ausländerinnen, Unterkunft. Später ging es als Stiftung an die Stadt Stuttgart und wird heute vom Sozialen Arbeitskreis als Altersheim und als hauswirtschaftliche Ausbildungsstätte für behinderte Mädchen beispielhaft weitergeführt.

Anna Haag war auch 1967 bei der Gründung der psychotherapeutischen Klinik Sonnenberg beteiligt, die im Sinne einer menschenwürdigen, fortschrittlichen Psychotherapie in Stuttgart einen guten Namen hat. Sie selbst aber erfüllte sich auch einige Wünsche: Reisen nach Amerika und Kanada. Enkelkinder und sogar Urenkel waren da zu besuchen. Ihre Bücher, die sie in jenen Jahren schrieb, zeigen eine gütige, humorvoll-hartnäckige Frau, die nicht mit ihrer errungenen Lebensweisheit protzt, sondern versucht, mit ihrem besseren Wissen liebevoll für Menschlichkeit zu werben.

Ehrungen sind nicht ausgeblieben. 1968, zum achtzigsten Geburtstag, erhielt sie das Bundesverdienstkreuz, 1978, zum neunzigsten, die sehr selten verliehene Stuttgarter Bürgermedaille.

Drei Jahre vor ihrem Tod ist Frau Haag dann aus dem eigenen Haus in Birkach ins Lothar-Christmann-Haus umgezogen. Sie fühlte sich dort gut aufgehoben und ist dort vierundneunzigjährig am 20.

Januar 1982 gestorben. Begraben ist sie auf dem Birkacher Friedhof, neben der Urne ihres Mannes.

»... um seines Alterglückes willen darf der alte Mensch seine Altersweisheit, die zu neunzig Prozent aus Milde allem menschlichen Irren gegenüber besteht, auch auf sich selbst anwenden. Er braucht seine Fehlleistungen und Irrwege nicht wegzuleugnen. Aus der Freude an geistiger Ehrlichkeit, wiederum ein Vorzug des Alt-Seins, kann er zu seinem Leben, gewoben aus Freuden und Leiden und durchschossen von Irrtümern und Fehlleistungen, sagen: ›Trotz alledem: ja!‹«[6]

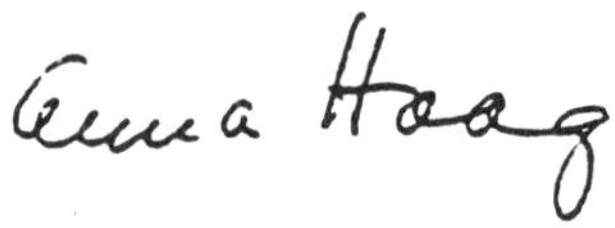

Else Kienle

Für eine neue Sexualethik

Diese Porträtskizze einer Frau, die aus ganzem Herzen und ganzer Seele Ärztin war, widme ich Professor Dr. Joachim Schröder, der während meiner Niederschrift am 5. Mai 1989 plötzlich verstorben ist. Ich möchte damit meiner Verbundenheit mit ihm, dem so überaus engagierten Stuttgarter Arzt, in Dankbarkeit Ausdruck verleihen.

»Ich muß als Frau die Sache der Frau gegen das Gesetz, gegen das Gericht der Männer verteidigen. Soll ich diesen Kampf schon von vornherein verloren geben?«[1]

Else Kienle hat diesen Kampf nicht verlorengegeben. Während ihrer Untersuchungshaft vom 20. Februar bis 28. März 1931 im Stuttgarter Frauengefängnis wurde Frau Dr. Kienle wegen Vergehens gegen den § 218 täglich vom Polizeiauto abgeholt und dem Untersuchungsrichter vorgeführt. Wie sie selbst schreibt, wurde sie »täglich in sechs- bis achtstündigem Verhör zu insgesamt 210 Fällen vernommen. Ich habe sämtliche Angaben gemacht, die zu einer vollständigen Klärung in jedem einzelnen Fall führen konnten ...«[2]

Als ihre Vernehmungen dem Ende zugingen, wurde plötzlich das Verfahren auch auf die ambulanten Fälle ausgedehnt: »Ich protestierte, ich gab die ehrenwörtliche Versicherung ab, daß ich nie ambulant eine Schwangerschaftsunterbrechung gemacht, sondern zu diesem Zweck immer die Patientinnen einige Tage in meine Klinik aufgenommen hatte. Fünfzig neue Fälle wurden unvermutet als verdächtig bezeichnet, das heißt, daß fünfzig Frauen und Mädchen wieder der Inquisition von Kriminalbeamten ausgesetzt werden sollten, das bedeutete weiter, daß zahlreiche Familien wiederum kummervolle Tage und schlaflose Nächte aus Angst vor der Ungewissheit ihres Schicksals erdulden sollten. Entgegen der gemachten Zusage sollte ich weiter in Haft behalten werden.«[3]

Die damals einundreißigjährige Frau trat in den Hungerstreik. Die Justiz hatte sich festgebissen: »Es hätte mir mehr gelegen, mit sachlichen Mitteln zu kämpfen, aber die Notwehr, der Selbsterhaltungstrieb, besonders aber das Gefühl, hier eine Mission zu erfüllen, ließ mich das demonstrative Mittel des Hungerstreiks wählen.«[4]

Nach zehn Tagen wird sie aus einem ohnmachtsähnlichen Schlaf aufgeweckt, ihre letzten Verfügungen hatte sie schon zwei Tage vorher niedergelegt. Man stellt ihre Haftunfähigkeit fest, sie wird entlassen. »Wie unser Prozeß ausgehen wird«, fügte sie hinzu, »vermag ich nicht zu sagen. Für Friedrich Wolf[5] und mich geht der Kampf nicht darum, ob man uns schuldig spricht oder nicht. Menschen sind vergänglich und Paragraphen sind veränderlich. Aber es gibt ein Gesetz, das höher steht als alle Paragraphen, das ist das Gesetz der Menschenwürde und der Frauenwürde.«[6]

Frau Dr. Else Kienle, die in Stuttgart seit 1928 eine eigene Praxis für Harn- und Blasenleiden und eine Privatanstalt für Hautkranke in der Marienstraße 25 besaß, leitete gleichzeitig die kostenlose Beratungsstelle des »Reichsverbandes für Geburtenregelung und Sexualhygiene.«

»Zwischen 1919 und 1932 wurden über 400 Sexualberatungsstellen in Deutschland gegründet. Im südlichen Raum war es – wie heute – eher spärlich um Beratungsangebote bestellt ...«[7], schreibt Kristine von Soden. »Die Sexualberatungsstellen hatten freie und öffentliche Träger, wobei der eigentliche Funke sexuellen Reformeifers von den freien ausging. Zu ihnen gehörten Verbände und Vereine von Frauen, der Arbeiterschaft und Sexualreformbewegung wie der Bund für Mutterschutz und Sexualreform, [...] die Gesellschaft für Sexualreform, der Reichsverband für Geburtenregelung und Sexualhygiene, die Internationale Arbeiterhilfe, der Bund für Geburtenregelung und Volksgesundheit sowie die Liga für Mutterschutz und soziale Frauenhygiene.«[8]

Die Bevölkerungspolitik der Weimarer Republik war in dieser Zeit der immensen sozialen Umwälzungen und der Industrialisierung, die an die Großstädte gekoppelt war und die Wohn- und Arbeitsbedingungen der schlecht verdienenden Bevölkerung drastisch verschlimmerte, grundsätzlich auf eine Steigerung der Geburtenrate gerichtet. Der Geburtenrückgang hatte zwischen 1900 und 1912 einen Bevölkerungsrückgang »von 35,6 auf 27,5 pro 1000 Einwohner«[9] zur Folge gehabt.

»Regierungsoffizielle Kreise, konservative Parteien, Standesorganisationen der Ärzte und die Kirche sahen im Geburtenrückgang eine Bedrohung der militärischen und wirtschaftlichen Stärke. Zugleich führten sie ihn auf einen Zerfall christlich-ethischer Wertvorstellungen zurück. Diesen habe vor allem der Gebrauch empfängnisverhütender Mittel bewirkt.«[10]

Frauenrechtlerinnen, Teile der SPD und Sexualreformer jedoch setzten sich für die Verbreitung empfängnisverhütender Mittel ein, um in den unterprivilegierten Bevölkerungsschichten das materielle Elend und die gesundheitliche Schädigung der mehrfachen Mütter, die aus Mangel an Geld in den Fabriken arbeiten mußten und an dieser Doppelbelastung schwer trugen, zu verhindern. Arbeitslosigkeit war dabei ebenfalls ein nicht zu vergessendes Schicksal vieler kinderreicher Familien.

Viele dieser Beratungsstellen waren aber auch einer bewußten Liberalisierung der Sexualmoral zuzuordnen. Die Auseinandersetzungen darüber, was nun im Bereich der Sexualität Privatbereich und was gesellschaftlich zu bereinigen sei, liefen aber auch im Lager der Reformer. Freidenker, Freireligiöse Verbände, Kommunisten, Sozialisten, Naturfreunde, körperbewußte Wander- und Bewegungsvereine, Turnvereine und nicht zuletzt ein großer Teil der Frauenbewegung (die eine sexuelle Befreiung und das Recht auf uneheliche Kinder ohne gesellschaftliche Ächtung forderte) waren sich in vielen Details uneinig. Bei den gemäßigten Befürwortern einer veränderten Sexualmoral betrafen die Forderungen lediglich die Grundsätze einer verbesserten Hygiene und damit eines bewußteren Umgangs mit einem gesunden Körper; die radikalen Kritikerinnen forderten die Auflösung der Ehe überhaupt, die Aufhebung des Patriarchats und der Abhängigkeit der Frau, die gerade anfing, auch beruflich unabhängig und selbständig zu leben und für ihre Rechte kämpfte.

Die Sexualberatungsstellen, die alle 1933 zerstört wurden, arbeiteten in einem Bereich des Verheimlichen-Müssens. Erst nach der Einführung der medizinischen Indikation 1927 hatte es Erleichterungen gegeben, war der Anfang gemacht worden, Kurpfuschern und Geldmachern das Handwerk zu legen.

»40 000 Frauen starben jedes Jahr an den Folgen unsauberer Eingriffe, 50 000 blieben zeitlebens krank, unzählige konnten keine Kinder mehr bekommen. Wenigstens einen Teil der Frauen, die die Last ungewollter Schwangerschaften zu tragen hatten, erreichten die Sexualberatungsstellen, indem sie das informelle System sozial engagierter Ärzte zu nutzen und so die strengen Bestimmungen des § 218 zu umgehen verstanden.«[11]

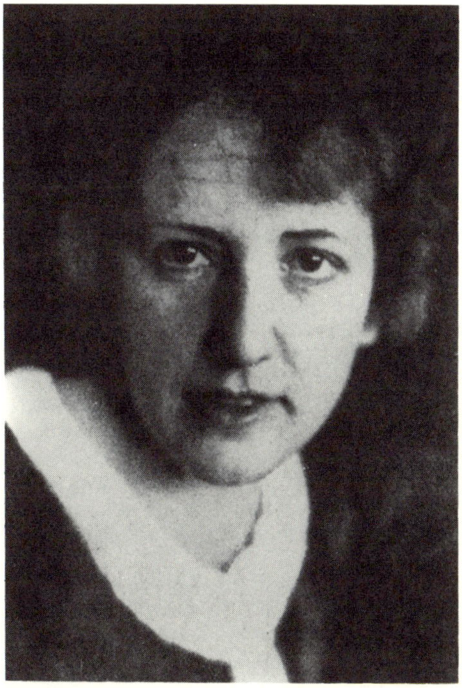

Else Kienle, um 1930. Das Foto erschien in der rassistischen Hetzschrift »Der ewige Jude«.

Dr. Kienle und Dr. Wolf waren in Stuttgart die bekanntesten dieser engagierten Ärzte. Bei Friedrich Wolf kam »erschwerend« hinzu, daß er Kommunist war und in seinen Vorträgen daraus kein Hehl machte – ein Grund mehr, den jüdischen Arzt mit einer Flut von infamen Lügen und Bedrohungen von rechtsradikaler Seite zu verunglimpfen.

Aber die Verteidiger, die Frauen, denen geholfen worden war, kuschten nicht. »Gerade unser Prozeß verschärft und beleuchtet grell die Fronten. Ich weiß, man will hier die Sache bagatellisieren: ein Straffall wie hundert andre. Die Herren täuschen sich. Die Massenversammlungen von Hamburg bis Breslau, von Königsberg bis Mannheim sprechen eine andre Sprache. Die Zeit geht nicht rückwärts. Dieser Prozeß ist in den Tagen der fünf Millionen Erwerbslosen eine Provokation ... Dieser Prozeß, der uns aufgezwungen wird, wird Hunderttausenden die Augen öffnen. Auf der einen Seite des Grabens steht das römische Paragraphenrecht mit seinem Beharrungsvermögen; auf der anderen Seite aber steht das Rechtsbewußtsein des Volkes, steht das Heer der fünf Millionen Arbeitslosen, die weiter Kinder zeugen oder ›sich enthalten‹ sollen, steht die Million deutscher Frauen, die jedes Jahr zur Selbsthilfe der Abtreibung greift und somit zu ›Verbrechern‹ wird.«[12]

Der Prozeß verlief im Sande. Für Else Kienle, die als ganz junge Ärztin – sie war damals 31 Jahre alt – ins Rampenlicht der gesellschaftlichen Auseinandersetzung geraten war, sind diese Jahre des Angegrif-

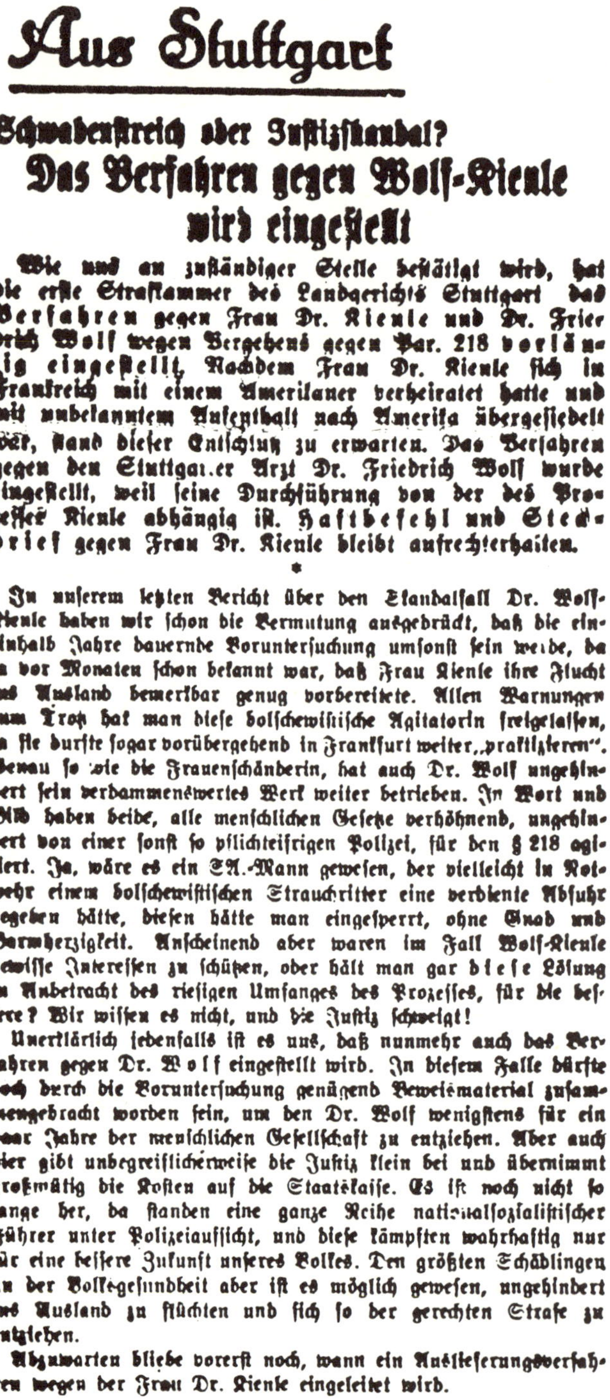

Aus Stuttgart

Schwabenstreich oder Justizskandal?

Das Verfahren gegen Wolf-Kienle wird eingestellt

Wie uns an zuständiger Stelle bestätigt wird, hat die erste Strafkammer des Landgerichts Stuttgart das Verfahren gegen Frau Dr. Kienle und Dr. Friedrich Wolf wegen Vergehens gegen Par. 218 vorläufig eingestellt. Nachdem Frau Dr. Kienle sich in Frankreich mit einem Amerikaner verheiratet hatte und mit unbekanntem Aufenthalt nach Amerika übergesiedelt war, stand dieser Entschluß zu erwarten. Das Verfahren gegen den Stuttgarter Arzt Dr. Friedrich Wolf wurde eingestellt, weil seine Durchführung von der des Prozesses Kienle abhängig ist. Haftbefehl und Steckbrief gegen Frau Dr. Kienle bleibt aufrechterhalten.

*

In unserem letzten Bericht über den Skandalfall Dr. Wolf-Kienle haben wir schon die Vermutung ausgedrückt, daß die eineinhalb Jahre dauernde Voruntersuchung umsonst sein werde, da ja vor Monaten schon bekannt war, daß Frau Kienle ihre Flucht ins Ausland bemerkbar genug vorbereitete. Allen Warnungen zum Trotz hat man diese bolschewistische Agitatorin freigelassen, ja sie durfte sogar vorübergehend in Frankfurt weiter „praktizieren". Genau so wie die Frauenschänderin, hat auch Dr. Wolf ungehindert sein verdammenswertes Werk weiter betrieben. In Wort und Bild haben beide, alle menschlichen Gesetze verhöhnend, ungehindert von einer sonst so pflichteifrigen Polizei, für den § 218 agitiert. Ja, wäre es ein SA.-Mann gewesen, der vielleicht in Notwehr einem bolschewistischen Strauchritter eine verdiente Abfuhr gegeben hätte, diesen hätte man eingesperrt, ohne Gnad und Barmherzigkeit. Anscheinend aber waren im Fall Wolf-Kienle gewisse Interessen zu schützen, oder hält man gar diese Lösung in Anbetracht des riesigen Umfanges des Prozesses, für die bessere? Wir wissen es nicht, und die Justiz schweigt!

Unerklärlich jedenfalls ist es uns, daß nunmehr auch das Verfahren gegen Dr. Wolf eingestellt wird. In diesem Falle dürfte doch durch die Voruntersuchung genügend Beweismaterial zusammengebracht worden sein, um den Dr. Wolf wenigstens für ein paar Jahre der menschlichen Gesellschaft zu entziehen. Aber auch hier gibt unbegreiflicherweise die Justiz klein bei und übernimmt großmütig die Kosten auf die Staatskasse. Es ist noch nicht so lange her, da standen eine ganze Reihe nationalsozialistischer Führer unter Polizeiaufsicht, und diese kämpften wahrhaftig nur für eine bessere Zukunft unseres Volkes. Den größten Schädlingen an der Volksgesundheit aber ist es möglich gewesen, ungehindert ins Ausland zu flüchten und sich so der gerechten Strafe zu entziehen.

Abzuwarten bliebe vorerst noch, wann ein Auslieferungsverfahren wegen der Frau Dr. Kienle eingeleitet wird.

Bericht des NS-Kuriers vom 12. Januar 1933 über das eingestellte Verfahren gegen Else Kienle und Friedrich Wolf.

fenwerdens sicher nicht einfach zu verarbeiten gewesen. In ihrem nach der Haft verfaßten Buch »Frauen. Aus dem Tagebuch einer Ärztin« hat sie versucht, sich und den betroffenen Frauen Gerechtigkeit widerfahren zu lassen, im Schreiben dem Angriff auf ihre ärztliche Verantwortung zu begegnen. Die Darstellung der Frauenschicksale ist erschütternd. Ihre eigene Argumentation für ihr Handeln zeigt eine Ärztin, die soziales Unrecht und Elend zu lindern versucht.

»Aber einen Notstand des einzelnen wollen Gesetz und offizielle gesellschaftliche Anschauung bis heute durchaus nicht anerkennen. Und – ein solcher Notstand besteht, immer weitere Kreise erliegen ihm. Jeder, der davon betroffen wird, handelt danach, muß danach handeln. Denn es geht ums Leben, um die nackte Existenz. Niemand wird sich freiwillig, sehenden Auges ersticken und abwürgen lassen, – und sei es durch ein Gesetz!

Eine der bösartigsten Folgen des Paragraphen gegen die Abtreibung ist die, daß sich seine Schärfe von jeher beinahe ausschließlich gegen die Angehörigen der armen Stände, gegen Proletarierinnen richtete. Schon vor Jahren wurde geschätzt, daß von den jährlich in Deutschland bestraften Frauen ein ganz geringer Bruchteil, höchstens vier bis fünf Prozent aus wohlhabenden Kreisen stammt.

Inzwischen ist die allgemeine Verelendung reißend fortgeschritten. Und damit werden immer neue Massen von Frauen zu Proletarierinnen. Früher geltende Anschauungen verblassen und wandeln sich. Aus der schmutzigen, bürgerlichen Heimlichkeit, der schmachvollen Umgehung des Gesetzes wird der offene Anspruch auf ein Menschenrecht, wird die immer lautere Forderung nach Änderung des Gesetzes.«[13]

Immer wieder kommt sie auf den Widersinn der Verhöre zu sprechen, bezweifelt die Legitimation der Richer, die nicht zu wissen scheinen, daß »das Austragen eines Kindes heute für die Eltern eine schwerere Verantwortung als jemals bedeutet«. Sie fragt sich: »Konnten sie sich überhaupt in die Gefühle einer Mutter hineinversetzen, die mit ansehen muß, wie ihre elf Kinder nach Essen schreien und die zugleich ein zwölftes Leben in ihrem unselig fruchtbaren Leibe wachsen fühlt?«[14]

Das Für und Wider einer ärztlichen Geburtenregelung wird von ihr nicht nur rational analysiert, sie leidet auch emotional mit.

Wer war diese junge Else Kienle, die so unerschrocken und vernünftig gängige Ungerechtigkeiten anprangerte, aufrichtig und ungeachtet der Nachteile, die sie sich aufhalste, ihre Meinung vertrat?

Bis zum Tage ihrer Verhaftung, die sie kommen sah, hatte sie ja ihre Patientinnenkartei in unverändertem Zustand belassen, hatte nichts unterschlagen, um entgegen der Anklageschrift, die ihr vorwarf, in »200 Fällen gewerbsmäßig die Frucht durch Abtreibung getötet zu haben«[15], ihre ärztliche Verantwortung und Unschuld unter Beweis zu stellen.

Else Ida Pauline Kienle war am 26. Februar 1900 in Heidenheim als älteste Tochter des Realschullehrers Otto Kienle (1872–1946) geboren worden. Ihre Mutter Marie Elisabeth (sie wurde Else genannt) Kienle, geborene Zeller (1873 bis

1944), war eine der Töchter des zweitjüngsten Sohnes (neun Kinder insgesamt) des Direktors der ersten psychiatrischen Heilanstalt Württembergs, Winnenthal. Else Kienles Urgroßvater, der Arzt Albert von Zeller (1804–1877), hatte sich durch die Verbesserung und Liberalisierung der psychiatrischen Behandlungsmethoden einen Namen gemacht – besonders auch durch die Betreuung von Theologen und hochgebildeten Männern, die in psychischen Krisen steckten. Der Dichter Nikolaus Lenau (1802–1850) war einer seiner Lieblingspatienten gewesen.

Else Kienle, deren Vater ebenfalls eine lange schwäbische Familientradition von Ärzten und Lehrern aufweisen konnte, scheint die Begeisterung und die Befähigung zur Ärztin schon vererbt worden zu sein.

Ein Großonkel der Mutter, Albert Zeller (hier macht Else Kienle aus zwei Verwandten eine »Wunschperson«), war um die Jahrhundertwende Arzt in Heidenheim. »Er wirkte sehr elegant im Cutaway, der zur Jahrhundertwende den vornehmen Arzt und Herrn bezeichnete. Zu meinen frühesten Erinnerungen gehören seine tiefe, beschwichtigende Stimme und die Bewegungen seiner schönen Hände. Schon als kleines Kind wurde ich von der geheimnisvollen Welt angezogen, aus der er kam, wenn er uns besuchte, denn er brachte leichten Jodoformgeruch mit. In seiner Welt gab es die aufreizenden, sinnlosen Beschränkungen nicht, die der Tochter eines Provinzlehrers im konservativen Deutschland Kaiser Wilhelms II. auferlegt waren.«[16]

Das kleine Mädchen scheint von einem unstillbaren Wissensdurst gewesen zu sein. Anstatt mit Puppen zu spielen, rannte sie in den Wald, wo sie Insekten und Kriechtiere untersuchte. Ihr Großvater, Rudolf Zeller (1842–1911) – einer der wenigen der sieben Söhne Albert Zellers, der nicht Arzt geworden war –, war ein »wissenschaftlicher Bauer«, wie Else Kienle schreibt. Er hatte einen Versuchsbauernhof in Leoweiler (Michelfeld) und versuchte sich in genetischen Pflanzen- und Tierexperimenten, die ihm die Gesetze der Mendelschen Vererbungslehre bestätigen sollten. Von wenigen Ausnahmen abgesehen, die seinen Lebenstraum bestätigten, erlitt er sehr kostspielige Fehlschläge. Seine Enkelin, die er als sein Maskottchen betrachtete, weil sie durch ihre Anwesenheit sein Glück beflügelte, wurde durch diese Atmosphäre um den eigenwilligen Naturforscher geprägt. »Großvater war kein Wissenschaftler, sondern ein intuitiver Experimentator, und für seine Nachbarn rochen die Dinge, die er trieb, nach Zauberkunststücken und Hexerei. Aber meiner kindlichen Phantasie erschien auch alles Wunderbare wirklich, und da er alles, was er unternahm, begründete, lernte ich bei ihm die Disziplin des Denkens. Seine Wissenschaft hatte nichts von kalter Abstraktion, sondern war durchpulst von Liebe zu allem Lebendigen und zärtlicher Ehrfurcht vor den unantastbaren Naturgesetzen. Eine bessere Lehre hätte mir, der zukünftigen Ärztin, in der Kindheit nicht zuteil werden können. Ich wurde Zeuge der Mysterien von Geburt und Tod, und wenn ich Fragen stellte, beantwortete sie mein Großvater wahrheitsgemäß, auch wenn mein Verständnis noch nicht ausreichte.«[17]

Den Eltern, die sie nach der Geburt ihres Bruders beim Großvater wieder abholten, leistete sie seit jener Zeit Widerstand. Dem Vater verübelte sie das Märchen vom Storch, das er ihr auftischte, und der Mutter, daß sie darauf bestand, daß die Tocher gestärkte Kleider trug.

»Von dieser Zeit begann ich einen Guerillakrieg gegen die Autorität.«[18]

Und da sie ihre Kraft erproben wollte, wurde sie zuerst einmal zusammen mit einer Bande wilder Buben und Mädchen zum »enfant terrible«.

»Meine unformelle Erziehung für das Leben einer Medizinerin nahm jetzt eine andere Wendung, die in ihrer Weise ebenso bedeutungsvoll war wie die Erlebnisse, die Onkel Albert und Großvater Zeller mir vermittelt hatten. Damals war es einfach undenkbar, daß eine Tochter aus gutem Hause einen Beruf ergriff, vom Medizinstudium ganz zu schweigen. Das zwanzigste Jahrhundert und seine großen Wandlungen hatten zwar schon angefangen, doch die meisten von uns lebten noch in der Vergangenheit, die nicht die geringste Veränderung verhieß. Es war eine geordnete Vergangenheit, in der alles seinen angestammten Platz hatte, und an dem Platz, der den Frauen zugewiesen war, ließ sich nicht rütteln. Da ich Ärztin werden wollte, mußte ich zuerst eine Rebellin werden.«[19]

Um die Tochter zur jungen Dame erziehen zu lassen, wird sie in eine Höhere Töchterschule geschickt. Und dort begreift sie die Zusammenhänge von eigenem Handeln und den Folgen. Durch eine verständnisvolle Lehrerin lernt sie verstehen, daß es müßig ist, im Aufbegehren gegen die Disziplin des Lernens und gegen die Klassengemeinschaft Kräfte zu vergeuden. Vom Vater erhält sie Lateinunterricht, und da sie eine überdurchschnittliche Schülerin ist, darf sie als einziges Mädchen das Georgii-Gymnasium in Esslingen besuchen. Sie geht dort in Pension, und erst als der Vater Rektor an einer Schule in Eßlingen wird, lebt sie ab 1916 wieder mit der Familie zusammen. Zuvor hatte sie aber heftige Kämpfe der Hackordung zu bestehen, doch da sie selbst beim Kampf im Pausenhof die Jungen bezwang, wurde sie alsbald ehrfürchtig in Ruhe gelassen und ihr Wissen bewundert. Als abonnierte Klassenerste hält sie auch beim Abitur den Festvortrag der Abschlußfeier.

Mit vierzehn hilft sie ihrer Mutter, die im Frauenverein freiwillig Kriegsdienste verrichtet, bei der Verpflegung eines Transports Kriegsversehrter. Auch dieses Erlebnis ist bestimmend für ihre weitere Zukunft. Am Ende ihres Medizinstudiums, das sie über Tübingen, München und Kiel nach Heidelberg führt, wo sie den Doktorgrad erwirbt, spezialisiert sie sich in der Wiederherstellungschirurgie. Auf diesem Gebiet arbeitet sie in ihrer Stuttgarter Praxis und später in New York mit großem Erfolg – was sicherlich ihr Können beweist.

Doch bevor sie nach dem Abitur studieren kann, muß sie den Widerstand der Eltern besiegen, die sie zur Lehrerin bestimmt hatten. Doch da kommt ihr die Großmutter väterlicherseits zur Hilfe, die ihr das Studium bezahlen will.

Die Studienbedingungen sind hart, besonders für Frauen, die wenige Zeit vorher noch als völlig ungeeignet vor allem für das Medizinstudium betrachtet wurden. Es war zu beweisen, daß die weibliche Physis und die geistigen Voraussetzungen ausreichen, die Härte der Ausbildung, besonders in den Sezierräumen der Erstsemester, auszuhalten. Trotz aller widrigen Umständen hat Else Kienle Glück. Sie ist besessen von ihrer Aufgabe, ist außergewöhnlich geschickt, ausdauernd und genau, wird fast immer auch von ihren männlichen Kollegen akzeptiert.

Eine Verlobung löst sie wieder auf, nachdem der Zukünftige ihr nicht zugestehen will, daß sie trotz Ehe als Ärztin weiterarbeiten kann. 1923, nach Abschluß des Studiums, bewirbt sie sich – erfolglos in den meisten Fällen. In Stuttgart bekommt sie jedoch im Katharinenhospital eine Stelle; Dermatologie ist ihre Fachrichtung. In der Abteilung Geschlechtskrankheiten arbeitet sie unter Professor Jäger, den sie als einen Vorläufer der Hitlerbewegung »Kraft durch Freude« bezeichnet. Alle Angestellten mußten sich jeden Morgen im Garten seiner Villa zum Turnen einfinden. »Als die erste Assistentenstelle frei wurde, erhielt ich sie wahrscheinlich auf Grund meiner turnerischen Leistungen bei der Frühgymnastik. Meine medizinischen Qualifikationen waren von zweitrangiger Bedeutung.«[20] Die Arbeit in den drei »sogenannten Baracken« – für Männer, für Frauen und für Prostituierte – war hart für die junge Ärztin, die die drakonischen Maßnahmen ihres Chefs nicht schätzte. Die Behandlung der Geschlechtskrankheiten war damals schmerzhaft und nur bedingt von einem Heilerfolg gekrönt.

»In der Frauenabteilung wurde das körperliche Elend durch seelische Nöte verstärkt. Diese oft unschuldigen Opfer der Ansteckung fühlten sich fürs Leben gezeichnet. Vielen von ihnen konnte selbst eine Heilung die Ehrbarkeit nicht wiedergeben, und die meisten sahen sich dazu verurteilt, kinderlos zu bleiben.«[21]

Aus Schikane wird sie nach einer Auseinandersetzung mit Professor Jäger in die Männerabteilung versetzt – als einzige Ärztin des Krankenhauses: »Mein erster Besuch in der Männerabteilung überstieg alle meine Vorstellungen. Sechzig Männer standen aufgereiht, jeder am Fuße seines Bettes, dreißig auf jeder Seite. Jeder trug nur seine Pyjamajacke, die blauweiß gestreiften Spitalhosen lagen, wie jeder sie hatte fallen lassen, zu ihren Füßen. Jeder hielt in der rechten Hand eine Urinflasche. Als ich mich näherte, nahm jeder – der eine leicht verlegen, der andere schwungvoll – sein krankes Genitalorgan in die linke Hand und bot es mir zur üblichen Untersuchung an. ›Gott gebe mir Kraft‹, dachte ich, während ich, begleitet von neugierigen Blicken und leisem Gemurmel, die erste Reihe entlangschritt. Als ich umkehrte, sah ich Dr. Jäger mit hämischer Miene und funkelnden Augen in der Tür stehen. Ich beendete meine Inspektion und verließ fluchtartig das Gebäude.«[22]

Auch wenn Dr. Jägers »sadistischer Scherz« mit der Zeit »seinen Stachel verlor«, wird ihr die Arbeit schwer. Ihr menschlicher Beistand ist in jener Zeit vor allem Stefan Jacobowitz (1886 bis 1948?), Bankier bei der Württembergischen Privatbank, der sie darin bestärkt,

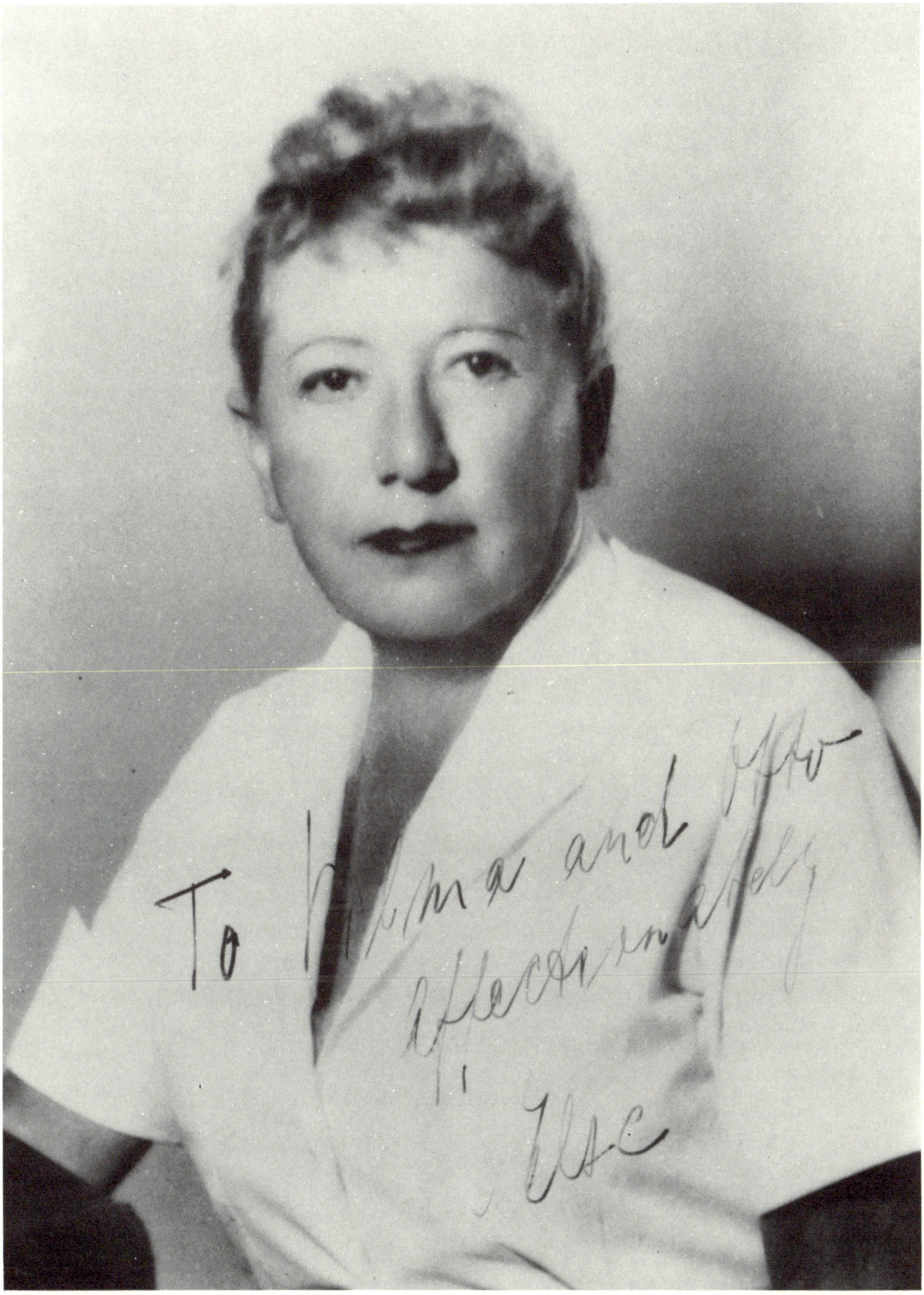

Else Kienle-La Roe, 1956.

eine eigene Praxis zu eröffnen und ihr dabei finanzielle Hilfe leistet. Ab 1928 leitet sie eine kleine »Heilanstalt für Harn- und Beinleiden« in der Marienstraße 25. Sie heiratet 1929 ihren Mäzen, der ihr ihre Berufstätigkeit nicht verübelt. Die Trauung findet in seiner Freimaurerloge statt. Sie beziehen eine Wohnung in der Schoderstraße.

Else Kienle-Jacobowitz hat nun beides: Beruf und häusliches Glück. In jener Zeit wird sie als selbstbewußte junge Frau beschrieben, die auch auf modische Attribute (Hüte so ausladend wie Wagenräder) nicht verzichtet. Sie gewinnt damit bei Familienfesten der weitverzweigten Verwandtschaft nicht nur Sympathien, sondern schockt zugleich die konservativ-biederen Tanten.

Zu ihrem hier schon zitierten Lebensroman[23], der als »Geschichtswerk« nicht unbedingt zuverlässig in der Faktenübermittlung ist, der aber über viele ihrer menschlichen Beweggründe Auskunft gibt, erklärt Else Kienle die Entfremdung von ihrem Mann damit, daß er trotz mancher Bedenken mit den Nazigrößen Goebbels und Göring Geschäfte machte. Sie selbst scheint Goebbels aus zwei Münchner Studienjahren gekannt zu haben, ist wohl auch später bei zwei, drei privaten Anlässen mit ihm zusammengetroffen. Sie war sich von Anfang an seines intellektuellen Dünkels und seiner Gefährlichkeit bewußt.

Über die »Abtreibungs-Affäre Jacobowitz-Kienle«[24] verliert sie in dieser Biographie kein Wort. Hat sie sie verdrängt oder schien es ihr nicht opportun, in den Jahren der McCarthy-Kommunistenhetze in den USA Friedrich Wolf zu erwähnen? Darüber ist heute nichts mehr zu erfahren.

Für das Jahr 1931 verzeichnet sie noch einen ärztlichen Hilfsaufenthalt während einer Pestepidemie in Astrachan in Rußland. Nach ihrer Rückkehr lebt sie in Frankfurt am Main und eröffnet auch dort eine Praxis. Die zunehmende Radikalisierung der politischen Verhältnisse und wohl auch wieder Schwierigkeiten wegen durchgeführter Schwangerschaftsabbrüche veranlassen sie, nach Frankreich zu gehen. Laut eigner Aussage fährt sie dort hin, um für eine Frauen-Friedenspartei zu werben, kann aber nicht mehr zurückkehren, weil sie in Abwesenheit wegen Hochverrat verurteilt wird.

Sie bleibt in Frankreich – »heimatlos«, wie sie schreibt –, versucht mit dem letzten Geld (ihr Vermögen ist beschlagnahmt) zu emigrieren. In Monaco lernt sie George Henry La Roe, den Europavertreter einer Ölgesellschaft aus den USA kennen. Fast wie in einem Roman lernt sie ihn lieben, heiratet ihn 1932 in England – von Stefan Jacobowitz wurde sie im selben Jahr geschieden – und emigriert nach Amerika. Dort schafft sie es, bald eine Genehmigung für eine ärztliche Praxis zu bekommen. Ihr Leben ist voll von interessanten, abenteuerlichen, aber auch gefährlichen Geschichten. Einmal wird sie, die Dermatologin und Chirurgin, fast das Opfer der Mafia, als sie sich weigert, eine Handoperation vorzunehmen, um einen Fingerabdruck zu verändern.

In den dreißiger Jahren reist sie noch einige Male in die Schweiz, um dort ihre Eltern und ihren Bruder Otto (geboren

1906), den Stuttgarter Rechtsanwalt, zu treffen. Als sie zum letzten Mal im Jahre 1940 dorthin fährt, hat sie die Visa für ihre Eltern schon in der Tasche. Diesmal aber ist ihnen eine Ausreise verwehrt worden, und so sieht sie Vater und Mutter nie mehr wieder. Beide sind in Stuttgart gestorben; die Mutter im Krieg und der Vater kurz nach Kriegsende. Der Bruder, Dr. Otto Kienle, hat nach Kriegsende als Direktor die Landespolizei in Stuttgart neu organisiert und war bis zum Ruhestand 1971 als Ministerialdirigent im Innenministerium tätig.

Stefan Jacobowitz, der inzwischen verarmt vor den Machthabern geflohen ist, sieht sie in Paris wieder. Er schafft es, mit einem Touristenvisum zusammen mit dem Ehepaar Werfel nach Amerika einzureisen. (Franz Werfels Bühnenstück ›Jacobowsky und der Oberst‹, das in Amerika ein Broadwayerfolg wurde, greift die abenteuerliche Fluchtgeschichte von Stefan Jacobowitz in großen Teilen wieder auf.) Bis zu seinem Tode ist Else Kienle freundschaftlich mit ihm verbunden.

Von ihrem ersten amerikanischen Ehemann hatte sie sich getrennt, nachdem er einige Alkoholentziehungskuren nie lange stabil überstanden hatte. 1937 heiratete sie den Zahnarzt Dr. Ernest C. Gierding. Er begleitete sie sogar einmal in die Schweiz, um die Familie zu treffen. Außerdem traf sie in Vevey mit Professor Dr. Niehans zusammen, um dessen Erkenntnisse der Frischzellenforschung auch in ihrer Praxis zu verwerten.

Aber auch die Ehe mit Gierding dauert nur kurz. Sie lebt lange allein, von ihrem Beruf ausgefüllt und bestärkt. 1950 heiratet Else Kienle dann den Konzertsänger Wesley L. Robertson, und diesmal ist ein dauerhaftes Glück mit der Verbindung verknüpft.

Mit ihrem Bruder und dessen Frau bleibt sie in engem Kontakt. Care-Pakete nach dem Krieg, Besuche in Stuttgart und Heidenheim – das letzte Mal 1966 – und Briefe zeigen ihre Verbundenheit mit ihrer Familie und ihrem Herkunftsland, das aber wenig Notiz von ihr nahm. 1968 starb Else Kienles Mann, und am 8. (nicht ganz gesichert) Juni 1970 ist dann diese so lebendig agierende Frau, die Rebellin gegen Spießertum und Kleinkariertheit, die ihr ganzes Leben lang um die ihr anvertrauten Menschen gekämpft hat, gestorben.

»Der Mensch ist nicht nur ein leicht verletzliches Wesen, sondern ist auch der Hüter von etwas Kostbarem und Einzigartigem, um dessen Erhaltung er kämpft. Mit der Macht des Geistes kämpft er darum, zu leben – trotz Bedrohung, Gefahr und Leiden. Denn es ist doch das gute und wunderbare Leben, durch das er weiterschreiten wird – arbeitend, hoffend, liebend.«[25]

Hilde Reichert-Sperling

Die frauenbewegte »Stadtmutter«

»Wir brauchen Stadtmütter neben den Stadtvätern!« So hieß das Motto der ersten Groß-Stuttgarter Frauenliste, die sich in überparteilichem Zusammenschluß am 6. Dezember 1932 zur Stuttgarter Kommunalwahl präsentierte (siehe Seite 239).

Diese Frauenliste sollte keine Splitterpartei sein, so die Meinung der Teilnehmerinnen, die in echt weiblichem Harmoniestreben »für sich kämpfen wollten, aber nicht gegen andere«.

»In einer Zeit der politischen Zerrissenheit, des Klassenkampfes, der wütenden, gegenseitigen Bekämpfung« sei es eine sittliche Tat, »wenn sich Frauen über alles Trennende hinweg zu einer solchen Aktion zusammenfänden.«[1]

Frauen aus allen sozialen Schichten und allen Berufen sollten trotz der Verschiedenheit ihrer politischen Überzeugung, ihrer Weltanschauung, ihres religiösen Bekenntnisses angesichts der bedeutsamen Wahlen des Jahres 1932 zumindest den *Wählerinnen* bewußt machen, daß Wahlmüdigkeit und das Zusammenschmelzen der Frauenmandate in den Gemeindeparlamenten eine Verdrängung der Frauenrechte bedeutete. Damit aber würden die Möglichkeiten eines notwendigen Frauenengagements für den von Arbeitslosigkeit und Inflation geschüttelten Staat und die Gemeinden noch mehr eingeengt.

Hilde Reichert-Sperling, eine Kandidatin dieser Liste, die Lösungen für die Probleme Arbeitslosigkeit, Inflation und Jugendkriminalität anbot, die die Ziele dieser Liste in Zeitungsartikeln (auch im Beiblatt »Die Frau« des Stuttgarter Neuen Tagblattes, der Vorgängerin der beiden heutigen großen Stuttgarter Zeitungen), in Rundfunkbeiträgen und Vorträgen vertrat, war der sogenannten bürgerlichen Frauenbewegung verbunden. Das Vorhaben allerdings, auf dieser ersten und seither letzten Frauenliste in Stuttgart Frauen *aller* Berufe und Schichten zu vereinigen, war nicht geglückt – es waren nur die Mittelstandsberufe vertreten. Neben Lehrerinnen, Ärztinnen, einer Verbandsgeschäftsführerin, einer Postsekretärin, einer Damenschneidermeisterin, Sekretärinnen, Schulleiterin-

Auf den folgenden drei Seiten: Wahlaufrufe, die an das politische Bewußtsein der Wählerinnen appellierten, sich für Frieden und Freiheit einzusetzen.

Deutsche Frau!
Deutsche Mutter!
Was geht Dich das Frauenwahlrecht an?

Seit 13 Jahren haben wir Frauen im Reichstag; hat man irgend etwas von ihrem Einfluß merken können? Hat ihre Arbeit der Jugend, der Familie gedient?

Seit der Mitwirkung der Frau in der Gesetzgebung ist das Kind und der Jugendliche in Deutschland besser geschützt als in irgend einem andern Land der Welt.

1. **Unser Jugendwohlfahrtsgesetz** erkennt die Verpflichtung des Staates an, unsern Kindern gesunde und sittlich einwandfreie Entwicklungsbedingungen zu schaffen.
2. **Unser Jugendgerichtsgesetz** verhütet, daß straffällige Kinder und Jugendliche vor die breite Öffentlichkeit gezerrt und damit für ihr ganzes Leben seelisch geschädigt werden.
3. **Unser Gesetz über die religiöse Kindererziehung** sichert den Einfluß der Mütter auf diesem zartesten Gebiet kindlichen Lebens.
4. **Das Gesetz zum Schutz der Jugend vor Schund- und Schmutzschriften sowie das Lichtspielgesetz** wollen dazu beitragen, unserer Jugend häßliche, sittlich gefährdende Eindrücke fernzuhalten.

An allen diesen Gesetzen haben unsere Parlamentarierinnen **entscheidend** mitgewirkt. **Ueber die Parteigrenzen hinweg** haben sie sich in solcher Arbeit immer wieder zusammengefunden.

Auch für den Schutz eines gesunden und reinen **Familienlebens** konnte manches getan werden.

1. **Das Gesetz zum Schutz der Frau vor und nach der Niederkunft** gewährt der Frau in entscheidenden Zeiten eine Erholungspause, die auch für das Leben des Säuglings von großer Bedeutung ist.
2. **Das Heimarbeitslohngesetz** sichert der gedrücktesten Schicht der Arbeiterschaft und ihren Familien wenigstens einen bescheidenen Arbeitsertrag.
3. **Das Gesetz zur Bekämpfung der Geschlechtskrankheiten** hat der doppelten Moral ein Ende gemacht und die Möglichkeit geschaffen, verheerenden Volksseuchen erfolgreich entgegenzutreten.

Große Forderungen für die gesunde Entwicklung der Jugend, der Familie, des Staates sind noch zu erheben. Gerade die Notzeit macht sie besonders dringlich.

Ohne die Mitarbeit der Frauen werden sie nicht erfüllt werden.

Frauen! Wählt nur solche Parteien, die Frauen für den Reichstag aufstellen und ihnen auf den Wahllisten aussichtsreiche Plätze zuweisen!

Herausgegeben vom
Bund Deutscher Frauenvereine,
Berlin W 30. Motzstr. 22.

Deutsche!

Halt! rufen wir Frauen

in letzter schicksalsschwerer Stunde unseren deutschen Volksgenossen zu, um uns alle von dem Abgrund zurückzureißen, in den Volk und Staat zu stürzen drohen.

Blutiger, vernichtender, entehrender **Bürgerkrieg** tobt durch das deutsche Volk.

Brüder werden gemordet!

Ehre und Recht politisch Andersdenkender werden mit Füßen getreten.

Politische Hetze, parteiischer Haß zerreißen die nationale Einheit, zerstören Freundschaften und Familienleben, zerren Außenstehende in den Kampf giftiger Verleumdung und roher Fäuste.

Haben wir Frauen deshalb im Weltkrieg so unendliche Opfer gebracht? Haben wir unsere Männer, Söhne und Brüder auf den Schlachtfeldern in fremder Erde gelassen, um jetzt unsere Jugend auf heimatlichem Boden hingemetzelt zu sehen?

Wir fordern als Mütter, Töchter und Schwestern, daß

dem schmachvollen Bruderkrieg ein unbedingtes Halt!

geboten wird.

Wir wollen nicht, daß deutsche Kultur und Wirtschaft, daß persönliches und nationales Leben im Kampf der Leidenschaften versinken.

Wie sollen wir unsere Kinder zu guten und tüchtigen Menschen erziehen, wenn schon ihre jungen Seelen durch den Pesthauch politischen Hasses vergiftet werden!

Wir fordern für unsere Kinder eine Luft, in der ihre Seelen und Körper gedeihen können.

Wir fordern Frieden in Freiheit

um unsere Arbeit und Pflicht zu erfüllen in Haus und Familie, in Staat und Beruf, damit auch wir Frauen unseren Anteil zum Wiederaufbau Deutschlands beitragen können.

Wir Frauen rufen auf zur Besinnung

auf das sittlich Gute in unserem Volk,
auf die Stimme unseres Gewissens,
auf unsere Verpflichtung gegenüber dem Nächsten und Fernsten.

Wir rufen allen zu:

Deutsche, laßt ab von dem inneren Hader

der mit dem Einzelnen auch das Ganze vernichtet, der unsere menschliche und soziale Gemeinschaft zerreißt.

Wir Frauen dulden den Bruderkrieg nicht in der Stunde des Kampfes für Deutschlands nationale Freiheit und Einheit, im Ringen um neue Lebenshoffnungen für Millionen.

Deshalb rufen wir allen deutschen Menschen in letzter Stunde um Deutschlands willen beschwörend und warnend ein

„Halt!"

zu.

Jeder wirke in seinem Kreise für den Frieden,
Jeder spreche mutig aus, daß er Gewalttätigkeiten verabscheut,

Jeder sei der Hüter seines Bruders und nicht sein Mörder!

Hildegard Abegg, Berlin
Erna Albrecht, Berlin
Else Alcken, Frankfurt a. M.
Sophie Apolant, Frankfurt a. M.
Minna Bahnson, Bremen
Ada Bail, Nicolassee
Gertrud Bäumer, Berlin
Else Bauer, Frankfurt a. M.
Eva Becker, Berlin
Emmy Beckmann, Hamburg
Fr. Beermann, Annaheim, Stadion
Annie Bluntschli, Frankfurt a. M.
Anna Bohn-Engelhardt, Essen
Fr. Bohner, Berlin
Frieda Corßen-Busch, Lichterfelde
Luise Diel, Berlin
Lieselotte Diem-Bail, Grunewald
Bertha Doege-Schmidt, Berlin
Annemarie Doherr, Hamburg
Annemarie Durand-Wever, Bln.
Paula Elkisch, Berlin
Margarethe Edelheim, Berlin
Emma Ender, Hamburg
Else Epstein, Frankfurt a. M.
Else Falk, Köln
Margarethe Friedenthal, Berlin
Margarete Gärtner, Berlin
Susanne Gesenius, Berlin
Anna von Gierke, Charlottenbg.
Frieda Habricht, Frankfurt a. M.
Gertrud Hamer von Sanden, Bln.
Anna Herrmann, Luckenwalde
Marlene Herrmann, Luckenwalde
Marie Hertwig, Grunewald
Paula Hertwig, Grunewald
Margarete Herzfeld, Berlin
Hermine Heusler-Edenhuizen, Charlottenburg
Hedwig Heyl, Berlin
Johanna Hinrichsen, Berlin
Josephine Hoeber, Kiel
Klara Hoeniger, Frankfurt a. M.
Cornelie Hoetzsch, Berlin
Lizzie Hoffa, Berlin
Elisabeth Hoffmaier, Hannover
Laura Horowitz, Frankfurt a. M.
Hedwig Huber, Freiburg (B.)
Ilse von Hülsen-Reicke, Berlin
Martha Jaeckh, Berlin
Gertrud Jung, Berlin
Bertha Kamm, Breslau
Rosa Kempf, Frankfurt a. M.
Hedwig Kergel-Becker, Lichtenberg
Elfriede Ketzer, Frankfurt a. M.
Emilie Kiep-Altenloh, Altona
Gertrud Kinz, Frankfurt a. M.
Elsa Knittel, Karlsruhe
Leonore Kühn, Berlin
Gabriele Langheld, Berlin
Clara Lang-Monbijou, Pfalz
Marie von Leyden, Dahlem
Edith von Lölhöffel, Charlottenbg.
Marie-Elisabeth Lüders, Grunew.
Elisabeth Luerssen, Bremen
Else Mallon, Kreuznach
M. Marioth, Frankfurt a. M.
Anna Mayer, Berlin
Anna Maria Meiners, Grunew.
Lise Meitner, Dahlem
Grete Meyer-Lindenberg, Berlin
Else Mayer-Schmidt, Lichterfelde
Elisabeth Meyn-Westenholz, Carolinensiel
Eva Moritz, Wilmersdorf
Margarete Naumann, Steglitz
Emma Neisser, Frankfurt a. M.
Gertrud Netter, Berlin
Wilhelmine Neuendorf, Grunew.
Margarete Oewel, Köln
Anna Pappritz, Steglitz
Marta Perrl, Berlin-Lichtenrade
Edith Peritz, Berlin
Maria Poensgen, Düsseldorf
Margarete Pohlmann, Freiburg
Elisabeth Proskauer-Weil, Berlin
Martha Reinemann, Frankfurt-M.
Alvine Reinhold, Charlottenburg
Susanna Reinhold, Berlin
Dolly Sahm, Berlin
Hildegard Sauerbier, Berlin
A. Schanz, Stettin
Ida Schmidt, Grunewald
Irene Schatz, Berlin
Gusta Schepp-Merkel, Bremen
Anna Schönborn, Berlin
Sybille Schöpf-Witting, Schönebg.
Lise Schulenburg, Bremen
Ellen v. Siemens-Helmholtz, Bln.
Studentinnen - Gemeinschaft an den Berliner Hochschulen
Helene Simon, Berlin
Else Tiktin, Berlin
Willa Thorade, Oldenburg
Laura Turnau, Wilmersdorf
Lise Thurmann, Berlin
Else Ulich-Beil, Dresden
Martha Unger, Heidelberg
Dorothee von Velsen, Ried, Ob.-Bayern
Margarethe Voigt, Berlin
Annemarie Wald, Stuttgart
Alice Weddigen, Remscheid
Etta Wilms, Königsberg
Thea Wolff, Frankfurt a. M.
Agnes Würzmann, Frankf. a. M.
Agnes v. Zahn-Harnack, Grwld.

Zustimmungserklärungen erbeten an Dr. M. Lüders, Berlin-Grunewald

Verantwortlicher Verfasser und Herausgeber: Generalsekretär Liebig, Berlin SW 11, Bernburger Straße 18.
Druck: August Frydrychowicz, Berlin-Tempelhof.

Hilde Reichert-Sperling, um 1925.

nen, einer Heimarbeiterin, einer Pfarrerin (!) war Hilde Reichert-Sperling als Postratsfrau wie die Gipsermeistersfrau, die Buchhändlerswitwe, die Fabrikantenfrau über den Beruf ihres Mannes definiert. Es ist anzunehmen, daß die mit dem eigenen Beruf vorgestellten Frauen nicht verheiratet waren. Die Arbeiterinnen fehlen: Alle Frauen dieser Liste kamen aus der liberal-bürgerlichen, wirtschaftlich eher privilegierten Bevölkerungsschicht. Doch ein Mandat bekamen sie nicht. Die Liste erhielt 4760 Stimmen. Dazu ein Vergleich: Die SPD, die damals die höchste Stimmenzahl erzielte, gewann 46 810 Stimmen und erhielt sieben Sitze. Die NSDAP als zweitstärkste Partei war mit 44 599 Stimmen und ebenfalls sieben Sitzen (und das, ohne vorher vertreten gewesen zu sein!) aber die eigentliche Siegerin.

Die Entscheidung war gefallen, und zwar ganz eindeutig gegen die Frauen in diesem letzten Gemeinderat demokratischer Herkunft unter der Amtsführung des Oberbürgermeisters Karl Lautenschlager. Sechs Frauen waren insgesamt aus der SPD, DPP, DNVP, dem Zentrum und den Kommunisten im Gremium der 65 Stadträte und -rätinnen vertreten. Aber nur noch bis zum 21. Dezember 1933, als der neue Oberbürgermeister Karl Strölin beim Ausscheiden der beiden letzten weiblichen Gemeinderatsmitglieder (die anderen vier waren schon vorher »gegangen worden«) verkündete: »Dem Gemeinderat gehören nunmehr keine Frauen mehr an. Die neue Staatsführung weist den Frauen mit Recht ihre Aufgaben außerhalb der politischen Körperschaften zu.«[2]

Der anschließend von der NSDAP eingesetzte Frauen-Beirat von sechs Frauen hatte dann dieser Auffassung gemäß Feigenblattfunktion und diente der ideologischen Unterstützung im Bereich Familienplanung und Mutterkreuzverteilung und in der Betreuung kinderreicher Familien Stuttgarts.

Diese Ausschußfrauen konnten weder die Zurückdrängung der Frauen aus den akademischen Berufen noch die spätere Ausbeutung der Frauen und Mütter als Rüstungsarbeiterinnen, im Arbeitsdiensteinsatz und in Männerberufen verhindern.

Und trotzdem: »Für jegliches Geschehen im Staat liegt die Verantwortung mit auf den Schultern der Frau«[3], schrieb Hilde Reichert-Sperling in einem Resümee anläßlich der Auflösung des Verbandes der württembergischen Frauenvereine 1933. Trotz der Unvereinbarkeit der Ziele der bisherigen Frauenbewegung mit den Zielen Hitlers kann sie die Frauen nicht davon freisprechen, aus nationalem Denken heraus für ein doktrinär bestimmtes Volksganzes das Falsche mit heraufbeschworen zu haben. Aus dieser so doppeldeutigen Verantwortung hat sie auch sich selbst nicht ausgenommen.

Dieses Bewußtsein, das sich nicht zuletzt auch in den Auseinandersetzungen mit dem Vater gebildet hatte, ist sicher der Grund gewesen, daß sie in ihren politischen Überlegungen auch über ihre eigene weibliche Rolle nicht eingleisig und platt dachte.

Hilde Sperling wurde am 12. Dezember 1888 in Leipzig geboren. Ihr Vater – Bismarckverehrer, antisemitisch eingestellt, oft cholerisch, patriarchalisch streng in seiner Familienführung – hat mit seinen drei Töchtern manchen Streit über Stilfragen und Politik ausgefochten. Der einzige Sohn, der letztgeborene, ist im Ersten Weltkrieg gefallen. 1895 ziehen die Sperlings nach Stuttgart; der vermögende Buchhändler ist Hoflieferant der italienischen Königin. Von der Seestraße aus besucht Hilde das evangelische Höhere Töchterinstitut, das Lehrerinnenseminar im Katharinenstift. Zielstrebig hat sie die Ausbildung als Lehrerin in Angriff genommen. Das junge, blonde, sicher auch schön zu nennende Mädchen, das in der Jung-Deutschland Bewegung mitwanderte, war schon damals beseelt von dem Gedanken, ein nützliches Glied der menschlichen Gesellschaft zu sein. Lehrerin war die junge

Frau geworden, weil sie auf diese Weise »ihre Neigungen und Fähigkeiten hoffte, am besten betätigen zu können«. (So in ihrem Lebenslauf, mit dem sie sich zu Beginn des Jahrhunderts am Lehrerinnenseminar bewarb.)[4]

Schon sehr früh hatte sie sich mit den »frauenbewegten« Ansichten einer Gertrud Bäumer, einer Helene Lange vertraut gemacht. Das Recht auf wirtschaftliche Unabhängigkeit auch in der Ehe (eheliches Güterrecht), die Ebenbürtigkeit der Frau in Beruf und Ehe, die Legitimation des weiblichen Anspruchs auf Bildung, auf Arbeit mit dem Anspruch auf gleichen Lohn für gleiche Arbeit, der Kampf für das Stimmrecht der Frauen, die Aufwertung der hausfraulichen Arbeit in der Familie – das waren Themen, mit denen sie auch in Vorträgen und Artikeln an die Öffentlichkeit trat. Die Frauen sollten die Erzieherinnen der Männer sein und deren Verantwortungsbewußtsein für Frauen prägen, auch auf sexuellem Gebiet. Die doppelte Moral der männlich bestimmten Gesellschaft blieb von ihrer Kritik nicht verschont. Alleinlebende Mütter mit unehelichen Kindern sollten diese ohne Diskriminierung und ohne zusätzliche wirtschaftliche Zwänge erziehen können.

Nach ihrer Heirat (1916) mit dem späteren Präsidenten der Oberpostdirektion Stuttgart, Dr. Felix Reichert (1878 bis 1958), gab sie ihren Beruf als Volksschullehrerin an der Pragschule auf. Noch immer galt die Zölibatsklausel für Beamtinnen: Bis 1929 durften sie nicht verheiratet sein, wenn sie berufstätig sein wollten. Das Ehepaar bekam zwischen 1917 und 1921 drei Kinder, zwei Söhne, eine Tochter. Von der Alexanderstraße zog die Familie 1929 in die Pflaumstraße 22, die 1933 in Leibnizstraße umbenannt wurde, weil der Name des um Stuttgart verdienten jüdischen Bankiers und Geheimen Kommerzienrats Alexander von Pflaum (1839–1911) nicht mehr genehm war.

Die Familie bezog dort ein eigenes Haus. Während die Kinder klein waren, hat Hilde Reichert-Sperling ihr politisches Engagement mehr oder weniger ruhen lassen. Sie war mit dem Versorgen von Haus, Garten und Familie ausgefüllt, auch wenn sie meistens ein Mädchen zum Helfen hatte.

Von einem ihrer Söhne wird sie als phantasiereiche Verwalterin des Haushalts und der Familie beschrieben, die in unsentimentaler, herzlicher Verbundenheit mit ihren Kindern verknüpft war, für alle Kümmernisse da war und darauf achtete, daß Auseinandersetzungen der Söhne mit dem Vater so wenig wie möglich stattfanden. Später teilt sie mit vielen anderen Müttern die Sorgen um ihre eingezogenen Söhne; ganz sicher hat sich dadurch ihre Einstellung zur Notwendigkeit von Kriegen krass verändert.

Ihre Haltung zur deutschen Nation und zum Vaterland war nun gespalten – eine Wiederbewaffnung kam für sie nach 1945 nicht mehr in Frage.

Nach der »Kinderpause«, wie das heute so beschönigend genannt wird, toleriert der Ehemann ihre wieder einsetzende politische Tätigkeit. Erst als sie 1931 nach langen Jahren als Schriftführerin beim Verband württembergischer Frauenvereine zur Vorsitzenden gewählt wird, befürchtet er, daß der sowieso

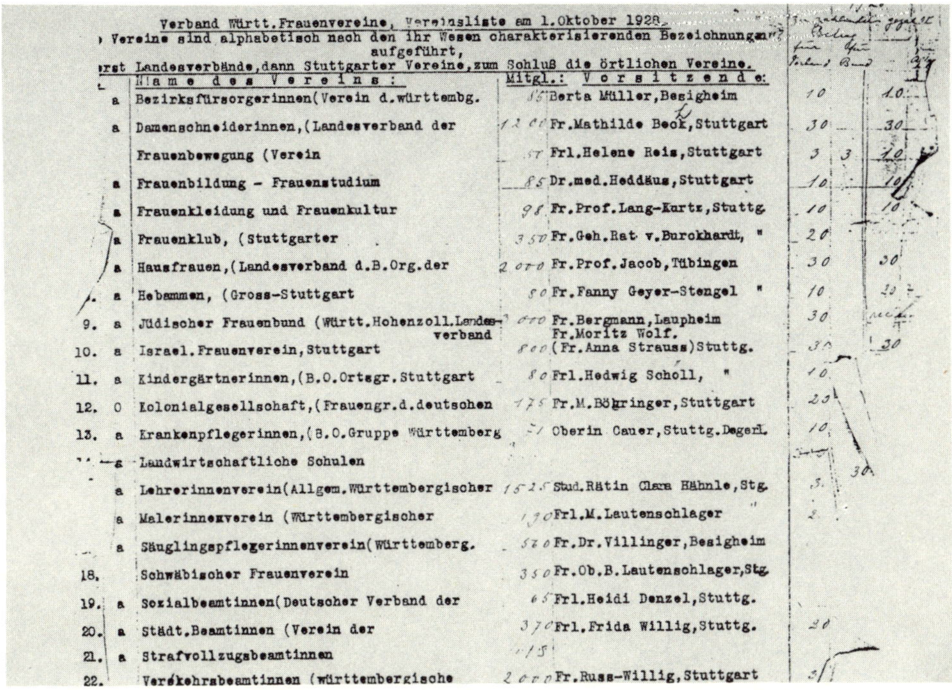

Verband Württ. Frauenvereine, Vereinsliste am 1. Oktober 1928.
Vereine sind alphabetisch nach den ihr Wesen charakterisierenden Bezeichnungen aufgeführt,
erst Landesverbände, dann Stuttgarter Vereine, zum Schluß die örtlichen Vereine.

		Name des Vereins:	Mitgl.:	Vorsitzende:
	a	Bezirksfürsorgerinnen (Verein d. württembg.	85	Berta Müller, Besigheim
	a	Damenschneiderinnen, (Landesverband der	1200	Fr. Mathilde Beck, Stuttgart
		Frauenbewegung (Verein	57	Frl. Helene Reis, Stuttgart
	a	Frauenbildung – Frauenstudium	85	Dr. med. Heddäus, Stuttgart
	a	Frauenkleidung und Frauenkultur	98	Fr. Prof. Lang-Kurtz, Stuttg.
	a	Frauenklub, (Stuttgarter	350	Fr. Geh. Rat v. Burckhardt, "
	a	Hausfrauen, (Landesverband d. B. Org. der	2000	Fr. Prof. Jacob, Tübingen
	a	Hebammen, (Gross-Stuttgart	80	Fr. Fanny Geyer-Stengel "
9.	a	Jüdischer Frauenbund (Württ. Hohenzoll. Landesverband	600	Fr. Bergmann, Laupheim
10.	a	Israel. Frauenverein, Stuttgart	800	Fr. Moritz Wolf. (Fr. Anna Strauss) Stuttg.
11.	a	Kindergärtnerinnen, (B.O. Ortsgr. Stuttgart	80	Frl. Hedwig Scholl, "
12.	0	Kolonialgesellschaft, (Frauengr. d. deutschen	175	Fr. M. Böhringer, Stuttgart
13.	a	Krankenpflegerinnen, (B.O. Gruppe Württemberg	51	Oberin Cauer, Stuttg. Degerl.
	a	Landwirtschaftliche Schulen		
	a	Lehrerinnenverein (Allgem. Württembergischer	1525	Stud. Rätin Clara Hähnle, Stg.
	a	Malerinnenverein (Württembergischer	130	Frl. M. Lautenschlager "
	a	Säuglingspflegerinnenverein (Württemberg.	520	Fr. Dr. Villinger, Besigheim
18.		Schwäbischer Frauenverein	350	Fr. Ob. B. Lautenschlager, Stg.
19.	a	Sozialbeamtinnen (Deutscher Verband der	65	Frl. Heidi Denzel, Stuttg.
20.	a	Städt. Beamtinnen (Verein der	370	Frl. Frida Willig, Stuttg.
21.	a	Strafvollzugsbeamtinnen	15	
22.		Verkehrsbeamtinnen (württembergische	2000	Fr. Russ-Willig, Stuttgart

Vereinsliste des »Verbandes Württembergischer Frauenvereine« vom 1. Oktober 1928.

schon leicht »genial« geführte Haushalt leiden könnte. Kleine Zwistigkeiten sind die Folge, er behindert sie aber nicht.

Im Verband württembergischer Frauenvereine (gegründet 1906 von Mathilde Planck) wird sie die Nachfolgerin von Ella Ehni (1875–1952), die für die DDP 1919 eine der ersten vier gewählten Stuttgarter Stadträtinnen war. Ella Ehni mußte in die Schweiz emigrieren.

Dieser Dachverband aller für Berufsinteressen und Berufsrechte arbeitenden Frauenvereine Württembergs bestand 1928 aus 24 Stuttgarter Frauenvereinen, die sich berufsgruppenorientiert, aber auch konfessionell gebunden zusammengeschlossen hatten. Vom Malerinnenverein, dem Schwäbischen Frauenverein (gegründet 1873) bis zum jüdischen Frauenbund zum Beispiel waren alle bürgerlich-liberal agierenden Frauen vertreten (siehe das oben abgebildete Fragment der Liste aus dem Nachlaß von Hilde Reichert-Sperling). Zusammen mit den Gruppen in Heilbronn, Laupheim, Reutlingen und Ulm waren das 16 500 Frauen, davon rund 12 000 in Stuttgart, das etwa 360 000 Einwohner zählte.

Im Jahre der Auflösung 1933 waren es 34 Vereine mit insgesamt 28 000 Mitgliedern. Verglichen mit heute ist das – zusammen mit den Frauen aus dem sogenannten proletarischen Lager der Frauenbewegung – ein sehr hoher Prozentsatz an Frauenengagement und politischer Arbeit, der gleichzeitig auch die ungleich höhere Brisanz der politischen Druckverhältnisse beschreibt und die

Kam... sind

25jähriges Jubiläum des Verbands württ. Frauenvereine

Versucht man, das Antlitz unserer Zeit zu umreißen, so wird man sofort erkennen, daß die Frauenbewegung ihm wesentliche Züge einprägte. Daß sie schöpferisch und gestaltend in den großen Umwandlungsprozeß, der sich auf allen Lebensgebieten vollzieht, eingriff und trotz zahlloser Schwierigkeiten Ziele, die des Kampfes wert sind, erreichte.

Der Verband Württ. Frauenvereine, der dem Bund Deutscher Frauenvereine angeschlossen ist, feierte am Samstag in den Sälen des Stadtgartengebäudes sein 25jähriges Jubiläum. Er umfaßt als Spitzenverband die größte Anzahl württembergischer Frauenorganisationen, die auf überparteilicher und interkonfessioneller Grundlage die fortschrittlichen Fraueninteressen vertreten. Das Land Württemberg verdankt seiner Initiative eine Reihe vorbildlicher Einrichtungen, so zum Beispiel die Berufsberatung. Auch auf sozialem und staatsbürgerlichem Gebiet hat der Verband den Erfordernissen einer neuen Zeit die Wege gebahnt und sich hohe Verdienste erworben. Eine Epoche, die in Parteihader und Sonderinteressen unterzugehen droht, bedarf solcher zusammenfassender und neutraler Stellen, die unabhängig nach allen Seiten hin, die ihnen zuströmenden Aufgaben in Angriff nehmen.

Mathilde Planck, die zugleich mit dem Verbandsjubiläum ihren 70. Geburtstag beging, hat vor einem Vierteljahrhundert zehn württembergische Frauenvereine zu der Spitzenorganisation des Verbandes zusammengeschlossen. Sie hat in ihm einen wesentlichen Teil ihrer Lebensgedanken verwirklicht und nach ihrem Rücktritt in Frau Ella Ehni eine ausgezeichnete und überzeugte Nachfolgerin gefunden. Seit kurzer Zeit verwaltet Frau Hilde Reichert-Sperling das wichtige Amt der ersten Vorsitzenden und ihr fiel auch bei der schlichten Feier die Aufgabe zu, die anwesenden Ehrenvorsitzenden sowie die Vertreterinnen verschiedener nahestehender Organisationen zu begrüßen und die einleitenden Worte zu sprechen. Sie betonte dabei,

daß die soziale Weltordnung erst in ihr Gleichgewicht gebracht werden könne, wenn die Frauen mitdenken und mithandeln.

Der Verband Württ. Frauenvereine habe es von jeher als eine seiner Hauptaufgaben betrachtet, diesen Gedankengang auf allen Gebieten zu verwirklichen und damit seinen Gemeinschaftssinn und vaterländischen Geist bewiesen. Er habe um die Bildungs- und Berufsfreiheit der Frau gekämpft, er habe ihr die politische Gleichberechtigung mit errungen und sehe sich heute nach 25jähriger Tätigkeit in einen immer wachsenden Wirkungskreis gestellt.

Frau Helene Reis, die dem Verband von Anbeginn an als führendes Mitglied angehörte, erstattete daraufhin einen von vielen persönlichen Erinnerungen durchflochtenen Rückblicksbericht. Der Oktober 1906 brachte den ersten Württ. Frauentag unter dem Vorsitz von Mathilde Planck, an dem Eugenie von Soden in einem viel umfochtenen Referat die Frage aufwarf: Soll sich die Frau mit Politik beschäftigen? Das heißt das ominöse Wort Politik durfte nur mit Vorsicht genannt werden, man umschrieb es als „Beschäftigung mit öffentlichen Dingen" und der damalige Kabinettsrat der württembergischen Königin, der von ihr als Vertreter entsandt worden war, warnte „vor Ueberschreitung des besonnenen Fortschritts". Der Stuttgarter Frauenklub wurde gegründet, fernerhin der Verein für Frauenkleidung-Frauenkultur, der zurzeit des Schnürleibs und des Mädchen-Turnunterrichts durch „Sergeanten" ungeahnte Pflichtenkreise besaß.

Schrittweise, immer von Rückschlägen bedroht, gelang es den unerschrockenen Führerinnen im Zusammenwirken mit gleichgesinnten Frauen des ganzen Deutschlands die Wege zu besserer Mädchenbildung, zum Universitätsstudium, zur Eröffnung der Berufsarbeit, zu verantwortlicher gleichberechtigter Mitwirkung in Staat und Gemeinde zu bahnen.

Man bedauerte, über diese nach außen hin besonders bedeutsamen Jahre der Nachkriegszeit nur wenig zu hören, in denen der Verband unter der Leitung seiner Vorsitzenden Frau Ella Ehni, die selbst Landtagsabgeordnete und Gemeinderätin war, stark hervortrat.

An den Rückblick schloß sich die Ueberreichung einer Geburtstagsspende für Mathilde Planck an, die in bewegten Worten für diese Ehrung dankte. Die Feier wurde durch auserlesene Gesangsvorträge von Kammersängerin Meta Diestel umrahmt.

Der Abend brachte im vollbesetzten Saal der Technischen Hochschule in Verbindung mit dem Deutschen Verband der Sozialbeamtinnen Landesgruppe Württemberg einen Vortrag von Frau Dr. Alice Salomon, Berlin. Nach langen Jahren hatte man wieder Gelegenheit, die hochverdiente Führerin der sozialen Frauenarbeit und Gründerin der sozialen Frauenschulen zu hören, und zwar über ein Thema, zu dem sie durch Vermittlung der durch sie ins Leben gerufenen Deutschen Sozialen Pädagogischen Akademie eine Fülle seltenen Materials besitzt. Sie sprach über

Bestand und Erschütterung der Familie von heute

und ging dabei zunächst von der Frage aus, ob die Institution der Familie überholt sei, ob sie durch anderes ersetzt werden könne.

Drei Faktoren haben das Dasein der Familie erschüttert: das Zeitalter der Maschine, die veränderte Einstellung des Menschen zu Liebe und Ehe (die Jugend erhebt unter allen Umständen den Anspruch auf eine Liebesehe), und die Auseinandersetzung mit der Jugendbewegung, die der Familie andere Ideale entgegenstellt.

Wir müssen uns darüber klar werden, daß die Familie zu verschiedenen Zeiten verschiedene Aufgaben zu erfüllen hat (Dynamik der Familie) und daß wir schon aus diesem Grund kein festumrissenes Ideal der Familie besitzen. Die Rednerin unterscheidet gefestigte, gelockerte und aufgelöste Familien und geht dann zu den wirtschaftlichen Aufgaben der Familie über. Die Familie als Erwerbsgemeinschaft ist kein Novum; schon seit Jahrhunderten kennt sie der Bauer oder Handwerker, nur die außerhäusliche Berufstätigkeit der Frau tritt als neuer Gesichtspunkt hinzu. Diese außerhäusliche Berufstätigkeit der Frau, die Mutter ist, betrachtet Dr. Salomon als Notbehelf, obgleich sie die aufbauenden Momente, die darin liegen können, anerkennt. Auch die Frauenarbeit muß nicht familienzerstörend, sondern sie kann sogar familienbefestigend wirken. Viel problematischer sind Arbeitslosigkeit, Mangel, Wohnungsnot, die zweifellos am Bestand der Familie nagen. Interessant die Bemerkung, daß auch allzu großer Wohlstand familienzerstörend ausschlagen könne. Mittlere, wenn auch etwas beengte Verhältnisse bilden die sicherste Basis für das Gedeihen der Familie.

Die Beziehungen der Geschlechter in[...]halb der Familie betrachtet Dr. Salomon nur als Teilproblem, für ebenso bedeutend erachtet si[e] geistig-seelischen Elemente. Früher hatte man weniger Kontakte vor der Ehe als heute; sie ersch[...] sich in Eltern, Kirche und Nachbarschaft, während die Zahl der Interessenkreise viel stärker verzwei[gt ...]

Das Kernproblem der Familie liegt in den [Be]ziehungen zwischen Eltern und Kin[d]. Die Frage des Geburtenrückgangs scheint im Aug[...] sekundär gegenüber der andern: Wie schaffen wir [...]ren Kindern die richtigen Wachstumsbedin[gun]gen? Wir müssen diesen Uebergang von der tr[...]haften zur bewußten Formung des Familienleben[s] greifen lernen. Der junge Mensch von heute br[...] andere Eigenschaften als die, welche sich durch Zw[ang] und Autorität erreichen lassen. Man soll jedem [...] soviel Freiheit geben, als es nach dem Maß [...] Wachstums zu tragen imstande ist. Die Familie [...] vor allem das Gemeinschaftsgefühl in dem jun[...]gen Menschen wecken.

Es muß ihr gelingen, die drei wunden Punkte de[r] sexuellen Verwilderung der Jugend, der geistig[en] Verengung kleinbürgerlicher Kreise und der Er[...]fremdung der Geschwister durch das berufliche [...] einwachsen in verschiedene Lebenssphären zu überwinden.

Im Gesamtüberblick erscheint der [Be]stand der Familie in den tragenden Vo[lks]schichten noch ungefährdet im Fundam[ent]. Ihr augenblickliches Ziel muß es sein, das Indivi[duum] zu seinem Recht kommen zu lassen und ihm gleich[...] die Verbindung zur Gemeinschaft hin zu schaffen.

Lebhafter Beifall bekundete der Rednerin, wie sie die Versamlung, die unter der Leitung von [...] Heidi Denzel stand, mit ihren klugen und menschlich verstehenden Ausführungen [...] hatte.

Neues Tagblatt 7. 3. 32 Morgenausgabe Nr 109

Stärke des dringlichen Wunsches nach Veränderung und Verbesserung belegt.

In Hilde Reichert-Sperlings Rede zur Auflösung des Verbandes wird deutlich, was sie von der Gleichschaltungsaktion Hitlers hielt:

»Die von der Regierung gewollte neue deutsche Frauenfront verlangt als erstes von allen Frauenorganisationen, die in ihr mitarbeiten, mitaufbauen wollen, ein bedingungsloses Unterwerfen unter den Führer der NSDAP. Zusammenkünfte zur Entgegennahme der Weisungen auf wohlfahrtspflegerischem und fürsorgerischen Gebiet – als die einzigen Aufgaben, die der nationalsozialistische Staat den Frauen stellt – sind vorgesehen. Eine Bewegung, deren Ursprung und Kraftquelle die Überzeugung ist, daß Männer und Frauen in gemeinsamer Verantwortung in allen Lebensgebieten einschließlich des politischen Lebens zusammenarbeiten, konnte ein bedingungsloses Unterwerfen mit ihren Zielen nicht in Einklang bringen. Deshalb beschlossen die Vertreterinnen der Verbände, die den Bund deutscher Frauenvereine bildeten, ihn nach 39jährigem Wirken aufzulösen. Ebenso sah der Verband württembergischer Frauenvereine, der 26 Jahre mit schließlich 34 Vereinen und insgesamt 28 000 Mitgliedern in freudiger und gegenseitig befruchtender Zusammenarbeit gestanden hatte, keine Möglichkeit, fernerhin seinen Zielen nachzustreben in der lebendigen Mitgestaltung unserer Gesamtkultur aus eigener Verantwortlichkeit heraus ...«[5]

Allerdings hofft sie noch, daß der Spielraum nach Inkraftsetzung des Ermächtigungsgesetzes durch Konzessionen erweitert würde. Sie meinte damals noch, Hitler müsse erkennen, daß die Gaben der Frauen ebenfalls »Kräfte des Volksganzen« seien, die »auf allen Gebieten wirken«. Aber diesen Typus Frau, »den die Frauenbewegung geschaffen hat, der weiß und will, daß auch von seiner Leistung das Gesamtschicksal abhängt«, der war nur im ideologischen Sinne gefragt. Sie kann am Ende der Rede eigentlich nur noch dieser Hoffnung Ausdruck geben: »Wenn auch augenblicklich Kraft und Leistung des Mannes überschätzt wird und man wieder zu vergessen droht, was man zu ahnen begann, nämlich daß die Welt eine Menschenwelt und nicht nur eine Männerwelt ist, so wird doch das Umdenken in Gang bleiben. In dem mit allem Ernste aufgenommenen Streben der neuen Frauenbewegung nach sozialer Gerechtigkeit, nach Erfüllung aller Aufgaben, die tatsächlich die Volksgemeinschaft an die Frauen stellt, wird sie erkennen, daß sie sich keine Schranken stecken lassen kann. Für jegliches Geschehen im Staat liegt die Verantwortung mit auf den Schultern der Frau.«[6]

Sie selbst zog sich ins Private zurück, versuchte im Freundeskreis, Leben zu retten. Sie schrieb über unverfängliche Themen wie Skimode (sie war eine der ersten Stuttgarterinnen gewesen, die Ski liefen und Tennis spielten – auch hier noch ganz die Tradition des Jungdeutsch-

Links: Würdigung des »Neuen Tagblatts«, 9. März 1932. Zeitungsausschnitt aus dem Nachlaß von Hilde Reichert-Sperling.

BADEN-
Frauenparlament Württemberg

ARBEITSGEMEINSCHAFT ÜBERPARTEILICHER UND ÜBERKONFESSIONELLER FRAUENVERBÄNDE

Mitgliederorganisationen:
Agnes Karll-Verband
Ärztinnenbund Baden-Württemberg
Berufsverband der Hausfrauen
Bund bildender Künstlerinnen
Deutscher Akademikerinnenbund
Deutscher Berufsverband der Sozialarbeiterinnen
Deutscher Frauenclub-Lyceumsclub
Eßlinger Frauendienst
GEDOK
Landesverband der überparteilichen und überkonfessionellen Frauengruppen in Baden-Württemberg
Landesverband Württemberg des Deutschen Frauenrings
Landfrauenbund
Lehrerinnenvereinigung Baden-Württemberg
Schwäbischer Frauenverein
Soziales Frauenwerk
Überparteilicher Frauenarbeitskreis Ulm

GESCHÄFTSSTELLE STUTTGART W, SENEFELDERSTRASSE 76 B, RUF 66018

Briefkopf des Frauenparlaments Baden-Württemberg (etwa 1949 bis 1955).

landbundes, der Pfadfinderbewegung des Großbürgertums, der das gesunde Körperbewußtsein aller – auch der Mädchen – förderte). Sie verbreitete sich über gesunde Ernährung, natürliche Kosmetik, den Garten und seine Wichtigkeit als Vitaminspender und die Möglichkeiten des Einmachens, über Weihnachtsschmuck. Und sie verschickte Essays über nicht zeitgenössische Malerinnen, die aber nicht gedruckt wurden. Bis sie dann ganz verstummte – zumindest in der Öffentlichkeit.

Ihr Mann, der für seine Meinung bekannt war, daß Hitler Krieg bedeute, wurde zum »untragbaren Beamten« deklariert und aus der Oberpostdirektion ins Postamt nach Cannstatt strafversetzt. Sein Einkommen wurde gekürzt, aber seiner Informationspflicht konnte er auch dort Genüge tun. Er wird mit seiner Frau manchen Disput über die innere Emigration gehalten haben, kannte er doch auch ihre Art, alles direkt beim Namen zu nennen. Die liberal-soziale Haltung beider ging wohl aber eher dahin, auf dem Posten zu bleiben und Unmenschlichkeiten zu verhindern, wo es ging.

Während des Krieges wurde Dr. Reichert sogar wieder befördert; die Freude, die das früher bedeutet hätte, war zur Nebensache geworden.

Nach 1945 rief Hilde Reichert-Sperling den Stuttgarter Frauendienst ins Leben, um Not zu lindern und den schlimmsten Mängeln Abhilfe zu schaffen. Zusammen mit Frauen aller Parteien und Konfessionen war sie maßgeblich an der Gründung des Frauenparlaments Baden-Württembergs beteiligt. Hier wurde ein Versuch unternommen, demokratisch-kritisch auch in den Bereichen der Frauenrechte in Politik und Beruf neu zu beginnen. Lange hat dieses Gremium allerdings nicht existiert. Der generelle Aufbau war wichtiger. Auch waren Frauen immer noch ihren Geschlechtsgenossinnen gegenüber vorsichtig: Frauen wurden nicht gewählt. Die alten Gegensätze innerhalb der überparteilichen Gremien brachen wieder auf – links und rechts waren nicht zu versöhnen.

Das Ergebnis der ersten Gemeinderatswahl fiel dann auch entsprechend aus. Von 48 Mitgliedern waren 1946 nur fünf Frauen, im Landtag von 100 Abgeordneten nur sieben Frauen gewählt worden. Es ist damals, da das Mißtrauen gegen die »starken« Männer zu beweisen gewesen wäre, im frauenpolitischen Bereich viel versäumt worden. Hilde Reichert-Sperling hat im Gegensatz zu den Vorurteilen von Frauen und Männern gegenüber Frauen ihre frauenbewegten Ziele weiterverfolgt und für ihre Verwirklichung viel Arbeit eingesetzt.

Die in der Familie warmherzig-humorvolle Frau, die nach außen oft kühldistanziert wirkende Dame – der »Spatz Sperling«, wie sie von den SPD-Frauen kritisch-liebevoll genannt wurde – bestach durch die Kontinuität ihres politischen Wirkens, auch in Situationen, in denen andere Frauen eher Ohnmachtsgefühle zeigen.

Sie ist am 11. September 1955 an Krebs gestorben und wurde auf dem Waldfriedhof begraben.

»Von der ersten Tat der Frauenbewegung an – die Eingabe Louise Otto-Peters an die sächsische Regierung wegen der entsetzlichen Not der sächsischen Heimarbeiterinnen – hat immer das gleiche die Frauen beschwingt und zusammengehalten: Hilfe von Mensch zu Mensch nur um des Menschen willen.« (1933)[7]

Charlotte Armbruster

»Die personifizierte Fürsorgerin des Gemeinderats«

So charakterisiert Eugen Eberle[1] Charlotte Armbruster.

Streng blickt sie vom Foto, unantastbar und selbstbewußt, zufrieden. Vielleicht ein bißchen zu selbstgerecht, aber auch leicht amüsiert. Dem gut frisierten, knotentragenden, schmalgesichtigen »Fräulein« ist nicht anzusehen, daß es eine der ausdauernsten kommunalpolitischen Karrieren in Stuttgart hinter sich hat.

Gewählt als eine von vier Frauen unter 65 Stadträten im Jahre 1919 – dem Jahr, in dem die Frauen zum erstenmal das gleiche, geheime, direkte und allgemeine Wahlrecht ausüben durften – hat sie 40 Jahre lang – mit einer Unterbrechung von 1933 bis 1945, als Frauen als politisch nicht belastbar und nicht als Mandatsträgerinnen eingestuft wurden – das Amt einer Stadträtin ausgeübt. Ausdauernd, erfolgreich, geschickt agierend, streitbar und schlau hat sie in diesem Männergremium gewirkt. Ihr Nebensitzer war Eugen Eberle (Jahrgang 1908), der als Stadtrat von 1946 bis 1959 im Wirtschaftsausschuß tätig war. (Für Sitzungen gab es übrigens 1919 noch keine Aufwandsentschädigungen; ab 1945 wurden dann für eine Sitzung bis 19 Uhr 15 Mark, für die längeren 30 Mark bezahlt, was die »Diätenschwätzerei« nach sich zog.)

Die extremen K's saßen da nebeneinander: sie, die Katholikin und Zentrumspolitikerin, seit 1945 CDU-Mitglied – er, der Kommunist und spätere Parteilose, beide hoch diszipliniert und dem Volke dienend. Eberle bezeichnet sie heute als eine Frau, die ihr Christentum gelebt hat, ohne dogmatisch-moralisierend zu sein. Er verehrt sie heute noch als »beste Bettlerin aller Zeiten«[2], die nichts für sich wollte, sondern nur für andere. Ihr Hildegardisheim, ein Mädchenwohnheim für 40 Hausgehilfinnen und ortsfremde Mädchen, das von 1947 bis 1949 in der Olgastraße entstand – ein Unternehmen, das sie trotz der Währungsreform fertigstellen konnte –, war nur der Anfang einer langen Reihe von sozialen Aufgaben, für die sie sich einsetzte und die sie auch durchsetzte.

Als viertes Kind von insgesamt sieben Kindern wurde sie am 7. November 1886 in Stuttgart geboren. Aufgewach-

Charlotte Armbruster um 1950.

sen ist sie im Eisenbahndörfle, in dem ihre Eltern, Martin Armbruster (1850 bis 1933) und Dorothea, geborene Maier (1852–1933), lange Zeit in einer Drei-Zimmer-Wohnung mit zwei zusätzlichen Kammern für die Buben wohnten. In diesem Eisenbahndörfle, einer Genossenschaftssiedlung von Bahn-, Post- und Landesbaugenossenschaft, gelegen zwischen der Bahntrasse entlang der Rosensteinstraße, dem Pragfriedhof und dem Güterbahnhofsgelände, kurz: im Nordbahnhofsviertel, lebten um die Jahrhundertwende ausschließlich Bahnbedienstete. Vater Armbruster war Eisenbahnbeamter, als Oberlokomotivführer ist er in Pension gegangen.

Die Familie lebte in bescheidenen, wohlgeordneten Verhältnissen. Über das um die Jahrhundertwende von Bismarck begründete Sozialversicherungsnetz versicherte sie sich so gut wie möglich. Charlotte hat in dieser Hinsicht viel vom Vater – auch er ein Zentrumsanhänger – gelernt: Sie achtete besonders auch in der eigenen Großfamilie immer darauf, daß selbst die »nur« im Haushalt als Mutter und Ehefrau arbeitenden Schwestern freiwillige Beiträge in die Renten- und Angestelltenversicherung einzahlten. Dies ist eine ihrer wertkonservativen pragmatischen Haltungen, die sie sich immer bewahrt hat: Frauen sollten alle Möglichkeiten ergreifen, die der Gesetzgeber nach jahrelangen Eingaben bot, sich abzusichern; sie sollten sich selbst, auch ohne verheiratet zu sein, versorgen können.

Das Schulmädchen Charlotte hatte einen weiten Fußweg vom Stuttgarter Norden bis zur Stadtmitte, wo es die Schloßschule besuchte. Hier unterrichteten auch katholische Schwestern. Nach acht Jahren Volksschule durfte sie noch ein hauswirtschaftliches Jahr in der Töchterschule (später St. Agnes) absolvieren. In Kursen bildete sie sich weiter, hat beim »Daimler« eine kaufmännische Lehre gemacht und anschließend als kaufmännische Angestellte gearbeitet.

Doch ihr Beruf füllte sie nicht aus. Diese Form der Arbeit hat wohl auch nicht den Vorstellungen des Mitbestimmens und Mithelfens entsprochen, welche die junge Frau hatte und verwirklichen wollte. Die hat sie später sehr bestimmt, erzieherisch wirkend umgesetzt. Auch innerhalb der weitverzweigten Familie hat sie immer den Anspruch gehabt, die Nummer eins zu sein, aber auch die damit zusammenhängenden Pflichten erfüllt.

Zwischen den Jahren 1905 und 1910 lebt sie in Berlin, um sich dort in Kursen zur Fürsorgerin zu qualifizieren. Sie kehrt nach Stuttgart zurück und arbeitet von 1914 bis 1943 mit einem Anfangsgehalt von 100 Reichsmark als Fürsorgerin der Stadtverwaltung Stuttgart im Außendienst im Stadtteil West, wo sie sich um kranke und arme Familien kümmert.

1914, das bedeutet aber auch vor allem Fürsorge und Notdienst während der immer schwieriger werdenden Versorgungslage des Ersten Weltkrieges. Er war euphorisch begonnen worden, ohne daß man die wirtschaftliche Misere bedacht hätte, die sehr bald hereinbrach und Nahrungsmittelmangel und Brennstoffknappheit in einem bislang noch nicht erlebten Ausmaße mit sich brachte.

	1910 Zahl der Frauen	1913 Zahl der Frauen	Zunahme 1910—13 %	1915 Zahl der Frauen	Zunahme 1910—15 %
A. Ehrenamtliche Arbeit (45 Großstädte).					
Armenpflege	1697	2086	23	2623	55
Waisenpflege	4645	6594	42	7224	56
Deputationen, Kommissionen	58	205	254	253	336
Schulverwaltung	104	238	129	334	221
Schulpflege	—	46	—	62	35
Wohnungspflege	16	47	194	64	300
	6520	9216	41	10560	62
B. Besoldete Arbeit (45 Großstädte).					
Armen-, Waisen-, Säuglingspflege	325	478	47	609	87
Arbeitsnachweis	80	130	63	153	91
Polizeipflege	15	23	53	36	140
Wohnungspflege	—	7	—	17	143
Schulpflege	9	44	389	82	811
	429	682	59	897	109

Ehrenamtliche und besoldete Arbeit in 45 Großstädten im Vergleich.

Im Hilfsausschuß am Wilhelmsplatz ist Charlotte Armbruster für die Ärmsten der Armen tätig – in einer Domäne, in der Frauen noch lange Jahre zum größten Teil ehrenamtlich arbeiteten oder arbeiten mußten, weil diese Art von Engagement ganz selbstverständlich weiblicher Bestimmung zugeschrieben wurde. Besonders die Frauen der bürgerlichen Frauenverbände, auch der Verband der württembergischen Frauenvereine, haben immer wieder Eingaben verfaßt, um hier eine Änderung zu erreichen. Charlotte Armbruster war in ihrem bezahlten Arbeitsverhältnis eigentlich schon recht privilegiert. (Siehe die Tabelle aus dem Jahre 1918[3], aus der ersichtlich wird, welch großen gesellschaftlichen Einsatz Frauen ohne Entgelt geleistet haben – sie leisten ihn immer noch, allerdings nicht mehr ganz selbstverständlich »unbezahlt«.)

Von Königin Charlotte wurde Frau Armbruster schon 1918 mit dem Charlottenkreuz für besonders hervorragende Dienste ausgezeichnet – wohl eine der letzten Amtshandlungen der Königin, deren Abdankung die Armbrusters sehr betrauert haben.

Das Kriegsende (Versailler Verträge und die damit verbundenen Reparationszahlungen) und die Revolution 1919 bedeuteten auf Grund der neuen demokratischen Regierungsform auch eine Neustrukturierung der Verwaltungsaufgaben im kommunalpolitischen Be-

Charlotte Armbruster.

reich und in den Gemeinderatsausschüssen. Trotz oder gerade wegen der Übergangsschwierigkeiten hat Charlotte Armbruster sich mit der für sie typischen Emanzipiertheit auf der Liste der Zentrumspartei zur Gemeinderatswahl gestellt – einer Partei, die explizit gegen das Frauenwahlrecht gewesen war –, um durch ihre Arbeit als Gemeinderätin ihren sozialen Anliegen und Forderungen ein politisches Forum zu geben.

Sie wurde zusammen mit drei anderen Vertretern ihrer Partei gewählt. Drei weitere gewählte Frauen waren Ella Ehni (siehe Porträt Hilde Reichert-Sperling, Seite 267), ab 1921 auch Vorsitzende des Verbandes der württembergischen Frauenvereine (Nachfolgerin von Mathilde Planck, die für die Deutsche Demokratische Partei kandidiert hatte). Josefine Giese und Marie Josenhans[4] für die Württembergische Bürgerpartei waren als Pfarrerswitwe und Schriftstellerin die weiblichen Vertreter einer weitaus größeren Fraktion. Erstaunlicherweise gab es in den Fraktionen von SPD und USPD keine Frauen.

Oberbürgermeister Karl Lautenschlager, dessen Frau Emma Lautenschlager die Vorsitzende des Schwäbischen Frauenvereins war (1923–1934 und 1948 bis 1951), stand den frauenbewegten Frauen und ihrem sozialen, bildungs- und berufsorientierten Engagement sicher nicht ablehnend gegenüber, aber zuerst galt es wiederum, die Versorgungslage zu normalisieren. Rationierungen (Brot, Milch, Zucker) waren noch bis in die zwanziger Jahre hinein notwendig, ehe eine vorübergehende Besserung eintrat. Wohnungsnot und Kriegsinvalidität, Familien- und Kinderfürsorge (Ferienerholungsprogramme) waren weitere dringliche Themen der sozialen Fürsorge, ob sie nun kommunal oder mit privaten religiös orientierten Verbänden gelindert werden sollten. Charlotte Armbruster erfüllte diese Aufgaben auch noch innerhalb des Caritasverbandes, der für Stuttgart 1917 gegründet wurde.

Im Gemeinderat wurde sie bis zum 28. Dezember 1933 alle sechs Jahre wiedergewählt, dann hat man die sechs amtierenden Frauen, Emma Greiner und Maria Walter von der Kommunistischen Partei, Christine Evert von der SPD, Dr. Vilma Kopp von der DDP und Agnes Kiefer von der DNVP, aus diesem Gremium hinauskomplimentiert. Daß das Zentrum ebenfalls für das Ermächtigungsgesetz gestimmt hatte, blieb für Charlotte Armbruster immer ein Grund zur schonungslosen Kritik an ihrer Partei.

Fragen wir uns heute, ob Charlotte Armbruster mit ihrem »Fräuleinleben«, das sie unverheiratet und ohne große eigene Besitzansprüche gelebt hat, zufrieden war, so ist zu bedenken, daß sie fast immer in einem großen Familienzusammenhang gelebt hat und daß sie über ihre politische und konfessionsorientierte Arbeit stets im Mittelpunkt eines großen, engagierten Mitarbeiterkreises stand.

Ab 1925 wohnte sie im Gemeindehaus der Fidelisgemeinde in der Silberburgstraße 60 zusammen mit ihren Eltern in einer Drei-Zimmer-Wohnung. Mit dem amtierenden Pfarrer hat sie die ehrenamtliche Leitung des Gemeindehauses übernommen. Ein Kindergarten mit Hort und eine hauswirtschaftliche Ausbildungsstätte für junge Mädchen ist dort angeschlossen. Doch nicht nur hier versuchte sie, die oft schwierige Lage der Mädchen zu erleichtern; sie arbeitete ebenfalls mit im St.-Notburga-Verein für Hausangestellte und in der vom Caritasverband 1909 gegründeten Marienanstalt, einem Haus des Mädchenschutzverbandes. Wo sie all die Zeit für ihr Wirken hernahm, bleibt ein Rätsel.

Ab 1930 zieht sie mit den Eltern in die Fünf-Zimmer-Wohnung ihrer vier Jahre jüngeren Schwester Berta Kubiak, die dort mit ihrem Mann und zwei Kindern lebt – in die Johannesstraße 55. Auch hier ist sie diejenige, die nicht nur über die Autorität, die ihr das Stadträtinnenamt verleiht, den Familienkurs bestimmt. Es ist selbstverständlich, daß die Nichte nicht zum BDM geht, der Neffe nicht zur Hitlerjugend. Hausdurchsuchungen sind die Folge, der Schwager verliert die Arbeitsstelle. Ihre Informationsaktionen auch mit Hilfe von Flugblättern, unter anderem zusammen mit dem damaligen Direktor des Caritas, Dr. Straubinger, lassen sie nur knapp einer Verhaftung entgehen. 1933 sterben die Eltern kurz hintereinander. 1936 steckt Charlotte Armbruster sich im Dienst – sie besucht eine TB-kranke Familie – mit einer offenen Tuberkulose an und wird in eine Klinik nach Garmisch-Partenkirchen geschickt. Aus Krankheitsgründen wird sie 1943 als städtische Fürsorgerin pensioniert und 1944 nach Leutkirch ins Allgäu evakuiert; ihr Pensionsanspruch beträgt 300 Reichsmark. Auch dort ist sie bald – sie wohnt in einem alten Ausgedinghäusle – bei den Bauern gern gesehen und hilft mit Rat und Tat, wo sie kann.

Am 20. Juli 1944 wird sie verhaftet; es scheint, daß der nationalsozialistische Bürgermeister ihr nicht wohl gesonnen war. Auf ein ärztliches Attest des Chefarztes des nahen Krankenhauses hin wird sie aber bald entlassen, und von Glaubensfreunden der Diozöse Rottenburg unterstützt. Mit einem Teil ihrer Familie erlebt sie in Leutkirch das Kriegsende und den Einmarsch der Franzosen – kein gutes Siegeskapitel ...

Noch 1945 kehrt sie nach Stuttgart zurück, zieht mit der Familie der Schwester, die dreimal ausgebombt wurde, aus dem stark zerstörten Stuttgarter Westen in die Alexanderstraße 116. Hier wohnt die Schwester noch heute, neunundneunzigjährig, mit ihrer Tochter Irma Kubiak.

Charlotte Armbruster ist ab 26. Mai 1946 bis Ende 1959, als sie altershalber ausscheidet, wieder Stadträtin. Wie keine zweite weiß sie, wo Geldhähne anzuzapfen sind, sie ist gefürchtet, aber auch geachtet. Oberbürgermeister Dr. Arnulf Klett wurde ebenso von der Dringlichkeit ihrer Anliegen, zum Beispiel im Wohnungsausschuß, überzeugt wie der in diesem Bereich ebenso engagierte Eberle, den sie mit »einem Bonbonle«[5] köderte, wenn sie dachte, er könnte nicht mit ihr zusammen abstimmen ...

Neben ihrer kommunalpolitischen Arbeit hat Charlotte Armbruster, wie gesagt, das Hildegardishaus aufgebaut, hat die notwendigen Gelder dafür zusammengetragen und dieses Haus 15 Jahre lang ehrenamtlich, unnachsichtig, aber doch auch oft einlenkend, geleitet. Mit achtzig Jahren erst verläßt sie dieses Haus, muß es verlassen. »Rausgeekelt« fühlt sie sich, aber im Jahre 1966 wirkt die leichte Form ihres sicher auch altersbedingten Ordnungsstarrsinns ungünstig auf die zu betreuenden jungen Mädchen und die Kolleginnen, mit denen sie zusammenarbeitet.

Doch lang ist die Liste ihrer guten Taten auch außerhalb dieses Projekts: Sie baute die katholische Bahnhofsmission wieder mit auf, die 1939 von den Machthabern des Dritten Reiches verboten worden war. Heimkehrer, Kinder, Ausgewiesene und Pflegebedürftige mußten im bombengeschädigten Stuttgarter Hauptbahnhof versorgt werden. Außerdem war sie Vorsitzende des katholischen Mädchenschutzverbandes; das Marienheim, das auch heute noch sozialtherapeutisch arbeitet, war den neuen, erschwerten Nachkriegsbedingungen anzupassen. 1956 konnte sie den zweiten Bauabschnitt des Hildegardisheimes mit einem Hort verwirklichen. Sie war ehrenamtliches Mitglied des württembergischen Caritasverbandes und all der damit verbundenen Gremien, deren Aufgabe es ist, die Bereiche Jugend und Frauen im besten Sinne zu fördern.

Im Jahre 1956 bekam sie vom Bundespräsidenten das Verdienstkreuz am Bande des Verdienstordens der Bundesrepublik und 1959 vom Papst die Auszeichnung »Pro ecclesia et pontifice« für vorbildliche kirchliche Arbeit.

Vier Jahre lebte sie noch in der Alexanderstraße. Die Nichte begleitete sie ins Theater, ins Konzert – das war aber im eigentlichen Sinne nicht ihr Interesse; sie hatte nicht gelernt, sich in Muße mit Kunst zu beschäftigen.

Als sie am 23. September 1970 nach kurzer Krankheit starb, war eine Frau der ehernen Garde der alten Stadträte gestorben, die in ihrer gesellschaftspolitischen Reife und Uneitelkeit heute so nicht mehr vorstellbar ist.

Sie wurde auf dem Pragfriedhof begraben.

Helene Schoettle, geborene Osswald

Hilfe und Sorge für andere

Die Chronik Stuttgarts[1] meldet in der Rubrik Lebenshaltungskosten für das Geburtsjahr Helene Schoettles, 1903: »... zu den wohlfeilen Jahren war das Jahr 1903 nicht zu zählen.«

Die Lebensmittelpreise waren wenig stabil, und besonders die Arbeiterfamilien mußten buchstäblich mit dem Pfennig rechnen. Zum Vergleich: Bei einem durchschnittlichen Tageslohn von drei Mark für Arbeiter (1,80 Mark für Frauen) kostete zum Beispiel ein Pfund Hausbrot 11 Pfennig, Sauerrahmbutter 95 bis 100 Pfennig, ein Liter Milch 18 Pfennig, ein Pfund Kaffee 1,70 Mark. Das Verhältnis zwischen Verdienst und Lebenshaltungskosten war äußerst schlecht. Streiks waren an der Tagesordnung.

Dazu wiederum die Chronik: »Die Bauschlosser streikten vom 15. Juni bis 9. Juli (in 52 Betrieben von 487 Mann 356). Die Arbeit wurde wieder aufgenommen, nachdem die von Anfang an gegebene Zusage der Arbeitgeber (5 % Lohnerhöhung für Arbeiter unter 2,50 Mark, Tageslohn 10 %, 25 % Zuschlag für Überstunden und 50 % für Nacht- und Sonntagsarbeit) hinfällig zu werden drohte, falls die Arbeit am 9. Juli nicht wieder aufgenommen würde.«[2]

Helene Schoettle, die am 19. April 1903 in dem heutigen Stuttgarter Vorort Münster (es gehörte damals noch zum Oberamt Cannstatt) als Älteste von drei Mädchen geboren wurde, stammt aus einer solchen Familie. Der Vater, Hans Osswald, von Beruf Schlosser, war oft arbeitslos, weil er wegen seiner Gewerkschaftszugehörigkeit auf einer der sogenannten Schwarzen Listen stand und deshalb schon gar nicht eingestellt wurde. Die Mutter, Katharina Osswald, arbeitete als Austrägerin in der Expedition der »Schwäbischen Tagwacht«. Miternährt wurde die Familie von einer Tante, der Schwester der Mutter. Auch sie war Arbeiterin, lebte mit im Osswaldschen Haushalt und legte ihren ganzen »Zahltag« auf den Tisch.

Helene Schoettle selbst beschreibt dieses Zuhause als arm und harmonisch. Der Vater erschwerte immer wieder durch seine Mitarbeit in der SPD und in den Gewerkschaften die materielle Existenz der Familie. Aber alle waren sich einig, daß das politische Engagement diesen Preis verdiente.

Doch die Welt war zur Zeit von Helenes Geburt wirklich noch verhältnismäßig ruhig, wenn wir den »Allgemeinen

Beobachtungen des Wirtschaftlichen Lebens« in der Chronik glauben wollen: »Das Jahr 1903 bot der wirtschaftlichen Entwicklung erheblich günstigere Vorbedingungen dar als seine Vorjahre. Es war kein Krieg zu verzeichnen, keine Seuche, die Ernte war fast überall gut, der Geldstand ein leichter, die schon im Vorjahre begonnene Hebung des Güterumsatzes setzte sich fort und das wiedererwachte Vertrauen in die Beständigkeit der eingetretenen Besserung zeigte sich besonders in dem Stand der Aktienkurse. Ganz verschwunden war die Krisis der Jahrhundertwende allerdings nicht; manche wichtigen Industrien waren noch nicht zum früheren normalen Stand zurückgekommen.«

Die Diskrepanz in der Betrachtungsweise von Taglohn und Aktie ist deutlich, die Perspektive der historischen Sicht des »Oben« und »Unten« zeigt eindeutige Vorlieben der Chronisten. Doch trotz des »leichten« Geldstandes muß Helene früh mitarbeiten. Sie trägt schon mit zehn Jahren Zeitungen aus, wie die Mutter nur im wollenen Umschlagtuch – für Mäntel reichte das Geld nicht.

Sie geht zur Schule, sieben Jahre lang. 1917 hat sie Jugendweihe (die Familie ist 1908 aus der Kirche ausgetreten, weil sie diese als ein Herrschaftsinstrument des Staates, das gegen die Arbeiterschaft agiert, ablehnt); auf ihr blaues Kostüm und die rosarote Bluse auf Bezugschein ist sie heute noch stolz. Noch im selben Jahr, zu Kriegszeiten, fängt sie als Fabrikarbeiterin ihr Berufsleben an. Trotz des Neun-Stunden-Tages belegt sie bald zur kaufmännischen Weiterbildung Früh- und Spätkurse an der städtischen Handelsschule Stuttgart. Das Geld dafür verdient sie selbst, 18 Mark pro Woche. Fehlzeiten zieht ihr Arbeitgeber, die Firma MEA in Feuerbach, vom Lohn ab.

Weil die Mutter 1915 an Magenkrebs erkrankt und operiert wird, kann der Vater um diese Zeit vom Landwehrregiment an der Front zurückkehren, um für die Familie zu sorgen. Kriegs- und Nachkriegszeit sind ein steter Feldzug gegen den Hunger.

Gesellschaftliche Umwälzungen, die Hoffnung auf Besserung in sich tragen, begeistern das junge Mädchen. Am 9. November 1918 steht sie mit den Demonstranten für die Republik im Hof des Neuen Schlosses. Der Marsch setzt sich weiter fort zur Rotebühlkaserne, und dort sieht sie fröhlich zu, wie nach der Hauptkundgebung die königlichen Bilder aus den Fenstern fliegen.

1919 gründet sie mit Freunden die Gruppe der sozialistischen Arbeiterjugend in Münster. Hier wird nicht nur das politische Bewußtsein gestützt, hier erhält Helene auch in Wochenendseminaren und Vortragsabenden den Grundstock ihrer Allgemeinbildung und Geschichtskenntnisse – die »höhere« Mädchenbildung ist in diesen Zeiten allenfalls in Familien der gehobenen Bürgerschicht möglich.

Um 1925 beginnt sie mit ihrer Arbeit in der Frauengruppe der SPD in Münster, und dieser frauenpolitischen Arbeit ist sie ihr ganzes Leben in den verschiedensten Gremien treu geblieben.

Seit 1919 arbeitet sie in der Ortsverwaltung des Deutschen Metallarbeiterverbandes Stuttgart und bleibt dort bis zur Heirat mit Erwin Schoettle (1925).

Helene Schoettle, 1987.

Bis 1933 engagiert sie sich ehrenamtlich bei der SAJ, der SPD und der AWO.

Die Lebensbedingungen sind etwas besser inzwischen. Eine fünfköpfige Arbeiterfamilie zum Beispiel kann in den zwanziger Jahren mit einem durchschnittlichen Monatseinkommen von 650 Mark auskommen, wenn sie knapp wirtschaftet und nicht mehr als 112 Mark für Ernährung, 44 Mark für die Wohnung, für Heizung und Beleuchtung 110, für Bekleidung 133, für Verschiedenes 218 Mark ausgibt.

Erwin Schoettle ist zur Zeit der Heirat Verlagssekretär bei der Schwäbischen Tagwacht. Auch er ist seit seiner Jugend bei der SPD, von 1931 bis 1933 ist er Parteisekretär des Kreisverbandes Stuttgart. 1928 wird die Tochter Doris geboren, die fünf Jahre später das Emigrantenschicksal ihrer Eltern teilt. Bereits am 5. März 1933 wird Erwin Schoettle steckbrieflich gesucht, am 17. Mai flieht er vor den Nazis; bis dahin lebte er in Stuttgart im Untergrund. Erste Station ist die Schweiz, zunächst Kreuzlingen. Dort wird er im November ausgewiesen. In St. Gallen gelingt es ihm, sich politisch zu betätigen, obwohl das den Emigranten streng verboten ist. Sein Auftrag und sein Wille ist es, gegen die Nazis von außen her zu arbeiten. Er gründet die Zeitung »Roter Kurier«, das Organ der revolutionären Sozialisten Württembergs, das Verbindungs- und Informationszeitung für die Widerstandsgruppen im Lande sein sollte. Dauernde Schikanen der Gestapo zwingen auch Helene mit dem Kind am 8. Mai 1934 in die Emigration. Sie hatte geholfen, den Roten Kurier nach Stuttgart zu schmuggeln. Die Familie lebt von einer bescheidenen Unterstützung. Helene trägt zur Ernährung mit »illegaler« Arbeit bei (auch Arbeitsannahme war den Emigranten verboten). Mit Stricken, Putzen, Waschen und Kinderhüten umgeht sie das Verbot.

Schoettle ist auch innerhalb der sozialdemokratischen Emigranten in der Schweiz, vor allem in St. Gallen, mit dabei, die sozialistische Exilorganisation aufzubauen. Doch bald bietet auch die Schweiz keine Garantie mehr, nicht verfolgt zu werden. Vier Tage vor Kriegsbeginn gelingt es der ganzen Familie, mit dem letzten Schiff von Calais nach Dover auszureisen. Ab 1939 leben die Schoettles in London.

Erwin Schoettle arbeitet in der sozialistischen Exilgruppe »Neu beginnen«. Im Mai 1940 werden alle drei Schoettles interniert, und zwar an verschiedenen Orten auf der Insel Man in der Irischen See: Erwin sechs Monate, Helene mit Doris acht Monate. Zurückgekehrt macht Erwin Schoettle Radiosendungen bei der BBC für deutsche Arbeiter und Kriegsgefangene. Doris wird nach Cambridge evakuiert, weil in London keine Schule mehr offen ist. Sie besucht dort die Cambridge County School for Girls; die Abschlußprüfung hat sie dann nach der Rückkehr in einem Londoner Gymnasium im Luftschutzkeller in London gemacht. Helene verdient drei Pfund die Woche durch Arbeiten in der Taschenlampenherstellung.

Bevor das Naziregime endlich besiegt ist, werden die Schoettles ausgebombt, und danach sollte es noch bis 1946 dauern, ehe die Familie nach Stuttgart zurückkehren kann.

ZUR ERINNERUNG AN
DIE GRUENDUNG DER SOZIALISTISCHEN
JUGENDINTERNATIONALE IM JAHR 1907
IN STUTTGART
20 Jahre Sozialistische Jugend-Internationale
Kundgebung in Stuttgart am 27. und 28. August 1927

Der Entwurf dieses Plakates zum zwanzigjährigen Jubiläum der »Sozialistischen Jugend-Internationale« stammt von Erwin Schoettle.

Hier wird Erwin Schoettle von seiner reorganisierten Partei zum Kreisvorsitzenden gewählt. Das ist der Beginn einer nunmehr legalen politischen Laufbahn, die über das Landtagsmandat in den Bundestag führt.

Helene Schoettle kandidiert 1950 zum ersten Mal für den Stuttgarter Gemeinderat; sie wird gewählt und bleibt 25 Jahre lang dieser kommunalpolitischen Aufgabe treu. Aus drei Wahlen geht sie mit der höchsten Stimmenzahl hervor; darin sieht sie den Dank für ihre Arbeit. Der Sozialausschuß ist für sie das Gremium, um Not zu lindern und soziale Mißstände zu beseitigen. Viele Jahre gehört sie auch dem TWS-Ausschuß, später dem Aufsichtsrat an. Aktiv ist sie auch innerhalb der SPD, vor allem in der Frauenarbeit. Die meisten Frauengruppen der Ortsvereine florieren. Es gibt viel Nachholbedarf im offenen Miteinanderarbeiten, Lernen und Wiederaufbauen.

Bei der Arbeiterwohlfahrt Stuttgart ist Helene Schoettle ebenfalls mit dabei und wird 1947 in den Vorstand gewählt, dem sie bis 1973 treu bleibt. Sie baut mit einigen Freunden ein ganzes Netz von Nähstuben auf, die bereits 1948 in einer großen Ausstellung zeigen, was alles »Neu aus Alt« gemacht werden kann. Noch heute arbeiten 22 dieser Nähstuben. Die größte Aufgabe der AWO aber war, mitzuhelfen, die große Not zu lindern. Helene Schoettle meint, man könne sich heute keine Vorstellung mehr von dieser Zeit machen.

1960 wird sie Mitbegründerin des Vereins »Lebenshilfe für geistig Behinderte«, dessen Vorstand sie 15 Jahre aktiv angehörte.

Als Ehrung und Anerkennung erhielt sie das Bundesverdienstkreuz am Bande und das Verdienstkreuz Erster Klasse der Bundesrepublik. Heute ist sie immer noch Vorsitzende des Altenklubs »Die Blaustrümpfler« in Heslach, den sie 1965 mitbegründete und den sie mit ihrer Ausstrahlung des Sich-nicht-unterkriegen-Lassens leitet. Hier sorgt sie sich um ein ausgefülltes Alter der anderen und wird dabei selbst bestätigt, meistert hochaktiv, aber auch kritisch ihr eigenes Leben.

Das Lebensniveau hat sich verbessert, auch sie hat teil an unserer »Wohlstandsgesellschaft« – aber das Bewußtsein ihrer Anfänge bleibt ihr ein gesunder Maßstab dafür, was gerecht und verdient ist. Hilfe und Sorge für andere ist nicht altmodisch und beschreibt im besten Sinne die bescheiden agierende Menschlichkeit dieser Frau.

Gertrud Müller, geborene Wieland

Ein Leben im Widerstand

In dem Verfahren wegen »Raketen-Blockade« – siehe den Zeitungsausschnitt auf der folgenden Seite – ist Gertrud Müller zwar freigesprochen worden – das Gefühl der Unvereinbarkeit von »Recht«sprechung und tatsächlich vollzogener Gerechtigkeit jedoch bleibt. Recht auf Widerstand ist ein heikles Thema, staatsphilosophisch und individuell endlos diskutierbar und nicht zu lösen – aber lebbar ist es, und Gertrud Müller ist der Widerstand in persona. Ihr Leben ist ein Beispiel für Mut, Festigkeit und Witz im Ausharren trotz aller Qualen und Bedrängnisse, aber auch ein Beispiel für das Glück, entronnen zu sein.

Was aber sind die Voraussetzungen für ein solches Leben?

Gertrud Wieland wird 1915 im heutigen Stuttgart-Feuerbach in einer Arbeiterfamilie geboren. Sie besucht acht Jahre lang die Volksschule. Daß sie das darf, ist ein Zugeständnis ihrer Eltern; erst 1918 wurde das achte Schuljahr als ein freiwilliges Jahr eingeführt, und die Teilnahme ist keine Selbstverständlichkeit. Anschließend kann sie noch ein Jahr die Handelsschule besuchen, bevor sie bei verschiedenen Firmen, unter anderem bei der Firma Leitz, bis 1937 arbeitet.

Der Vater ist Arbeiter im Ausbesserungswerk der Reichsbahn. Das Geld ist knapp, die Familie bewohnt zu fünft (Gertrud hat noch einen Bruder und eine Schwester) zwei Räume; der Bruder muß auf dem Flur neben der Wohnungstür schlafen.

Politik spielt in der Familie eine entscheidende Rolle. Gertruds Vater, Mitbegründer der Feuerbacher KPD, ist durch seine Erfahrungen und seine Verwundung im Ersten Weltkrieg zum Kriegsgegner geworden. Gertrud selbst beginnt ihre politische Mitarbeit mit 15, sie wird Mitglied der kommunistischen Jugend. Anlaß dafür ist der von den Nazis 1930 begangene Mord an einem jungen Antifaschisten.

Siebzehnjährig wird sie zum ersten Mal verhaftet, aber nach kurzer Zeit aus dem Frauengefängnis in der Weimarstraße wieder entlassen. Sie kann weiter in die Handelsschule gehen.

Wenige Wochen zuvor, im März 1933, waren bei einer der ersten Massenverhaftungen von Regimegegnern bald nach dem Reichstagsbrand der Vater, der Bruder und ein Vetter verhaftet worden. Ein halbes Jahr später sind auch sie wieder frei. Überwachung, Haus-

Das zweite Mutlangen der KZ-Insassin M.

Rechtsanwalt plädiert auf nicht verwerfliches Verhalten – Fortsetzung am Mittwoch

Von unserem Redaktionsmitglied Sabine Völker

Es soll Angeklagte geben, die im feinen Zwirn oder im dunkelblauen Kostüm vor den Richter treten. Als die 71jährige Stuttgarterin Gertrud Müller gestern nachmittag vor dem Amtsgericht Schwäbisch Gmünd erschien, trug sie das, was sie zwei Jahre lang im Frauen-Kozentrationslager Ravensbrück auch auf dem Leib hatte: KZ-Kleidung. Wegen ihres Widerstandes gegen Rüstung, Krieg und Faschismus wurde sie einst von der Gestapo zunächst in ein Arbeitslager unweit von Mutlangen verfrachtet und später ins Konzentrationslager Ravensbrück gebracht, wo 92 000 ihrer Leidensgenossen den Tod fanden. Im letzten Sommer übte sie – nach gültiger Sprachregelung – wieder Widerstand, als sie während einer Demonstration vor dem amerikanischen Raketendepot einem US-Pershing-Transporter den Weg versperrte. Sie tat dies „getreu meinem Schwur: nie wieder Faschismus, nie wieder Krieg – gegen den nuklearen Holocaust und für den Frieden". Einen Strafbefehl in Höhe von 400 Mark brachte der alten Dame diese Aktion ein, die ihrer Meinung nach einzig logische Konsequenz aus dem ist, was Frau Müller am eigenen Leib erfahren mußte.

Sitzblockaden sind für die Frau aus Feuerbach nicht einziges Mittel, um sich zu artikulieren. Die Vize-Präsidentin der Vereinigung der Verfolgten des Nazi-Regimes in Deutschland-Bund der Antifaschisten ist auch Vize-Präsidentin des Internationalen Ravensbrück-Komitees und zugleich Sprecherin der KZ-Lagergemeinschaft. In den vergangenen Jahren hat sie sich als Vorstandsmitglied der Interessengemeinschaft ehemaliger Zwangsarbeiter unter dem NS-Regime für die Entschädigung von mit ihr ehemals im Lager Geislingen inhaftierten Zwangsarbeiterinnen eingesetzt, die dort bei WMF zur Rüstungsproduktion eingesetzt worden waren.

Da der Renterin in ihrem Verhalten „Verwerflichkeit" vorgeworfen wurde und dieser Tatbestand der Überprüfung sämtlicher Einzelheiten bedarf, legte Rechtsanwalt Jörg Lang eine ganze Reihe von Beweisanträgen aus der Vergangenheit seiner Mandantin vor: „Diese Frau ist eine Mahnerin für uns und kann meiner Meinung nach nicht für eine solche Aktion bestraft werden." Der Prozeß wird am Mittwoch um 15 Uhr fortgesetzt.

Gertrud Müller in KZ-Kleidung vor Gericht

Die 71 Jahre alte Stuttgarterin Gertrud Müller, die während des Dritten Reiches zwei Jahre im Konzentrationslager Ravensbrück verbracht hatte, mußte sich am Montag vor dem Amtsgericht Schwäbisch Gmünd verantworten. Der Vorwurf: Raketen-Blockade. Bild: Uli Kraufmann

Bericht der »Stuttgarter Nachrichten« vom 29. September 1987 über den Prozeß gegen Gertrud Müller wegen »Raketen-Blockade« in Mutlangen.

durchsuchungen und Bespitzelungen sind aber die ständigen Begleiterscheinungen dieser Freiheit. Mit Flugblättern versuchen die Jugendlichen, die Mitmenschen über den Faschismus, die Grausamkeiten in den Gefängnissen aufzuklären; als Verhaftungsgrund reicht diese Tatsache vollkommen.

In der Jugendgruppe lernt Gertrud auch Hans Müller kennen, den sie 1937 heiratet. Doch zuvor sollte sie 1933 erneut verhaftet werden: Sie hatte ihrem Hans ins Gefängnis nach Heilbronn geschrieben, daß es sichere Hinweise dafür gebe, daß die Nazis und die Industrie eng im Zuge der Aufrüstung zusammenarbeiteten. Der Brief wird vom Gefängnispfarrer gelesen, der sie anzeigt. Vor dem Untersuchungsrichter gelingt es ihr, niemand zu verraten. Sie wird bald wieder aus der Untersuchungshaft in Cannstatt entlassen, weil ihr Verhalten als jugendliche Dummheit bewertet wird.

Auch in der Firma Hepting wird die junge Frau von einem Nazivorgesetzten schikaniert. Gemeinsam mit ein paar anderen Frauen kündigt sie – als Protestaktion ist das in diesen Zeiten der alles beherrschenden Arbeitslosigkeit eine sehr gewagte Sache, doch sie findet bald wieder Arbeit als Sekretärin in der Geschäftsleitung der Kühlerfirma Behr. Hier wird sie 1942 zum dritten Mal von der Firma weg verhaftet. Der Grund ist nicht das mit Freunden gemeinsame Abhören der ausländischen Radiosender, sondern eine Denunziation. Hans Müller hatte in Weilimdorf ein Arbeitslager für russische Fremdarbeiterinnen entdeckt, die hier Zwangsarbeit für die Firma Bosch leisten mußten. Beim Auskundschaften, wie sie den Eingesperrten Brot einschmuggeln könnten, werden die Müllers von Wachtposten beobachtet, einer davon ist ein früherer Arbeitskollege von Gertruds Vater, und der zeigt sie an. Wegen »Abhören eines feindlichen Senders, Werkspionage, Wehrkraftzersetzung und erschwerter Vorbereitung zum Hochverrat« kommen beide in Schutzhaft. Hans Müller wird bis Kriegsende im Gefängnis festgehalten und dabei immer wieder mißhandelt; zwei Jahre lang ist er an den Händen gefesselt. Bis zu seinem Tod 1984 ist er mit dieser Vergangenheit psychisch nicht fertig geworden. Auch Gertrud Müller gelingt es nur mühsam, die Tränen zurückzuhalten, als sie berichtet.

Gertrud wird von der Gestapo in Stuttgart tagelang verhört und kommt anschließend in ein Erziehungs- und Arbeitslager nach Rudersberg. Auch ihre Eltern werden festgenommen. Im Gefängnis trifft sie auch eines Tages ihre Mutter wieder, kann aber kaum mit ihr reden. Sie alle werden vom gefürchteten Gestapomann Paul Bässler verhört: Der

Getrud Müller vor einigen Jahren in ihrer Feuerbacher Wohnung.

Revolver liegt auf dem Tisch, die Männer werden bei den Verhören oft bis zur Bewußtlosigkeit geschlagen. Ihr Vater schneidet sich aus Erschöpfung die Pulsadern auf, er wird aber »gerettet« und vorübergehend in ein Krankenhaus gebracht. Die nun bald Dreißigjährige kommt 13 Monate in Einzelhaft, danach ein Jahr ins KZ Ravensbrück, von dort nach Geislingen an der Steige.

Hier müssen junge Jüdinnen, die in Auschwitz überlebt haben, für die Kriegsproduktion der WMF arbeiten. Gertrud ist heimlich in den Transport nach Geislingen gebracht worden. In ihren Personalunterlagen in Ravensbrück hatte der Vermerk »Rückkehr unerwünscht« gestanden – das bedeutete, daß sie keine Post bekommen durfte, daß sie möglichst spurlos verschwinden sollte. Die politisch engagierten Lagerfrauen jedoch, die untereinander ideelle Patenschaften übernahmen und lebenswichtige Dinge füreinander organisierten (Hygieneartikel, Strumpfgürtel, vitaminreicheres Essen für geschwächte, kranke Frauen), beschlossen, daß Gertrud zu jung sei für das Beseitigtwerden. Gegen die Aufseherinnen und die Frauen mit den grünen Winkeln, die Berufsverbrecherinnen, hat es dieses Frauennetzwerk geschafft, Gertrud nach Geislingen zu bringen.

Diesem damals illegalen internationalen Komitee ist Gertrud noch heute als Vizepräsidentin verbunden. Im Mai 1988 fand der jährliche Kongreß dieser Frauen zum ersten Mal in der Bundesrepublik (in Hamburg) statt. Nach langen Bemühungen um die finanzielle Unterstützung war dies nun möglich geworden.

Damals in Geislingen wird Gertrud Müller zuerst Blockälteste und muß zwei Wochen lang dafür sorgen, daß die Frauen pünktlichst zum Appell und zur Arbeit erscheinen. Gearbeitet wird rund um die Uhr. Anschließend kommt sie in die Küche. Im März 1945 werden noch 150 Frauenhäftlinge aus Calw ins Lager gebracht, ohne zusätzliche Lebensmittelversorgung. Das Wenige, das noch vorhanden ist, muß aufgeteilt werden. Der Hunger steigt ins Unermeßliche.

Am 10. April 1945 wird das KZ evakuiert, die Frauen werden nach München-Allach gebracht, ein Außenlager von Dachau. Dort wird Gertrud mit den anderen am 30. April von den Amerikanern befreit und kann nach einer Quarantänezeit am 12. Mai 1945 unter dem Zaun durchkriechend das Lager verlassen. Am 18. Mai ist sie zu Hause und sieht ihren Mann und die Eltern wieder.

Nach all dem überstandenen Leid ist es nicht nur Gertrud Müllers Wunschdenken, jetzt endlich alles besser zu machen. Sie will verhindern, daß jemals wieder ein Krieg von deutschem Boden ausgeht. Sofort engagiert sie sich wieder in der Friedensarbeit. Sie ist jetzt, nach *dieser* Vergangenheit, entschlossen, mit allen politischen Richtungen zusammenzuarbeiten, um ihre Ziele zu verwirklichen.

Doch nach der Entnazifizierung (sie spürt den gefürchteten Gestapomann Bässler auf, dem daraufhin der Prozeß gemacht wird) wird der Antikommunismus bald wieder im Bewußtsein der Bundesrepublikaner lebendig – nicht nur von der amerikanischen Militärregierung provoziert. Als bekannt wird, welcher politischen Richtung sie angehört, wird Gertrud Müller von ihrem Arbeitsplatz bei den Amerikanern entlassen. Die hysterisch geschürte Angst vor den Kommunisten wächst, der kalte Krieg der fünfziger Jahre führt zum Verbot der KPD. Hans Müller wird 1959 an seinem fünfzigsten Geburtstag wegen illegaler Tätigkeit für die KPD verhaftet, zu neun Monaten Gefängnis auf Bewährung verurteilt. Das gemeinsam ersparte Auto wird beschlagnahmt, sie bekommen es nie zurück. Diese Jahre sind keine Jahre der politischen Toleranz. Gertrud Müller ist bei verschiedenen Firmen beschäftigt, hat unter politischer Diskriminierung zu leiden, wird aus politischen Gründen gekündigt, kann jedoch meistens arbeitsrechtlich Genugtuung bekommen. Hans Müller geht es ebenso. Von der TWS entlassen, ist er bis zu seiner Pensionierung Schlosser im Stuttgarter Bürgerhospital.

Was bleibt? Gertrud Müller ist nicht in Resignation versunken. Noch immer hat sie die Wachsamkeit einer aufrechten Demokratin, die gegen alle Ungerechtigkeiten, die die menschliche Würde einschränken, allergisch ist.

Der Widerstand in Mutlangen, die Weltfrauenkonferenz in Moskau, die sie 1987 besucht hat, die weltweite Verbundenheit der Vizepräsidentin mit dem internationalen Ravensbrückkomitee, die Mitarbeit bei der Vereinigung der Verfolgten des Naziregimes in Stuttgart – all das sind Stationen eines immer noch steinigen Weges, der sie aber nicht stolpern läßt, auf dem sie vielmehr unbeirrt weitergeht – zur Nachahmung den Menschen guten Willens, zur Warnung den Unbelehrbaren.

Grete Breitkreuz

Eine neue Tanzkultur

Stuttgarts Balletttradition der letzten 200 Jahre ist bewegt und wechselhaft. Eine Blütezeit gab es Ende des 18. Jahrhunderts unter Herzog Carl Eugen durch den Ballettmeister und Tanztheoretiker Jean-Georges Noverre (1727–1810), der von 1759 bis 1766 in Stuttgart wirkte. Er hatte das Ballett aus der Funktion eines Bühnenornaments, aus den Opern- und Operetten »entreacts«, aus den tänzerischen Tändeleien in eine ganz neue Gattung des dramatischen Tanztheaters geführt.

Nach diesem Zwischenspiel war der Tanz aber wieder in seinen provinziellen Dornröschenschlaf versunken. Erst rund 150 Jahre später – Anfang des 20. Jahrhunderts – wurde das Tanztheater wieder belebt unter dem Einfluß einer neuen Tanzkonzeption, welche die Formensprache des klassischen Balletts verwarf, neue Choreographiemöglichkeiten erfand und expressionistisch agierte. Ein spezifischer Ausläufer erreichte 1922 auch Stuttgart mit dem Triadischen Ballett Oskar Schlemmers. Ein anderer Ausläufer dieser innovativen Tanzgestaltung, der heute auch schon wieder Tanzgeschichte ist, soll hier beschrieben werden.

In Stuttgart gab und gibt es seit 1931 eine Vertreterin der neuen, von Rudolf von Laban (1879–1958) begründeten Tanzgattung des Ausdruckstanzes mit ihrem neuen Tanz- und Raumverständnis und starker Betonung der tänzerischen Improvisation in der Ausbildung – und diese Vertreterin ist die Tänzerin und Tanzpädagogin Grete Breitkreuz. In die großen Opernhäuser gelangten die Einflüsse dieses neuen Tanzbegriffs damals noch kaum, es sei denn in Form einer den tänzerisch-fließenden Bewegungen angepaßten Kostümierung.

Die Labanschen Bewegungschöre allerdings waren zumindest noch bis zur Olympiade in Berlin 1936 durchaus eine sehr verbreitete Ausdrucksform für in großen Gruppen auftretende Tänzer und Tänzerinnen gewesen. Nach der Generalprobe für die Olympiade waren sie allerdings gestrichen worden, weil – dieser Sachverhalt wird heute oft falsch überliefert – Goebbels wohl den »anderen Geist« erkannt hatte. Laban »durfte« 1937 nach Frankreich emigrieren. Mary Wigman (1826–1973), die in Berlin mit 80 Mädchen eine Totenklage inszeniert hatte, konnte noch bis 1942 ihre 1920 in Dresden gegründete Schule leiten.

Dann wurde sie dort durch eine ideologiefeste Nachfolgerin ersetzt. Die Wigman hatte aber schon durch Tourneen (1930–1933) in den USA und Europa und mit ihrer von Hanya Holm geleiteten Wigman-Schule in New York (ab 1936 Hanya-Holm-Schule) Tanzgeschichte gemacht.

Die in diese neue Tanzkultur eingeflossene neue Philosophie eines Körperbewußtseins, eines Gruppenzusammenhangs in gemeinsamen Bewegungen, die durch keine Kleidereinschnürung gehemmt werden, ist auch für den Werdegang der späteren Tanzkünstlerin Grete Breitkreuz charakteristisch.

Sie wurde in der ersten Dekade dieses Jahrhunderts in Berlin geboren. Der Vater, Paul Breitkreuz (1873–1959), war selbständiger Intarsienleger mit einer Ausbildung als Tischler und Absolvent einer Kunstschule in Stettin, ein Mann von Prinzipien und begeisterter Sozialdemokrat. Die Mutter, Marie, geborene Aster (1879–1970), hatte kochen gelernt und in einer Offiziersfamilie in Stettin als Köchin gearbeitet. Mit ihrer Tochter stand sie auf Kriegsfuß, weil diese so gar keine Neigung für die sogenannten weiblichen, auf den Haushalt gerichteten Arbeiten zeigte. Viel lieber geht Grete zur Schule, liest, besucht mit der Unterstützung einer Lehrerin gegen den Widerstand der Eltern die Mittelschule, zieht auch kurzzeitig aus, um keine Prügel mehr zu beziehen, und bekommt dann eine Freistelle. Die mittlere Reife beendet für sie eine, wie sie sagt, glückliche Schulzeit. Ihr sechs Jahre jüngerer Bruder darf nur die Grundschule besuchen und macht dann während der Lehre als Schriftsetzer sein Abitur an der Volkshochschule nach.

Doch nicht nur Kenntnisse, Wissen, Bildung sind für Grete Breitkreuz ein Weg, sich zu emanzipieren und sich als Person mit ganz bestimmten Eigenschaften und Neigungen durchzusetzen. Sie wandert auch mit in einer Wandervogelgruppe. Schon mit zwölf Jahren sieht sie in einer bewußten, befreiten Körperkultur (Nackt- und Luftbaden) und Kleidung (Schillerkragen und kurze Hosen für die Jungen, lange, fließende Röcke für die Mädchen, die nackten Füße in Sandalen) eine Möglichkeit, gegen das konservative Kaiserreich auch im äußeren Habitus eigene Lebensformen zu dokumentieren.

Einen soliden Beruf soll sie erlernen, doch sie hat schon im Sprech- und Bewegungschor der Sozialistischen Arbeiterjugend in Neukölln ihre Begeisterung für die Bewegung entdeckt und möchte Tänzerin werden.

Die Eltern sind konsterniert. Doch da die Tochter die Gabe hat, Diskrepanzen offen auszukämpfen, und durch ihre Kindheit und Jugend ihr Durchsetzungsvermögen eher gestärkt als unterdrückt worden war, schafft sie es, in der Labanschule (Kantstraße) in Berlin eine Ausbildungsstelle für rhythmische Gymnastik zu ergattern. Zusätzlich kann sie das Fach Tanz belegen. Ihre Lehrerin ist Lotte Wedekind, eine Nichte des Dichters Frank Wedekind. Da Grete Schreibmaschinenschreiben und Stenographie beherrscht, arbeitet sie im Büro der Schule und kann so ihren Unterricht finanzieren.

Nach zwei Jahren legt sie das pädagogische Examen für rhythmische Gymna-

Die junge Grete Breitkreuz (dritte von rechts) im Bewegungschor um 1920.

stik ab und geht 1928 in die Labanzentralschule nach Berlin-Grunewald – auch hier hat sie das Glück, bei Laban im Büro arbeiten zu können.

Zum Endexamen mit Prüfungen in Tanzgeschichte von der Antike bis zur Moderne und in Kinetographie – der Tanzschrift in Labannotation – waren sechs Tänze einschließlich der Kostümentwürfe zu erarbeiten. Nach einem zusätzlichen Jahr in einer Ausbildungsklasse und erworbener Bühnenerfahrung konnte das Diplom als Labanlehrerin erworben werden, das dazu berechtigte, eine Labanschule zu leiten.

Grete Breitkreuz, von Laban auch wegen ihres Arbeitswillens sehr geschätzt, wurde 1930 von ihm als Volontärin an die Oper in Nürnberg vermittelt. Dort arbeitete sie als Choreographin für die Massenauftritte der Chöre und für Ballettabende. Ihren Lebensunterhalt verdiente sie aber weiterhin als Assistentin in der Labanschule.

Der Direktor des jüdischen Kaufhauses Schocken in Nürnberg, der die Nürnberger Oper sponserte, vermittelte der nach diesem Jahr diplomierten Tänzerin eine Stelle als »Gymnastiklehrerin« im Stuttgarter »Schocken«. Angestellte und Lehrlinge sollten vor Betriebsbeginn Unterricht bekommen, Betriebsfeiern sollten künstlerisch umrahmt werden.

Grete Breitkreuz nahm an. Ein Raum mit Klavier wurde zur Verfügung gestellt, die Stoffe konnten kostenlos erworben werden, die Tanzlehrerin durfte sogar gratis in der Kantine essen. Diese Start-

Tänzerische Improvisation in der Natur.

bedingungen waren das Grundkapital ihrer Stuttgarter Schule, die sie alsbald mit nicht betriebsgebundenen Kursen begründete.

Obwohl die Tanzpädagogin mit ihrer Arbeit und der Umsetzung ihrer Ideen zufrieden sein konnte, steigerte sich in zunehmendem Maße die Gefahr des ideologischen Mißbrauchs ihrer Kunst. Die vordergründige Ähnlichkeit ihrer Tanzkonzeption mit pathetischen Massenauftritten – die Bewegungschöre paßten allzugut ins Konzept der Nationalsozialisten –, die scheinbare Verwandtschaft von autoritär erwünschter Körperertüchtigung mit dem von ihr präsentierten Bewegungskodex zwang sie – wenigstens nach außen hin – zum Lavieren. Heute sagt sie, daß sie einfach Glück hatte. Selbst in der Gruppe »Glaube und Schönheit«, die aus 30 Mädchen bestand, mit denen sie 1941 eine Parteiveranstaltung auf dem Killesberg mit einer Walzereinstudierung bestritt, waren nur Mädchen, die den Tanz nicht mit »Politik« verwechselten.

Grete Breitkreuz wurde von Gleichgesinnten unterstützt, die ihr auch 1945 halfen, eine Auftrittsgenehmigung von den Amerikanern zu bekommen. Ihre Vergangenheit war eben doch eindeutig »unpolitisch« auf der Seite der Regimegegner. »Heil Hitler« hat diese Berlinerin mit der für diese Stadt bekannten Schlagfertigkeit nie gesagt oder geschrieben.

Nach der Gleichschaltung der Labanschulen kann sie trotzdem weitermachen; sie arbeitet immer noch mit Grup-

Generalprobe zur Berliner Olympiade 1936.

pen der Sozialistischen Arbeiterjugend, mit jungen Frauen und Männern, ist froh, daß sie in diesem »gedanklichen Inselleben« trotz aller bösen Erfahrungen mit dem gnadenlosen Schicksal jüdischer Schülerinnen fast unbehelligt weiterunterrichten kann.

Wenn sie aber heute Zeugin einer falschen Überlieferung wird, dann zürnt sie gegen diese Geschichtsklitterung. Die Tanzeinstudierung der 1000 Laien für die Olympiade 1936 – bei der auch ihre Mädchengruppe aus Stuttgart im ersten Teil mitgemacht hat, und zwar als eine Gruppe aller Labanschulen Deutschlands – war eine künstlerische Herausforderung für Laban und Wigmann. Sie wurde aber, wie schon erwähnt, nach der Generalprobe abgelehnt, weil die künstlerische Aussage eben doch nicht den Ansprüchen nationalsozialistischer Massenchoreographiesymbolik entsprach. Der geplante Zyklus »Besinnung« – auch als »Totenklage« überliefert –, »Kampf« und »Lied an die Freude« ist aber zumindest für uns heute in seiner Aussage doppeldeutig, vielleicht auch nur wegen der formalen Ähnlichkeiten. Grete Breitkreuz erzählt, daß Goebbels bei der Generalprobe vor ihr saß; seine Absage zeigt eigentlich deutlich genug die andere Dimension der Nazi-Ideologie.

Grete Breitkreuz hat 1941 den Bildhauer Emil Brüllmann (1902–1989) geheiratet und eine Tochter zur Welt gebracht.

1943 wurden ihre Unterrichtsräume im Oberen Museum in der Calwer Straße

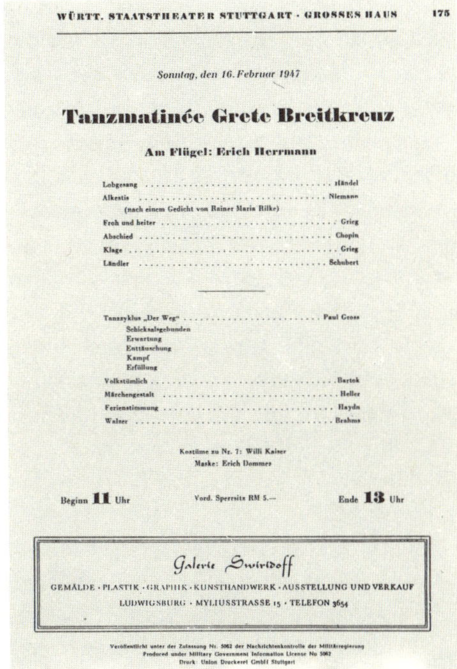

WÜRTT. STAATSTHEATER STUTTGART · GROSSES HAUS 175

Sonntag, den 16. Februar 1947

Tanzmatinée Grete Breitkreuz

Am Flügel: Erich Herrmann

Lobgesang . . . . Händel
Alkestis . . . . Niemann
(nach einem Gedicht von Rainer Maria Rilke)
Froh und heiter . . . . Grieg
Abschied . . . . Chopin
Klage . . . . Grieg
Ländler . . . . Schubert

Tanzzyklus „Der Weg" . . . . Paul Gross
Schicksalsgebunden
Erwartung
Enttäuschung
Kampf
Erfüllung
Volkstümlich . . . . Bartok
Märchengestalt . . . . Heller
Ferienstimmung . . . . Haydn
Walzer . . . . Brahms

Kostüme zu Nr. 7: Willi Kaiser
Maske: Erich Dommer

Beginn 11 Uhr · Vord. Sperrsitz RM 5.– · Ende 13 Uhr

Galerie Swiridoff
GEMÄLDE · PLASTIK · GRAPHIK · KUNSTHANDWERK · AUSSTELLUNG UND VERKAUF
LUDWIGSBURG · MYLIUSSTRASSE 15 · TELEFON 3654

Veröffentlicht unter der Zulassung Nr. 5062 der Nachrichtenkontrolle der Militärregierung
Produced under Military Government Information License No 5062
Druck: Union Druckerei GmbH Stuttgart

Links: Grete Breitkreuz, um 1950. – Rechts: Programmzettel einer Breitkreuz-Tanzmatinée, 1947.

ausgebombt. Am Abend nach einer von ihr gegebenen Tanzmatinée im Schauspielhaus fielen auch da die Bomben. Die Wohnung in der Calwer Straße 58 erfuhr das gleiche Schicksal; sie konnte in der Alexanderstraße unterkommen. Im Januar 1945 ging sie in die Evakuierung nach Giengen, weil sie die kleine Tochter Christa in Stuttgart nicht gefährden wollte.

Nach Kriegsende fing sie sofort wieder mit ihren Kursen an. In der Ruine des zerbombten Kleinen Hauses konnte sie Proberäume in der alten Waschküche mieten. Sie hatte sogar eine Ausbildungsklasse von vier Schülerinnen, konnte aber diesen Ausbildungsgang nicht weiterführen, da die Löhne der Fachlehrer für Kostümkunde und Musikgeschichte nicht zu erwirtschaften waren.

Bis 1954 tritt Grete Breitkreuz in Tanzabenden auf, zuerst noch in den verschiedenen Besatzungszonen, dann in ganz Deutschland, auch in der DDR. In Stuttgart war sie im Schauspielhaus (heute Altes Schauspielhaus), im Großen Haus und im Kammertheater zu sehen. Für den Ausdruckstanz war sie ein Begriff; unterstützt von Gastspielen des Tänzers Harald Kreutzberg (1902–1968) hat sie diese Tanzgattung bis in die fünfziger Jahre in faszinierender Weise repräsentiert.

Ihre Schule, in der sie heute neben Erwachsenen auch Kinder und Jugendliche unterrichtet, ist gut besucht, aber auch jetzt noch eher ein Ort für Eingeweihte. Es war nicht immer leicht, Unterrichtsräume auf Dauer zu mieten. Die freistehende Ballettstange, die dem Training der klassischen Ballettexercises – als Basis der Tanzausbildung spielen sie auch hier eine große Rolle – diente, mußte seit Kriegsende öfter umziehen. Heute hat sie ihren stützenden Dienst in der Augustenstraße 112 zu erfüllen. Der eigenwilligen Tanzpädagogin Grete Breitkreuz assistiert seit Jahren ihre Tochter und Elevin Christa Kromer-Brüllmann.

Ihre Laufbahn betrachtet Grete Breitkreuz heute als eine Kette von Glücksfällen, deren Glieder ein kompromißloses Erfüllen von Aufgaben bedeuteten, die sie ohne Berechnung, ohne Karrierekonzepte meisterte.

Heute, da das Berufsumfeld, das sich mit der Kunstgattung Tanz beschäftigt, nicht mehr als »unsolide« gilt, ist die Berufswahl der Tänzerin nicht mehr exotisch. Der gegenwärtige Tanzboom – zum Beispiel des Jazztanzens, des Modern Dance, der Tanzformen einer Pina Bausch, selbst einige Ausdrucksformen der Stuttgarter Cranko-Haydée-Schule – sind aber ohne die großen alten Damen des Ausdruckstanzes nicht zu denken. Ihr damaliges Außenseitertum ist Voraussetzung und Bestandteil der heutigen Tanzsprache.

Grete Breitkreuz, die in ihren eigenen Tänzen und Tanzschöpfungen eine Bandbreite von dämonisch-naturhafter Gestaltung bis zur fast lyrischen, märchenhaften Umsetzung auf der Bühne zeigte, ist bis heute in ihrer Körperbeherrschung, der man fast kein Alter ansieht, und in ihrer Begeisterungsfähigkeit ein Paradebeispiel dafür, daß Bewegung und Beweglichkeit kein Zufall sind, sondern lebenslanges Training, Engagement und Phantasie erfordern.

Die Entwicklung der Frauenpolitik nach 1945: Ein neuer Anfang?

1945 zählte Stuttgart 266 067 Lebensmittelkartenempfänger, 1946 eine »Wohnbevölkerung« von 414 072 Menschen, darunter 229 280 Frauen[1]. Das Leben ging weiter – wie und mit welchen Mühen, mit welchen frauenpolitischen Aktivitäten, das ist bei Anna Haag, Hilde Reichert-Sperling, Charlotte Armbruster, Gertrud Müller und Helene Schoettle nachzulesen. Schlimmer als das Gewesene konnte es ja nicht werden.

Die Frauen schufteten, um Stuttgart aus Schutt und Asche zu befreien, in antifaschistischen Ausschüssen halfen sie bei der Nahrungsversorgung, beim Nachschub von Heizmaterial, bei Wohnungsproblemen, die fast alle hatten, aber auch bei der Entnazifizierung.

Sie wollten versuchen, die Diskrepanz zwischen bürgerlichen und proletarischen Frauen zu überwinden – es gelang ihnen nicht. Zuviel praktische Arbeit war zu leisten, um in Frauendachorganisationen gemeinsam Frauenpolitik zu betreiben. Zum Teil wurden die vor dem Dritten Reich bestehenden Frauengruppen wieder aufgebaut: der Stuttgarter Frauendienst von Hilde Reichert-Sperling; die IFFF, Internationale Frauenliga für Frieden und Freiheit; der katholische und der evangelische Frauenbund; die Gedok; die Frauengruppen der SPD, die über die Organisation der Arbeiterwohlfahrt Nähstuben, Kindergärten, Wärmestuben aufbauten, und viele andere.

Doch alte gesellschaftliche Verhältnisse schlichen sich wieder ein: Die Frauen waren bei bezahlten Ämtern am wenigsten repräsentiert, und selbst in den antifaschistischen Ausschüssen übernahmen die heimkehrenden Männer die bezahlten Posten und die der Organisationsspitzen. Ehrenamtliche Sozialarbeit, zum Beispiel bei der Schulspeisung, war gefragt. Für eine Gesellschaftskritik fehlte den Frauen noch der Überblick, Forderungen stellten sie noch keine – auch sie waren froh, davongekommen zu sein, mißtrauten sich gegenseitig, waren überlastet.

Zu einem ersten »Internationalen Frauentreffen in Bad Boll«, das auf Anregung und mit Beteiligung der amerikanischen und britischen Militärregierung 1947 zustande kam, waren 250 deutsche Frauen, die Vertreterinnen von 42 konfessionellen, wirtschaftlichen und kulturellen Frauenorganisationen, geladen. Das Hauptthema war »Friede, Völ-

Nach Kriegsende in der zerstörten Rotebühlstraße: »Trümmerfrauen« beseitigen den Schutt der zerbombten Gebäude.

kerversöhnung, Völkerverständigung«. Außerdem wurde über Gleichberechtigung, die Eignung von Frauen für öffentliche Ämter, über Jugendprobleme und eine einheitliche Schulreform gesprochen und diskutiert. Es gab Spannungen darüber, wie weit den NS-Frauen zu vergeben sei. Eine Vertreterin aus der sowjetisch besetzten Zone beschwerte sich über zu wenig Resonanz. Alles in allem wurde aber ein Konsens erzielt. Lisbeth Pfeiffer, die Redakteurin der »Welt der Frau«, berichtete über das Treffen. »Die Welt der Frau«, eine von der FDP unterstützte Monatszeitung, existierte von 1946 bis 1952 und ist heute fast die einzige Quelle für Frauenpolitik aus jener Zeit. Theodor Heuss und Elly Heuss-Knapp waren unter anderem die Bezugspersonen dieser Zeitung liberal-demokratischer Richtung. Die Redakteurin fand folgende Schlußworte für ihren Bericht, den sie »Frauen am Scheidewege« nannte:

»Es waren anstrengende Tage. Es wurde früh begonnen und es war sehr spät, als man zur Ruhe ging. Es ist ein gutes Zeichen, daß nur sehr wenig Teilnehmerinnen sich erlaubten, auf eine Weile den Saal zu verlassen und einen Gang durch die lockenden Badanlagen zu tun. Schade, daß die von der Gemeinschaft deutscher Künstlerinnen und Kunstfreundinnen *Gedok Stuttgart* veranstalteten künstlerischen Abende wegen Zeitmangel nicht so besucht wurden, wie sie es

Links: Ein »Marktstand« mitten im Trümmerfeld der Rotebühlstraße. – Rechts: Die Rotebühlstraße nach Kriegsende.

verdienten: es waren Künstlerinnen von Rang gekommen. Viel stand auf der Tagesordnung. Sehr viel war zu sagen, sehr viele wollten etwas sagen, – die Zeit reichte nicht aus. Manche sahen es ein, manche waren verstimmt. Der an und für sich harmonische Verlauf der Tagung wurde dadurch nicht gestört und diejenigen, die befriedigt Boll verließen, waren zweifellos in der Mehrzahl. Manche fuhren begeistert heim. Es waren *die* Frauen, die zum erstenmal nach dem Zusammenbruch von der Arbeit der Frauenverbände hörten. Anregung und Beispiel fanden die, die in einer Organisation tätig sind. Ernste Freude und Hoffnung stand auf den Gesichtern der alten und meist recht jung gebliebenen Führerinnen der Frauenorganisationen vor 1933, die nach vierzehn Jahren zum erstenmal in größerem Kreis zusammenfanden. Daß ihr Ton, der hin und wieder einen etwas kämpferischen und männerfeindlichen Klang hatte, die wenigsten Teilnehmerinnen störte, beweist, daß jüngere und ältere Frauen einander verstanden haben, daß sie verstanden haben, daß es auf die *Ziele* ankommt. Und es muß noch erwähnt werden, daß gerade einige Vertreterinnen dieser älteren Generation bewundernswert im Auftreten und in der Form der Rede waren. Ein Beweis, daß Frauen auftreten und reden *können*. Ziel des Treffens war: Kennenlernen, Fühlungnahme und Verständigung zu gemeinsamer Friedensarbeit. Es wurde er-

ARBEITSMARKT
TSMARKT
RAT TAT
GESUCHE

reicht. Mehr noch. Es wurde ein herzliches Kennenlernen, das zu dem Plan des Zusammenschlusses aller Frauenverbände der Westzonen auf überparteilicher und überkonfessioneller Basis (dessen Vollzug von mehreren Teilnehmerinnen sofort verlangt wurde) führte. Auf einem in der britischen Zone stattfindenden Kongreß sollen weitere Schritte zu diesem Zusammenschluß getan werden. Daß in Bad Boll der Grundstein dazu gelegt wurde, ist nicht wenig.«[2]

Zukunftsweisend war ihr Bericht leider nicht: Die Politik von Frauen für Frauen kam auf der überparteilichen Ebene bald wieder zum Stillstand.

Links oben: Zeitungsverkäuferin auf dem Weg zur Arbeit; unten: Das Schlangestehen vor den Aushängen des »Arbeitsmarktes« gehörte in der Nachkriegszeit zum täglichen Brot.

Schlußbetrachtung

Es könnte bei der Lektüre dieser Sammlung der Eindruck entstanden sein, daß die Fähigkeit zur Emanzipation nur den Frauen der verschiedenen Frauenbewegungen zugeschrieben, nur den politisch arbeitenden Frauen zugestanden wird.

Daß dem nicht so ist, beweist aber die Vielfalt der hier dargestellten Frauen-Persönlichkeiten.

Emanzipationsvoraussetzung sind rechtliche und gesellschaftliche Übereinkünfte, die den Frauen, die dies wünschen, eine große Auswahl an Arbeitsbereichen und Lebensinhalten ermöglichen.

Rezepte, wie Frauen ihr Leben gestalten sollen, gibt es nicht. Emanzipation muß für jede einzelne eine individuelle Qualität haben können. Und selbst die Frauen, die sich von emanzipatorischen Aufforderungen bedroht fühlen, die lieber in den altgefügten Abhängigkeitsmustern verharren wollen, sollten das tun können, wenn sie dabei glücklich sind und niemandem damit Schaden zufügen. – Dank der gepriesenen, aber auch geschmähten Technik wird heute das weibliche Leben weniger »verkocht und verbügelt«, die Freiheitsräume für Frauen sind weiter geworden. Viele Berufe stehen ihnen offen, sie werden in ihrer kulturellen und menschlichen Entfaltung weniger behindert.

Trotzdem ist noch viel zu tun, bis eine reale gesellschaftliche und kommunikative Gleichberechtigung von Männern und Frauen eine selbstverständliche und gerechte Basis für das menschliche Zusammenleben sein wird.

Um aber das Pathos dieser Schlußbemerkungen zu mildern, sei abschließend das Bild einer Marktfrau gezeigt (Seite 309). Leider gibt es nur noch wenige solcher Originale. Sie wenigstens hatte keine Mühe, ihren Platz ganz auszufüllen und sich zu behaupten:

Auch weiterhin ist den Frauen ein solch breiter Rücken zu wünschen!

Anmerkungen

Zu diesem Buch

1 Louise Dittmar, keine Daten, Nachlaß nicht auffindbar. Sie hielt in Mannheim um 1848 im »Montagskreis« Vorträge mit gesellschaftskritischen und philosophischen Inhalten. Sie schrieb, oft auch anonym, über das »Wesen der Ehe« und über Frauenemanzipation. In der von ihr 1849 in Darmstadt herausgegebenen Zeitschrift »Sociale Reform« forderte sie vehement soziale Reformen für Frauen.
2 Anna Blos war 1919 als erste und einzige Württembergerin in die verfassunggebende Versammlung des Reichstags in Weimar gewählt worden.

Erste Geschichtsphase: 1800 bis 1848

1 Johann Wolfgang von Goethe, Werke, Band 43, Seite 83 f. (Orthographie und Interpunktion wie im Original).
2 Ebenda, Seite 106.
3 Ebenda, Seite 104.
4 Ebenda, Seite 90.
5 Anonym, Die Schönen von Stuttgart und das Fräulein in einer Reichsstadt, Seite 7.
6 Ebenda, Seite 9.
7 Ebenda, Seite 14.
8 Carola Lipp (Hrsg.), Schimpfende Weiber und patriotische Jungfrauen, Seite 290 f.
9 Robert Leibbrand, Das Revolutionsjahr 1848 in Württemberg, Seite 72/74.
10 Ebenda, S. 74.
11 Gerlinde Hummel-Haasis (Hrsg.), Schwestern zerreißt eure Ketten, Seite 22 f.

Ludovike Simanowiz

1 Lexikon der Frau, Band 2.
2 Hermann Werner, Schwäbinnen in der Geschichte, Seite 196 f.
3 Werner Fleischhauer, Das Bildnis in Württemberg, Seite 53 f.
4 Günter Jäckel (Hrsg.), Frauen in der Goethezeit, Seite 633.
5 Journal des Luxus und der Moden, Band 8, Seite 59.
6 Ludovike Simanowiz an Justinus Kerner, 18. Juli 1816.
7 Gabriele König v. Warthausen in: Lebensbilder aus Schwaben und Franken, Band 12 (1972), Seite 133.
8 Ludovike Simanowiz an Georg Reichenbach, 18. Januar 1827.
9 Friederike Klaiber, Ludovike. Ein Lebensbild für christliche Mütter und Töchter, Seite 45.
10 Ludovike Simanowiz an Friedericke Steck, um 1806/09.
11 Ludovike Simanowiz an Johanne Reichenbach, 1821.

Therese Huber

1 Therese Huber, Ellen Percy oder Erziehung durch Schicksal.
2 Anna Blos, Frauen in Schwaben, Seite 109.
3 Ludwig Geiger, Therese Huber, 1764–1829, Leben und Briefe einer deutschen Frau, Seite 239 ff (Orthographie und Interpunktion wie im Original).
4 Albert Leitzmann, Georg und Therese Forster und die Gebrüder Humboldt, Seite 124.
5 Anna Blos, Frauen in Schwaben, Seite 105 ff.
6 Therese Huber, Die Ehelosen.
7 Albert Leitzmann, Georg und Therese Forster und die Gebrüder Humboldt, Seite 125.
8 Ebenda, Seite 128 f.

Emilie Zumsteeg

Frau Lisa Früh danke ich für die Überlassung des Faksimiles der Dankesadresse des Stuttgarter Stadtrates an Emilie Zumsteeg.

1 Udo Dickenberger, Wie die Alten den Tod bedichten.
2 Anna Blos, Frauen in Schwaben, Seite 146.
3 Hermann Werner, Schwäbinnen in der Geschichte, Seite 198.
4 Einem von H. Werner beschriebenen »On dit« zufolge waren Künstlerinnen damals keine Bürgerinnen, sondern gehörten zur »Bohème«.
5 Hermann Werner, Schwäbinnen in der Geschichte, Seite 197 f.
6 1816/17 Hungersnot, 1846/47 Krise der Gewerbe durch einen ersten Industrialisierungsschub.
7 Nekrolog auf Emilie Zumsteeg.
8 Carola Lipp (Hrsg.), Schimpfende Weiber und patriotische Jungfrauen. Seite 275.
9 Bürgermuseum seit 1832; im Gegensatz dazu die Museumsgesellschaft, als Leseverein und Ort für Kunstsinnige 1807 in der Königstraße 45 gegründet – für die »Oberen Stände«, wie der liberale »Beobachter«, bemängelte
10 Carola Lipp (Hrsg.), Schimpfende Weiber und patriotische Jungfrauen, Seite 275 f.
11 Ebenda, Seite 279.
12 Ebenda, Seite 280.
13 Nekrolog auf Emilie Zumsteeg.
14 Ebenda.
15 Laut Wegweiser für die Königliche Haupt- und Residenzstadt Stuttgart befand sie sich 1829 in der Königstraße 63 (beim Wilhelmsbau), 1833 in der Königstraße 21 (Ecke Schloßstraße) und 1855 in der Calwer Straße 1.
16 Musikabteilung der Württembergischen Landesbibliothek, Stuttgart.
17 Kurt Haering in: Schwäbische Lebensbilder, Band 2 (1941), Seite 538.
18 Ebenda, Seite 539.
19 Die Geisterinsel, Titel einer Oper ihres Vaters.
20 Nekrolog auf Emilie Zumsteeg. Schwäbische Kronik, 16.8.1857.

Christane (Nannette) Ruthardt

Ortographie und Interpunktionen aller Zitate sind von den Originalen übernommen; Nannette wird öfter nur mit einem »n« geschrieben.

1 Beschreibung der an der Giftmischerin Ruthardt am 27. Juni 1845 zu Stuttgart vollzogenen Hinrichtung, Seite 4 ff.
2 Chronik der Stadt Stuttgart 1886, Seite 246.
3 Karl Pfaff, Geschichte der Stadt Stuttgart, 1. Theil, Seite 248.
4 Die Giftmischerin Nanette Ruthardt, Seite 11.
5 Lebensbeschreibung der Giftmischerin Ruthardt mit ihrem Bildniß und der Rede am Grab ihres Mannes.
6 Chronik der Stadt Stuttgart 1886, Seite 4.
7 Beilage zum Schwäbischen Merkur, 27. Juni 1845.
8 Ebenda.
9 Ebenda.
10 Ebenda.
11 Ebenda.
12 Ebenda.
13 Kurze aktenmäßige Beschreibung ..., Seite 3.
14 Wegweiser für die Königliche Haupt- und Residenzstadt, Stuttgart 1844.
15 Die Giftmischerin Nanette Ruthardt, Seite 7.
16 Kurze aktenmäßige Beschreibung ..., Seite 4 ff.
17 Ebenda.
18 Ebenda.

Zweite Geschichtsphase: 1865 bis 1919

1 Statistisches Handbuch der Stadt Stuttgart, 1900–1957, Seite 19.

2 Im Krieg mit Frankreich 1870/71 kämpfte auch die Stuttgarter Garnison.
3 Chronik der Stadt Stuttgart, 1886, Seite 275.
4 Der Kleine Führer durch Stuttgart und Umgebungen, 1875, Seite 31 ff.
5 In diesem Bereich hat sich Mathilde Weber-Walz (1829–1901) aus Tübingen in frauenrechtlichen Schriften besonders eingesetzt.
6 Enno Littmann/Karl Gottlob Molt in: Schwäbische Lebensbilder, Band 4, Seite 143 f.
7 Ebenda.
8 Chronik der Stadt Stuttgart, 1886, Seite 280.
9 Schwäbischer Frauenverein, 30. Jahresbericht.
10 V. Bruns (Hrsg.), Württemberg unter der Regierung Wilhelm II., Seite 66.
11 Im Dritten Reich wurde das Frauenarchiv von Frau Heymann und Frau Augspurg zerstört; beide starben 1943 im Züricher Exil. Frau Perlen starb 1933 in der Emigration. In Amsterdam hatte sie noch versucht, mit Publikationen gegen den Faschismus anzugehen.

Anna Peters

Anneliese Höschele, der Vorsitzenden des Bundes Bildender Künstlerinnen Württemberg e. V., möchte ich für die Einsichtsmöglichkeit in das Archivmaterial des Vereins und für ihre herzliche Gesprächsbereitschaft sehr danken.

1 Stuttgarter Hausfrau Nr. 234, 17.3.1918.
2 Süddeutsche Zeitung, 25. Juli 1926.
3 Aus den Ballbestimmungen des Vereins.
4 Schwäbischer Merkur, 12. Januar 1933.
5 Ebenda.

Isolde Kurz

Dem Deutsches Literaturarchiv Marbach danke ich für die gute, hilfreiche Zusammenarbeit; besonders Herrn Dr. Jochen Meyer für die überaus freundliche Zuarbeit aus der Handschriftenabteilung.

1 Isolde Kurz, Vanadis, Seite 7.
2 Lexikon deutscher Frauen der Feder.
3 Der »Beobachter«, liberal-demokratische Tageszeitung. Während Hermann Kurz' hauptverantwortlicher Redakteurszeit, Redaktionssitz in der Hauptstätter Straße 61.
4 Isolde Kurz, Vanadis, Seite 29.
5 Isolde Kurz, Das Leben meines Vaters, Seite 9.
6 Hier befindet sich seit 1988 eine Erinnerungsplakette an Hermann und Isolde Kurz.
7 Isolde Kurz, Aus meinem Jugendland, Seite 14.
8 Ebenda, Seite 2.
9 Ebenda.
10 Ebenda, Seite 96.
11 Ebenda, Seite 346.
12 Ebenda, Seite 302.
13 Ebenda, Seite 341.
14 Isolde Kurz, Die Pilgerfahrt nach dem Unerreichlichen, S. 328.
15 Rudolf Krauß, Blätter für literarische Unterhaltung Nr. 50, S. 790.
16 Isolde Kurz, Die Pilgerfahrt ..., Seite 436.
17 Ebenda, Seite 330.
18 Ebenda, Seite 309.
19 Ebenda, Seite 121.
20 Ebenda, Seite 133.
21 Ebenda, Seite 30.
22 Ebenda, Seite 478 f.
23 Ebenda.
24 Ebenda, Seite 480.
25 Ebenda, Seite 559.
26 Ebenda, Seite 563.
27 Isolde Kurz, Schwert aus der Scheide, Seite 36.
28 Isolde Kurz, Die Pilgerfahrt nach dem Unerreichlichen.

Alexandrine Rossi

1 Amalie von Stubenrauch (1805–1876), Favoritin König Wilhelms I.
2 Anna Sutter, Soubrette der Hofoper, wurde am 29. Juni 1910 in ihrer Wohnung in der Schubartstraße 8 vom Hofkapellmeister Dr. Aloys Obrist erschossen. Rollen: u.a. »Die lustige Witwe«, »Carmen«.
3 Marianne Pirker, geborene Geyereck (1717–1782), Sängerin, seit 1750 in Stuttgart. Da sie der Herzogin von Württemberg nach deren Ehescheidung die Treue hielt, wurde sie von Herzog Carl Eugen ohne Urteilsspruch neun Jahre lang auf dem Hohentwiel und dem Hohenasperg eingekerkert. Sie verlor dort ihre Stimme. Nach ihrer und ihres Mannes Freilassung war sie Gesangslehrerin in Heilbronn.
4 Charlotte Birch-Pfeiffer (*23. Juni 1800 in Stuttgart, † 25. August 1868 in Berlin), erste Theaterdirektorin in Zürich (1837), 1843 Hofschauspielerin in Berlin, wo sie bis zum Lebensende 3000 Taler Gage bekam. Verfasserin kitschiger, viel gespielter Dramen. Ihre Tochter, die Schauspielerin Minna von Hillern, schrieb das Bühnenerfolgsstück »Die Geier-Wally«.
5 Agnese Schebest (* 1813 in Wien, † 1870 in Stuttgart), österreichische Opernsängerin (Mezzosopran). Sie war von 1841 bis 1848 (Scheidung) mit dem kritischen Theologen D. Fr. Strauß (1808–1874) verheiratet, zwei Kinder.
6 Johann Wolfgang von Goethe, Werke, Band 43, Seite 94.
7 Zum Thema seiner Übergriffe siehe Porträt Ludovike Simanowitz, Seite 50, Hélène Baletti.
8 Rudolf Krauß, Das Stuttgarter Hoftheater von den ältesten Zeiten bis zur Gegenwart, Seite 76 f.
9 Ebenda.
10 Ebenda, Seite 131 ff.
11 Ebenda.
12 Alexandrine Rossi, Es war einmal ...
13 Rudolf Krauß, Das Stuttgarter Hoftheater ..., Seite 301.
14 Ebenda, Seite 303 f.
15 Alexandrine Rossi, Tagebuch.
16 Ebenda.
17 Ebenda.
18 Stuttgarter Zeitung, 11. Februar 1961.
19 Jahrbuch der Frauenbewegung, 1913, Seite 122 ff.
20 Ebenda.
21 Ebenda.
22 Ebenda.
23 Ebenda.
24 Ebenda.
25 Henni Lehmann, Die Reform des Bühnenberufes, Seite 126 ff.
26 Ebenda.
27 Ebenda, Seite 130.
28 Ebenda.
29 Schwäbische Thalia der Stuttgarter Blätter, 13. Jahrgang, Nr. 24, Seite 169.
30 Alexandrine Rossi, Tagebuch.
31 Ebenda.
32 Ebenda.
33 Ebenda.
34 Ebenda.
35 Ebenda.

Mathilde Planck

1 Mathilde Planck, Nachlaß, Anhang 1016, HSS III cod. hist. 2°.
2 Karl Christian Planck, Seele und Geist ...
3 Ebenda, Vorwort, Seite VI f.
4 Mathilde Planck, Unsere Bestrebungen und die modernen Erziehungsprobleme (Vortrag).
5 Mathilde Planck, Nachlaß, Anhang 1016, HSS VII-XI.
6 Josef Weik, Der Landtag von Baden-Württemberg und seine Abgeordneten von 1952–1988, Seite 293 ff.
7 Mathilde Planck, Nachlaß, Anhang 1016, HSS I-II.
8 Ebenda, HSS IV-XIV.
9 Ebenda, HSS IV-XIV.
10 Ebenda, HSS III.

Clara Zetkin

1 Clara Zetkin, Lenins Vermächtnis für die Frauen der Welt, Seite 521.
2 Clara Zetkin, Die Arbeiterinnen- und Frauenfrage der Gegenwart.
3 Clara Zetkin, Lenins Vermächtnis für die Frauen der Welt, Seite 521.
4 Clara Zetkin, Die Arbeiterinnen- und Frauenfrage der Gegenwart, Seite 39 f.
5 Clara Zetkin, Lenins Vermächtnis ..., Seite 521.
6 Ebenda, Seite 518.
7 Ebenda.
8 Ebenda.
9 Ebenda, Seite 520.
10 Ebenda.
11 Anna Blos, Die Frau im Lichte des Sozialismus. Seite 14.
12 August Bebel, Die Frau und der Sozialismus, Seite 216.

13 Ebenda, Seite 218.
14 Claus Eppe, Aus der Verfolgung in den Wartesaal 1. Klasse, Seite 58.
15 Ebenda, Seite 59 f.
16 Luise Dornemann, Clara Zetkin, Seite 85 f.
17 Ebenda, Seite 12.
18 Ebenda, Seite 14.
19 Ebenda, Seite 26.
20 Ossip Zetkin, Charakterköpfe.
21 Luise Dornemann, Clara Zetkin, Seite 40.
22 Clara Zetkin, Zur Geschichte der proletarischen Frauenbewegung Deutschlands, Seite 57.
23 Siegfried Bassler, Clara Zetkin, in: Mit uns für die Freiheit, Seite 175 f.
24 Heinz Niggemann (Hrsg.), Frauenemanzipation und Sozialdemokratie, Seite 299 f.
25 Statistisches Handbuch der Stadt Stuttgart, 1900–1957, Seite 20.
26 Heinz Niggemann (Hrsg.), Frauenemanzipation und Sozialdemokratie, Seite 299 f.
27 Claus Eppe, Mit uns für die Freiheit, Seite 60.
28 Programmatische Erklärung der Redaktion und des Verlages der neugegründeten proletarischen Frauenzeitschrift »Die Gleichheit«. Zitiert nach P. Scherer/P. Schaaf, Dokumente zur Geschichte der Arbeiterbewegung, Seite 96 f.
29 Alexandra Kollontai, Ich habe viele Leben gelebt, Seite 136.
30 Der Beobachter, 20. August 1907.
31 Götz Adriani im Georg-Friedrich-Zundel-Katalog der Ausstellung der Kunsthalle Tübingen, Seite 18.
32 Fritz Böttger (Hrsg.), Zu neuen Ufern, Seite 476.
33 Clara Zetkin, Ausgewählte Reden und Schriften, Seite 418.
34 Marie Juchacz, Sie lebten für eine bessere Welt, Seite 46.
35 Ebenda.

Anna Blos

1 August Bebel, Die Frau und der Sozialismus, Seite 238.
2 Hans-Joachim Mann, Wilhelm und Anna Blos.
3 Anna Blos, Frauen in Schwaben.
4 Ebenda, Seite 12.
5 Ebenda.
6 Ebenda.
7 Ebenda, Seite 7.
8 Ebenda, Seite 7 f.
9 Ebenda, Seite 10 f.
10 Marie Juchacz, Sie lebten für eine bessere Welt, Seite 114.
11 Ute Frevert, Frauen-Geschichte, Seite 104.
12 Ebenda, Seite 105.
13 Anna Blos (Hrsg.), Die Frauenfrage im Lichte des Sozialismus, Seite 25.
14 Ebenda, Seite 25.
15 Anna Blos, Die Schule nach dem Krieg, Seite 233 ff.
16 Anna Blos, Kommunale Frauenarbeit im Kriege, Seite 31.
17 Ebenda, Seite 31.
18 Ebenda, Seite 29 f.
19 Anna Blos (Hrsg.), Die Frauenfrage im Lichte des Sozialismus, Seite 81.
20 Wilhelm Keil, Erlebnisse eines Sozialdemokraten, Seite 81.
21 Anna Blos (Hrsg.), Die Frauenfrage im Lichte des Sozialismus, Seite 142.
22 Ebenda, Seite 6.
23 Ebenda.

Vera Vollmer, Sophie und Helene Reis

Frau Prof. Dr. Leibbrand und Frau Weischedel sei für die Überlassung der Unterlagen aus dem Archiv der Lehrerinnenvereinigung Baden-Württembergs gedankt. Frau Ankermann und Herrn Rocktaeschel (Pragfriedhof) danke ich herzlich für die Unterstützung meiner Nachforschungen.

1 Julius Desselberger, Geschichte des höheren Mädchenschulwesens in Württemberg, Seite 3.
2 Württembergische Lehrerinnenzeitung, 1. Mai 1923, Seite 32.
3 Ebenda.
4 Karl Pfaff, Geschichte der Stadt Stuttgart, Band 2, Seite 448.
5 Julius Desselberger, Geschichte des höheren Mädchenschulwesens in Württemberg, Seite 47.
6 Ebenda, Seite 80 f.
7 Hildegard Gulde, Vera Vollmer, in: Lebensbilder aus Schwaben und Franken, Band 14, Seite 433-468.
8 Frauenberuf Nr. 20, 16. Mai 1903, Seite 1.
9 Die Frauenwacht. Zeitschrift für deutsche Politik, Jugend- und Volkserziehung. Organ des württembergischen Lehrerinnenverbandes, des Stuttgarter Frauenklubs und des Schwäbischen Frauenvereins. Erschien von 1912 bis 1923 im Verlag Wilhelm Violet in Stuttgart, Johannesstraße 58; Schriftleitung Mathilde Planck.
10 Frauenberuf Nr. 20, 16. Mai 1903, Seite 1 f.
11 Mathilde Planck, Worte des Abschieds, gesprochen an der Bahre von Sofie Reis am 28. Mai 1930 in Stuttgart.
12 Ebenda.
13 Ebenda.
14 Ebenda.
15 Eugenie von Soden (Hrsg.), Frauenbuch.

Henriette Arendt

1 Henriette Arendt, Kleine weiße Sklaven, Seite 208.
2 Henriette Arendt, Menschen, die den Pfad verloren, Seite 11.
3 Der Pastor und Schriftsteller Friedrich Naumann war für die FrVg von 1907 bis 1912 Reichstagsabgeordneter Württembergs, später gehörte er der DDP an.
4 Henriette Arendt, Menschen, die den Pfad verloren, Seite 5 ff.
5 Anna Blos, Kommunale Frauenarbeit im Kriege, Seite 26.
6 Recha Rothschild, Die Anstellungs- und Ausbildungsverhältnisse der Kommunalbeamtinnen, Jahrbuch des Bundes deutscher Frauenvereine, 1919, Seite 95.
7 Henriette Arendt, Erlebnisse einer Polizeiassistentin, Seite 113.
8 Anna Blos, Kommunale Frauenarbeit im Kriege, Seite 28.
9 Henriette Arendt, Erlebnisse einer Polizeiassistentin, Seite 114.
10 Ebenda, Seite 114 f.
11 Staatsarchiv Ludwigsburg, Bestand F-201/Bü 97.
12 Henriette Arendt (Hrsg.), Dornenpfade der Barmherzigkeit.
13 Ebenda, Seite 58.
14 Ebenda.
15 Ute Frevert, Frauen-Geschichte, Seite 108 f.
16 Henriette Arendt, Erlebnisse einer Polizeiassistentin, Seite 5.
17 Ebenda, Seite 139.
18 Ebenda, Seite 151.
19 Ebenda, Seite 152.
20 Henriette Arendt, Kinder des Vaterlandes.
21 Henriette Arendt, Meine Kriegserlebnisse und Gefangennahme in England. Staatsarchiv Ludwigsburg.
22 Ebenda.

Margarete (Daisy) von Wrangell, Fürstin Andronikow

1 Elga Kern (Hrsg.), Führende Frauen Europas, Margarete von Wrangell, Seite 151.
2 bei Prof. Wislicenus, Titel: »Isometrieerscheinungen beim Formylglutakonsäureester und seinen Bromderivaten«.
3 Elga Kern (Hrsg.), Führende Frauen Europas, Seite 141.
4 Peter von Wrangell über seine Tante Margarete von Wrangell, Seite 5 f.
5 Elga Kern (Hrsg.), Führende Frauen Europas, Seite 141 f.
6 Peter von Wrangell über seine Tante Margarete von Wrangell, Seite 4.
7 Elga Kern (Hrsg.), Führende Frauen Europas, Seite 143 f.
8 Ebenda.
9 Ebenda, Seite 148 f.
10 Carla Kramer-Schlette, Margarete von Wrangell, in: Lebensbilder aus Schwaben und Franken, Band 15 (1983), Seite 422.
11 Elga Kern (Hrsg.), Führende Frauen Europas, Seite 151.
12 Peter von Wrangell über seine Tante Margarete von Wrangell, Seite 9.
13 Nachlaß Vera Vollmer.

Käthe Loewenthal

Frau Dr. Leuchs und Herrn und Frau Donndorf möchte ich sehr herzlich für ihre Informationen und fürs Zuhören danken.

1 Nachlaß Käthe Loewenthal.
2 Ebenda.
3 Käthe Loewenthal, Ein Erinnerungsbuch.
4 Nachlaß Käthe Loewenthal.
5 Käthe Loewenthal, Ein Erinnerungsbuch.
6 Nachlaß Käthe Loewenthal.

Ida Kerkovius

1 Hans Kinkel, 14 Berichte, Begegnungen mit Malern und Bildhauern, Ida Kerkovius, Seite 24 ff.

2 Ebenda.
3 Stuttgarter Nachrichten, 29. August 1964.
4 Ida Kerkovius, Ausstellungskatalog des Württembergischen Kunstvereins, Seite 5.
5 Ebenda, Seite 6.
6 Kurt Leonhard, Ida Kerkovius, Verlag M. Dumont Schauberg, Köln 1967.
7 Ein Haus blieb 100 Jahre lebendig.

Dritte Geschichtsphase: 1919 bis 1933

1 Gertrud Bäumer war von 1919 bis 1933 für die DDP Reichtagsmitglied, äußerte sich positiv über Hitlers Reichstagsrede und plädierte für den Eintritt des BdF in die NS-Frauenschaft. Sie konnte, obwohl sie keine Nationalsozialistin war, ihre Zeitschrift »Die Frau« das ganze Dritte Reich über weiter erscheinen lassen. Ab 1945 gehörte sie der CSU, dann der CDU an.
2 Anne-Christel Recknagel, 70 Jahre Volkshochschule Stuttgart.

Anna Haag

Gedankt sei Frau Sigrid Brügel und Herrn Prof. Dr. Rudolf Haag für ihre liebenswürdige Bereitschaft, Fragen zu beantworten und Daten richtigzustellen.

1 Anna Haag, Das Glück zu leben, Seite 21 f.
2 Ebenda, Seite 46.
3 Nachlaß Anna Haag.
4 Anna Haag, Das Glück zu leben, Seite 238 f.
5 Ebenda, Seite 239.
6 Anna Haag, Zum Mitnehmen, Seite 110.

Else Kienle

Für ihre Hinweise danke ich herzlich Eberhard Wolff aus Tübingen, Jürgen Bohnert und Gerhard Schweier aus dem Rathaus in Heidenheim, Herrn Dr. med. Albert Zeller, Else Kienles Vetter zweiten Grades aus Stuttgart, und Herrn Dr. Otto Kienle, Ministerialdirigent im Ruhestand, Stuttgart.

1 Else Kienle, Frauen, Seite 21.
2 Else Kienle, Der Fall Kienle, in: Die Weltbühne, Seite 537 f.
3 Ebenda.
4 Ebenda.
5 Friedrich Wolf (1888–1953) lebte von 1927 bis 1933 als Arzt und Schriftsteller in Stuttgart. In seiner Praxis, in der er sich auch besonders für sozial Schwache, für eine gesunde Lebensführung und für sexuelle Aufklärung einsetzte, war auch er am 19. Februar 1931 verhaftet worden. Er hatte an Dr. Else Kienle, mit der er in ihrer sozialen Tätigkeit und in der Gleichartigkeit der Praxis einig war, Patientinnen überwiesen. In seinem auch noch heute gültigen Schauspiel »Cyankali« hatte er zum Kampf gegen den § 218 aufgerufen, der nur sozial Schwache unter Druck setzte. Er wurde auf eine Kaution hin früher als Else Kienle aus der Haft entlassen.
6 Else Kienle, Der Fall Kienle, Seite 539.
7 Kristine von Soden, Die Sexualberatungsstellen der Weimarer Republik, Seite 13.
8 Ebenda.
9 Ebenda.
10 Ebenda.
11 Ebenda, Seite 144.
12 Friedrich Wolf, Die Machtprobe, in: Die Weltbühne, Seite 417 f.
13 Else Kienle, Frauen, Seite 260 ff.
14 Ebenda, Seite 258.
15 Eberhard Wolff, § 218 und Frauenwürde, Seite 32.
16 Else Kienle-LaRoe, Mit Skalpell und Nadel, Seite 14.
17 Ebenda, Seite 17.
18 Ebenda, Seite 24 f.
19 Ebenda.
20 Ebenda, Seite 111 f.
21 Ebenda.
22 Ebenda, Seite 122 f.
23 Ebenda.
24 Chronik der Stadt Stuttgart, 1918–1933, Seite 370.
25 Else Kienle-LaRoe, Mit Skalpell und Nadel, Seite 319.

Hilde Reichert-Sperling

Herrn Hellmut Reichert danke ich sehr herzlich, daß er den Nachlaß seiner Mutter als Quelle zur Verfügung gestellt und stundenlang Fragen beantwortet hat.

1 Aus einem Interview im Stuttgarter Neuen Tagblatt, 6. Dezember 1931.
2 Chronik der Stadt Stuttgart 1933-1945, Seite 86.
3 Nachlaß Hilde Reichert-Sperling.
4 Ebenda.
5 Ebenda.
6 Ebenda.
7 Ebenda.

Charlotte Armbruster

Irma Kubiak, Berta Kubiak und Eugen Eberle danke ich sehr herzlich für ihre Bereitschaft, meine Fragen zu Charlotte Armbruster zu beantworten.
Anton Laubacher, dem früheren CDU-Stadtrat, gilt ebenso mein Dank – seine Laudatio zum 100. Geburtstag Charlotte Armbrusters hat mir in vielen Datendetailfragen weitergeholfen.

1 Eugen Eberle in einem Gespräch am 2. Februar 1989.
2 Ebenso.
3 Frauenaufgaben im künftigen Deutschland, Jahrbuch des Bundes deutscher Frauenvereine, 1918, Seite 57.
4 Marie Josenhans (1855–1926), »Der Engel vom Bohnenviertel«, Begründerin der Mittelstandshilfe, Armenfürsorgerin. Veröffentlichung »Meine alten Weiblein. Alltagserlebnisse aus einer alten, armen Zeit«.
5 Eugen Eberle in einem Gespräch am 2. Februar 1989.

Helene Schoettle

Diesem Porträt liegt ein Interview mit Helene Schoettle zugrunde, das die Verfasserin am 10. September 1987 führte.

1 Chronik der Königlichen Haupt- und Residenzstadt Stuttgart, 1903.
2 Ebenda.

Gertrud Müller

Diesem Porträt liegt ein Interview mit Gertrud Müller zugrunde, das die Verfasserin am 15. September 1987 führte.

Grete Breitkreuz

Diesem Porträt liegt ein Interview mit Grete Breitkreuz zugrunde, das die Verfasserin am 14. April 1988 führte.

Die Entwicklung der Frauenpolitik nach 1945: Ein neuer Anfang?

1 Statistisches Handbuch der Stadt Stuttgart, 1900–1957.
2 »Die Welt der Frau«, 2/1, 1947, Seite 6 ff.

Quellenverzeichnis

Unveröffentlichte Quellen

Acker, Rose und Doris Kunkel: Biographisches aus dem Leben von Clara Zetkin. Vortrag auf der Frauenkonferenz des DGB-Landesbezirks Baden-Württemberg, 24. Oktober 1984.
Arendt, Henriette: Personalakte. Staatsarchiv Ludwigsburg, Bestand F-201/Bü 97.
Autographenalbum des Schwäbischen Frauenvereins. Württembergische Landesbibliothek Stuttgart.
Dickenberger, Udo: Wie die Alten den Tod bedichten. Magisterarbeit, Universität Stuttgart, Institut für Neuere Literaturwissenschaften, 1987.
Haag, Anna: Nachlaß. Stadtarchiv Stuttgart.
Lehrerinnenvereinigung Baden-Württemberg, Archiv. Archivbetreuung: Professor Dr. Frieda Leibbrand und Inge Weischedel.
Loewenthal, Käthe: Nachlaß. Im Besitz von Frau Dr. Leuchs, Stuttgart.
Planck, Mathilde: Worte des Abschieds für Sofie Reis, 28. Mai 1930.
Reichert-Sperling, Hilde: Nachlaß. Im Besitz von Dr. Hellmut Reichert.
Rossi, Alexandrine: Tagebuch. Es war einmal ... Erinnerungen aus der Welt, in der ich berufstätig und dankerfüllt lebte (1946 bis 1951). Im Besitz von Dr. Ilse Bandelow, Hamburg.
Scharf-Penzel, Beate: »Sklaverei bleibt stets ein bittrer, bittrer Trank!« Gibt es auch schwäbische Freiheitsfreundinnen? Hausarbeit zum Seminar »Schwäbische Freiheitsfreunde«, Professor Dr. Axel Kuhn, Universität Stuttgart, Sommersemester 1988. Typoskript.
Schwäbischer Frauenverein, 30. Jahresbericht 1902–1903. Vereinsarchiv.
Simanowiz, Ludovike: Briefe. Deutsches Literaturarchiv, Marbach a. N.
Verzeichnis der Vortragsreihen, Führungen und Übungen der Volkshochschule Stuttgart, Winterhalbjahr 1919/20. Archiv der Volkshochschule Stuttgart. Archivbetreuung: Dr. A.-Chr. Recknagel.
Vollmer, Vera: Nachlaß (einschließlich zeitgenössischer Presseausschnitte sowie einschließlich von Vera Vollmer gesammelter Informationen über Margarete von Wrangell). Hauptstaatsarchiv Stuttgart, Q 2/13, Bü 5.
Wrangell, Peter von: Kompendium über Margarete von Wrangell, 1975. Typoskript.
Württembergischer Malerinnenverein, Vereinsarchiv, Stuttgart.

Gedruckte Quellen und Literatur

Alexis, Willibald: Schattenrisse aus Süddeutschland. Schlesinger'sche Buch- und Musikhandlung, Berlin 1843.
Anna Peters zum Gedächtnis. In: Süddeutsche Zeitung, 25. Juli 1926.
Arendt, Henriette: Bilder aus der Gefängniswelt. Selbstverlag der Verfasserin, Stuttgart 1907.
–: Dornenpfade der Barmherzigkeit. Aus Schwester Gerdas Tagebuch. Hrsg. von Schwester Henriette Arendt. Mit einer Einführung von Schwester Agnes Karll. Deutsche Verlagsanstalt, Stuttgart 1909.
–: Erlebnisse einer Polizeiassistentin. In: Süddeutsche Monatshefte, München 1910.
–: Kinder des Vaterlandes. Neues vom Kinderhandel, mit Jahresbericht über meine Recherchen und Fürsorgetätigkeit vom 1. 9. 1912 bis 31.8.1913. Verlag Heinz Clausnitzer, Stuttgart 1913.
–: Kinderhändler. Recherchen und Fürsorgetätigkeit vom 1.9.1911 bis 1.9.1912. Verlag Heinz Clausnitzer, Stuttgart 1912.
–: Kleine weiße Sklaven. Vita. Deutsches Verlagshaus, Berlin o.J. (um 1910/11).
–: Menschen, die den Pfad verloren. Erlebnisse aus meiner fünfjährigen Tätigkeit als Polizei-Assistentin in Stuttgart. Verlag Max Kielmann, Stuttgart 1907/1908.
Aus der Geschichte der Lehrerinnenvereinigung Baden-Württemberg, 1890–1987. Hrsg. von Frieda Leibbrand. Esslingen 1987.
Bebel, August: Die Frau und der Sozialismus. Dietz Verlag, Berlin 1929.
Beschreibung der an der Giftmischerin Ruthardt am 27. Juni 1845 zu Stuttgart vollzogenen Hinrichtung. Nach Berichten von Augenzeugen erzählt. Freudenstadt o.J.
Beschreibung des Stadtdirektionsbezirkes Stuttgart. Hrsg. vom Königlichen statistisch-topographischen Bureau. Verlag Eduard Hallberger, Stuttgart 1856.
Blos, Anna: Frauen der deutschen Revolution 1848. Zehn Lebensbilder. Verlag Kaden und Comp., Dresden 1928.
–: Frauen in Schwaben. Verlag Silberburg, Stuttgart 1929.
–: Kommunale Frauenarbeit im Kriege. Verlag für Sozialwissenschaft, Berlin 1917.
Blos, Wilhelm: Denkwürdigkeiten eines Sozialdemokraten 1914 bis 1919, Band 1 und 2. G. Birk Verlag, München 1914 und 1919.
–: Die deutsche Revolution 1848/49. Dietz-Verlag, Stuttgart 1893.
–: Die Französische Revolution 1789–1804. Dietz-Verlag, Stuttgart 1890.
Bruns, V.: Württemberg unter der Regierung Wilhelm II. Deutsche Verlagsanstalt, Stuttgart 1918.
Chronik der Königlichen Haupt- und Residenzstadt Stuttgart, 1903. Hrsg. vom Gemeinderat. Verlag Greiner und Pfeiffer, Stuttgart 1904.
Clara Zetkin, Kämpferin für die proletarische Weltrevolution. Verlagsgenossenschaft Ausländischer Arbeiter in der UdSSR. Moskau/Leningrad 1933.
Desselberger, Julius: Geschichte des höheren Mädchenschulwesens in Württemberg. Hrsg. von der Gruppe Württemberg der Gesellschaft für deutsche Erziehungs- und Schulgeschichte, 1916.
Dornemann, Luise: Clara Zetkin. Ein Lebensbild. Hrsg. vom Institut für Marxismus-Leninismus. Dietz-Verlag, Berlin 1957.
Fleischhauer, Werner: Das Bildnis in Württemberg. Metzlersche Verlagsbuchhandlung, Stuttgart 1939.
Frauen am Werk. Ein Buch der Kameradschaft. Hrsg. von Georg von Holtzbrinck. Bibliothek der Unterhaltung und des Wissens, Deutsche Verlags-Expedition, Stuttgart 1940.
Frauen der Goethezeit. Hrsg. von Günter Jäckel. Verlag der Nation, Berlin 1966.
Frauenberuf. Blätter für Fragen der weiblichen Erziehung, Ausbildung, Berufs- und Hilfsthätigkeit, Zeitschrift des Schwäbischen Frauenvereins. 1897–1912.
Frauenbuch. Hrsg. von Eugenie von Soden. Bände 1 bis 3. Franckh'sche Verlagshandlung, Stuttgart 1913.
Frauenemanzipation und Sozialdemokratie. Hrsg. von Heinz Niggemann. Fischer Taschenbuch Verlag, Frankfurt 1981.
Die Frauenfrage im Lichte des Sozialismus. Hrsg. von Anna Blos. Verlag Kaden und Comp., Dresden 1930.
Die Frauenwacht. Zeitschrift für deutsche Politik, Jugend- und Volkserziehung. Organ des württembergischen Lehrerinnenvereins, des Stuttgarter Frauenclubs und des Schwäbischen Frauenvereins. 1912–1923.
Frevert, Ute: Frauen-Geschichte. Zwischen bürgerlicher Verbesserung und neuer Weiblichkeit. Neue historische Bibliothek, edition suhrkamp, Suhrkamp Taschenbuch Verlag, Frankfurt 1986.

Fuchs, Eduard: Das erotische Element in der Karikatur. Ein Beitrag zur Geschichte der öffentlichen Sittlichkeit. Hofmann und Comp., Berlin 1904.
Führende Frauen Europas. Hrsg. von Elga Kern. Darin: Selbstdarstellung Margarete von Wrangell, 1929. Verlag Ernst Reinhardt, München 1933.
Das 25jährige Jubiläum des Württembergischen Malerinnenvereins. In: Stuttgarter Hausfrau, Nr. 234, 17. März 1918.
Geiger, Ludwig: Therese Huber, 1764–1829. Leben und Briefe einer deutschen Frau. Cotta'sche Buchhandlung Nachfolger, Stuttgart 1901.
Georg Friedrich Zundel. Katalog zur Ausstellung der Tübinger Kunsthalle, Sept./Okt. 1975. Hrsg. von Götz Adriani.
Die Giftmischerin Nanette Ruthardt. Letzte Öffentliche Hinrichtung in Württemberg. Stuttgarter Volksbücher No. 47. J. Junginger'sche Buchhandlung, Stuttgart o. J.
Die Gleichheit. Probenummer vom 28. Dezember 1891.
Glökler, J. P.: Schwäbische Frauen. Verlag Albert Koch, Stuttgart 1865.
Goethe, Johann Wolfgang von: Werke. Vollständige Ausgabe letzter Hand, Band 43. Cotta'sche Buchhandlung, Stuttgart 1833.
Graefe, Fritz: Ein Haus blieb 100 Jahre lebendig. Ein Verein wird 90 Jahre alt. Bund Bildender Künstlerinnen Württemberg e. V., Stuttgart 1983.
[Griesinger, Carl Theodor:] Silhouetten aus Schwaben. Verlag C. Drechsler, Heilbronn 1838.
Griesinger, Theodor: Württemberg. Nach seiner Vergangenheit in Land und Leuten. Mohnkopf Reprints, Wolfgang Weidlich, Frankfurt 1978. Unveränderter Nachdruck der Ausgabe von 1866.
Gutzkow, Karl: Ausgewählte Werke in 12 Bänden. Hrsg. von H. H. Houben. Max Hesses' Verlag, Leipzig 1967.
Haag, Anna: Frau und Politik. Archiv Volksstimme, IFFF Ländergruppe Württemberg, Stuttgart 1946.
–: Das Glück zu leben. Adolf Bonz Verlag, Stuttgart 1968.
–: Zu meiner Zeit. Stieglitz Verlag, Mühlacker 1978.
–: Zum Mitnehmen. Ein bißchen Heiterkeit. Adolf Bonz Verlag, Stuttgart 1967.
Haering, Kurt: Emilie Zumsteeg. In: Schwäbische Lebensbilder, Band 2. Kohlhammer Verlag, Stuttgart 1941.
Hartmann, Julius: Chronik der Stadt Stuttgart. Sechshundert Jahre nach der ersten Nennung der Stadt (1286). Verlag Greiner und Pfeiffer, Stuttgart 1886.
Hermes Handlexikon Geschichte der Frauenemanzipation in Deutschland und Österreich. Hrsg. von Daniela Weiland. Econ Taschenbuchverlag, Düsseldorf 1983.
Hesse, Otto Ernst: Isolde Kurz. Dank an eine Frau. Rainer Wunderlich Verlag, Tübingen 1956.
Huber, Therese: Ellen Percy oder Erziehung durch Schicksal. Mäken'sche Buchhandlung, Reutlingen 1825.
–: Die Ehelosen. Brockhaus Verlag, Leipzig 1829.
100 Jahre Schwäbischer Frauenverein 1873–1973. Hrsg. von Anneliese Hölder und Renate Sommer. Stuttgart 1973.
Ida Kerkovius zum 75sten Geburtstag. Hrsg. von Kurt Leonhard. Kohlhammer Verlag, Stuttgart 1955.
»Ich glaube, ich habe mein Leben richtig gelebt«. Geburtstagsbesuch bei der 85jährigen Stuttgarter Malerin Ida Kerkovius. In: Stuttgarter Nachrichten, 29. August 1964 (kd).
Jahrbuch der Frauenbewegung. Im Auftrag des Bundes deutscher Frauenvereine. Hrsg. von Elisabeth Altmann-Gottheimer. Buchhandlung Teubner, Leipzig/Berlin 1913.
Jahrbuch des Bundes deutscher Frauenvereine, 1918. Frauenaufgaben im künftigen Deutschland. Verlag B. Teubner, Leipzig/Berlin 1918.
Jahrbuch des Bundes Deutscher Frauenvereine. Handbuch der kommmunal-sozialen Frauenarbeit. Hrsg. von Elisabeth Altmann-Gottheimer. Verlag B. G. Teubner, Berlin 1919.
Jahrbuch des Bundes Deutscher Frauenvereine 1921–1927. Hrsg. von Else Ulich-Beil. Verlag J. Bensheimer, Mannheim/Berlin/Leipzig 1927.
Jahrbuch des Bundes Deutscher Frauenvereine 1928–1931. Hrsg. von Emmy Wolff. Verlag J. Bensheimer, Mannheim/Berlin/Leipzig 1932.
Jean Paul: Sämtliche Werke. 3. Abteilung: Briefe, Band 7. Briefe von 1815–1819. Hrsg. von Eduard Berend, Deutsche Akademie der Wissenschaften, Berlin. Akademie Verlag, Berlin 1954.
Journal des Luxus und der Moden. Hrsg. von J. F. Bertuch und G. M. Kraus. Jahrgang 1793, Band 8. Verlag des Industriecomptoirs, Weimar 1793.
Juchacz, Marie: Sie lebten für eine bessere Welt. Lebensbilder führender Frauen des 19. und 20. Jahrhunderts. Dietz-Verlag, Berlin/Hannover 1956.
Keil, Wilhelm: Erlebnisse eines Sozialdemokraten, Band 2. Deutsche Verlagsanstalt, Stuttgart 1948.
Kerkovius, Ida. Katalog zur Ausstellung des Württembergischen Kunstvereins, 17.6. bis 31.8.1969. Stuttgart 1969.
Keuerleber, Gisela und Judith Rauch: Sie war die erste Professorin. In: Emma (Köln), Juli 1987.
Kienle, Else: Frauen. Aus dem Tagebuch einer Ärztin. Kiepenheuer Verlag, Berlin 1932.
–: Der Fall Kienle. In: Die Weltbühne, 27. Jahrgang, 1931. Hrsg. von Carl von Ossietzky und Kurt Tucholsky. (Reprint: Athenäum Verlag, Königstein 1978).
Kienle-La Roe, Else: Mit Skalpell und Nadel. Albert Müller Verlag, Rüschlikon/Zürich 1968.
Kienzle, Michael und Dirk Mende: Friedrich Wolf. Die Jahre in Stuttgart 1927–1933. Ein Beispiel. Ausstellungsreihe Stuttgart im Dritten Reich (Katalog). Hrsg. vom Projekt Zeitgeschichte im Kulturamt der Landeshauptstadt Stuttgart. Landeshauptstadt Stuttgart, Stuttgart 1983.
Kinkel, Hans: 14 Berichte. Begegnungen mit Malern und Bildhauern. Henry Goverts Verlag, Stuttgart 1967.
Der Kleine Führer. Stuttgart und Umgebungen. Emil Hochdanz Verlag, Stuttgart 1875.
Koenig-Warthausen, Gabriele von: Isolde Kurz. In: Lebensbilder aus Schwaben und Franken, Band 12. Kohlhammer Verlag, Stuttgart 1972.
–: Ludovike Simanowiz, geb. Reichenbach. In: Lebensbilder aus Schwaben und Franken, Band 12. Kohlhammer Verlag, Stuttgart 1972.
–: Therese Huber. In: Lebensbilder aus Schwaben und Franken, Band 10. Kohlhammer Verlag, Stuttgart 1966.
Kohlhaas, Wilhelm: Chronik der Stadt Stuttgart 1918–1933. Veröffentlichungen des Archivs der Stadt Stuttgart, Band 17. Ernst Klett Verlag, Stuttgart 1964.
Kollontai, Alexandra: Ich habe viele Leben gelebt. Pahl-Rugenstein Verlag, Köln 1986.
Kramer-Schlette, Carla: Margarete von Wrangell. In: Lebensbilder aus Schwaben und Franken, Band 15. Kohlhammer Verlag, Stuttgart 1983.
Krauß, Rudolf: Isolde Kurz. In: Blätter für literarische Unterhaltung, Nr. 50, 12. Dezember 1895.
–: Das Stuttgarter Hoftheater von den ältesten Zeiten bis zur Gegenwart. Metzlersche Buchhandlung, Stuttgart 1908.
Künstlerschicksale im Dritten Reich in Württemberg und Baden. Hrsg. vom Verband Bildender Künstler Württemberg e. V., Stuttgart, o. J.
Kuntz, Regine: Anna Haag, Schriftstellerin und Politikerin. Ein Lebensbild. Teil 1. In: Geschichte und Geschichten aus unserer Heimat Weissacher Tal. Band 2. Hrsg. von Roland Schlichenmaier. Verlag Roland Schlichenmaier, Auenwald 1987.
Kurz, Isolde: Aus meinem Jugendland. Rainer Wunderlich Verlag, Tübingen 1918.
–: Deutsche und Italiener. Deutsche Verlagsanstalt, Stuttgart/Berlin 1919.
–: Ein Genie der Liebe. Rainer Wunderlich Verlag, Tübingen 1955.
–: Die Kinder der Lilith. Ein Gedicht. Cotta'sche Buchhandlung, Stuttgart/Berlin 1908.
–:Das Leben meines Vaters. Rainer Wunderlich Verlag, Tübingen 1929.
–: Die Pilgerfahrt nach dem Unerreichlichen. Lebensrückschau. Rainer Wunderlich Verlag, Tübingen 1938.
–: Vanadis. Der Schicksalsweg einer Frau. Rainer Wunderlich Verlag, Tübingen 1931.
Kurze aktenmäßige Beschreibung des von der Christiane Ruthardt, gebürtig von Stuttgart, an ihrem Ehemanne, dem Goldarbeiter Eduard Ruthardt von Ludwigsburg, verübten Mordes. Gebrüder Mäntler, Stuttgart, o. J.
Lahnstein, Peter und Alexander Schwertner: Stuttgart. Kohlhammer Verlag, Stuttgart 1975.
Lebensbeschreibung der Giftmischerin Ruthardt mit ihrem Bildniß und der Rede am Grab ihres Mannes. In: Neues Tagblatt, Stuttgart (Datum nicht festgestellt).
Lehmann, Henni: Die Reform des Bühnenberufs. In: Jahrbuch der Frauenbewegung, 1913. Im Auftrage des Bundes deutscher Frauenvereine. Hrsg. von Elisabeth Altmann-Gottheimer.
Leibbrand, Robert: Das Revolutionsjahr 1848 in Württemberg. Verlag das Neue Wort, Stuttgart 1948.

Leipner, Kurt: Chronik der Stadt Stuttgart 1933–1945. Veröffentlichungen des Archivs der Stadt Stuttgart, Band 30. Verlag Klett-Cotta, Stuttgart 1982.
–: Stuttgart. Daten zur Geschichte. Von den Anfängen bis zum Ende des 19. Jahrhunderts. Konrad Theiss Verlag, Stuttgart 1987.
Leitzmann, Albert: Georg und Therese Forster und die Gebrüder Humboldt. Ludwig Röhrscheid Verlag, Bonn 1936.
Leonhard, Kurt: Ida Kerkovius. Verlag M. DuMont-Schauberg, Köln 1967.
Lexikon der Frau in 2 Bänden. Encyclios Verlag, Zürich 1972.
Lexikon deutscher Frauen der Feder. Eine Zusammenstellung der seit dem Jahre 1840 erschienenen Werke weiblicher Autoren nebst Biographien der lebenden und einem Verzeichnis der Pseudonyme. Hrsg. von Sophie Pataky. Reprint der Berliner Ausgabe von 1898. Antiquariat Peter Kiefer, Pforzheim 1987.
Lindemann, Anna: Unsere Ernährung in der Kriegszeit. 9 Vorträge. Kohlhammer Verlag, Stuttgart 1915.
Loewenthal, Käthe: Erinnerungsbuch. Neue Münchner Galerie, München 1985.
Ludovike. Ein Lebensbild für christliche Mütter und Töchter von der Herausgeberin des Christbaums. Chr. Belser'sche Buchhandlung, Stuttgart 1850.
Mann, Hans-Joachim: Wilhelm und Anna Blos. Hrsg. vom SPD-Landesverband Baden-Württemberg. Union Druckerei, Frankfurt a. M. 1977.
Mathilde Planck. Erinnerung und Auszüge aus ihren Werken. Stockmayer-Verlag, Ludwigsburg 1959.
Meiners, Christoph: Beschreibung einer Reise nach Stuttgart und Straßburg im Herbste 1801. Verlag Friedrich Röwer, Göttingen 1803.
Missenharter, Hermann: Herzöge, Bürger, Könige. Stuttgarts Geschichte wie sie nicht im Schulbuch steht. J. F. Steinkopf Verlag, Stuttgart o. J.
Mit uns für die Freiheit. 100 Jahre SPD in Stuttgart. Hrsg. von Siegfried Bassler. K. Thienemanns Verlag, Stuttgart 1987.
Mutterkreuz und Arbeitsbuch. Zur Geschichte der Frauen in der Weimarer Republik und im Nationalsozialismus. Hrsg. von der Frauengruppe Faschismusforschung. Fischer Taschenbuch Verlag, Frankfurt a. M. 1981.
Nekrolog auf Emilie Zumsteeg. In: Schwäbische Kronik (Blatt des Schwäbischen Merkur), 16. August 1857.
Nicolai, Friedrich: Beschreibung einer Reise durch Deutschland und die Schweiz im Jahre 1781, Band 9 und 10. Berlin/Stettin 1795.
Onodi, Marion: Isolde Kurz. In: Baden-Württembergische Portraits. Hrsg. von Hans Schumann. Deutsche Verlagsanstalt, Stuttgart 1988.
Pfaff, Gustav: Berichtigung zu den Veröffentlichungen in dem Kriminalprozeß gegen die Giftmischerin Christiane Ruthardt in Stuttgart. Beilage zum Schwäbischen Merkur, 27. Juni 1845.
Pfaff, Karl: Geschichte der Stadt Stuttgart, 1. und 2. Theil. C. A. Sonnewald'sche Buchhandlung, Stuttgart 1846 (Unveränderter Nachdruck: Weidlich Reprint, Frankfurt a. M. 1981).
Planck, Mathilde: Arbeit und Recht im neuen Deutschland. Strekker und Schröder Verlag, Stuttgart 1917.
–: Karl-Christian Planck. Leben und Werk. Frommann Verlag, Stuttgart 1950.
–: Ottilie Hoffmann. Ein Beitrag zur Geschichte der deutschen Frauenbewegung. Franz Leuwer Verlag, Bremen 1930.
–: Unsere Bestrebungen und die modernen Erziehungsprobleme. Vortrag gehalten in der Abteilung Stuttgart des Vereins Frauenbildung – Frauenstudium. Kohlhammer Verlag, Stuttgart 1905.
Rayhrer, Annemarie: Karl-Christian Planck. In: Lebensbilder aus Schwaben und Franken, Band 11. Hrsg. von Max Miller und Robert Uhland. Kohlhammer Verlag, Stuttgart 1969.
Recknagel, Anne-Christel: 70 Jahre Volkshochschule Stuttgart, 1919–1989. Neue Folge der Flugschriften, Band 5. Hrsg. von der Volkshochschule Stuttgart. Grafische Werkstatt Kollektiv, Stuttgart 1989.
Rösler, Immanuel Carl: Ludovike Simanowiz. Das Leben einer Künstlerin. In: Heimatbuch für Schorndorf und Umgebung, 1961.
Scherer, Peter und Peter Schaaf: Dokumente zur Geschichte der Arbeiterbewegung in Württemberg und Baden 1848–1949. Konrad Theiss Verlag, Stuttgart 1984.
Scherr, Johannes: 1848. Ein weltgeschichtliches Drama, Band 1 und 2. Verlag Otto Wigand, Leipzig 1875.
Schimpfende Weiber und patriotische Jungfrauen. Frauen im Vormärz und in der Revolution 1848/49. Hrsg. von Carola Lipp. Elster Verlag, Bühl-Moos 1986.
Die Schönen von Stuttgart und das Fräulein in einer Reichsstadt. (Anonym.) Frankfurt/Leipzig 1782.
Schwestern zerreißt eure Ketten. Zeugnisse zur Geschichte der Frauen in der Revolution von 1848/49. Hrsg. von Gerlinde Hummel-Haasis. dtv Dokumente, Deutscher Taschenbuchverlag, München 1982.
Schwäbische Thalia der Stuttgarter Blätter. Herausgegeben von den Württembergischen Landestheatern. Stuttgarter Blätter, 13. Jahrgang, Nr. 24, 14. Februar 1932.
Schwarz, M.: Biographisches Handbuch der deutschen Reichstage. Verlag für Literatur und Zeitgeschehen, Hannover 1965.
Soden, Christine von: Die Sexualberatungsstellen der Weimarer Republik, 1919–33. Edition Heinrich, Berlin 1988.
Sorell, Walter: Mary Wigman. Ein Vermächtnis. Florian Noetzel Verlag, Wilhelmshaven 1886.
Speidel, Rolf: Keine Fürstin – doch eine königliche Frau und Künstlerin. Zur 100. Wiederkehr des Geburtstages von Alexandrine Rossi – Staatsschauspielerin und Ehrenmitglied der Staatstheater. In: Stuttgarter Zeitung, 11. Februar 1961.
Statistisches Handbuch der Stadt Stuttgart, 1900–1957. Hrsg. vom Statistischen Amt der Stadt Stuttgart. Deutsche Verlagsanstalt, Stuttgart 1959.
Stuttgarter Frauenbuch. Hrsg. von Maja Riepl-Schmidt, Theresa Stark und Dietlinde Wendl-Reimspieß. Edition Cordeliers, Stuttgart 1983.
Die Stuttgarter Malerfamilie Peters. Katalog der Weihnachtsverkaufsausstellung, Kunsthaus Bühler, Stuttgart 1984.
Stuttgarter Neues Tagblatt, Abendausgabe 5. und 6. Dezember 1931.
Vietzen, Hermann: Chronik der Stadt Stuttgart 1945–1948. Veröffentlichungen des Archivs der Stadt Stuttgart, Band 25. Verlag Klett-Cotta, Stuttgart 1972.
Weik, Josef: Der Landtag von Baden-Württemberg und seine Abgeordneten von 1952–1988. Hrsg. vom Landtag von Baden-Württemberg, Stuttgart 1988.
Weller, Karl: Württembergische Geschichte. Kohlhammer Verlag, Stuttgart 1933.
Die Welt der Frau, 2. Februar 1947. Deutsche Verlagsanstalt, Stuttgart 1947.
Werner, Hermann: Schwäbinnen in der Geschichte. Franck'sche Verlagshandlung, Stuttgart 1947.
Wolff, Eberhard: Für Menschenwürde und Frauenwürde. Heidenheim zwischen Hakenkreuz und Heidenkopf. Hrsg. von Heiner Kleinschmidt und Jürgen Bohnert. Heidenheim 1983.
–: § 218 und Frauenwürde. In: Dr. med. Mabuse, Zeitschrift im Gesundheitswesen, Nr. 57, 1988.
Wolff, Friedrich: Die Machtprobe. In: Die Weltbühne. Hrsg. von Carl von Ossietzky und Kurt Tucholsky. (Reprint: Athenäum Verlag, Königstein 1978.)
Württembergische Lehrerinnenzeitung, 1. Mai 1923.
Zum 40jährigen Vereinsjubiläum im Kunstgebäude [Württembergischer Malerinnenverein]. In: Schwäbischer Merkur, 12. Januar 1933.
Zetkin, Clara: Die Arbeiterinnen- und Frauenfrage der Gegenwart. 3. Heft der Arbeiterbibliothek, Verlag der Berliner Volks-Tribüne, Berlin 1889.
–: Ausgewählte Reden und Schriften, Band 1–3. Dietz-Verlag, Berlin 1960.
–: Clara Zetkin. Zu ihrem 95. Geburtstag. Rede an die Mütter der Welt, Vasel 1912. Rede der Alterspräsidentin im Reichstag, 30.8.1932. Hrsg. vom Parteivorstand der KPD. Verlag Düsseldruck. Düsseldorf 1952.
–: Ich will dort kämpfen, wo das Leben ist. Auswahl von Schriften und Reden. [Reden von 1889–1933.] Hrsg. vom Marx-Engels-Institut. Dietz-Verlag, Berlin 1955.
–: Kunst und Proletariat. Hrsg. von Hans Koch. Dietz-Verlag, Berlin 1979.
–: Zu den Anfängen der proletarischen Frauenbewegung in Deutschland. In: Heft 4 der Schriftenreihe: Beiträge aus der Geschichte der deutschen Arbeiterbewegung. Hrsg. vom Marx-Engels-Lenin-Stalin-Institut. Dietz-Verlag, Berlin 1956.
–: Zur Geschichte der proletarischen Frauenbewegung Deutschlands. Dietz-Verlag, Berlin 1958.
Zetkin, Ossip: Charakterköpfe. 5. Heft der Berliner Arbeiterbibliothek, Verlag der Berliner Volks-Tribüne, Berlin 1889.
Zu neuen Ufern. Frauenbriefe von der Mitte des 19. Jahrhunderts bis zur Novemberrevolution 1918. Hrsg. von Fritz Böttger. Verlag der Nationen, Berlin 1981.
Zwerenz, Ingrid: Die Geschichte des § 218. S. Fischer Verlag, Frankfurt a. M. 1980.

Register

Abolitionistischer Verein 97, 153
Abtreibung 18, 236, 238, 255 ff.
Achtstundentag 161, 170
Aereboe, Geheimer Rat 218
Alexander, Graf von Württemberg 78
Allgemeine Zeitung 64
Allgemeiner Deutscher Frauenverein (A.d.F.) 162
Allgemeiner Wohltätigkeitsverein 39
Allgemeines Landrecht 83
Andronikow, Wladimir Fürst 220
Anna-Haag-Haus 253
Anneke, Mathilde Franziska 46
Antifaschistische Ausschüsse 303
Arbeiterbewegung 15, 158, 176
Arbeiterbildungsvereine 45, 97
Arbeiterinnen 39, 46
Arbeiterinnenbewegung 164, 182
Arbeiterinnenschutzbestimmungen 92
Arbeiterinnenvereine 95, 160, 245
Arbeitervereine 95, 160
Arbeiterwohlfahrt (AWO) 288, 289
Arbeitnehmerinnen 40
Arbeitsschutzmaßnahmen 161
Arbeitszeitregelungen 92
Arendt, Henriette 17, 97, 104, 177, 198–212
Armbruster, Charlotte 17, 236, 278–284
Armbruster, Gertrud 303
Armbruster, Martin 278
Armenlotterie 46
Armut 38, 46
Arnim, Bettina von 44
Aster, Marie 297
Augspurg, Anita 105
Auguste von Brandenburg 33
Augustenpflege 44
Autographenalbum des Schwäbischen Frauenvereins 99, 100, 101

Baader, Ottilie 169
Bad Cannstatt 29
Bahnhofsmission, katholische 284
Baletti, Hélène 55
Bauerheim'sche Töchterschule 42
Baumeister, Willi 228
Bäumer, Gertrud 106, 238, 272
Beamtinnen 103, 153, 202, 272
Beamtinnenrechte 93
Bebel, August 160, 163, 165, 169, 173, 182
Berlin-Ost, Staatsarchiv 175
Bernstein, Eduard 164
Berufswahl von Frauen 159
Bildungs- und Ausbildungsmöglichkeiten 93
Bildungs- und Berufsmöglichkeiten von Frauen 30, 32, 34, 36, 38, 40, 42, 44, 46, 48
Binder, Caroline 78
Binder, Familie 109
Birch-Pfeiffer, Charlotte 136
Bismarck, Otto von 151, 158, 164, 280
Blos, Anna 17, 95, 105, 167, 173–183, 185, 200, 203, 236, 245
Blos, Wilhelm 170, 173, 175, 180
Bonaparte, Jérôme, König v. Westfalen 37
Bonaparte, Josephine 56
Bosch, Robert 94, 165, 169, 170
Bournemouth 210
Brandes, Georgine 61
Brandseph, H. 77
Braun, Lily 167
Braunschweig 42
Breitkreuz, Grete 16, 17, 236, 296–302
Breitkreuz, Paul 297
Brotkrawall, Stuttgarter 23, 46
Brüllmann, Emil 300
Brunnow, Marie von 13, 124
Bund deutscher Frauenvereine (BdF) 106, 132, 238, 275
Bund Deutscher Mädchen (BDM) 283
Bürgermuseum Stuttgart 74, 77
Bürgerwehrgesetz 49

Cachin, Marcel 169
Cannstatt 29
Caritasverband 282, 283
Carl Eugen, Herzog von Württemberg 30, 31, 50, 51, 56, 59, 77, 138, 185, 296
Charlotte Auguste Mathilde von England, Königin von Württemberg 33
Charlotte Auguste von Bayern, Königin von Württemberg 39
Charlotte von Schaumburg-Lippe, Königin von Württemberg 89, 102, 108, 115, 141, 281
Charlottengymnasium 152, 186, 188, 189
Chézy, Helmine von 66, 78
Christlich-Demokratische Union Deutschlands (CDU) 278
Chroniken, Stuttgarter 22
Cleß, Georg 44
Consum- und Ersparnis-Verein 97
Consum-Laden 96
Cotta von Cottendorf, Johann Friedrich Freiherr 36, 64, 65, 67
Curie, Marie 217

Dänemark 47
Dannecker, Johann Heinrich 20, 54
David, Jacques 56
Declaration of sentiments 48
Deutsch-Französischer Krieg (1870/71) 119, 162
Deutsche Demokratische Partei (DDP) 153, 192, 282
Deutscher Bund 37
Deutscher Frauentag 1869 in Kassel 98
Deutscher Frauenverein 98
Deutscher Zollverein 43
Deutsches Literaturarchiv, Marbach a. N. 51
Deutschnationale Volkspartei (DNVP) 271, 282
Dittmar, Louise 11, 48
Drittes Reich 154, 159, 181, 221, 236, 284, 303
Dulk, Albert 92
Duttenhofer, Karl 21
Duttenhofer, Luise 13, 62

Eberle, Eugen 278, 284
Ebert, Friedrich 116, 170
Ecole des demoiselles 30, 55, 138, 185
Ehe 48
Ehe, Seltenheit der 30
Ehescheidung 30, 83, 88
Ehescheidungsgesetz 84
Eheschließung 27, 68, 83, 84, 88, 92, 104, 130, 145, 147, 162, 181, 183, 272, 280
Eheverweigerung 27, 48
Ehni, Ella 153, 273, 282
Ehrenamtliche Tätigkeiten 93, 98, 281, 303
Ehrenberg, Professor 219
Einnehmerei, Stuttgart 26
Eißner, Gottfried 161
Eißner, Josephine 162
Elben, Otto 44
Elisabeth Sophie Friederike von Brandenburg-Bayreuth, Herzogin von Württemberg 31
Engels, Friedrich 165
Entbindungsheim für Kriegerfrauen 110
Erklärung der Rechte der Frau und Bürgerin 30
Ermächtigungsgesetz 282
Erster Weltkrieg 119, 148, 150, 152, 153, 159, 169, 182, 203, 227, 241, 247, 250, 280
Esslingen 47
Evangelischer Frauenbund 245, 303
Evert, Christine 282

Faschismus 159, 171, 251, 288, 291, 299
Februarrevolution, Pariser 23
Federer, F. 90
Federer, Fr. 49
Feuerlein, August Willibald 40
Finanzamt, Stuttgart 26
Fischer, Johann Georg 78, 79
Forster, Claire 64
Forster, Georg 63, 64
Forster, Reinhold 63
Frankfurt a. M. 49
Franziska von Hohenheim, Herzogin von Württemberg 31
Französische Revolution 30, 31, 51, 57, 59, 63, 83, 162, 173
Frauen, bürgerliche 303
Frauen, proletarische 303
Frauen machen Geschichte(n) 12
Frauen-Zeitung 48
Frauenarbeit 160
Frauenarbeitsschule 102
Frauenberuf (Zeitschrift) 99, 103, 104, 193

Frauenberufstätigkeit 106
Frauenbewegung 94, 98, 104, 106, 130, 135, 153, 154, 163, 177, 181, 191, 196, 221, 275, 277
Frauenbewegung, amerikanische 48
Frauenbewegung, bürgerliche 98, 106, 152, 163, 173, 176, 183, 251, 266
Frauenbewegung, proletarische 157, 171, 182, 183, 251, 273
Frauenbewegungsgeschichte 14, 15
Frauenbildung 98, 104, 130, 159, 183
Frauenbund, evangelischer 245, 303
Frauenbund, jüdischer 273
Frauenbund, katholischer 245, 303
Frauendienst, Stuttgarter 303
Frauendokumentation 51
Frauengeschichte 51, 94, 118, 159, 173, 174, 183
Frauengeschichtsschreibung 205
Frauengruppe der SPD 286
Frauengruppen 303
Frauenklub Stuttgart 153
Frauenlesegruppe 153
Frauenliederkranz Stuttgart 74
Frauenliste der Kommunalwahl Stuttgart 1931 246
Frauenparlament Baden-Württemberg 276
Frauenrechte 105, 153, 249, 266, 276
Frauenrechtlerinnen 224, 256
Frauenrechtskommission 48
Frauenstimmrecht 167, 272; siehe auch Frauenwahlrecht
Frauenstimmrechtbund 106
Frauenstudium 153, 183
Frauenturnen 26
Frauenverbände, bürgerliche 281
Frauenverein, Schwäbischer 99–103
Frauenverein zur Hebung der Gewerbe 46
Frauenverein zur Versorgung und Erziehung verwahrloster Kinder 42
Frauenvereine 160, 193, 241, 242
Frauenvereine, demokratische 46
Frauenwacht, Die (Zeitschrift) 154, 193
Frauenwahlrecht 94, 96, 105, 112, 153, 167, 202, 249, 272
Freie Demokratische Partei (FDP) 304
Friederike Sophie Dorothee von Brandenburg-Schwedt, Herzogin von Württemberg 33
Friedrich Eugen, Herzog von Württemberg 33, 56, 138
Friedrich II., Herzog von Württemberg, nachmals Kurfürst, nachmals Friedrich I., König von Württemberg 33, 35, 37, 39, 60, 64, 138
Fritz, Heinz 2
Fröbelscher Musterkindergarten 102
Frommann, Hofgerichtsadvokat 34
Frühsozialisten 42
Fürsorgestelle für Frauen 152

Gambs, Charles-Christan 56, 59
Gedok 242, 303
Geiger-Gog, Anni 135
Geiger-Hof, Anni 135
Gemeinderat Stuttgart 71
Gesangvereine 73
Geschichtsschreibung 18, 22, 28
Geschlechtsvormundschaft 42
Gesindeordnung 40
Gewerbefreiheit für Frauen 36, 48
Gewerkschaft 285
Geyer, Anna 182
Giese, Josefine 282
Gleichberechtigung 112, 152, 157–159, 163, 177, 304
Gleichheit, Die (Zeitschrift) 96, 159, 165, 167, 170, 177
Goebbels, Joseph 296, 300
Goethe, Johann Wolfgang von 20, 33, 53, 54, 63, 137, 139, 142
Göttingen 42
Gouges, Olympe de 30, 51
Göz, Paula von 104, 204
Greiner, Emma 282
Grimm, Gebrüder 45
Gronbach, Dieter 12
Guibal, Nicolas 54, 55
Gulbransson, Olaf 250
Günderode, Hektor von 30
Günther, Agnes 135
Gustav-Siegle-Haus, Stuttgart 152
Gutbrod, Georg Gottlob 42
Gutzkow, Karl Ferdinand 10, 42

Haag, Albert 249
Haag, Anna 17, 236, 247–254, 303
Haarburger, Alice 123, 222
Haber, Fritz 219
Häberlin, Carl 24, 25
Hähnle, Klara 189
Hambacher Fest 43
Hartmann, Marietta 64
Härtter'sche Mädchenprivatschule 44
Hauff, Wilhelm 78, 174
Hauptmann, Gerhart 142
Hauptstaatsarchiv Stuttgart 50, 55
Hebammen 40, 44
Hebammenunterrichtsanstalt 40
Hegel, Georg Wilhelm Friedrich 31, 174
Heinemann, Adolf, Damenkonfektionshandlung 95
Heiraten siehe Eheschließung
Heiratsbeschränkungen 42
Herder, Johann Gottfried von 63
Herdtle, Eduard 118
Herthel, Ludwig 222
Herthel, Marianne 222
Hesse, Hermann 174
Hetsch, Philipp Friedrich 20, 54
Heuss, Theodor 155, 304
Heuss-Knapp, Elly 304
Heyl, Hedwig 106
Heymann, Lida Gustava 105, 106
Heyne, Christian Gottlob 61
Heyne, Georgine 67
Heyne, Theresia 61
Heyse, Paul 127
Hildegardisheim 278
Hiller, Emilie 153
Hitler, Adolf 176, 246, 271, 275, 299
Hitlerjugend 283
Hocke, Louise von 123
Hodler, Ferdinand 226
Hoftheater Stuttgart 116, 139, 148
Hohe Karlsschule 30, 31, 53-56, 77, 138
Hohenasperg 26, 51, 54, 55, 125
Hohenheim, Universität 213–221
Hohenlohe 49
Hölderlin, Friedrich 31, 174
Holm, Hanya 297
Hölzel, Adolf 116, 227, 230, 234
Huber, Aimé 65, 66
Huber, Ludwig Ferdinand 59, 63, 64
Huber, Luise 65
Huber, Therese 13, 16, 21, 36, 40, 54, 59, 61–69
Humboldt, Gebrüder 63
Humboldt, Wilhelm Freiherr von 68, 69
Hummel, Johann Nepomuk 78
Hungersnot 39

Ihrer, Emma 164
Industrieanstalt für verschämte Arbeiterinnen, Nationale 39
Industrieschulen 34
Internationale Frauenliga für Frieden und Freiheit (IFFF) 106, 150, 250, 253, 303
Internationale Sozialistische Frauenkonferenz, erste 96, 166, 167
Internationaler Arbeiterkongreß, zweiter 164
Internationaler Frauenkongreß, zweiter 167
Internationaler Sozialistenkongreß 167
Internationales Frauenkomitee für dauernden Frieden 106
Internationales Frauentreffen in Bad Boll 303
Itten, Johannes 234

Jacobowitz, Stefan 262
Jaures, Jean 169
Jauß'sche Töchterschule 42
Jawlensky, Alexej von 235
Jean Paul 40, 54
Josenhans, Marie 282
Joséphine, Kaiserin von Frankreich 36
Juchacz, Marie 176
Juden in Stuttgart 37

Kämmerer, Albert 228
Karikaturen 14
Karl, Herzog von Württemberg 138
Karl, König von Württemberg 26, 89
Karl Eugen, Herzog von Württemberg siehe Carl Eugen
Karlsbader Beschlüsse 41, 60
Karlsschule siehe Hohe Karlsschule
Kasthofer, Rosette 184
Katharina, Prinzessin von Württemberg, Gattin Jérôme Bonapartes 37
Katharina Pawlowna, Königin von Württemberg 38–40, 46, 185
Katharinenhospital 40
Katharinenpflege 42
Katharinenschule 38
Katharinenstift 38, 78, 118, 184, 185, 188, 189, 247, 271
Katzenmusiken 47
Kaulla, Bank- und Handelshaus 37
Kaulla, Karoline (Chaile) 35
Kausler, Rudolf 30
Kautsky, Karl 165
Kazmaier, Julie 103
Kehm, Albert 149
Keil, Wilhelm 155, 180
Kerkovius, Ida 17, 229–236
Kerner, Georg 31, 56
Kerner, Justinus 56, 64, 77, 78, 174
Kernerhaus, Weinsberg 54
Kiefer, Agnes 282
Kienle, Else 17, 174, 236, 238, 255–265
Kienle, Marie Elisabeth 259
Kienle, Otto 259, 264
Kinder, verwilderte 41
Kindertisch 147
Klaiber, Friederike 50, 51, 57
Klee, Paul 234
Klett, Arnulf 149, 284
Klotz, Klara 153, 191
Koch- und Haushaltungsschule des Schwäbischen Frauenvereins 103
Kollontai, Alexandra 167
Kollwitz, Käthe 229
Komintern 171
Kommunistische Partei Deutschlands (KPD) 157, 159, 171, 236, 238, 271, 282, 291, 294
Konferenz sozialdemokratischer Frauen in Bern 170
König, Leo von 226
Königin-Charlotte-Gymnasium siehe Charlottengymnasium
Königin-Charlotten-Realschule 186, 189
Königin-Katharina-Stift siehe Katharinenstift
Königin-Olga-Stift siehe Olgastift

Konsum-Laden 96
Kopp, Vilma 282
Körner, Karl Theodor 77
Koseritz-Verschwörung 43
Köstlin, Karl 150
Köstlin, Therese 135
Kranken- und Haftpflichtversicherungen für Frauen 43, 93
Kranken- und Küchenwagen 108
Krauß, Rudolf 138
Kreutzberg, Harald 301
Kreutzer, Conradin 78
Kriegsfolgen 108
Kriegsküche 146, 148
Krockenberger, Martha 191, 245
Kromer-Brüllmann, Christa 302
Kunstakademie Stuttgart 116
Kunstgebäude Stuttgart 146
Kunstverein siehe Württembergischer Kunstverein
Kurhessen 42
Kurz, Hermann 125
Kurz, Isolde 13, 16, 17, 124–135, 236
Kurz, Marie 124, 125, 130, 132

La femme nouvelle (Zeitschrift) 42
Laban, Rudolf von 296, 300
Lacoste, Hélène Gräfin 56, 59
Laddey, Emma 98
Lafargue, Laura 164
Landesbibliothek, Württembergische 183
Landesgewerbemuseum Stuttgart 116
Landschaftshaus, Stuttgart 26, 34
Landtag 41, 47, 49
Lang, Gerhard 12
Lange, Helene 272
Lassalle, Ferdinand 163
Lautenschlager, Emma 98, 282
Lautenschlager, Karl 98, 123, 149, 271, 282
Lautenschlager, Marie 123
Legien, Karl 169
Lehmann, Henni 144, 145
Lehr- und Erziehungsanstalt für Töchter gebildeter Stände 38
Lehrerinnenseminar, Höheres 102, 152, 184, 189, 271
Lehrerinnenverein 160, 184
Lehrerseminar für Volksschullehrerinnen 184
Lehrinstitut für junge Frauenzimmer 30
Lemmé, Maria 222
Lenau, Nikolaus 16, 64, 77, 78, 260
Lengefeld, Charlotte 53
Lenin, Wladimir Iljitsch 158, 169–171
Leonhardsbrunnen 22
Lese- und Bildungsvereine 160
Lewis, G. 22
Liebes- und Heiratsverweigerung 27, 48
Liebknecht, Karl 163, 171
Liederkranz, württembergischer 40
Liederkranz Stuttgart 73, 75, 79
Lindemann, Anna 105, 112
Linden, Maria Gräfin von 104, 187, 213
Lindpaintner, Peter J. 72, 78
List, Friedrich 174
Liszt, Franz 78
Loewenthal, Käthe 17, 123, 222–228, 236
Longuet, Jenny 164
Louis-Philippe, König von Frankreich 47
Ludwig Eugen, Herzog von Württemberg 31
Ludwig XVI., König von Frankreich 59
Ludwigsburg 45, 205
Lunéville 35
Luxemburg, Rosa 169, 170

Mack, J., Korsetten- und Weißwarenhandlung 95
Mädchengymnasium Stuttgart (Königin-Charlotten-Gymnasium) 152
Mädchenschule 34, 45
Mädchenschutzverband 283
Mädchenüberzahl 30
Maier, Dorothea 280
Malerinnenverein siehe Württembergischer Malerinnenverein
Mali, Christian 118
Mali, Cornelius 118
Malringe, René 212
Marie Antoinette, Königin von Frankreich 59
Marie Luise von Österreich 37
Marienanstalt 283
Marienpflege 38, 42
Marktbrunnen 23
Marlborough, Herzogin von 210
Marx, Karl 163, 164
Marx, Max 146
Marx-Aveling, Eleanor 164
Märzrevolution 46, 47, 84, 119
Matthisson, Friedrich 78
Mehring, Franz 169
Meiners, Christoph 30
Menken, Hanne 135
Méricourt, Théroigne de 30
Michaelis, Caroline 61
Mittelschule für Mädchen 40
Mode, französische 31
Modersohn-Becker, Paula 229
Mohl, Ernst von 132, 134
Molt, Karl Gottlob 93
Mömpelgard 56, 57
Monarchie, konstitutionelle 41
Moreau, General 33
Morgenblatt für das schöne Geschlecht (Zeitung) 42
Morgenblatt für gebildete Stände 36, 62, 65, 67
Mörike, Eduard 78, 118
Mörikegymnasium 44
Moskau 37
Motteler, Julius 164
Müller, Gertrud 17, 236, 291–295, 303
Müller, Hans 292
Münchner Secession 224
Münter, Gabriele 229
Museumsgesellschaft 76

Nähschulen 34
Napoleon Bonaparte 33, 35, 37, 39, 50, 56, 58, 60, 141, 162
Nationale Industrieanstalt für verschämte Arbeiterinnen 39
Nationaler Frauendienst 106, 110, 146, 153
Nationalsozialistische Deutsche Arbeiterpartei (NSDAP) 270, 275
Nationalversammlung 47, 49
Naumann, Friedrich 198
Necker, Jacques 50, 56
Neuburger, Klara 123, 222, 228
New York 46
Noverre, Jean-Georges 296
NS-Frauen 304
NS-Frauenschaft 246

Oelschlägerschule 185
Olga, Königin von Württemberg 89, 98, 185
Olgäle 44
Olgakrankenhaus für Kinder 44
Olgastift 185
Oratorienverein Stuttgart 40, 73
Otaheitergesellschaft 54
Otto-Peters, Louise 40, 46, 48, 84, 98, 162, 163, 277

Paragraph 218 siehe Abtreibung
Paris 31, 37
Pariser Februarrevolution 23
Parteien 95
Pauline, Königin von Württemberg 39
Paulinenhilfe 41
Perin, Karoline von 46
Perlen, Frida 106, 150
Pestalozzi, Johann Heinrich 184
Peters, Anna 104, 113–123
Peters, Heindrika Gertruda 118
Peters, Ida 118, 119
Peters, Pieter Francis 117, 118
Peters, Pietronella 104, 117–120
Pfau, Ludwig 125, 174
Pfeiffer, Eduard 96
Pfeiffer, Lisbeth 304
Pfeilsticker-Stockmayer, Gertrud 110
Pfizer, P. 49
Pflaum, Alexander von 272
Pirker, Marianne 136
Planck, Auguste 150
Planck, Familie 155
Planck, Karl Christian 150, 151
Planck, Mathilde 17, 97, 103, 105, 106, 112, 150–156, 193, 196, 236, 245, 273, 282
Planck, Reinhold 154
Plechanow, Georgij Walentinowitsch 169
Polenvereine 43
Pressefreiheit 47
Preußisches Vereinsgesetz 27
Priesersche Höhere Mädchenschule 188, 189
Prjanischnikow, Agrikulturchemiker 219
Purrmann, Hans 222
Putlitz, Dora zu 246
Putlitz, Joachim Gans Edler zu 116, 139, 140, 142, 149
Putzmacherinnen 44

Raabe, Erna 227
Rapp, Gottlob Heinrich 20, 33
Rathaus 2
Rechte 105, 144, 145, 167, 257
Reichenbach, Georg 57
Reichenbach, Jeremias Friedrich 50, 53
Reichenbach, Johann Friedrich 54
Reichenbach, Johanne 60
Reichenbach, Karl Ludwig 53, 54
Reichenbach, Kunigunde 54
Reichenbach, Susanna Sophia 53
Reichert, Felix 272
Reichert, Willy 123
Reichert-Sperling, Hilde 17, 236, 246, 266–277, 303
Reichsverband für Geburtenregelung und Sexualhygiene 256
Reinbek-Hartmann, Emilie 16, 64
Reinwald, Christophine 57
Reis, Richard 195
Reis, Helene 16, 183–197
Reis, Sofie 16, 17, 183–197, 246
Revolution 1848 124, 151, 162, 173
Richter, Ludwig 78
Richter-Vitale, Josephine 161
Rist, Luise 153
Ritter, Emilie 74
Römer, Friedrich 47
Rosa Frau, Die (Zeitschrift) 154
Rosenberg-Blume, Carola 246
Rossi, Alexandrine 16, 17, 112, 116, 136–149, 236
Rossi, August 141
Rössle, Herta 233
Rotebühlkaserne 109
Rotes Kreuz 148
Rousseau, Jean-Jacques 184
Rubinstein, Anton 78
Rückert, Friedrich 78
Rumpfparlament 25, 49

Ruthardt, Christiane (Nannette) 15, 16, 46, 80–88
Ruthardt, Eduard 87

Sachsen 42
Saint-Simonisten 42
Salzmann, Mathilde 221
Sanitätskolonne 108
Sankt-Agnes-Gymnasium 280
Schaich, Jakob 247
Schebest, Agnese 136, 137
Scheidemann, Philipp 170
Schelling, Friedrich Wilhelm Joseph von 31, 62, 174
Schick, Gottlieb 77
Schieber, Anna 135
Schiller, Charlotte 52
Schiller, Christophine 50, 54
Schiller, Friedrich 31, 50, 52, 53, 60, 77, 117, 126, 137, 139, 174
Schiller, Johann Kaspar 50
Schiller-Nationalmuseum Marbach a.N. 50
Schillerdenkmal Stuttgart 75
Schillerfeier 78
Schillerfeste 75
Schillerverein Marbach a.N. 41, 134
Schlemmer, Oskar 228, 234, 296
Schleswig-Holstein 47
Schmidt, Auguste 162, 163
Schneiderinnen 44
Schoettle, Erwin 286
Schoettle, Helene 17, 236, 285–290, 303
Schreiber, Adele 181, 182
Schriften, frühfeministische 15
Schröder, Louise 182
Schubart, Christian Friedrich Daniel 50, 51, 53, 55
Schulgeld 32
Schulwesen 32
Schumacher, Tony 135
Schwab, Gustav 78
Schwäbische Frauenvereine 282
Schwäbische Frauenzeitung 111
Schwäbischer Frauenverein 98–103, 112, 160, 184, 191, 193
Schwarzwald 49
Schweizer, Magdalene 113
Seneca Falls 46
Sexualberatungsstellen 257
Simanowiz, Franz Johann 13, 16, 52–59
Simanowiz, Ludovike 31, 50–60, 64, 185
Sophie Albertine von Beichlingen, Herzogin von Württemberg 31
Sozialarbeit, ehrenamtliche 303
Sozialdemokratische Partei Deutschlands (SPD) 95, 157, 159, 161, 163, 167, 170, 171, 173, 180, 182, 209, 236, 238, 242, 250–253, 256, 270, 271, 282, 303
Sozialisten 42
Sozialistengesetz 158, 161, 163, 164, 173
Sozialistische Arbeiterjugend 286, 297
Sozialversicherungsnetz 280
Spar- und Konsum-Verein Stuttgart 97
Spinn- und Nähstube für Mädchen 34
Spinnanstalt für erwachsene Weibspersonen 38
Spinnschulen 34
Staël, Germaine de 50, 56
Staatsarchiv Berlin-Ost 175
Staatsarchiv Ludwigsburg 205
Staatsgalerie Stuttgart 50, 55
Stadlin, Josephine 184
Stadtplan 21
Stadtrat, Stuttgarter 70–72, 74
Stalin, Josef Wissarionowitsch 171
Ständehaus, Stuttgart 25, 26
Ständeversammlung 26
Steck, Friederike 60
Stockmayer, Friedrich 34
Stockmayer, Luise 34
Strathmeyer-Wertz, Julie 123
Strickschulen 34
Strölin, Karl 149, 271
Stubenrauch 136
Stuttgardia 2
Stuttgarter Brotkrawall 23
Stuttgarter Frauendienst 276, 303
Suppenanstalt 38
Supper, Auguste 135
Sutor, Hofmusikdirektor 77
Sutter, Anna 136

Tafinger, M. Wilhelm Christoph 34, 86
Tafingersche Schule 185
Textor, Fr. 115
Textor, Julie 120
Theatergeschichte 136
Töchterhandelsschule 102
Töchterschulen 44, 45, 86
Todesurteil 46
Tomascewska, Anna 175
Tristan, Flora 46
Trophons Zauberhöhle (Oper) 58
Turnerbund Stuttgart 28
Turnerinnen 26, 28
Turnerschaften 28
Turnverein Cannstatt 1846 e. V. 29

Uhland, Ludwig 26, 126
Ulm 46
Unabhängige Sozialdemokratische Partei Deutschlands (USPD) 157, 159, 170, 171, 180, 236, 238, 282
Union ouvrière 46
Universität Hohenheim 213–221

Valadon, Suzanne 117
Varnhagen, Rachel 42
Verband württembergischer Frauenvereine 153, 272, 275
Verein der Frauenstimmrechtsbewegung 105
Verein Frauenbildung und Frauenstudium 153
Verein zur Errichtung eines Witwenhauses 44
Verein zur Fürsorge für Fabrikarbeiterinnen 96
Verein zur Unterstützung älterer unversorgter und unbemittelter Honoratiorentöchter 44
Vereinigung der Verfolgten des Naziregimes 295
Vereinigung württembergischer Lehrerinnen 103
Vereinsarbeit 159
Vereinsgesetz, preußisches 158
Vereinsverbot 94
Vereinsverbot, preußisches 160
Vereinswesen 27, 94, 97, 152, 153, 246, 251, 257, 273
Versailler Verträge 281
Vestier, Antoine 55, 56
Vischer, Dorothea 185
Vischer, Friedrich Theodor 150
Voix (Zeitung) 46
Volkshochschule, Frauenabteilung 245
Vollmer, Robert 188
Vollmer, Vera 16, 17, 183–197, 217, 236, 245
Vollmüller-Purrmann, Mathilde 222
Vormärz 84
Voßler, Regine 54, 55

Wächter, E. W. 31
Wächter, Eberhard 55
Wagner, Theresia 188
Wahlrecht siehe Frauenstimmrecht, Frauenwahlrecht
Waisenhaus Stuttgart 40, 185
Waldeck, Marie von 89
Waldorf, Zigarettenfabrik 93
Walter, Marie 282
Wandervogel 297
Wäscherinnen 44
Waterloo 39
Weber, Karl Maria von 78
Weber-Walz, Mathilde 98
Wedekind, Lotte 297
Weidle'sches Töchterinstitut 44, 118
Weimarer Republik 159, 251, 256
Weltfrauenkonferenz in Moskau 295
Wera, Herzogin von Württemberg 105, 188
Werefkin, Marianne 229
Westmeyer, Friedrich 170, 209
Wieland, Christoph Martin 174
Wien, Historisches Museum 50
Wiener Frauenverein 46
Wiener Kongreß 37
Wiest, Marie 117, 120
Wiest, Sally 104, 113, 117
Wigman, Mary 296, 300
Wilhelm I., König von Württemberg 23, 25, 39, 40, 47, 64, 70, 88, 107, 118, 186
Wilhelm II., Kaiser von Deutschland 106, 150
Wilhelm II., König von Württemberg 89, 104, 105, 116, 120, 139, 148, 149
Witwenhaus 44
Wohltätigkeitsverein, Allgemeiner 39
Wolf, Friedrich 174, 238, 256, 257, 264
Wollstonecraft, Mary 30
Wrangell, Baron von 221
Wrangell, Julia Ida Marie von 216
Wrangell, Karl Fabian von 216
Wrangell, Margarete (Daisy) von, Fürstin Adronikow 17, 189, 213–221, 236
Württembergische Frauentagung (erste) 104
Württembergische Frauenvereine 271, 281, 282
Württembergische Landesbibliothek 183
Württembergische Lehrerinnenzeitung 184
Württembergischer Frauenverein 204, 273
Württembergischer Kunstverein 41, 116, 119, 148
Württembergischer Lehrerinnenverein 153, 189
Württembergischer Malerinnenverein 104, 105, 113–119, 121, 123, 222, 226, 233, 273

Zahn, Auguste 141
Zeller, Albert von 260
Zensur 41, 47
Zentrum (Partei) 271, 278, 282
Zetkin, Clara 13, 17, 95, 105, 106, 157–172, 177, 183, 236
Zetkin, Kostja 164, 171
Zetkin, Maxim 164
Zetkin, Ossip 163, 164
Zetkin-Milowidowa, Emilie 171
Zölibatsklausel 272
Zölibatverdikt 153
Zöllner, Karl Friedrich 78
Zuchtarbeitshaus 40
Zumsteeg, Emilie 16, 32, 70–79
Zumsteeg, Johann Rudolph 20, 75, 77
Zundel, Georg Friedrich 105, 169, 177
Zundel, Paula 169
Zwangs-Arbeitsinstitut 34
Zweite Internationale (1889) 157
Zweiter Weltkrieg 148, 247